住房政策法规文库

中国房地产研究会　组织
总顾问　齐　骥　刘志峰
总主编　侯淅珉　苗乐如

美国住房政策

第二版

Housing Policy in the United States　Second Edition

阿列克斯·施瓦兹（Alex F.Schwartz）　著
陈立中　译

中国社会科学出版社

著作权合同登记图字：01-2011-1836 号

图书在版编目（CIP）数据

美国住房政策/（美）施瓦兹著；陈立中译. —2 版. —北京：中国社会科学出版社，2012.3

住房政策法规文库

ISBN 978-7-5004-9682-3

Ⅰ.①美… Ⅱ.①施…②陈… Ⅲ.①住宅－经济政策－美国 Ⅳ.①F299.712.331

中国版本图书馆 CIP 数据核字（2011）第 060860 号

All Rights Reserved
Authorized translation from English language edition published by Routledge Inc., part of Taylor & Francis Group LLC.
Simplified Chinese translation Copyright © 2012 by China Social Sciences Press.

本书中文简体版由 Taylor & Francis Group LLC. 出版公司授权中国社会科学出版社独家出版并在中国销售。未经出版者书面许可，不得以任何方式复制或发行本书的任何部分

Copies of this book sold without a Taylor & Francis sticker on the cover are unauthorized and illegal.
本书贴有 Taylor & Francis 出版公司的防伪标签，无标签着不得销售

责任编辑	赵　丽
责任校对	王俊超
封面设计	北京京点图文设计中心
技术编辑	王　超

出版发行	中国社会科学出版社	出版人	赵剑英	
社　　址	北京鼓楼西大街甲 158 号	邮　编	100720	
电　　话	010－64047920（编辑）	64058741（宣传）	64070619（网站）	
	010－64030272（批发）	64046282（团购）	84029450（零售）	
网　　址	http：//www.csspw.cn（中文域名：中国社科网）			
经　　销	新华书店			
印　　装	北京君升印刷有限公司			
版　　次	2012 年 3 月第 1 版	印　次	2012 年 3 月第 1 次印刷	
开　　本	710×1000　1/16			
印　　张	25.75			
字　　数	428 千字			
定　　价	68.00 元			

凡购买中国社会科学出版社图书，如有质量问题请与本社发行部联系调换
版权所有　　侵权必究

住房政策法规文库 编委会
EDITORIAL BOARD

总顾问：齐 骥　刘志峰

顾　问：（按姓氏笔画排序）
马怀德　王守智　王利明　冯 俊　沈建忠
张其光　陆克华　胡云腾　倪 虹　曹金彪

总主编：侯淅珉　苗乐如

编委会成员：（按姓氏笔画排序）
王洪波　王瑞春　田卫华　江和平　许 南　孙 力
李 盟　汪为民　宋如亚　张 锋　张国伟　张学勤
周 韬　庞 元　赵燕菁　赵鑫明　胡安东　胡陆军
段广平　贾洪浩　郭明卿　唐标文　康俊亮　蒋 勤
程国顺　程建华

执　行：中国房地产研究会房地产法规政策委员会
　　　　中国房地产业协会法律事务专业委员会

丛书出版说明
SERIES INTRODUCTORY NOTES

住房问题是重要的民生问题。改革开放以来，特别是1998年停止住房实物分配、实行住房分配货币化以后，市场配置住房资源的基础性地位得以确立，城镇居民的住房条件得到明显改善。但近年来，部分城市房价上涨过快，困难家庭改善住房条件的难度增大，矛盾日益突出。对此党中央、国务院高度重视，并把加快推进保障性安居工程建设，完善房地产市场调控，作为当前及今后一段时期的重要工作。

要从根本上确保我国房地产市场与住房保障良性互动发展，实现"住有所居"，完善的法规政策体系是有力的制度保障。目前我国虽然建立了一套规范房地产业的法规政策体系，但与城镇化进程不断加速推进，住房保障需求巨大的国情相比，仍有待进一步完善，有大量研究工作要做。在此背景下，中国房地产研究会适时推出《住房政策法规文库》，以"服务政府有作为，服务行业有推动，服务会员上水平"为指导思想，组织出版住房制度方面的专业书籍，为政府制定政策及相关立法、修法工作提供参考，同时也力争在推动行业研究、宣传法规政策方面有所作为。

文库首期出版图书9本，是住房和城乡建设部住房保障司委托，并由信达地产股份有限公司赞助的翻译项目，主要涉及美国、德国、英国、日本等国家以及我国香港地区的住房政策，涵盖了政策制定、实施以及对实施效果的反思等内容。在此对住房和城乡建设部住房保障司和信达地产股份有限公司表示感谢！

今后，文库将继续以三个服务思想为指导，围绕住房相关法律问题的研究、法律法规的解读和宣传以及住房领域热点问题研究等内容，组织出版更多优秀著作，通过促进房地产法规政策体系的完善，推动我国房地产业持续健康稳定发展。

2012年2月

丛书序一
SERIES PREFACE ONE

1998年住房分配货币化改革以来，我国房地产投资快速增长，居民住房消费持续扩大，房地产市场体系逐步建立和完善，以住房为主的房地产业对推动经济增长、促进居民消费、改善群众居住条件发挥了重要作用，特别是与住房相关的立法不断完善，为我国房地产市场健康稳定发展提供了有力的法律保障。

但近年来，房地产市场投资过热、住房供需不平衡、住房结构不合理、房价上涨过快等问题，也给住房市场稳定发展特别是对住房保障提出了新课题。为此，党中央、国务院高度重视，在"十二五"规划纲要中，明确提出要构建以政府为主提供基本保障、以市场为主满足多层次需求的住房供应体系，逐步形成符合中国国情的商品房体系和保障房体系。

为此，除了贯彻落实国家宏观调控政策之外，我们还需要通过法律体系的建立和完善，对未来房地产市场和住房保障提供强有力的公平保证。与此同时，对住房供应体系的研究，对住房发展方式转变的探索，对《基本住房保障法》、《城市房地产管理法》等法律法规的制定、修改和完善，都需要我们加强学习，丰富知识，把握前瞻，从国内外同行中吸取经验和养分，最终"为我所用"，加以实践。

为了扩大交流、拓宽视野，中国房地产研究会近年来通过"走出去、请进来"的方法，积极参与住房政策研究和立法修订工作。《住房政策法规文库》首次出版的9本译著，是在总结梳理我国住房市场发展历程和经验的基础上，对一些国家和地区住房制度和法律体系的翻译，通过先进经验的介绍，并将之与国内专家学者、研究机构住房研究成果相融合，定会为房地产从业者提供可资参考的专业知识，同时为住房立法工作进一步丰富理论基础。

"十二五"是我国保障性安居工程建设的关键时期，如何以民生为导向，以法律法规为准绳，做好住房保障和住房市场稳定工作，关系经济全局和行业大局，我们要坚持以科学发展为主题，以加快转变发展方式为主线、深化住房制度改革，确保用科学、完整的法律体系为房地产行业服务。

同时，我也希望有更多房地产开发企业、研究机构和个人积极参与住房政策和法律的研究，围绕住房问题为国家和政府献计献策，为住房保障这一惠民、利民事业贡献更多智慧。

住房和城乡建设部副部长

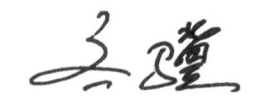

丛书序二
SERIES PREFACE TWO

　　住房是人生存的基本物质要素。居者有其屋是千百年来人们孜孜以求的理想。

　　党和政府十分重视解决城镇居民的住房问题，党的十七大提出要努力实现全体人民住有所居的目标。无论是推进城镇住房制度改革，还是实施保障性安居工程建设，都是为了更好地解决城镇住房问题。

　　20世纪80年代初，我国启动了城镇住房制度改革。1998年后，停止了住房实物分配，逐步实行住房分配货币化。在一系列政策的综合作用下，以住宅为主的房地产市场快速发展，城镇多数家庭住房条件明显改善。在城镇住房改革和发展实践中，逐步探索建立了面向城镇中低收入住房困难家庭的住房保障制度，开始大规模建设保障性安居工程，一大批城镇中低收入家庭和棚户区居民的住房困难问题逐步得到解决。到2010年底，全国城镇人均住房建筑面积达到31.6平方米；累计用实物保障方式解决了近2200万户、用发放廉租住房租赁补贴的方式解决了近400万户城镇中低收入家庭的住房困难。

　　住房问题是工业化、城镇化过程中城市问题的集中体现，是世界各国面临的共同难题。随着城镇化快速推进，我们也面临着许多新情况、新问题。近年来，一些城市住房价格快速上涨，削弱了城镇居民的住房支付能力；新就业无房职工和外来务工人员阶段性住房困难问题突出等，亟须完善政策，花大力气加以解决。

　　世界各国和地区在探索解决住房问题的过程中，积累了许多宝贵经验，也经受了不少挫折。中国房地产研究会吸收国内外专家和学术机构的研究成果，参考一些国家和地区解决居民住房问题的政策和做法，组织出版了《住房政策法规文库》。第一期推出9部关于国外及我国香港地区公共住房政策的译著，其中介绍的政策架构和制度设计，既是相应国家和地区在住房发展过程中形成的经验，又与这些国家和地区当时面临的住房矛盾相关联，具有历史性、阶段性特点。

他山之石，可以攻玉。联系现阶段我国经济社会发展和住房问题的实际，研究借鉴其他国家和地区住房政策，特别是比较研究各项制度设计所处的时代背景、针对的住房问题，以及政策演变过程，对完善我国的城镇住房制度，解决住房发展中遇到的矛盾和问题，促进城镇居民住房条件的改善，是大有益处的。

今后，《住房政策法规文库》还将陆续推出其他优秀著作。

全 国 政 协 常 委
政协人口资源环境委员会副主任
中 国 房 地 产 研 究 会 会 长　刘志峰
中 国 房 地 产 业 协 会 会 长

内容提要
INFORMATIVE ABSTRACT

作为被广泛阅读和引用的《美国住房政策》一书，2010年进行了大幅度的改版。本书试图解释2007年住房市场崩溃和金融危机引起的诸多谜题。本书内容涵盖了金融危机影响的深度，包括危机时的政策变化以及奥巴马经济刺激方案。第二版还补充了住房市场和项目预算的最新数据，另外还探讨了如何解决无家可归者的问题。

阿列克斯·施瓦兹是美国米兰诺城市政策与管理新学院（The New School for Management and Urban Policy at Milano）副教授，学院城市政策分析与管理系主席。

谨以此书纪念

全国民权运动和全国培训与信息中心的创始人之一盖勒·辛科塔（Gale Cincotta）
以及全国低收入住房联盟创始人库欣·多拜乐（Cushing Dolbeare）

前　言

与第一版相同，《美国住房政策》（第二版）希望对美国住房政策领域提供一个全面的概述，并搜集了大量资料，对一些影响住房政策的目标、挑战和成果的关键问题、概念、项目和争论进行了深入的探讨。第一版中呈现了笔者所认为的"确定的事实"，但是，2007年爆发的次贷危机，恰好是第一版发行后的第二年，却推翻了许多"事实"。而且，多家曾在住房信贷体系中发挥重要作用的金融机构，在危机中要么倒闭了，要么得到联邦政府的救助而被迫重组。在立法方面，形势也是不明朗的，联邦政府通过了几项针对无家可归者和抵押贷款丧失抵押品赎回权的重要法律，不过还有几项重要法案尚未达成一致，其中包括对金融行业重新建立监管秩序的议案和住房议案。因此可以说，目前新的格局尚未形成。

在第二版中，笔者讨论了次贷危机是如何影响住房政策的方方面面。本书考察了危机对住房结构和房地产市场的影响，也谈到了房地产泡沫的产生与破灭，次级贷款的兴起与崩溃，以及随后丧失抵押品赎回权的大量出现。此外，本书阐述了次贷危机对房地产市场带来的不利影响，尤其体现在为廉价舒适的住房提供融资的两个最重要来源——低收入住房税收抵免政策和免税债券上，并评价了在次贷危机和住房价值下跌的情况下，低收入房屋置业率的合理性。本书还总结了布什政府、奥巴马政府和美国国会为应对次贷危机而出台的几项最重要的法律法规。

第二版中不仅新增了次贷危机对美国住房政策的影响，而且介绍了联邦政府、州政府和地方政府主要项目的最新情况；这些项目与低收入住房的提供和维护以及种族歧视等问题有着紧密的联系。另外，第二版还拓展了第一版中无家可归者和相关政策的内容。最后，本书的所有数据几乎都是最新的。

次贷危机的爆发使得第一版的许多内容都过时了。第二版让学生和业界工作者能够在很短的时间内加深对美国住房政策的了解。虽然许多问题尚未解决，但对于房利美和房地美这样的重要机构，其未来的发展趋势在很大程度上还是比较明朗的。危机爆发后，联邦政府对房地产市场的监管仍在逐渐加强；在第二版完成的时候，许多重要议案尚未达成一致。对于房价下跌的持续时间和幅度，以及丧失抵押品赎回权的问题是否仍会恶化等问题，目前还没有明确的答案。奥巴马政府已经提出了许多新议案，授权住房和城市发展部负责实施，但仍在等待国会的批准。不过，对于次贷危机的最终结果和奥巴马政府对项目的影响，读者可以通过其他途径关注其最新动态，希望本书能够为读者的进一步研究提供入门性的指导。

目　录
CONTENTS

- 前言 ┈┈┈┈┈┈┈┈┈┈┈┈┈┈┈┈┈┈┈┈┈┈┈┈┈ (1)

- 第 1 章　导论 ┈┈┈┈┈┈┈┈┈┈┈┈┈┈┈┈┈┈┈┈┈ (1)
  - 1.1　住房的重要性 ┈┈┈┈┈┈┈┈┈┈┈┈┈┈┈┈ (2)
  - 1.2　住房政策的目标和形式 ┈┈┈┈┈┈┈┈┈┈┈┈ (6)
  - 1.3　美国住房政策：本书概览 ┈┈┈┈┈┈┈┈┈┈┈ (7)
  - 1.4　本书的结构 ┈┈┈┈┈┈┈┈┈┈┈┈┈┈┈┈ (11)

- 第 2 章　趋势、模式和问题 ┈┈┈┈┈┈┈┈┈┈┈┈┈┈ (14)
  - 2.1　住房建设趋势 ┈┈┈┈┈┈┈┈┈┈┈┈┈┈┈ (14)
  - 2.2　房地产市场泡沫 ┈┈┈┈┈┈┈┈┈┈┈┈┈┈ (18)
  - 2.3　土地使用权 ┈┈┈┈┈┈┈┈┈┈┈┈┈┈┈┈ (21)
  - 2.4　居住条件 ┈┈┈┈┈┈┈┈┈┈┈┈┈┈┈┈┈ (26)
  - 2.5　住房拥挤 ┈┈┈┈┈┈┈┈┈┈┈┈┈┈┈┈┈ (31)
  - 2.6　居民住房负担能力 ┈┈┈┈┈┈┈┈┈┈┈┈┈ (31)
  - 2.7　无家可归者 ┈┈┈┈┈┈┈┈┈┈┈┈┈┈┈┈ (47)
  - 2.8　联邦政府的住房支出 ┈┈┈┈┈┈┈┈┈┈┈┈ (52)
  - 2.9　本章小结 ┈┈┈┈┈┈┈┈┈┈┈┈┈┈┈┈┈ (55)

- 第 3 章　住房信贷 ┈┈┈┈┈┈┈┈┈┈┈┈┈┈┈┈┈ (59)
  - 3.1　住房信贷和罗斯福新政 ┈┈┈┈┈┈┈┈┈┈┈ (59)
  - 3.2　20 世纪 40—80 年代的住房信贷体系——互助储蓄银行时代 ┈┈┈┈┈┈┈┈┈┈┈┈┈┈┈┈┈┈┈ (66)

1

- 3.3 20世纪90年代以来住房信贷体系的发展——资产证券化和经济危机 ……………………………………………… (71)
- 3.4 多户住房的债券融资 ……………………………………… (93)
- 3.5 公共政策与住房融资 ……………………………………… (97)
- 3.6 本章小结 …………………………………………………… (100)

- **第4章 税收与住房** ……………………………………………… (102)
  - 4.1 税式支出概述 ……………………………………………… (102)
  - 4.2 本章小结 …………………………………………………… (115)

- **第5章 低收入住房税收补贴** …………………………………… (117)
  - 5.1 税收补贴的运作方式 ……………………………………… (117)
  - 5.2 将税收补贴转化为项目权益资本 ………………………… (120)
  - 5.3 税收补贴项目概况 ………………………………………… (126)
  - 5.4 难题和尚待解决的问题 …………………………………… (132)
  - 5.5 本章小结 …………………………………………………… (139)

- **第6章 公共住房** ………………………………………………… (143)
  - 6.1 公共住房综述 ……………………………………………… (143)
  - 6.2 运营补助 …………………………………………………… (157)
  - 6.3 资本需求 …………………………………………………… (159)
  - 6.4 破旧的公共住房 …………………………………………… (162)
  - 6.5 希望六号项目和公共住房的改造 ………………………… (163)
  - 6.6 本章小结 …………………………………………………… (177)

- **第7章 联邦政府资助开发的私有租赁住房** …………………… (179)
  - 7.1 抵押贷款资助项目 ………………………………………… (179)
  - 7.2 第8条款新建和重大修缮项目 …………………………… (184)

7.3　保护的挑战 ·· (185)
　　7.4　私人所有资助住房概述 ·· (195)
　　7.5　本章小结 ·· (197)

- **第 8 章　租房券** ··· (201)
　　8.1　起源和发展 ·· (201)
　　8.2　租房券的使用趋势 ·· (207)
　　8.3　租房券持有者的特征 ··· (213)
　　8.4　租房券以及居住地流动性 ··· (222)
　　8.5　租房券以及贫困的再集中 ··· (232)
　　8.6　本章小结 ·· (234)

- **第 9 章　州政府和地方政府的住房政策以及非营利性组织** ········· (237)
　　9.1　分类财政补贴拨款 ·· (240)
　　9.2　免税债券融资 ··· (248)
　　9.3　住房信托基金 ··· (251)
　　9.4　包容性分区规划 ·· (256)
　　9.5　一个大大的例外：纽约市 ··· (264)
　　9.6　非营利性机构以及地方和州政府住房计划 ······················· (265)
　　9.7　本章小结 ·· (272)

- **第 10 章　特殊需求群体的住房** ·· (274)
　　10.1　为老年人提供的住房 ·· (275)
　　10.2　残疾人住房 ··· (279)
　　10.3　为无家可归者提供帮助的联邦住房项目 ························· (282)
　　10.4　本章小结 ·· (288)

3

- **第 11 章　公平住房与社区再投资** ……………………………… (289)
  - 11.1　什么是歧视 ………………………………………………… (289)
  - 11.2　住宅市场中的歧视 ………………………………………… (292)
  - 11.3　房地产抵押市场中的歧视行为 …………………………… (302)
  - 11.4　政府对房地产市场和抵押贷款市场上歧视的
          应对政策 ………………………………………………… (316)
  - 11.5　本章小结 …………………………………………………… (327)

- **第 12 章　自有住房与收入融合** ……………………………… (329)
  - 12.1　自置居所 …………………………………………………… (329)
  - 12.2　收入阶层混合 ……………………………………………… (342)
  - 12.3　本章小结 …………………………………………………… (347)

- **第 13 章　结语** ………………………………………………… (349)
  - 13.1　防止和修正抵押权丧失 …………………………………… (350)
  - 13.2　住房与经济刺激 …………………………………………… (352)
  - 13.3　奥巴马政府时期的第一份美国住房和发展部预算
          方案 ……………………………………………………… (353)
  - 13.4　房地产危机和传统观念 …………………………………… (354)
  - 13.5　住房政策中难以回避的实际情况 ………………………… (355)

- **参考文献** ………………………………………………………… (358)

- **致谢** ……………………………………………………………… (391)

表目录
TABLES

表 1.1　　2009 年获得联邦资助的租赁住房概况

表 2.1　　已投入使用的住房在建成当年的区位分布

表 2.2　　2000—2007 年建成的已投入使用的住房区位分布

表 2.3　　新单户住房的一些特征

表 2.4　　不同地区和不同人群的房屋置业率

表 2.5　　自有房户和租房户在中等家庭收入和净资产上的差异

表 2.6　　2007 年自有房户和租房户的概况

表 2.7　　关于严重和中度住房质量问题的定义

表 2.8　　1991—2007 年租户面临的严重和中度住房质量问题

表 2.9　　2007 年自有房户和租房户中的严重和中度住房质量问题的相关数据

表 2.10　2007 年自有房户和租房的某些社区问题（表中的数值为报告某问题的住户所占的百分比）

表 2.11　2007 年不同收入群体面临的住房成本负担

表 2.12　2007 年不同收入人群面临的住房成本负担

表 2.13　1997—2007 年自有房户和租房户面临的住房成本负担

表 2.14　2008 年第四季度，不同职业的住户购买住房所需的年收入和租赁一套两居室公寓所需的小时工资

表 2.15　2005 年境况最差的租房户的相关数据：抽样家庭的特征（占境况最差的租房户总量和极低收入租房户总量的百分比）

表 2.16　1991—2005 年租房户的收入分布

表 2.17　2005 年不同收入群体面临的廉租房的供给和需求

表 2.18　2005 年 1 月和 2008 年 1 月的某天晚上无家可归者的数量

表 3.1　　在不同贷款期限和利率水平下，10 万美元的抵押贷款每月偿还额

5

表 3.2　　FIRREA 对存款机构持有的与房地产相关资产施加的经风险调整后的资本要求

表 3.3　　不同机构持有的 1—4 户住房抵押贷款：总量与百分比分布

表 3.4　　不同机构持有的 1—4 户住房抵押贷款的数额变化情况

表 3.5　　2001—2007 年不同类型抵押贷款的发行量（以 2007 年为基年，十亿美元）

表 3.6　　2006 年发行的私有住房抵押贷款支持证券的抵押品

表 3.7　　不同机构持有的多户住房抵押贷款的数额变化情况

表 3.8　　不同机构持有的多户住房抵押贷款的数额变化情况（以 2007 年为基年，十亿美元）

表 4.1　　2009 财年联邦政府用于住房的税式支出

表 4.2　　对自有房户和住房投资者的税式支出的主要方式简介

表 4.3　　抵押贷款利息减免带来的税收收益分布（2007 财年）

表 4.4　　房产税减免带来的税收收益分布（2007 财年）

表 4.5　　不同税法下一项课税基础为 20 万美元的不动产允许的折旧额

表 5.1　　在不同情况下税收补贴项目的融资情况

表 5.2　　1987—2006 年获得税收补贴的住房的基本特征

表 5.3　　1995—2006 年不同区位分布的低收入税收补贴住房所在的人口普查区的特征

表 5.4　　在三种不同的利率水平下投资 1000 美元在未来几年将获得的价值

表 5.5　　三种不同贴现率下每年获得 9 万美元的税收补贴的现值

表 6.1　　1949—2008 年公共住房总量的变化情况

表 6.2　　2003 年公共住房的一些物理特征

表 6.3　　2008 年公共住房管理局的特征

表 6.4　　2009 年全国公共住房居民的特征

表 6.5　　公共住房与其他类型的租赁住房在居住区域特征上的比较

表 6.6　　1998 年公共住房的平均更新需求

表 6.7　　1997 年至 2009 年部分城市的公共住房数量的变化情况

表 7.1　　2006 年 9 月不同项目下私有租赁住房概况

表 7.2　2008 年居住在获得基于项目的第 8 条款和第 515 条款资助的住房住户的相关数据

表 8.1　2009 财年美国 50 个最大都市区的公平市值租金（两居室公寓）

表 8.2　1975—2009 年间每年发放的租房券数量及其累计数

表 8.3　大都市地区租房券使用成功率的相关数据

表 8.4　2000 年的租房券成功率，根据不同的市场状况、人口特征及公共住房管理机构的实践情况分类统计

表 8.5　2009 年租房券持有者的特征

表 8.6　2000 年 50 个最大都市区（分为市区和郊区）的租房券持有者及其他资助住房的人口普查区的相关数据

表 8.7　2000 年根据租房券持有者的不同相对比例，人口普查区在 50 个最大都市区（包括市区和郊区）的分布情况

表 8.8　2000 年 50 个大都市区根据人口普查区中不同的相对比例，租房券持有者的种族分布情况

表 8.9　按照人口普查区的贫困率、少数族裔人口和区位特征，租房者的分布情况

表 8.10　租房券持有者占所在人口普查区住户总数的比例

表 9.1　2008 财年 CDBG 项目在住房方面的支出

表 9.2　1992—1998 财年 HOME 项目的相关数据

表 9.3　获得 HOME 计划项目不同类型资助的住户收入

表 9.4　2007 年住房信托基金概况

表 10.1　获得联邦住房资助的老年人

表 11.1　2000 年一项住房歧视研究中不同类别下的种族歧视问题

表 11.2　2000 年对黑人和拉美裔人的种族歧视程度的估计

表 11.3　2000 年在住房租赁和销售市场上"不公平对待"的表现形式

表 11.4　1989—2000 年全国歧视行为发生率的变动情况（以 1989 年为基年）

表 11.5　2000 年全国信息、种族和等级控制的程度

表 11.6　2007 年按个人和人口普查区的特征进行分类的传统购房抵押贷款的拒绝率

表 11.7　2007 年按种族和收入分类的抵押贷款拒绝率
表 11.8　带有掠夺性的贷款行为和条款
表 11.9　2006 年不同种族和不同地区的次级购房贷款和再贷款的相关数据
表 12.1　1980 年至 1999 年房价和股价的变动情况

第1章
导　论

在1949年《住宅法案》的序言中，美国国会声明该法案旨在"让每一个家庭在适宜居住的环境中拥有一个舒适的家"。在该法案颁布实施后的60年里，联邦政府已经资助低收入家庭建造或修缮五百多万套住房，而且还为近两百万户家庭提供了租房券。但是，美国的住房问题依然非常突出。2005年，仍有4200万户家庭或是居住条件非常差，或是将超过30%的收入用在与住房相关的支出上，或是无家可归（HUD, 2007, 2009n）。换句话说，大约一亿美国人——相当于美国总人口的30%，也是缺乏医疗保险人数的两倍多——面临着严重的居住问题，其中还有无房户（U.S. Census Bureau, 2008a）。[①]

本书讲述了美国在解决住房问题上所做的努力，重点考察了美国为中等收入家庭提供廉价舒适的住房所制定的主要政策，以及实施的项目，同时评价了这些政策和项目的优点和不足，指出了仍然存在的挑战。本书用开放的视角探讨美国的住房政策，不仅关注具体的住房补贴政策，例如公共住房，同时还介绍了所得税政策和监管政策、土地使用政策、房地产交易以及其他房地产市场的相关活动，其中所得税政策和监管政策对住房抵押贷款有着重要的影响。在这些住房政策中，有些是为了刺激对廉价舒适的住房的投资，有些则致力于消除歧视性行为，通过制定一系列干预措施来保障低收入家庭和少数族裔家庭的住房。

简而言之，本书是关于美国为帮助低收入和少数族裔群体获得廉价舒适的住

[①] 有住房问题的人口估计是将美国住房的平均面积乘以2007年每月偿债超过收入30%、居住在过度拥挤或存在质量缺陷的房屋中的家庭数量。人口估计中也包含了2008年无家可归人口的估计（HUD, 2009）。

房而实施的政策和项目,并深入分析了为低收入家庭提供住房补贴以及旨在打破房地产行业壁垒(例如限制特定群体获得住房的歧视性行为)的政策和项目。

本书希望能够提供美国住房政策的总体概述,不会过多深入政策的细节,更不可能覆盖住房领域的方方面面。本书的重点在于联邦政府的政策和项目,也会涉及各州及地方政府的政策,而且所考察的政策均与资助低收入家庭或消除歧视性行为有关。对于住房建筑质量方面的政策,例如设计标准和建筑规范等不在本书的讨论范围之内,但如果与推动廉价舒适的住房有关,则会加以阐述。此外,本书不会对住房市场的运作情况以及住房政策的立法史作具体的探讨。

虽然住房政策这一领域相对较小——特别是与医疗保健领域和教育领域相比——但它所涉及的内容又是非常分散、专业性很强的。该领域的大部分文献学术性很强,而且一般专门研究某一子课题,例如公共住房的再开发、联邦政府住房补贴合同到期问题、住房抵押贷款的监管、无家可归和种族歧视等问题。虽然这些研究覆盖了住房政策领域中的关键课题,但不足之处是文字冗长、细节和技术性术语太多,因此不适合从中了解住房政策。笔者希望本书能够作为美国住房政策的导论,为更深层次的研究提供一个起点。

1.1 住房的重要性

极少事物像住房一样与生活的方方面面密切相关:住房不仅仅是人们的栖息之所。作为"家",住房是家庭生活的最重要场所,是人们完成日常工作或学业后放松和消遣的地方,属于一种私人空间。而作为个人地位和生活方式的标志,住房也承载了某种象征意义。同时,住房的价值也通过地理位置、住房周围的设施(如学校、公园、交通和购物中心等)以及所处的社区体现出来。住房还是一项重要资产,是个人财富最具代表性的形式。

尽管坐落在优美环境中的高等住宅并不能保证人们免于灾祸,但是落后的居住条件却会带来许多困扰。例如,存在建筑质量问题的住房往往会危害人们的健康。儿童吸入含铅超标的涂料会导致严重的认知障碍和行为异常问题;潮湿、发霉和严寒,以及老鼠和蟑螂的侵扰,都会诱发哮喘、过敏和其他呼吸性疾病;过冷或过热则会提高心血管疾病的发病率(Acevedo-Garcia & Osypuk,2008;Bratt,

2000；Kreiger & Higgens, 2002；Lubell et al., 2007；Newman, 2008a, 2008b）。

关于住房条件和心理健康之间关系的研究虽然相对较少，但也表明住房存在质量问题或过度拥挤会产生许多不利影响。危房往往导致家庭频繁搬迁，给人们造成很大压力，以致影响学业和工作（Lubell, Crain & Cohen, 2007；Lubell & Brennan, 2007；Rothstein, 2000）。当低收入家庭面临高昂的房租时，往往没有足够的资金去满足生活的其他需求。犯罪率高低在很大程度上也受到居住环境的影响。居住在贫民区的人比居住在富人区的人更容易遭受抢劫、袭击，甚至是其他更严重的危险（Bratt, 2000）。

或许再没有什么比无家可归者的境况更能说明住房对于个人和家庭的重要性。无家可归者承受着比常人更多的身心疾病、药物滥用或遭受袭击的折磨。而无家可归的儿童则更可能丧失受教育的机会。仅仅是缺乏邮箱地址，就让求职、申请公共援助和儿童入学变得无比艰难（Bingham, Green & White, 1987；Cunningham, 2009；Hoch, 1998；Urban Institute, 1999）。

1.1.1 住房与环境

作为国民经济和土地使用的重要组成部分，住房极大地影响着环境。首先，住房是二氧化碳和其他温室气体的主要来源，而这些气体是导致全球变暖的罪魁祸首。2007年，仅住房供暖、制冷以及用电排放的温室气体就占美国温室气体排放总量的18%。其次，住房对车辆所排放的温室气体也负有重要责任，而且影响越来越大。2007年，车辆排放的温室气体占美国排放总量的28%（Energy Information Administration, 2008；Ewing & Rong, 2008）。美国联邦航空管理局称"家庭出行的里程占美国行车总里程的比例超过80%，其排放的二氧化碳占车辆行驶排放的二氧化碳总量的3/4（Carbon Footprint of Daily Travel, 2009）。

家庭出行的温室气体排放量取决于三个因素：一是家庭所拥有的汽车数量和汽车的燃油功率；二是相对于其他交通工具，出行时驾驶汽车的频率；三是行驶的里程。后两项因素受住房布局的影响。在住房布局密集的区域，尤其是住房邻近工作单位、学校、超市等地方时，人们会更多地搭乘公交车、步行或骑自行车。即使出行驾车，行驶里程也相对较小。据联邦航空管理局估计，在每平方英里居住5000—10000人口的高密度住宅区，家庭每日出行所产生的二氧化碳是每平方英里居住30—250人口的低密度住宅区的一半。而且，住房距公共交通工具一公里以内的家庭每日出行所产生的二氧化碳也要比其他距离更远的家庭少将近25%（Carbon Footprint of Daily Travel, 2009）。一项对美国83个都市区交通模式的调查发现，在考虑了收入和其他人口因素之后，生活在最紧凑住宅区中的居民远远没有其他居民驾车频繁。例如，在俄勒冈州的波特兰，人均驾车里程比人口最稀疏的地区——乔治亚州的亚特兰大少30%。从更小的地域来看，一项对华盛顿州国王县交通模式的研究发现，在步行是最便捷的交通工具的地区，居民每日的驾车里程比该县其他更依赖汽车的地区少26%（Ewing, Bartholomew, Winkelman, Walters & Chen, 2007）。如果美国希望成功地降低温室气体排放量，缓解温室效应，那么必须让住房布局更加紧密，提高土地的综合使用率（Ewing et al., 2007）。这需要改变长期以来建造低密度型单户住房，以及住房与其他土地用途相分离的发展模式。

1.1.2 住房在经济上的重要性

房地产业是美国经济的支柱，多年来所创造的产值占GDP的比例都超过了20%（见图1.1）。2007年，GDP中的5%来自住房建设和修缮，11%来自房租和自有房户的相关支出，7%来自购置家具、家用电器和其他家用开销等；美国住

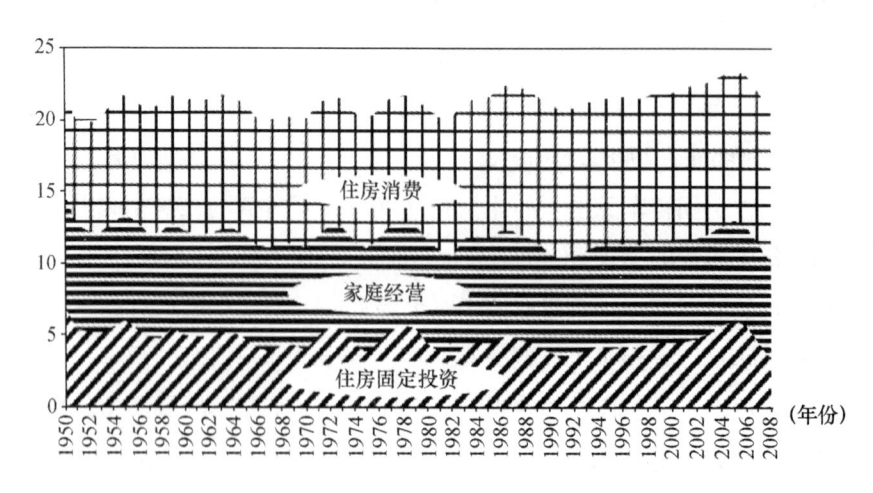

图1.1　1950—2008年美国房地产业产值占GDP的比例（%）

资料来源：Bureau of Economic Analysis, 2009a。

房市场的总价值达 17.8 万亿美元，占全国私有固定资产总值的 53%（Bureau of Economic Analysis，2009b）。2008 年，住房建设为美国经济创造了 490 万个工作岗位和 3680 亿美元收入，并为联邦政府、各州政府以及各地方政府带来 1420 亿美元的税收收入（Liu & Emrath，基于 2008 年的数据）。

从地方性和区域性的角度看，住房同样至关重要。住房的建设、开发和销售能够提供就业机会，增加国民收入和政府税收。除了这些直接效益之外，在住房的开发过程中，建筑工人、开发商以及新入住家庭的消费支出也间接地给当地带来经济效益。据全美住房建设商协会估计，在一个都市区平均每新建 100 套单户住房，在建设期间就能为当地创造 324 份全职工作，带来 2100 万美元的收入。而此后入住 100 户家庭每年的消费支出又能带来 53 份工作和 74.3 万美元的收入（National Association of Home Builders，2009）。

住房建设也是各级财政收入的重要来源。从全国范围来看，2008 年单户住房建造的税收和相关费用达 1182 亿美元，这是根据全美住房建设商协会的估计和住房完工的相关数据所得出的估计结果（Liu & Emrath，2008）。每开发 100 套单户住房，在建设当年为地方政府带来 220 万美元的收入。而且，每年这 100 套住宅的业主所支付的房地产税及其他税费又能为地方政府带来 74.3 万美元的收入（National Association of Home Builders，2009）。

2000 年，美国经济出现衰退，在随后的缓慢复苏期间，房地产业的发展对支撑经济增长发挥了重要作用，但这也是导致 2007 年经济陷入严重衰退的关键因素。2006 年之前，住房价格的急剧攀升，尤其是东西海岸地区，通过住房的销售、装修、改建和按揭再贷款活动大大刺激了经济的发展。在此期间，住房价格以每年 10% 甚至更高的速度增长，自有房户利用一部分住房权益资本来偿还债务、装修房屋、投资小生意、支付子女学费和家庭医疗费用，从而增加了收入以应付家庭开支。2001—2007 年，自有房户从住房权益资本中套取的现金超过了 1.8 万亿美元（Joint Center for Housing Studies，2009，p.14）。

随着住房价格的持续低迷，全国发生抵押贷款违约和丧失抵押品赎回权的现象越来越多，这在很大程度上是引发 2007 年经济严重衰退的重要原因。住房开发和销售的下滑大大降低了对建材、家具、房地产经纪商以及抵押贷款的需求，进而导致公司大量裁员、收入减少和失业激增。抵押贷款违约和丧失抵押品赎回权现象的恶化使得抵押担保证券不断贬值，侵蚀了数百亿美元资产的价值，从而引发了严重的金融危机——许多银行破产、大量公司被吞并、美国联邦储备委员会接管了数家全国最大的金融机构（Baily, Elmendorf & Litan, 2008; HUD, 2009g; Immergluck, 2009）。

1.2 住房政策的目标和形式

住房政策其实并不只是针对住房的政策。19世纪以来，几乎所有的住房项目都不仅仅只是为了提供廉价舒适的住房。例如，19世纪末和20世纪初的管制改革规定了住房建设中采光、通风、防火和卫生等方面的基本要求，一方面是为了防止传染性疾病的蔓延，减少反社会行为；另一方面也是为了改善居民的居住条件（Marcuse, 1986; Lubove, 1962）。同样，在1937年通过第一个公共住房法案时，美国国会更希望以此促进建筑行业的就业，而不单单是为低收入者提供住房（Marcuse, 1986; Radford, 1996; Von Hoffman, 2000）。

卡茨（Katz）等人在评估1930年以来州政府和地方政府的住房项目过程中，提出了以下七个住房政策目标，其中，只有两个涉及居民的负担能力和住房建筑质量。

1. 稳定并扩大优质住房的供给
2. 让更多的人买得起住房
3. 促进社区居民在种族和经济阶层上的多元化
4. 帮助家庭积累财富
5. 巩固家庭
6. 为居民提供基本的住房服务
7. 促进都市区的协调发展（Katz, Turner, Brown, Cunningham & Sawyer, 2003）

政府的住房政策可以采用多种形式，既可以通过直接补贴或税收激励提供资助，也可以运用调控手段影响抵押贷款的供给，房地产经纪人的行为以及在某一地区建设的住房类型、数量和成本。

直接资助可通过专门的项目来实现，例如公共住房，或者一次性划拨给地方政府补助款,给予其在项目开发上更多的自主权。这些资助项目可以支持住房的建设与翻新,也可以给家庭提供租房券,帮助其获得私人市场上已有的住房。有些项目偏向特定的经济阶层和有特殊需求的家庭或个人(如老年人、无家可归者或残疾人等)。有些项目则着重于维护现有的廉价舒适住房(无论是否获得资助),或新建更多的廉价舒适住房。

有些住房政策鼓励买房,有些鼓励租房,还有些鼓励其他的住房所有形式——例如合作公寓和共有住房。而且在实施项目的过程中,不同的政策对政府的依赖程度也不尽相同。像公共住房和租房券这类政策几乎完全依靠政府实施,其他相关政策则需要通过与营利性或非营利性开发商进行合作才能实施。

1.3 美国住房政策:本书概览

提起美国的住房政策,大多数人会想到公共住房和其他对低收入者的资助项目。但是,联邦政府对自有房户的税收优惠政策实际上为富人提供了更多资助。2008年,在联邦政府住房资助中,获益的低收入租房者约有700万人,而有近1.55亿美元的自有房户的抵押贷款利息可以抵扣联邦个人所得税;联邦政府直接用于住房资助的支出不到402亿美元,而抵押贷款利息减免以及其他自有房户可享受的税收优惠数额超过了1710亿美元(见图1.2)。而且,绝大部分税收优惠都流向了收入超过10万美元的家庭,其中的原因将在本书第4章中具体阐述。

除了抵押贷款利息减免,自有房户享受的其他税收优惠政策还包括房地产税的减免和出售住房的资本收益税减免,以及利用免税债券融资的首次购房者可获得的低利率抵押贷款。投资租赁房屋的税收激励政策主要包括对低收入者住房建造,以及历史遗迹修复的税收补贴和利用免税债券融资的低利率抵押贷款。

除税式支出外,联邦政府还通过以下三种形式为低收入家庭提供资助:(1)支持某些特定住房工程的建设和实施;(2)帮助租房者获得私有住房;(3)为州政府和地方政府提供用以开发其自身项目的资金。

第一种形式通常被称为供方资助或工程资助,其中包括公共住房——美国1937年设立的、同时也是最早的低收入住房项目。此外,还有一些其他项目,比如"第八条款新建项目",联邦政府通过该项目,资助私有低收入住房的建设,有时也会提供经营方面的资助。虽然联邦政府每年花费数十亿美元在公共住房和其他供方资助项目上,但几乎所有资金最终都用于维护或重建20世纪80年代中期之前建造的住房。除了为乡村地区以及低收入老年人和残疾人家庭建造过少量的住房,事实上,在过去的20年间,联邦政府的供方资助没有用于任何新住房的建设。

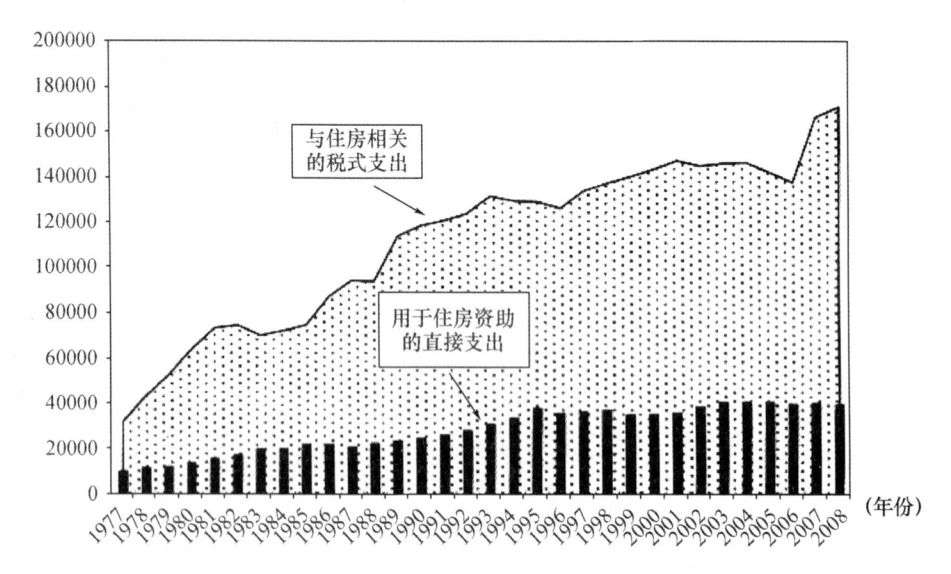

图1.2 与住房有关的直接支出和税式支出(百万美元,以2008年为基年)

资料来源:Dolbeare & Crowley, 2002; Budget of the V. S. Government, 2008a, 2008b。

第二种形式的资助旨在帮助低收入家庭租住私人市场上现有的住房,它始于20世纪70年代中期,并且在此后不到十年的时间里,成为扶持低收入家庭的最主要方式。联邦政府为低收入家庭提供租房券,用于支付当地房租最高限额超过家庭收入30%的差额。

第三种形式的资助是指由联邦政府向州政府和地方政府提供用于发展自身住房项目的综合补助款。州政府和地方政府所获得的数额通常是根据某一公式计算得出的,虽然联邦政府对资金的使用规定了一定范围,但州政府和地方政府可根据实际情况选择资金的具体用途。最早的同时也是最大的综合补助款项目是"社

8

区发展综合补助款"（Community Development Block Grants，简称 CDBG），在资金的运用上给予了州政府和地方政府最大的自由度。与社区发展综合补助款项目相比，HOME 投资合伙项目（Home Investment Partnership program，简称 HOME）在资金的使用上限制较多。

目前将近 710 万户低收入家庭获得过某种形式的租房资助，其中租房券作为最大的项目，提供了 220 万套住房。获得联邦政府工程补助的私有住房次之，共有 180 万套。排在第三的是公共住房，共有 120 万套。

余下的 190 万套住房绝大部分获得过低收入住房税收补贴（Low-Income Housing Tax Credit，简称 LIHTC），免税住房债券或者 HOME 项目的资助。① 而且这些住房大都获得过至少其中一项资助。例如，低收入住房税收补贴项目帮助开发了 150 多万套用于出租的住房（超过公共住房的总量），其中，60 多万套住房还获得免税住房债券的资助，此外一些享受税收补贴的工程还获得 HOME 项目的资助（见表 1.1）。②

住房政策不只局限于提供补贴和税收激励，它对住房的融资、开发、租赁和销售也有一定影响。换句话说，保障低收入和少数族裔家庭获得住房的相关制度、法规和实践与住房政策也有着密切的关系。例如，第二次世界大战之后房屋置业率的快速增长，在很大程度上归功于联邦政府于 20 世纪 30 年代对住房融资体系的干预。此外，联邦政府的干预还催生了 30 年固定利率住房抵押贷款、联邦政府抵押贷款保险以及抵押贷款二级市场。

从 20 世纪 70 年代开始，联邦政府制定了一系列法律和监管措施，旨在解决住房抵押贷款中对少数族裔的歧视问题。20 世纪 90 年代初，联邦政府通过立法要求提供住房融资的主要机构提高对少数族裔及服务设施落后的社区的贷款额度。还有一些专门解决房地产经纪人歧视行为的法律，如 1968 年的《公平住房法案》。此外，建造规范、区域划分以及其他土地使用规范则指定了可在某些特定社区内建造住房的数量、类型和成本。

---

① 住房对全球变暖的影响和不同解决方式的可能效果的分析，参见 Ewing et al.。
② 此处的图表并未反映所有的联邦住房政策，如社区发展拨款计划和无家可归者与艾滋病救助计划。

表1.1　　　　　　　　　　2009年获得联邦资助的租赁住房概况

资助项目（年份）	住房总量（套）	所占百分比（％）	备注
规模较大的资助项目（包括租金资助）	5217551	73.4	
住房选择租房券（2009）	2177697	30.7	
为租户提供的租金资助（2009）	103621	1.5	假设HOME项目发放的207242个租房券中有一半仍在使用；这些租房券能够提供为期两年的租金资助。
公共住房	1160911	16.3	不包括将要拆除的住房。
基于项目补贴的租金援助	1775332	25.0	包括第8条款新建和重大修缮项目、第8条款一般性修缮项目和第8条款对获得其他项目补贴的住房的资助。
基于项目的第8条款（2008）	1299572	18.3	
第202和第811条款	142000	2.0	为老年人和残疾人提供的住房
第515条款、第521条款和第8条款租金资助	333750	4.7	乡村地区的住房
规模较小的资助项目（不包括租金资助）	2113309	26.6	
第236条款（2007）	65755	0.9	
第515条款（不包括租金资助）（2008）	111250	1.6	
低收入住房税收补贴项目（2007）	1525662	21.5	其中43%（656313个住房单元）还获得免税债券。
免税债券资助（2007）	184130	2.6	另外还有656313个住房单元取得免税债券和低收入住房税收补贴。
由HOME项目资助的租赁住房（2009）	222846	3.1	另外还有120000个住房单元还获得低收入住房税收补贴。
总计	7104348	100.0	

资料来源：Vouchers：HUD, 2009e；Public Housing, Section 8, and Sections 202 & 811；Rice & Sard, 2009；Section 515：Housing Assistance Council, 2009；Tax-Exempt Bonds, Low-Income Housing Tax Credits, National Council of State Housing Finance Agencies, 2009；HOME, HUD, 2009f & National Coucil of State Housing Finance Agencies, 2009；Section 236 & 221（d）3 and Section 8 Mod Rehab—National Housing Trust, 2004c.

1.4 本书的结构

本书提供了关于美国住房补贴项目和为消除种族歧视所采取的干预措施的概述。

第 2 章归纳了住房市场发展的主要趋势和模式，为后面的内容提供了必要的背景信息。本章追溯了住房建设长期以来的发展趋势，考察了美国存在的主要住房问题以及所影响的人群，总结了联邦政府在不同时期用于住房补贴方面的支出的变化情况，并重点讨论了 20 世纪 90 年代末至 2005 年间在住房市场中扮演最重要角色的"房地产泡沫"的产生和破灭。

第 3 章描述了美国住房融资体系在 20 世纪的演变过程，探讨了罗斯福新政时期联邦政府在重塑住房融资体系中的重要作用——引进政府抵押贷款保险、建立抵押贷款二级市场和推出长期固定利率抵押贷款，等等，并特别研究了 2007 年爆发的次贷危机及其对住房融资体系的影响。

第 4 章阐述了联邦政府住房税收政策对住房的重要影响，详细介绍了联邦政府通过税法资助自有房户以及出租住房（其获益相对较少）的多种方式。此外，本章揭示在为自有房户提供税收资助的过程中，富人获益远甚于中产阶层。

第 5 章讲述了低收入住房税收补贴项目，这不仅是针对廉价舒适住房的最重要的税收激励，同时也是目前规模最大的租赁住房补贴项目。本章描述了税收补贴项目的基本运作方式，以及如何为低收入住房提供权益资本，并说明了获得税收补贴的住房现状，对该项目的优点和不足进行了评价。

第 6 章是关于美国最早的联邦政府住房补贴项目——公共住房。本章追溯了公共住房的历史沿革，讨论了公共住房存在的最严峻问题的来龙去脉，其中包括贫穷人口的聚集、社会隔离、住房质量差和管理落后，并回顾了近年来联邦政府为改革和重塑公共住房项目所做的努力，其中最知名的当属旨在振兴公共住房的希望六号计划（HOPE VI）。

第 7 章重点考察了联邦政府为资助由私人和非营利组织建造的廉价舒适住房所实施的一系列项目。据统计，这些项目共开发了 190 万套住房。但是除第 515 条款乡村住房项目外，20 世纪 80 年代以来，这些项目事实上没有资助过任何住房建设。这些项目与公共住房不同，公共住房属于联邦政府所有，而且任何时候都可以获得资助，而这些项目所开发的住房只在某一有限时期获得资助，超过了期限可以转变为市场住房。目前面临的问题是，如何使这些市场住房仍然在低收入者的负担范围之内。

在第 8 章，我们将从供给角度，即基于工程的住房补贴项目转向需求角度的资助项目，特别是租房券——帮助低收入家庭在自由市场上租到合适的住房。本章首先回顾了针对需求方的项目从 1974 年设立以来的演变过程，并就其优缺点进行了评价。然后考察了不同类型家庭通过租房券获得住房的能力在不同时期的变化趋势，以及各住房市场的成功率在不同市场的情况。最后，本章讨论了租房券在推动种族和经济融合方面的作用。

第 9 章从联邦政府住房项目扩展到州政府和地方政府设计和运作的住房项目，这些项目通常都是与非营利组织合作展开的。本章探讨了州政府和地方政府如何运用联邦政府的综合补助款和免税债券来资助住房建设，以及如何利用住房信托基金和包容性区划为廉价舒适住房的开发提供资金。本章还总结了社区发展公司和作为州政府和地方政府合作伙伴的非营利组织在提供住房援助方面的重要作用。

第 10 章讲述了针对有特殊需求的人群的住房政策和项目及其发展过程。这些特殊群体包括无家可归者、老年人、艾滋病患者和精神病患者。

第 11 章从住房资助项目转向需要借助法律和监管手段保障低收入和少数族裔家庭获得住房的政策和项目。本章考察了房地产市场和抵押贷款市场中的种族歧视对少数族裔家庭的影响，以及公平住房法案和公平借贷法案在解决歧视问题上所取得的成效。

第 12 章探讨了目前住房政策的两大重心——自有住房和不同经济阶层的融合。本章考察了美国各级政府为提高房屋置业率、促进社区和住房开发中处于不同经济阶层的家庭的融合所做的努力。关于自有住房的部分归纳了政府为提高低收入和少数族裔家庭的房屋置业率所采取的各种措施，其中包括资助分期付款的首付、软性二次抵押贷款以及对一级和二级抵押贷款市场的调控，并反思了次贷危机中的教训，有助于将来提高房屋置业率。关于经济阶层融合部分，讨论了一系列项目，这些项目的目标在于帮助公共住房居民和其他低收入家庭搬入中等收入社区，开发多个经济阶层混住的住房工程。

第13章回顾了在前面章节里反复强调的一些主题及其对联邦政府住房政策未来发展方向的影响；考察了住房政策重心在不同时期所发生的变化，将布什和奥巴马政府时期的住房政策进行了对比。笔者认为鉴于当前住房市场、住房融资体系和国民经济形势仍处于动荡不安的状态，有必要重新审视对住房市场、住房融资体系和住房政策所作的关键假设。

第 2 章
趋势、模式和问题

第二次世界大战以前，美国大部分家庭居住在出租房，城市人口大大超过郊区人口，当时最严峻的住房问题是房屋质量问题。目前，租房户只占所有家庭的 1/3 左右，相反，郊区人口远远多于城市人口，最重要的住房问题不再是住房质量，而是居民住房消费承受能力。

本章简要介绍了美国住房市场最重要的发展趋势，讨论的重点放在居民住房消费承受能力上。由于住房市场的数据具有很强的时效性，将主要阐述长期趋势。本章将着重阐述住房承受能力较差的家庭的人口等特征，并探讨了住房质量问题和拥挤问题的严重性。此外，还考察了最重要的住房问题——无家可归者，以及联邦政府住房资助项目的发展趋势。

2.1 住房建设趋势

1975—2008 年，美国平均每年新建 170 万套住房。住房建设通常具有周期性特征，随宏观经济状况、抵押贷款的数额及其成本的变化而扩张或萎缩。但是，在 2007 年房地产泡沫破灭之前，人们普遍认为住房融资产品创新，特别是抵押贷款二级市场的发展和复杂化，已经削弱了住房建设的周期性。事实上，如图 2.1 所示，与 1975 年、1982 年和 1991 年的经济衰退相比，2000 年经济衰退期间新建住房数量下降幅度明显更低。从 1991 年至 2006 年，新建住房数量几乎每年都在增长，即使下滑，其幅度也相当小。

次贷危机的爆发，以及随后房地产市场崩溃证明这一观点是错误的。新建住房数量从 2007 年和 2008 年开始下滑。2008 年新建住房数量 98.4 万套，相对于

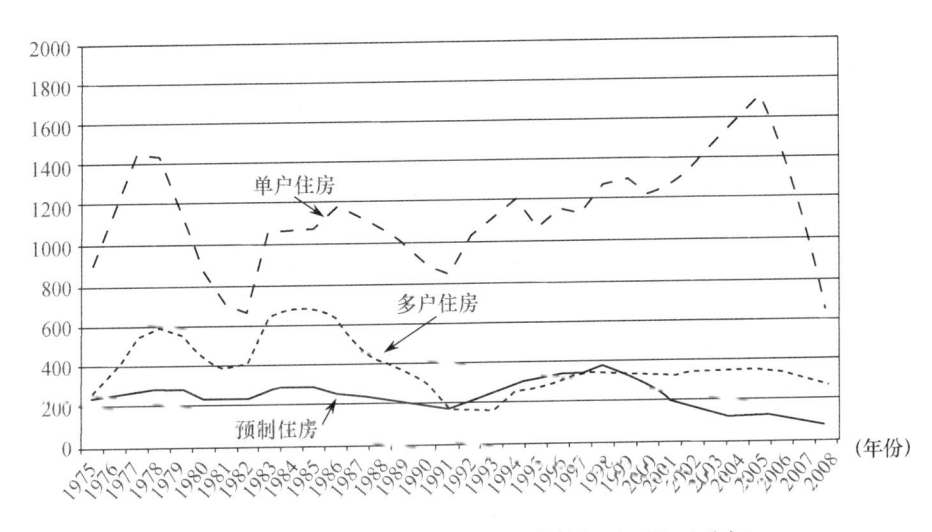

图 2.1　1975—2008 年不同类型住房的年开工量（千套）

资料来源：U. S. Census Bureau, 2009b。

2006 年下降了 49%，这也是第二次世界大战以来的最低点，其中单户住房下跌幅度最大。下面将详细介绍房地产泡沫破灭过程。

从 20 世纪 80 年代中期至 2008 年，住房建设以单户住房建设为主。如图 2.1 所示，2005 年之前，单户住房建设一直占据年新建住房总量的最大份额，而且是增长速度最快的部分；2005 年所占比例为 78%，而 1990 年和 1980 年则分别只有 65% 和接近 56%。单户住房建设一枝独秀在一定程度上反映了 20 世纪 80 年代后期以来多户住房建设的急剧下滑。本书第 3 章和第 4 章将会谈到，正是抵押贷款融资体系和联邦政府个人所得税转变导致租赁住房投资大幅度减少。20 世纪 90 年代中期以来，多户住房每年新建数量呈逐渐上升趋势，但是仍远远低于 80 年代初期的水平。在 90 年代的大部分时间里，多户住房建设规模远远落后于预制住房。在此期间，移动住宅和其他类型的预制住房的供给量赶上并且超过多户住房，尽管预制住房的数量从 90 年代后期开始已大大减少，这主要是因为预制住房的抵押贷款问题以及此前过度生产的结果（Apgar, Calder, Collins & Duda, 2002）。

单户住房新建数量占所有新建住房的比例在 2008 年开始急剧下降，降至 63%。这并不是因为多户住房和预制住房新建数量的增加，而是意味着单户住房建设衰退的开始；多户住房和预制住房也在开始下滑，只是下滑的幅度没有单一

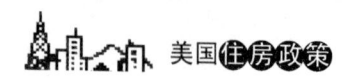

家庭住宅那么大。

美国绝大部分住房建造在都市区的边缘地带，极少在东北部地区。1990年以后，中心城市新建住房数量远远低于郊区和非中心城市。例如，尽管1990年后仅18%的新建自有住房和不到10%的新建租赁住房位于中心城市，非中心城市则拥有近40%的新建自有住房和近30%的新建租赁住房（见表2.1）①，并且非中心城市住房建设增长最为迅速。表2.2说明，2000—2007年，在所有新建住房中，非中心城市所占比例超过50%（而且2003年至2007年，该比例达到了80%以上）；城市所占比例最低，只有16%（其中自有住房占13%，租赁住房占25%）。

表2.1　已投入使用的住房在建成当年的区位分布　（单位:%）

建设类别	自有住房				租赁住房			
年份	总计	中心城市	郊区	非都市区	总计	中心城市	郊区	非都市区
2000—2007年	12.3	7.6	7.4	25.2	6.8	4.1	4.6	17.8
1990—1999年	14.8	9.6	17.5	14.1	8.0	5.3	10.0	9.9
1980—1989年	12.5	10.0	15.0	10.0	13.5	9.9	18.3	11.5
1970—1979年	18.0	15.5	19.6	17.0	23.5	22.8	25.4	20.9
1960—1969年	11.9	13.5	13.1	8.3	12.6	12.5	15.0	7.8
1950—1959年	11.1	14.3	12.1	6.5	8.9	9.9	8.7	7.1
1950年之前	19.5	29.5	15.3	18.9	26.7	35.6	18.1	25.0
总计	100.1*	100.0	100.0	100.0	100.0	100.0	100.0	100.0

资料来源：U. S. Census Bureau, 2008a。

*各分项百分比之和不等于"合计项"，系SPSS系统自动依据四舍五入原则在小数点后保留一位数字之故，下同。——编者注

在新住房建设中，美国南部地区远远领先于其他地区。2000—2007年间，有近50%的自有住房和租赁住房数量建于南部地区，约25%在西部地区，约20%在中西部地区，仅9%在东北部地区。

① 表2.1的数据来自美国人口统计局（U. S. Census Bureau, 2008a），其非城市区域的定义比其他统计调查要宽泛。许多在美国住房调查（AHS）中被认为是非城市区域的地区在其他调查中被认为是"市郊"。换句话说，许多被AHS非城市区域的地方围绕在城市周边，且发展迅速。

表2.2　　　　　　2000—2007年建成的已投入使用的住房区位分布

	自有住房	租赁住房	总计
住房总量（千套）	9308	2385	11693
分布百分比（%）			
都市区	44.2	51.9	45.8
中心城区	13.7	25.2	16.1
郊区	30.5	26.8	29.7
非都市区	55.8	48.1	54.2
东北部地区	8.8	9.3	8.9
中西部地区	20.3	16.0	19.4
南部地区	47.5	46.4	47.2
西部地区	23.5	28.3	24.5

资料来源：U.S. Census Bureau，2008a。

住房正逐渐变得越来越重要、越来越豪华。1973—2007年，自有住房平均面积逐年上升，从每套1535平方英尺增加到2277平方英尺。多户住房也越来越大，但是增长幅度比单户住房小一些。在所有新建单户住房中，配备中央空调的住房占比从1973年的49%上升到2007年的90%——反映了新建住房多位于南部地区以及居住条件提高这一事实；带有两个以上独立浴室的住房所占比例也从1973年的60%提高到2007年的95%（U.S. Census Bureau，2009a）。

表2.3　　　　　　　　　　新单户住房的一些特征

完工年份	平均建筑面积（平方英尺）	配备空调的住房比例（%）	至少有两个浴室的住房比例（%）
1973年	1535	49	60
1983年	1565	70	72
1993年	1945	78	88
2003年	2137	88	95
2007年	2277	90	95

资料来源：U.S. Census Bureau，2009a。

2.2 房地产市场泡沫

21世纪第一个十年,波及全球、极具破坏性的房地产市场泡沫破裂,将会是声名狼藉。房价从20世纪90年代中期开始攀升,2000年开始加速上涨,上升速度比以往任何时候都快,尤其是在美国东西部沿海地区和内陆的几个都市区。房价暴涨极大地刺激了抵押贷款额的增长——包括住房抵押贷款和抵押贷款的再融资,这也使得自有房户在2001—2007年从住房权益资本中套现1.8万亿美元(而1994—2000年,该数值只有4400亿美元)(Joint Center for Housing Studies,2009,p. 14)。不断上涨的住房成本促使贷款人放宽了保险政策,并开发出奇异的高风险抵押贷款产品,使得借款人能够增加贷款额(本书第3章将讨论住房融资体系的演变过程)。事实上,一些研究表明,宽松的信贷政策增大了房地产市场泡沫的风险;不断增加的抵押贷款促使购房者哄抬房价(HUD,2009g;Immergluck,2009)。另外一个诱发房地产市场泡沫的因素是购买住房更多的是一种投资活动,而不是简单的投机获得,尤其是在佛罗里达州、加利福尼亚州和其他过热的房地产市场。在这些地区,25%以上的住房抵押贷款都不是用于购买自己居住的住房(Avery,Brevoort & Canner,2007;HUD,2009g)。

图2.2、图2.3和图2.4展现了房地产市场泡沫的产生和破灭过程。其中,图2.2以1997年为基期,描述了住房建设和住房销售中几项指标的变化情况。2000年至2005年,除了多户住房,其他住房的建设和销售急剧增长。此后直线滑落,甚至不及1997年的水平。2005年年初,单户住房建设规模比1997年高50%,但是到2009年,相反比1997年低70%。多户住房建设亦是如此,在2008年和2009年急剧下跌,不过与单户住房建设规模不同之处在于,1997年后多户住房建设规模几乎没有增长。

图2.3显示了2001年1月至2009年3月期间,房价月度同比变化情况。数据来自全美凯斯—希勒住房重复销售指数(Case-Shiller repeat sales index),以考察两大城市——圣地亚哥市和克利夫兰市的房地产市场,这两个城市的房地产市场有着迥异的动态特征(凯斯—希勒指数已经消除了住房大小、建造质量和地理位置的影响)。从2002年中期至2006年中期,全国房价以每年10%以上的速度

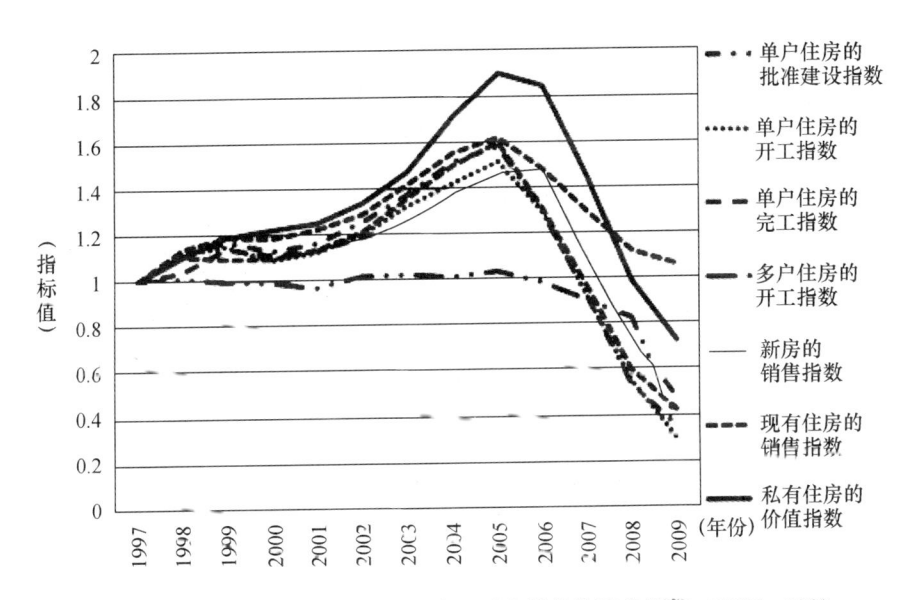

图 2.2 房地产市场泡沫：基于住房建设和销售状况的测算（1997 = 100）

注：住房价格及其变化是 2008 年美元的价格。

资料来源：U. S. Census Bureau，2009b；National Association of Realtors，2009；Joint Center for Housing Studies，2009。

上涨。2006 年下半年上涨的速度越来越慢，2007 年则开始回落。到 2008 年年初，房价下跌了至少 10%。在 2007 年泡沫破灭之前，圣地亚哥市是美国房地产市场泡沫最为严重的城市之一。图 2.3 表明圣地亚哥市的房价年增长率通常在 20% 以上，而且在 2003 年年末的某一短时间内，达到最高点 30%。但是紧接着，在全美房价依然保持增长时，圣地亚哥市的房价增速已经放缓，随后 2006 年中期全美房价开始下滑，圣地亚哥市的房价则呈现负增长的趋势。一直到 2009 年 5 月，房价正以年均 20% 的速度下跌。

克利夫兰市的房地产市场与圣地亚哥市的情形恰好相反。2007 年之前，其房价增长速度相对较慢，几乎没有超过 5%。2007 年之后，房价也开始下跌，至 2009 年 5 月，以年均 10% 的速度下滑。虽然克利夫兰市房地产市场的低迷程度不及美国某些更加"过热"的房地产市场，但是由于其在 2007 年以前升值幅度并不大，因此下跌带来的影响更严重。

图 2.3　2001 年 1 月至 2009 年 3 月美国、圣地亚哥和克利夫兰市住房价格波动（%）
资料来源：Case-Shiller Home Price Indices，2009。

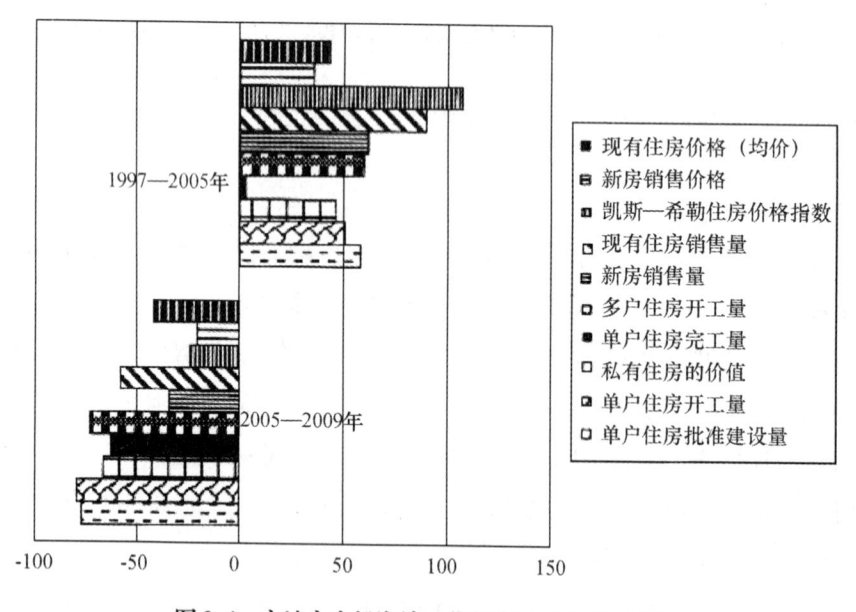

图 2.4　房地产市场泡沫：指标变动百分比（%）
资料来源：U. S. Census Bureau, 2009b; National Association of Realtors, 2009; Joint Center for Housing Studies, 2009; Case-Shiller Home Price Indices, 2009. Note：2009。

注：2009 年的相关数据是 2009 年 1 月至 5 月相应数据季节调准均价；住宅价格及其变动是基于 2008 年的美元价格。

图 2.4 展示了 2005 年以来房地产市场市值逆转趋势。1997—2005 年，大部分指标增长了至少 50%，用凯斯—希勒指数衡量的房价更是增长了 100% 以上。2005—2009 年，房地产市场进入下行通道，一半的指标降低了 50% 以上。正如之前所述，2009 年住房建设经历了自第二次世界大战以来最为严重的低谷。[1]

2.3 土地使用权

在短短的 20 年间，美国土地使用权的主要形式已经从租赁转变为自有。1940 年，美国大部分家庭均选择租赁房屋。1940—1960 年，美国房屋置业率从 44% 上升到 62%，这在很大程度上得益于住房融资体系的变革，这一变革源于联邦政府住房政策的转变，我们将在本书第 3 章进行详细讨论。从图 2.5 中我们可以看到，1960—1980 年，房屋置业率仅仅增长了 2.5%。

20 世纪 80 年代，房屋置业率略有下降，但是进入 90 年代又开始反弹，特别是在 20 世纪 90 年代末至 2005 年期间，几乎每年都创新高。在本书第 3、11、12 章将会谈到，近年来房屋置业率的增长是良好的经济状况、低利率与抵押贷款审核程序和标准等变化的结果，这些变化在一定程度上归功于联邦政府对抵押贷款机构不断施加的压力，要求其提高对低收入和少数族裔家庭抵押贷款的数额，此外也得益于无管制次级贷款的增长。房屋置业率在 2004 年达到最高点 69.2%，但随后开始下滑，这是房地产市场泡沫最盛时期房价猛涨，以及 2007 年泡沫破灭后越来越多的人丧失抵押品赎回权的结果。

房屋置业率在不同人群中的分布差别极大。如表 2.4 所示，房屋置业率最高的人群是已婚夫妇、白人家庭和中老年家庭；在空间上，郊区和非都市地区的房屋置业率较高。例如，2007 年已婚夫妇的房屋置业率高达 84%，比其他家庭高出 30%；白人家庭的房屋置业率为 75%，比拉美裔家庭高 26%，比黑人家庭高 28%。从表 2.4 中也可看出，虽然 1993—2007 年房屋置业率一直在增长，但是在 1983—1993 年，只有老年家庭和单身住户的房屋置业率有显著上升，其他人群几乎没有增长，有些甚至还出现了负增长。在经济面临严重衰退、抵押贷款市场极

---

[1] 房地产泡沫的一个重要后果——贷款违约和抵押品赎回权丧失的激增不在本章讨论范围内。

不稳定的情况下，房屋置业率在此后10年继续保持快速增长是不太可能的（Joint Center for Housing Studies，2009）。

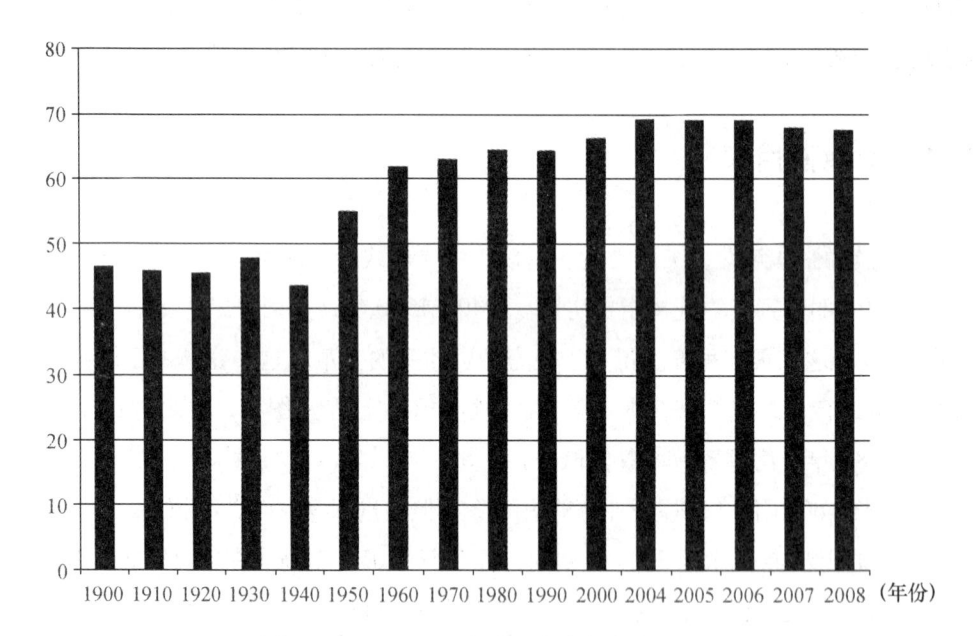

图2.5　1900—2008年美国住房拥有率（%）

资料来源：U.S. Census Bureau, 2009e。

表2.4　　　　　　　　　　不同地区和不同人群的房屋置业率　　　　　　　　　（单位：%）

年　份	1983年	1993年	2004年	2007年
总计	64.9	64.1	69.0	68.1
住户类型				
已婚夫妇家庭	78.3	79.1	84.0	83.8
其他家庭型住户	49.5	46.0	53.3	52.0
单身住户	46.2	49.8	55.8	55.2
户主年龄				
不到25岁	18.8	15.0	25.2	24.8
25—29岁	38.3	34.0	40.2	40.6
30—34岁	55.4	51.0	57.4	54.4

续表

年　份	1983 年	1993 年	2004 年	2007 年
35—44 岁	69.3	65.4	69.2	67.8
45—54 岁	77.0	75.4	77.2	75.4
55—64 岁	79.9	79.8	81.7	80.6
65 岁以上	75.0	77.0	81.1	80.4
种族				
非拉美裔白人	69.1	70.2	76.0	75.2
非拉美裔黑人	45.6	42.0	49.1	47.2
拉美裔	41.2	39.4	48.1	49.7
其他	53.3	50.6	58.6	59.2
地区				
东北部	61.4	62.4	65.0	65.0
中西部	70.0	67.0	73.8	71.9
南部	67.1	65.5	70.9	70.1
西部	58.7	60.0	64.2	63.5
城乡分布				
中心城区	48.9	48.9	53.1	53.6
郊区	70.2	70.2	75.7	75.5
非都市区	73.5	72.9	76.3	75.1

资料来源：U.S. Census Bureau (2008a) and Previous Years。

自有房户和租房户的特征

自有房户和租房户在诸多方面都存在很大差异，其中一个最根本的区别就是自有房户远比租房户富裕，而且两者的差距越来越大。表 2.5 显示，2007 年自有房户的平均家庭收入为 61700 美元，是租房户的两倍多；在 1997 年，前者只比后者多 75%。在财产拥有方面，两者差距更大，2007 年，美国租房户平均净财产 5300 美元，仅是自有房户的 2%（24.32 万美元）。

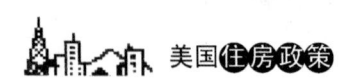

表2.5　　　　　自有房户和租房户在中等家庭收入和净资产上的差异

中等家庭收入 （千美元，以2008年为基年）	1988年	1998年	2008年	1988—2008年变动百分比	1998—2008年变动百分比
自有房户	60.8	63.3	63.7	4.7	0.6
租房户	34.1	33.5	32.7	-4.0	-2.4
租房户收入与自有房户收入的比值	56.1	53.0	51.4		
家庭平均净资产 （千美元，以2008年为基年）	1998年	1998年	2007年	1988—2007年变动百分比	1998—2007年变动百分比
自有房户	169.2	174.7	243.2	43.8	39.2
租房户	3.4	5.6	5.3	57.1	-5.6
租房户净资产与自有房户净资产的比值	2.0	3.2	2.2		

资料来源：Income-Joint Center for Housing Studies，2009；Wealty-Joint Center for Housing Studies，2004 & Bucks et al.，2009：Table 4。

表2.6展示了自有房户和租房户在其他方面的差异。自有房户多居住单户住宅，极少住在多户住宅；他们更可能居住在郊区或都市区的外围，而很少住在中心城市；他们多是白人，很少是少数族裔。虽然自有房户和租房户有未成年孩子的可能性是相同的，但是自有房户更可能是已婚夫妇，租房户则更有可能是单身母亲家庭。

表2.6　　　　　2007年自有房户和租房户的概况　　　　　（单位：%）

类　别	自有房户	租房户
总计（户）	75647	35045
白人所占百分比	86.7	70.9
黑人所占百分比	8.5	21.1
拉美裔人所占百分比	8.4	17.8
亚裔人所占百分比	5.1	6.6
住在中心城市的住户比例	22.3	42.0
住在郊区的住户比例	55.0	41.8
住在非都市区的住户比例	21.9	14.8
单户独立住房的比例	82.6	25.5

续表

类 别	自有房户	租房户
单户联排住房的比例	5.3	5.8
多户住房的比例	2.9	64.4
预制住房的比例	9.1	4.3
年均建设量（套）	1975	1971
没有汽车的住房比例	2.7	18.8
建筑质量很差的住房比例	1.0	4.5
建筑质量一般的住房比例	1.4	6.9
户主的平均年龄（岁）	52	40
老年人住户的比例	24.2	13.1
有未成年子女的住户比例	33.9	34.7
已婚夫妇住户比例	61.6	25.0
女性主事的住户比例	10.6	24.1
单身住户比例	22.3	38.0
获得学士学位及更高学位的住户比例	32.5	20.9
属于美国公民的住户比例	95.9	87.2
原籍美国公民比例	5.9	5.8
加入美国籍的住户比例	4.1	12.8
中度住房成本负担（占收入的百分比）	20	30
不低于30%的住户比例	29.4	50.9
不低于50%的住户比例	12.5	25.8
平均家庭年收入（美元）	59886	28921
贫困人口的比例	7.4	24.5

资料来源：U. S. Census Bureau, 2008a。

  自有房户更有可能是老年人，但极少独自生活。与租房户相比，很少自有房户过着贫穷的生活，他们用在住房上的支出占总收入的比例远低于租房户。几乎所有的自有房户都拥有至少一辆汽车；而近1/5的租房户没有汽车。虽然绝大部分自有房户和租房户的住房设施都很齐全，但是租房户居住在设施严重不足的环境中的可能性是自有房户的两倍多。

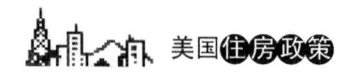

2.4 居住条件

一直以来,住房政策的主要目标是提高住房质量,消除不达标的住房。19世纪末和20世纪初出台了第一个建筑规范和土地使用改革,其主要目标在于改善贫穷的移民和其他城市居民所面临的过度拥挤和肮脏的居住环境,这种境况威胁到更多人的公共卫生和人身安全(Krumholz,1998;Scott,1969)。富兰克林·罗斯福总统在其总统连任的就职演说中谈到:"美国有1/3的人口居住条件落后。"其实他并没有夸大事实。1940年,美国有45%的家庭的住房没有完备的配管系统,尤其是在农村和南部地区。在亚拉巴马州、阿肯色州、密西西比州和北达科他州,这类住房的比例甚至超过了80%(U. S. Census Bureau,2009h)。

20世纪下半叶,住房条件得到了极大改善(Weicher,1998)。如图2.6所示,没有配管系统的家庭所占比例在1960年下降到17%,1980年进一步下降到不足3%,到1990年只有1%,到2007年则不到0.5%。20世纪40年代至60年代居住条件的巨大改善,在很大程度上得益于城市人口增长和南部乡村黑人向北部城市的迁徙(Heilbrun,1987)。而此后居住条件的改善则更多的是由于拆除不合规的老住房,并重新建造住房的工程所带来的累积效应。

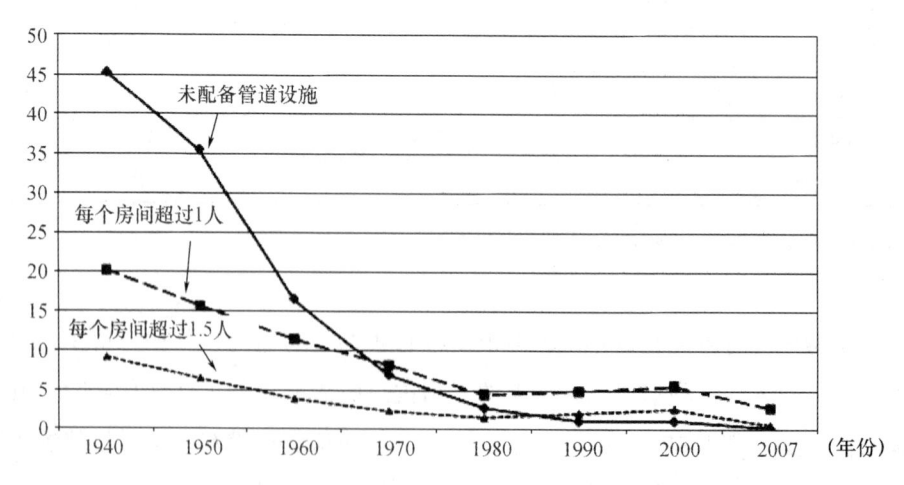

图2.6 1940—2007年美国住房卫生设施不完备和拥挤住户比例(%)

资料来源:U. S. Census Bureau,2008a,2009f,2009h。

在过去的 20 年中，最广泛使用的衡量住房建造质量的标准有两项指标，均来自美国住房调查——每年进行两次调查。如果发现住房在配管、供暖、走道、维修、电力设施和厨房设施等方面存在至少一项设计缺陷，则该住房将被认定为有"严重"或"中度"问题（表 2.7 给出了关于"严重"和"中度"的完整定义）。无论利用哪项指标，都表明美国住房质量得到了极大改善，只有少部分住房存在质量问题。

表 2.7 关于严重和中度住房质量问题的定义

严重住房质量问题	中度住房成本负担质量问题
存在以下 5 个问题中的其中之一	存在以下 5 个问题中的其中之一
管道设施：没有热水或冷水管道，或抽水马桶，或浴缸和淋浴器，除非至少有两个浴室	管道设施：在过去三个月里，至少有 3 次所有抽水马桶同时在 6 个小时甚至更长的时间内不能使用
供暖：在过去一年的冬天里，供暖设备曾至少有 24 个小时不能用，并且至少有三次出问题，每次持续时间超过 3 个小时	供暖设施：主要供暖设施是没有出气口的、燃烧煤气或煤油的加热器
走廊：在公共用地同时出现以下 4 个问题：照明灯坏了，踏板松脱，扶手松脱，电梯不能使用	走廊：存在严重住房质量问题中列举的任意 3 个问题
维护：存在以下 6 个问题中的任意 5 个：（1）外部渗水，例如屋顶、地基、窗户或门；（2）内部渗水，例如管道设施；（3）地板出现漏洞；（4）墙壁或天花板有洞或裂缝；（5）超过 8×11 英寸面积的涂料或塑料脱落；（6）在过去 90 天里出现老鼠	维护：存在严重住房质量问题中列举的任意 3 个或 4 个问题
电力设施：没有电，或者同时存在以下 3 个问题：电线外露，一个房间没有墙面接线口，在过去 90 天里出现三次保险丝熔断或短路问题	厨房：没有水槽、冰箱或烹饪设备

资料来源：U. S. Census Bureau, 2008a。

表 2.8 显示的是 1991—2007 年自有住房和租赁住房存在严重或中度质量问题的比例。从 1993 年以来，有严重质量问题的住房约占住房总量的 2%，其中自有

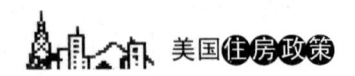

住房约占1%，租赁住房约占3%。从绝对数上来看，2007年约有180万户家庭的住房存在严重质量问题，其中大约60%是租赁住房。同年，有中度质量问题的住房无论是数量上（在400万套至500万套之间），还是比例上（占住房总量的4%—5%）都保持在一个很小的范围内（其中，自有房户所占比例较低，租房户所占比例较高）。

表2.8　　　　1991—2007年租户面临的严重和中度住房质量问题　　　　（单位：千户，%）

年份	所有住户 严重问题 总计	所有住户 严重问题 百分比	所有住户 中度问题 总计	所有住户 中度问题 百分比	自有房户 严重问题 总计	自有房户 严重问题 百分比	自有房户 中度问题 总计	自有房户 中度问题 百分比	租赁房户 严重问题 总计	租赁房户 严重问题 百分比	租赁房户 中度问题 总计	租赁房户 中度问题 百分比
1991年	2874	3.1	4531	4.9	1527	2.6	2156	3.6	1347	4.0	2375	7.1
1993年	1901	2.0	4225	4.5	992	1.6	1971	3.2	909	2.7	2254	6.7
1995年	2022	2.1	4348	4.5	1173	1.8	2071	3.3	849	2.5	2277	6.7
1997年	1797	1.8	5191	5.2	725	1.1	2170	3.3	1072	3.2	3021	8.9
1999年	2050	—	4832	4.7	867	1.3	2064	3.0	1183	3.5	2768	8.1
2001年	2108	2.0	4504	4.23	940	1.3	1996	2.8	1168	3.5	2508	7.4
2003年	1970	1.9	4320	4.1	932	1.3	1795	2.5	1038	3.1	2525	7.5
2007年	1806	1.6	3925	3.5	729	1.0	1565	2.1	1077	3.1	2421	6.9
1991—2007年变动百分比(%)	-37.2	-47.1	-13.4	-27.1	-52.3	-62.9	-27.4	-42.5	-20.0	-23.2	1.9	-2.7

资料来源：U.S. Census Bureau, 2008a。

一般来说是很少会出现住房质量问题的。表2.9比较了不同类型的自有房户和租房户遇到住房质量问题的不同概率。无论在何种情况下，发生住房严重质量问题的概率都不超过5%。虽然中度质量问题相对更普遍，但一般也极少见，最容易出现在黑人家庭（尤其是居住在非都市地区的黑人家庭）和拉美裔家庭，发生的概率分别为12%和11%（该数据不在表2.9中），但是大多数情况下远低于10%。

表 2.9　　2007 年自有房户和租房户中的严重和中度住房质量问题的相关数据　　（单位：千户,%）

	严重问题 总计	严重问题 百分比	中度问题 总计	中度问题 百分比
自有房户				
总计	627	1.0	1565	2.1
黑人	80	1.2	382	5.9
拉美裔人	67	1.1	242	3.8
老年人	182	1.0	419	2.3
生活在贫困线以下的人	138	2.5	324	5.8
中心城市	211	1.2	449	2.1
郊区	293	0.8	537	1.4
非都市区	224	1.1	579	2.8
租房户				
总计	1077	3.1	2401	6.9
黑人	307	4.2	584	7.9
拉美裔人	212	3.4	445	7.1
老年人	118	2.6	274	6.0
生活在贫困线以下的人	329	3.8	763	8.9
中心城市	539	3.7	1115	7.6
郊区	367	2.6	783	5.6
非都市区	171	2.7	502	7.8

资料来源：U.S. Census Bureau, 2008a。

衡量住房质量的其他指标

虽然人们通常用严重和中度两项指标来衡量住房质量，但也可以考虑其他指标，如所在社区状况。表 2.10 列出了几项衡量社区状况的指标，考察对象包括社区内不同类型的自有房户和租房户。从大部分指标中可以看出，租房户认为社区存在的问题比自有房户所认为的更多。例如，21% 的租房户认为社区内的犯罪是最令人困扰的，而持有相同观点的自有房户的比例只有 13%。同样的，14% 的租房户在其住宅 300 英尺范围内有垃圾、纸屑，而自有房户的比例只有 6%。租房户给社区"差评"的可能性是自有房户的三倍以上，而给"好评"的可能性却比自有房户低 20%。

表2.10　2007年自有房户和租房户的某些社区问题（表中的数值为报告某问题的住户所占的百分比）

（单位：%）

	交通繁忙带来的噪声问题	邻居从事犯罪活动	其他问题	保护措施不到位	300英尺范围内有被毁坏的建筑	窗户有护栏	道路需要大规模修缮	300英尺范围内有垃圾、纸屑	对邻居很不满意（1—3分）	对邻居比较满意（8—10分）
自有房户										
总计	20.6	13.0	15.1	7.0	3.8	6.6	5.1	6.3	1.5	72.0
黑人	25.5	18.1	19.0	10.8	9.9	18.1	5.5	9.6	2.3	63.3
拉美裔人	22.3	17.3	15.7	10.3	4.8	20.1	6.3	8.5	1.6	70.3
老年人	21.1	10.0	12.7	6.2	3.3	6.4	5.3	5.3	1.2	77.6
生活在贫困线以下的人	24.5	15.2	15.5	10.7	6.6	11.2	7.5	9.3	3.0	63.5
中心城市	26.0	21.1	18.8	7.9	6.6	18.3	4.7	9.2	2.3	65.3
郊区	19.1	11.3	14.4	5.4	2.4	4.1	4.3	4.8	1.2	73.2
非都市区	19.1	9.3	13.6	9.2	4.0	1.6	6.9	6.8	1.4	75.4
租房户										
总计	29.6	21.0	17.0	7.8	7.9	15.8	6.5	14.2	4.1	58.0
黑人	33.6	27.6	19.2	11.1	14.1	23.8	8.2	18.8	6.7	50.3
拉美裔人	27.9	21.2	16.7	9.9	8.0	27.1	7.1	16.0	4.4	58.5
老年人	24.7	13.5	9.3	5.0	4.0	14.6	4.7	8.0	1.8	73.2
生活在贫困线以下的人	33.1	24.1	18.6	10.5	11.2	18.7	8.6	17.3	6.6	55.4
中心城市	34.3	27.3	19.4	9.0	10.4	27.7	7.3	19.2	5.0	52.2
郊区	26.8	18.1	15.8	6.5	5.3	8.9	5.3	10.5	3.2	60.5
非都市区	24.8	12.8	13.9	7.8	7.7	3.5	7.1	10.7	3.8	65.7

注：其他问题包括噪声、垃圾、住房毁坏、服务落后、邻居很难相处等。

资料来源：U. S. Census Bureau, 2008a。

2.5 住房拥挤

与质量问题一样，住房过度拥挤问题也曾经是非常普遍的问题。通常衡量住房拥挤程度有两个指标——若每个房间居住人数超过 1 人或每个房间居住人数超过 1.5 人均视为拥挤。无论是使用哪一个指标，住房拥挤发生率都已经显著下降（见图 2.6），这说明家庭规模的日渐减小以及住房面积的增加。1940 年，约 700 万户家庭——占美国家庭总数的 20%——每个房间居住至少 1 人，且有 9% 的家庭每个房间居住人数超过 1.5 人。到 1980 年，拥挤发生率约下降了一半，只有 360 万户家庭（占美国家庭总数的 4.5%），而过度拥挤发生率下降了 60%。

但是，在此后的 20 年里，过度拥挤现象又有所抬头。到 2000 年，住房过度拥挤的家庭数量增加了 66%，超过了 600 万户，占美国家庭总数的 5.7%，其中最重要的原因在于外国移民的增加。1980—2000 年，美国土生土长的家庭的拥挤率从 4% 降至 3%；而生于国外的家庭的拥挤率则翻了一倍，从 13% 上升至 26%，尤其在拉美移民中最为明显（Joint Center for Housing Studies of Harvard University, 2004: Table A.8）。但是，过度拥挤率在 2000 年之后开始下降。到 2007 年，只有 3% 的家庭每个房间居住人数超过 1 人，不到 1% 的家庭每个房间居住人数超过 1.5 人。

2.6 居民住房负担能力

目前，住房负担能力问题远比住房质量和拥挤问题重要。美国只有不到 2% 的家庭的住房存在质量问题，不到 4% 的家庭面临过度拥挤问题，但却有超过 16% 的家庭将收入的一半甚至更多花在与住房有关的费用上，其中包括 24% 的租房户。

与住房状况不同的是，住房负担能力并不仅仅是关于住房的问题，它还牵涉住房成本和居民收入。换句话说，通过降低住房成本、增加居民收入，可以让更多的人买得起住房。美国衡量住房负担能力的最常用指标是家庭收入的 30%。如果家庭将税前收入的 30% 以上花费在住房上，则被视为承担着过高的住房成本。当住房开支占收入的比重超过 50% 时，则可以认定该家庭面临严重的住房成本

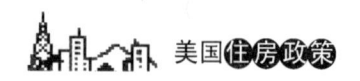

负担。

这种分类并没有什么内在含义（20世纪80年代之前，通常把25%作为衡量住房成本负担能力的标准），不过，它们依然被广泛使用（Eggers & Moumen, 2008; Pelletiere, 2008）。例如，一些联邦住房资助项目的目标就是使租房户用于住房的开支不超过其调整后家庭收入的30%（20世纪80年代初之前为25%）。迄今为止，面临严重住房成本负担的特困家庭在申请公共住房和其他资助项目时都能够享受优先权。

自有房的负担问题比出租房更加复杂。就出租房来说，其负担能力可以简单地通过租金（指总租金，包括水电费等）与收入的比率体现出来。对自有房而言，则还需考虑抵押贷款利息的税收优惠、房产税以及潜在的住房增值等因素。但是由于收入和地理位置不同，自有房的税收减免政策也有所不同；许多中低收入的自有房户几乎享受不到任何利息或税收上的优惠（详见本书第4章）。而出售住房的收益（资本利得）在很大程度上取决于购买住房的时间和住房的地理位置（Hartman, 1998; Quigley & Raphael, 2004）。事实上，从2009年5月开始，由于抵押贷款额超过住房的价值，20%通过贷款购房的自有房户会遭受损失，没有收益（Zillow.com, 2009）。

此外，自有房户不仅要考虑当前的收入，还要考虑将来收入增长的可能性。一般家庭通常会在一个地方待上几年，所以如果认为其收入的涨幅超过住房支出，则很可能愿意在短期内负担较高的住房成本，在获得长期定息贷款的情况下更是如此（Quigley & Raphael, 2004）。

衡量住房负担能力有多种方法。例如，全美房地产经纪人协会发布的一项住房负担能力指数中，将家庭平均收入与负担一个中等价位的住房所需的最低收入进行比对（National Association of Realtors, 2009; Nagel, 1998）。当该指数低于100时，中等收入家庭就无力购买一套中等价位的住房。全美住房建设商协会提供了另一项指标——中等收入家庭能够负担的新建住房的比例（Nagel, 1998）。全美低收入住房联盟每年发布一份名为《无能为力》（*Out of Reach*）的报告，该报告比较了各州及各地方的公平市值租金与处于不同收入水平的家庭在收入的30%以内实际能承受的房租。该报告还披露了为支付一套两居室公寓的租金（指公平市值租金），最低收入家庭需要工作的小时数（National Low Income Housing

Coalition，2009e）。

衡量住房负担能力最广泛使用的指标是住房成本负担，即用于住房的支出占收入的百分比。住房成本负担也可以用住房开支占收入的平均百分比，或承担中度或严重住房成本负担的家庭百分比来表示。这些指标既适用于所有人群，也适用于特殊群体，例如低收入者、少数族群及老年人。图 2.7 说明了 1975—2007 年，租房者和自有房户花费在住房上的支出占收入的平均百分比。从图中可以看出，虽然租房者的平均收入与总租金之比处在 25%—29% 之间，但是相比之下，自有房户的平均收入与平均税后月供的比例波动性更大，这主要是因为抵押贷款利率的变动。

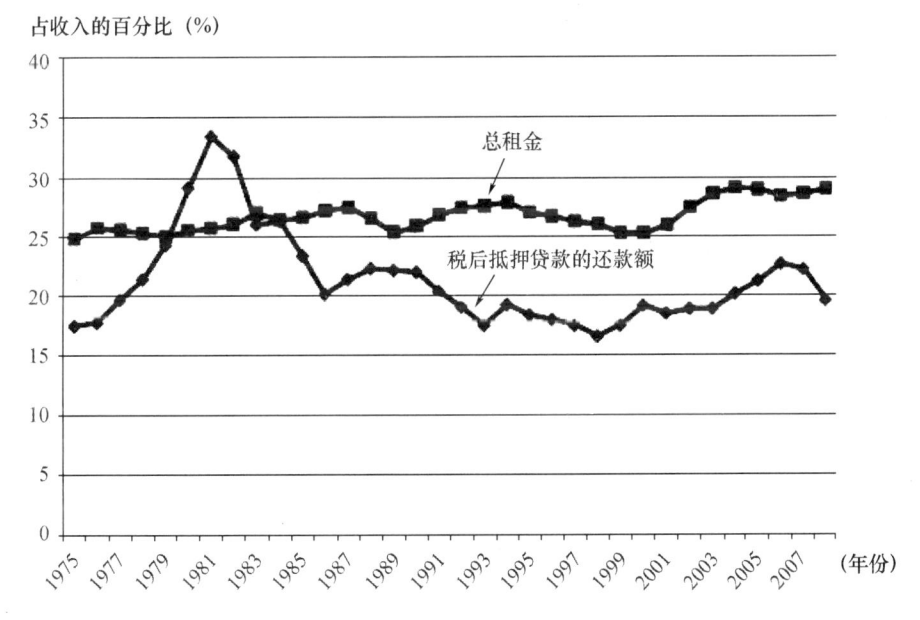

图 2.7　1975—2007 年自有房户和租房户平均住房负担（占收入的百分比）

资料来源：Joint Center for Housing Studies，2008；Table A1。

2007 年，超过 30% 的自有房户和超过 45% 的租房户将收入的 30% 以上花费在住房上，这尤其体现在低收入家庭中（见表 2.11）。在处于收入分布最低 10% 的人群里，70% 的租房户和 67% 的自有房户的住房支出超过收入的 50%；处在收入分布最低 25% 的人群里，51% 的租房户和 43% 的自有房户的住房支出也超过了收入的一半。高收入人群极少面临严重成本负担问题，尤其是高收入的租房户。例如，处于收入分布25%—50%之间的人群里，只有6%的租房户和14%的自有房户承担严重住房成本负担；处于收入分布50%至75%之间的人群里，不到1%的租房者和5%的自有房户面临严重住房成本负担问题。

表2.11　　　　2007年不同收入群体面临的住房成本负担　　（单位：千户,%）

	0—10%	0—20%	0—25%	25%—50%	50%—75%	75%—100%	总计
严重住房成本负担							
自有房户：住户总数	2706	4476	5215	2479	1145	332	9172
自有房户：占收入群体的比例	67.4	47.9	42.5	14.4	5.4	1.3	12.1
自有房户：占住户总数的比例	29.5	48.8	56.9	27.0	12.5	3.6	100.0
租房户：住户总数	5027	7478	8022	685	65	0.8	8772
租房户：占收入群体的比例	69.6	57.0	50.7	6.3	0.9	0.0	23.8
租房户：占住户总数的比例	57.3	85.2	91.4	7.8	0.7	0.0	100.0
有严重住房成本负担的自有房户占住户总数的比例	35.0	37.4	39.4	78.4	94.6	99.8	51.1
有严重住房成本负担的租房户占住户总数的比例	65.0	62.6	60.6	21.6	5.4	0.2	48.9
中度住房成本负担							
自有房户：住户总数	696	2045	2753	4398	4158	2306	13615
自有房户：占收入群体的比例	17.3	21.9	22.4	25.5	19.6	9.3	18.0
自有房户：占住户总数的比例	5.1	15.0	20.2	32.3	30.5	16.9	100

续表

	0—10%	0—20%	0—25%	25%—50%	50%—75%	75%—100%	总计
租房户：住户总数	827	2901	4124	3155	634	75	7988
租房户：占收入群体的比例	11.5	22.1	26.1	29.0	9.3	2.2	21.7
租房户：占住户总数的比例	10.4	36.3	51.6	39.5	7.9	0.9	100.0
有中度住房成本负担的自有房户占住户总数的比例	45.7	41.3	40.0	58.2	86.8	96.9	63.0
有中度住房成本负担的租房户占住户总数的比例	54.3	58.7	60.0	41.8	13.2	3.1	37.0

资料来源：U.S. Census, American Community Survey, as presented in Joint Center for Housing Studies, 2009, Table A-5。

* 该书中有些数据存在误差，译著如此，为保持译著完整性，编者没有修订，下同。

换句话说，在承担严重住房成本负担的所有住户（包括租房户和自有房户）中，有91%的租房户和57%的自有房户属于收入分布最低的25%的人群，只有不到1%的租房户和16%的自有房户属于收入分布50%—100%之间的人群。相对而言，面临中度住房成本负担问题（指住房支出占收入的30%—50%）的人群在收入分布中更分散，特别是自有房户，但仍最常见于低收入家庭。

迈克尔·斯通（Michael Stone）发明了另一项衡量住房成本负担能力的指标，反映收入相同的家庭由于存在不同的特殊需求，可用于住房的花费并不相同。例如，一对已婚夫妇，没有孩子，年收入3万美元，能够将超过40%的收入花费在住房上。但若拥有同等收入的家庭有3个孩子，则住房支出却不能超过收入的5%。[①] 按照斯通的方法，首先需要估算家庭用于纳税、食物、衣服、医疗、交通，以及其他生活必需品支出，然后将这部分支出从家庭总收入中扣除，剩余的就是家庭可用于住房方面支出的金额。如果家庭实际住房支出超过了该数额，也

---

① 本例是基于Stone（2003）所使用的1990年通货膨胀调整后的数据。

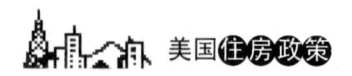

就是说，在支付了与住房无关的费用后，剩余的收入不够负担每月的住房成本，则该家庭承受了住房压力（Stone，2006a）。有趣的是，计算得到的承受住房压力的家庭总数与前面提到的承担严重住房成本负担的家庭数量非常相近。差异在于，两者在家庭规模中的分布不同。根据斯通的定义，承受住房压力的家庭多是大家庭，而面临住房压力的小家庭较少。

虽然斯通的方法比收入百分比法相对更准确，但是难以运用到实际工作中。不过，联邦政府确定的住房补贴资格标准在一定程度上弥补了斯通的方法的缺陷。如果一个家庭规模超过4人，那么由于家庭支出的增加，满足住房补贴申请要求的收入上限也相应更高，小家庭的情况则恰好相反。但是，通常只有住房支出占调整后家庭总收入的30%以上的家庭才有资格申请联邦政府补贴，尽管斯通认为30%已经超过了一些家庭所能承受的范围。总而言之，斯通告诉我们，住房支出的收入百分比法其实并不重要，更重要的是，如果支付了住房费用之后没有足够的收入购买其他生活必需品，则会导致家庭生活质量的下降。

这一观点后来得到哈佛大学联合住房研究中心的一项对消费支出数据分析的支持。2007年，处于消费支出分布最低的20%（类似家庭收入分布最低的20%）的所有家庭中，与住房支出不到收入30%的家庭相比，承担着严重住房负担的家庭用于食物的开支少1/3，用于医疗和交通的支出少2/3，用于衣服的开支少了大约50%。此外，哈佛大学联合住房研究中心指出，处于消费支出分布50%—75%的家庭中，面临严重住房成本负担的家庭用于购买生活必需品的支出比那些处于消费分布最低的25%、住房支出不到收入30%的低收入家庭更少（Joint Center for Housing Studies of Harvard University，2009，p.26）。

2.6.1 住房负担能力与土地所有权

迄今为止，政策分析者关注的重点都是租房户的住房成本，而对自有房户的住房成本关注较少。虽然租房户比自有房户更可能面临住房成本负担，但是在承受住房压力的家庭中，自有房户不仅占据了很大的比例，而且有不断上升的趋势。2007年，有900多万自有房户将一半以上的收入用于住房——在承担严重住房负担的所有家庭中占51%（见表2.12）。1997—2007年，承担严重住房成本负担的自有房户增长了58%以上（约相当于340万户家庭），而同期面临相同问题的租房户只增长了27%（相当于180万户家庭）。此外，在位于收入分布25%—100%的人群中，自有房户往往比租房户更可能承受住房成本负担（见表2.11、表2.12和表2.13）。实际上，在2007年，处于收入分布25%—50%和50%—75%的自有房户中分别约有40%和25%承担着住房压力。

表2.12　　　　　　　　2007年不同收入人群面临的住房成本负担　　　　　　（单位：%）

	0—10%	0—20%	0—25%	25%—50%	50%—75%	75%—100%	总计
严重住房成本负担							
自有房户	29.5	48.8	56.9	27.0	12.5	3.6	9172
租房户	57.3	85.2	91.4	7.8	0.7	0.0	8772
中度住房成本负担							
自有房户	5.1	15.0	20.2	32.3	30.5	16.9	13615
租房户	10.4	36.3	51.6	39.5	7.9	0.9	7988

资料来源：Joint Center for Housing Studies, 2009; Table A-5, based on analysis of American Community Survey data。

表2.13　　　　1997—2007年自有房户和租房户面临的住房成本负担　　　　（单位：千户，%）

年份	1997年			2007年			1997—2007年变动	
指标	数量	严重住房成本负担的家庭比例	占所有自有房户/租房户的比例	数量	严重住房成本负担的家庭比例	占所有自有房户/租房户的比例	总计	百分比
严重住房成本负担（住房成本不低于收入的50%）								
自有房户	5795	45.6	8.8	9172	51.1	12.1	3376	58.3
租房户	6925	54.4	20.4	8772	48.9	23.8	1847	26.7
总计	12720	100.0	12.8	17944	100	16.0	5224	41.1
中度住房成本负担（住房成本占收入的30%—50%）								
自有房户	8467	55.1	12.9	13615	63.0	18.0	5148	60.8
租房户	6889	44.9	20.4	7988	37.0	21.7	1099	16.0
总计	15356	100.0	15.4	21603	100	19.2	6247	40.7

资料来源：Joint Center for Housing Studies, 2003, 2009, based on analysis of American Community Survey data。

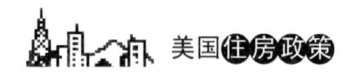

1997年以来，自有房户住房成本的不断上升揭示了抵押贷款同期的快速增长繁荣是不可持续的。住房成本的渐增显然会加大抵押贷款违约和丧失赎回品的风险。

2.6.2 就业与住房负担能力

正如之前所述，拥有工作并不意味着家庭可以免受严重的住房成本负担。虽然严重的住房成本负担最常见于极低收入家庭（收入低于地区平均收入的30%），但是，其中有许多的极低收入家庭都有工作，至少是临时工作。住房政策中心调查了处于中低收入水平、有工作但存在住房成本负担，以及其他住房问题的家庭数量（这里，中低收入、有工作的家庭是指拥有全职工作，年收入至少高于10712美元，但不超过地区平均收入120%的家庭）。住房政策中心在2007年的报告中指出，1997—2005年，这类家庭的数量增加了近210万户，即增长了87%。其中，租房户增加了103%，自有房户增加了75%。换句话说，在此期间新增的670万户中低收入家庭中，近1/3将收入的一半以上花在了住房上（Brennan & Lipman，2007）。

住房政策中心（2009）建立了一个工资薪金数据库（Paycheck to Paycheck），将全国及200多个都市区内足以支付自有房户和租房户的平均住房成本的最低收入与60个不同行业的平均收入进行比对。表2.14显示了2008年第四季度，美国年平均收入和20个不同行业的小时工资，并将其与购买一套平均价位的住房或以美国住房和城市发展部制定的公平市值租金租得一套两居室公寓所需的最低收入进行比对。在这20个行业中，只有1个行业——理疗医师买得起住房，一半行业中的劳动者只负担得起一套两居室公寓的租金。像小汽车司机、门卫和护士这样的职业往往无法购买或租得起中等成本的住房。

考虑到住房成本与工资之间的倒挂，许多低收入劳动者承担着严重的住房成本负担就不足为奇了。2007年，面临严重住房成本负担的低收入家庭中有20%拥有工作，9%没有工作但在积极寻找工作。在一些低收入行业，如快递、清洁服务和餐饮行业，约16.67%的劳动者承担着严重的住房成本负担（Joint Center for Housing Studies，2009，见图3.1）。而且在美国，没有一个郡赚取最低薪金的全职劳动者能够租得起一套公平市值租金的住房（National Low Income Housing Coalition，2009e）。

表 2.14　2008 年第四季度，不同职业的住户购买住房所需的年收入和租赁一套两居室公寓所需的小时工资　（单位：美元）

	购买住房所需的最低年收入	租一套两居室公寓所需的最低小时工资（公平市值租金）
所需的最低收入	61732	17.85
职业	平均年收入	平均小时工资
理疗医师	69467	33.40
律师助理	52376	25.18
教师	49781	23.93
会计师	49627	23.86
警察	48696	23.41
管道工	46771	22.49
家庭社会工作者	43285	20.81
木匠	42776	20.57
汽车修理工	40245	19.35
行政助理	39647	19.06
护士（在医院受训练并取得了护士资格）	38941	15.72
长途运输货车司机	37672	18.11
保安	29401	14.13
接待员	28250	13.58
门卫	24058	11.57
理发师	22760	10.94
售货员	21918	10.54
家庭医生	21605	10.39
出纳	19757	9.50
校车司机	18375	8.83

资料来源：Center for Housing Policy，2009。

注：申请住房抵押贷款所需的年收入是以当期的平均市场利率计算的。表中加粗的数字代表该收入能够负担住房成本的收入。

2.6.3 最低住房需求

20世纪80年代以来，美国住房和城市发展部定期向国会提供关于"最低住房需求人群"（Worst-Case Housing Needs）的报告。所谓最低住房需求人群是指存在严重住房成本负担或严重住房质量问题的极低收入租房户（收入低于地区平均收入的50%）。从20世纪80年代至90年代末，面临最低住房需求的家庭及个人在申请公共住房、租房券以及其他联邦政府资助项目时享有优先权。目前，地方住房管理机构在决定资助对象的资格标准上拥有更大的自主权，但最低住房需求人群依然是衡量低收入租房者住房问题的一个实用标准。根据美国住房调查（American Housing Survey）的结果，最低住房需求人群报告为住房负担能力问题及其他住房问题提供了大量数据，并分析了这些问题对不同群体及不同地区的影响。

最新公布的2007年报告考察了2005年最低住房需求，并将调查结果与之前的年份进行了对比。2005年，全国共有599万极低收入租房户有最低住房需求；而2003年只有518万，两年间增长了16%。存在最低住房需求的租房户通常约占所有低收入租房户的1/3，但是，他们当中近一半没有获得住房补贴。

换言之，对于将近一半没有获得任何形式住房补贴的极低收入租房户，或者将一半以上的收入用于支付租金，或者存在严重的住房质量问题。由于住房成本负担问题比住房质量问题更为普遍，存在最低住房需求的租房户面临的更多是住房负担问题，而不是住房质量问题。2005年，最低住房需求租房户中有91%将一半以上的收入花费在租金上，8.6%存在住房质量问题，只有4.3%仅仅面临严重住房质量问题。

不同最低住房需求租房户往往具有不同的特征。表2.15将2005年面临最低住房需求的599万租房户按照地理位置和人口特征进行了分类。分类结果表明，有儿童的家庭约占2/5，老年人家庭占1/5，女性户主家庭所占比例超过60%，单身家庭占44%；2/3的住户收入低于贫困线。

表 2.15　　2005 年境况最差的租房户的相关数据：抽样家庭的特征

（占境况最差的租房户总量和极低收入租房户总量的百分比）　　（单位：%）

	占境况最差的租房户总量的百分比	占极低收入租房户总量的百分比
住户类型和人口特征		
有子女的家庭	38.8	40.2
老年人家庭，没有子女	21.5	22.3
其他家庭	5.4	5.7
得到社会安全生活补助金的非家庭型住户	9.0	8.8
其他非家庭型住户	25.2	23.0
单身住户	44.0	43.5
已婚夫妇住户	18.2	19.5
女性主事的住户	62.0	62.6
少数族裔住户	48.3	50.8
非拉美裔白人住户	51.7	49.2
非拉美裔黑人住户	22.3	24.8
拉美裔住户	19.5	19.7
贫困率、收入来源和教育		
收入低于贫困线的住户	66.5	52.5
靠领取贫困家庭暂时救济或社会安全生活补助金度日的住户	19.0	19.3
靠社会福利度日的住户	24.8	25.1
工资为主要收入来源的住户	52.9	53.2
至少一半的工作时间赚取最低薪金的住户	42.7	48.8
全职工作、赚取最低薪金的住户	27.2	38.7
高校毕业生	68.1	66.2
毕业两年以上的住户	17.4	15.4

续表

	占境况最差的租房户总量的百分比	占极低收入租房户总量的百分比
区位		
中心城区	48.5	46.7
郊区	34.9	33.7
非都市区	16.5	19.6
东北部地区	22.6	22.0
中西部地区	19.2	20.7
南部地区	33.2	33.9
西部地区	25.0	23.4

资料来源：HUD，2007。

但是，这并不意味着大部分住户依赖政府资助度日。在所有面临最低住房需求的租房户中，53%的主要收入来源是工资收入，27%拥有全职工作，19%依靠社会福利（贫困家庭暂时救济计划或补充社会保险收益项），另外有25%通过社会保障体系获得养老金或残疾补助金；从种族方面看，一半以上是白人，22%是黑人，20%是拉美裔人；从地域上看，超过1/3居住在郊区，17%居住在非都市区，约50%居住在中心城区。南部和西部是最低住房需求租房户最密集的地区，各约占30%，其次是东北部和中西部。

2.6.4 产生住房成本负担能力问题的原因

低收入租房户中普遍存在住房成本负担问题，其主要原因在于价格适中的住房供应不足，而且租房户的收入较低，并呈现出递减之势。也就是说，租房户变得越来越穷，但可负担的住房供应量却在缩减。从表2.15中可以看出，剔除通货膨胀的影响之后，租房户逐渐变得越来越穷，而自有房户的收入却略有上升。造成租房户实际收入"缩水"的一个原因是，在过去的20年间，许多更富有的租房户已经购买了住房，于是，降低了租房户的平均收入。但根本原因在于美国不断扩大的收入差距,而且绝大部分收入都流向了最富有的家庭(Tilly,2006)。

租房户之间收入分配格局变化导致其平均收入下降。表2.16显示了1991—2005年,中高收入租房户(指收入不低于地区平均家庭收入的80%)的数量及占所有租房户的比例均大大降低——数量降低了17%,比例从37%降至30%。此外,极低收入租房户(收入低于地区平均收入的30%)的数量增加了19%,而收入处于地区平均收入30%—50%的租房户数量增加了10%。

表2.16　　　　1991—2005年租房户的收入分布　　　　(单位:千户,%)

收入水平分类 占地区平均家庭收入的百分比	1991年 总计	百分比	2005年 总计	百分比	变动 总计	百分比
不到30%	8392	25.2	9979	29.4	1587	18.9
30%—50%	5770	17.3	6345	18.7	575	10.0
50%—80%	6933	20.8	7488	22.1	555	8.0
80%以上	12256	36.7	10139	29.9	(2177)	(17.3)
总计	33351	100.0	33951	100.0	600	1.8

资料来源:HUD,2007:Table A-13。

一方面,租房户逐渐变穷;另一方面,租金却不断上涨,导致越来越多的租赁住房超出了租房户的负担能力。1998—2008年,经物价指数调整后的租房户平均收入降低了2.4%,但平均租金却增长了8%(哈佛大学联合住房研究中心,2009a,表1)。这些数据都是针对所有租房户。最低收入的租房户在数量上增加了,而可负担住房的供应量在不断缩减。1991—2005年,极低收入租房户增加了将近160万(即增长了18%),而这些租房户能够负担的住房却减少了至少40万套(即下降了6%)[HUD,2007,Table A-13,由巴里·斯蒂芬(Barry Steffan)更正]。

表2.17列出了2005年按收入水平划分的租房家庭数量,以及不同收入水平对应的市场上可负担住房。首先来看可负担住房的数量(不一定是可获得的),处于收入分布两端的住房数量均为负。具体来说,收入不超过地区平均收入30%

的租房户面临 300 万套可负担住房的短缺问题；收入超过地区平均收入 80% 的租房户也同样面临房源不足问题。但对于后者，实际上并非如此，收入更高的租房户往往选择住房成本负担不到其收入 30% 的住房，进一步降低了低收入租房户可负担的住房数量。

表 2.17　　2005 年不同收入群体面临的廉租房的供给和需求　　（单位：千户）

不同收入群体（按照占地区家庭平均收入比例进行划分）	租户	可负担的住房数量	供应缺口/剩余	每 100 个租户的累计住房数量	可负担并且能够获得的住房数量	供应缺口/剩余	每 100 个租户的累计住房数量
0—30%	9726	6747	(2979)	69	3982	(5744)	41
30%—50%	6345	12368	6023	119	8549	2204	78
50%—80%	7488	14044	6556	141	12865	5377	108
80% 以上	10391	4765	(5626)	137	11516	1125	109
总计	33950	37924	3974	112	36912	2962	109

资料来源：HUD, 2007：Table A-13.

表 2.17 还说明，极低收入租房户的房源不足问题更为严重。在 670 万套极低收入租房户可负担住房（可负担是指住房支出占收入的比例不高于 30%）中，有 280 万套被收入更高的家庭占有，剩下只有 400 万套是实际可以获得的。所以，970 万极低收入租房户面临 570 多万套可负担住房的供应缺口。换句话说，对每 100 个极低收入租房户而言，只有 41 套住房是他们负担得起而且可以获得的。虽然该表说明收入高于地区平均收入 30% 的租房户拥有过剩的房源，但是极低收入租房户的住房短缺数量远比处于收入分布 50%—80% 的租房户的过剩住房数量多。只有将收入高于地区平均收入 68% 的所有租房户累计起来进行计算，其对应的价格适中而且可以获得的住房才有剩余。[①] 由于住房供应短缺，低收入租房户只能选择超出他们承受能力的住房。

---

① 纳尔森、佩尔蒂埃（2004）等在州层面上同样分析了 2000 年和 1990 年低收入租房户房屋的供给与需求；佩尔蒂埃等（2008）分析了 2005 年在州层面上的情况。

虽然将某一收入水平的租房户数量与其对应的价格适中且可获得的住房数量进行对比是个常用的方法,但是这种方法在衡量住房供应充足性时仍然存在缺陷。例如,它没有考虑有这种住房需求的租房户与符合条件的住房是否在同一个地方,而且有可能住房在面积或所处社区方面不符合租房户的要求。另外,这种方法假定位于任一收入水平内的租房户一定能获得与其收入水平相对应的住房。如果绝大多数收入低于地区平均收入30%的租房户的收入集中在该收入段的最低部分,而与该收入段相对应的租赁住房绝大部分处于租金最高部分,那么,这些租房户大部分都需要将30%以上的收入花费在住房上。不管怎样,这种方法还是清晰地说明了最低收入租房户面临最严重的住房短缺问题。

这一问题尤其反映了在缺乏政府资助的情况下,私有住房市场在提供并维持低成本住房上的失效。对投资者而言,从最低收入租房家庭收取的租金往往不足以支付维修费、住房贷款和相关税收,更不用说营利了。例如,2001年新建的出租住房中,平均租金不超过400美元的住房有12%出现了负的净营业收入,它们的租金收入不足以支付营业成本(Joint Center for Housing Studies, 2006, p. 24)。

因此,几乎所有新建无补贴出租住房都是瞄准高端市场的需求人群。租金收入较低的廉租房房主常常面临两种选择:要么逐渐减少维修费,直至房屋不能居住;要么修缮住房,提供给收入更高的租房户。

当租金收入不足以支付营业成本时,如果房主削减维修费和保养费,住房状况将会不断恶化。最终,收入与支出的差额达到某一数额时,房主会选择放弃对住房的投资,将其闲置。在市场条件允许的情况下,另一种方法便是提高租金,并且高于低收入家庭能够负担的水平,或者改装成公寓套间,以获取更高的租金。这些方法在低级住宅高档化中最为常见(Leonard & Keenedy, 2001),它虽然将住房作为固定资产保留了下来,但却大大提高了住房的成本。

拆除、提高租金和公寓套间改建均导致无补贴廉租房数量急剧减少。正如之前所提到的,1991—2005年,极低收入租房户可负担的住房数量减少了将近160万套,即下降了18.9%。哈佛大学联合住房研究中心也发现,低收入家庭可负担的旧型住房供应量出现了惊人的下降。1995—2005年,1940年之前建造的、租金不高于400美元的住房中,有14%要么被拆除,要么已经退出市场;而1940—1970年建造的、租金最低的住房出现类似情况的比例只有10%(Joint Center for

Housing Studies，2008，p. 25）。这其中还不包括由于租金上涨或公寓套间改建而不再廉价的旧型住房。在2003—2005年的两年间，最低租金的旧型住房中有一半以上都提高了租金水平（Joint Center for Housing Studies，2008，p. 26）。由于旧型住房在廉租房总量中占据相当大的比重，因此，这一趋势尤其值得关注。

联邦政府住房资助的减少也是导致面向低收入租房户的廉租房短缺的原因之一。1991—2007年，公共住房减少了将近25万套，即下降了18%（众议院筹款委员会，2008），这主要是因为大规模拆除老化住房。很多项目都被设计更精美的收入混合型开发项目所取代，但却导致获得资助的廉租房数量大大减少（见本书第6章）。此外，1997年以来，由于房主不再参与廉租房项目，超过15万套获得政府资助的私有住房退出了市场（Joint Center for Housing Studies，2003）。

在为低收入租房户提供廉租房问题上，市场存在失灵，一定程度上源于政府监管不力，其中包括对住房大小、质量和分布密度的规定。例如，《建造规范》、《区划法》对所有新建住房施加了最小住房面积的要求。虽然它们对居民健康和安全的影响尚不明确，但可以肯定的是，这些规定使得新建住房的价格超出了许多低收入家庭的承受范围。比如某些家庭能够负担500平方英尺的住房，但是这种大小的住房往往达不到最小住房面积的要求。

类似的，一些对郊区土地使用的限制也抬高了住房成本。例如《区划法》对住房面积的要求往往会提高住房的土地成本。对多户住房和预制住房的规定也限制了这类低造价住房的供应量。不过，尽管土地使用要求抬高了住房的造价，但取消这些规定却不一定能让低收入家庭负担得起住房。而且，若要降低住房造价，就必须修改建筑和社区标准，人们未必愿意接受这样的改变（Downs，1994；Glaeser & Gyourko，2008；Hartman，1991；Joint Center for Housing Studies，2008；Salama，Schill & Stark，1999；Schill，2004）。

20世纪90年代中期以来，自有房户中的严重住房成本负担问题更加普遍，但其中的原因尚未调查清楚，与对租房户的相关研究相比，关于该问题的研究也少得多。尽管如此，至少有一点是明确的，自有房户的住房成本负担问题日趋严重在一定程度上源于美国的人口特征，以及与抵押贷款相关负债的增长。这些负债中有些附有掠夺性条款，有些是因为住房抵押贷款行业中大多数机构放宽借贷标准造成的。这也折射出抵押贷款及其他住房支出的增长速度已经远超过自有房户的平均收入（Brennan & Lipman，2000；Joint Center for Housing Studies，2009）。

正如之前所探讨的，老年人住房置业率增长速度是最快而且最稳定的。如今，老年人更倾向于在年轻时购买住房。只要拥有独立生活能力，他们就能一直持有住房。但是，由于老年人一般不太可能退休后还在工作，而且收入渠道比较单一，因此老年住户的收入通常比中年住户低。也就是说，大部分老年人的收入是固定的，所以即使已经还清了房贷，但还需要缴纳房产税、修缮房屋，他们的住房支出仍会继续增长。

按揭再贷款的空前增长，意味着自有房户需要负担更高的住房债务。按揭再贷款在20世纪90年代以及21世纪最初5年的繁荣，促使数百万人将信用卡和个人债务进行绑定，或是从贷款中提取权益资本，用于住房修缮、教育及其他开支。通过按揭再贷款，自有房户提高了负债总额及月供。如果遭遇失业、患病或者离婚等变故，自有房户收入下降，许多人可能将面临沉重的住房成本负担。若按揭再贷款是根据住房的价值而不是借款人的收入确定的——通常称为掠夺性借贷（见本书第16章），则会使低收入家庭陷入经济困境，尤其是老年自有房户。

类似的，20世纪90年代末至2007年，许多贷款机构不断放宽借贷要求，使得低收入购房者在发生经济困难时将承担过高的住房成本负担。许多贷款机构允许购房者将28%以上的收入（原本规定不得超过28%）用于抵押贷款保险和房产税，并将一些非常规收入纳入总收入的计算范围，一旦低收入购房者的收入意外下降，或者收入来源减少时，将会大大增加购房者承担高成本的风险。实际上，2007年以来，越来越多的购房者拖欠抵押贷款或者丧失抵押品赎回权，这个问题直到2009年中期才有所改善，说明许多家庭的收入和资产是不足以支撑其购买住房或按揭再贷款。最后，房产税的增加可能是承担严重住房成本负担的自有房户数量不断增长的另一个原因。

2.7 无家可归者

没有任何住房问题比无家可归者更复杂了。无家可归者只能依靠大自然、慈善机构和亲朋好友的资助以及各种社会福利机构度日。对于一个没有住房的人来说，找到或维持一份工作是异常艰难的。无家可归使得孩子难以入学，更何况学习知识了。无家可归者往往陷入感染疾病、发生心理健康问题、药物滥用以及犯罪的境地（Bratt，2000；Hoch，1998；Hopper，1997）。

虽然总有一部分美国人无家可归，但是无家可归人群的特征和规模从20世纪80年代初期开始发生了一些变化。在此之前，无家可归者主要是老年人，特别是那些酗酒的、居住在贫民窟里的外籍单身男性老人。此后，无家可归者的数量不断增长，而且日趋呈现出多元化的趋势，尤其体现在无家可归的妇女和家庭数量的增长（Hopper，1997）。虽然许多无家可归者和以前一样，如酗酒、药物滥用或精神失常，但是如今越来越多的无家可归者都没有这种问题。

无家可归者的数量和成因

与其他住房问题不同，很难计量无家可归者的数量。2005年之前，在每十年进行一次的美国人口普查、社区调查、当前人口调查、住房调查以及其他与住房和家庭相关的调查中，无家可归者均没有被列入其中。2007年，当美国住房和城市发展部向国会提交第一份年度无家可归者调查报告时，定期对全国范围的无家可归者数量的统计才开始出现（HUD，2008a）。该统计数据是根据地方政府和州政府对所有无家可归者（包括住在政府收容所的和露宿街头的无家可归者）进行清点之后的估计人数进行加总后得出的。地方政府和州政府的清点活动是在联邦政府资助下，为无家可归者提供的其中一项服务。2005年，为了提高数据的准确性，美国住房和城市发展部要求地方政府和州政府至少每两年统计1月份某一个晚上无家可归者的数量（HUD，2008）。20世纪80年代以来，许多当地政府就开始记录收容所和过渡性住房中的床铺数量，估计在街头、废弃的建筑，以及其他不适合居住的地方过夜的无家可归者的人数，但现在则是在全国范围系统性地收集该数据。例如，从2002年起，纽约市政府每年都会组织一次对无家可归人群的清点活动。有几百名志愿者参与其中，他们花一个晚上的时间在随机选择的区域（包括街区、停车场和地铁站）搜寻无家可归者，以估计所有露宿街头无家可归者的总数量（New York，2009）。这项调查的结果与纽约市住在收容所的无家可归人数相加，能够更准确地预测全市无家可归者的数量。

清点无家可归者数量的方法有两种：一种是统计在某一个时刻所有无家可归

者的数量（或称为时点估计法）；另一种则是估计在某一特定时期内，例如过去一年中，不止一次遭遇无家可归的人数（或称为时段估计法）。但两种方法实行起来都非常困难，而且不可避免地会产生许多错误和偏差。

第一种方法由于无法提供无家可归者的总数量而广受诟病。如果改进选取样本的技术，则毫无疑问该方法会变得更加复杂。但是，这种方法本身就存在缺陷。最根本的问题在于，它无法解释不同的人经历无家可归的时间长短是不一样的。无家可归对于某些人来说是长期性的状况，但是对于大部分人来说，只是暂时性的。

如此一来，就会导致两个结果。首先，与许多研究得出的某一特定时段内遭遇无家可归的人数相比，时点估计法统计出来的人数往往少得多。其次，它没有对无家可归者的特征作出准确描述。换句话说，无家可归者流浪的时间越长，他就越有可能被纳入时点估计法的调查范围中。如果不同的无家可归者流浪的时间有长有短，而且他们的特征各不相同，有些患心理疾病，有些是药物滥用，还有些存在教育或家庭问题，那么长期流浪的无家可归者的特征将在时点估计法中更为突出。

费伦（Phelan）和林克（Link）（1998，p. 1334）也说明了这种方法的局限性。

假设在 12 月份的某个晚上，对某收容所展开一项调查。如果这个月内进出的流浪者很多，那么当晚调查的无家可归者的数量将会低于该月流浪者的总人数。如果流浪者在收容所停留的时间长短不尽相同，那么停留时间更长的流浪者被采样的概率更大（例如，整月都待在收容所的流浪者肯定会纳入调查的范围，而只待一晚的流浪者只有 1/3 的概率被取样）。最后，如果具有某些特征（如有精神病）的流浪者停留的时间比其他人更长，那么调查的结果将会夸大流浪者的特征。

第二种方法是估计某一特定时段内遭遇无家可归的人数。林克和同事（1994）曾在全国范围内开展了一项电话调查。他们在 20 个最大的都市区随机选取了 1507 个成年人进行调查，以此来推算曾经遭遇无家可归或在 1985—1990 年经历过无家可归的人数百分比。调查发现，其中有7.4%的人在人生的某一时期无家可归，3.1%的人在1985—1990年不止一次处于无家可归的状态。

如果将借宿在别人家里也算作无家可归，那么经历过无家可归的人数占总人口的比例将会更高。毫无疑问，低收入者最容易遭遇无家可归。曾得到公共资助的家庭中有近1/5不止一次经历过无家可归。

库汉（Culhane）和他的同事在对纽约市和费城市流浪者收容所的数据进行分析后得到了相似的结论。他们发现，超过1%的纽约人和将近1%的费城人在收容所中至少待过一次（1992）。更有甚者，超过2%的纽约人和将近3%的费城人在1990—1992年至少在收容所待过一次。无家可归的发生率在黑人中特别高。例如，3年间，纽约市的黑人在收容所留宿至少一晚的可能性比白人高20多倍（Culhane, Dejowski, Ibanes, Needham & Macchia, 1999）。

在最新一份对全国无家可归者的调查数据中，包括了对某一时刻或过去12个月间在收容所留宿至少一晚的人数的统计。据美国住房和城市发展部向国会提交的第四份年度无家可归者评估报告（HUD, 2009t）显示，2008年1月的某一晚有66.4万人无家可归，但在2008年有近160万人在收容所或过渡性住房中至少留宿一晚。这160万人中并不包括那些不住在收容所的流浪者，也不包括居住在为国内犯罪活动的受害人而设的收容所的流浪者（HUD, 2009t）。2007年10月1日至2008年9月30日，美国每190人中就有大概1人在某个时段居住在流浪人员收容所或过渡性住房，但同期在中心城市，更多人遭遇无家可归——每66人中就有1人，相比之下，在郊区和乡村该比例只有1/450（HUD, 2009, p.39）。

从表2.18中可以看出，美国住房和城市发展部运用时点估计法统计了无家可归者数量的主要变化趋势。最重要的是从2005年至2008年，无家可归的人数下降了约11%。其中，下降幅度最大的当属长期无家可归者（28%），有家庭的人（18%）以及不住在收容所的无家可归者（14%）；而个人、住在收容所的人和家庭下降幅度最小（5%）。无家可归者数量减少的原因部分源于统计方法的改进，特别是对不住在收容所的无家可归者（HUD, 2008b），但这也折射出为永久支持性住房和数百个社区共同努力减少无家可归者所提供的资源在不断增加（见本书第10章）。但是，无家可归者数量下降的趋势在2008年经济复苏之后是否依旧能够保持，还有待观察（HUD, 2009t; Sermons & Henry, 2009）。此外，表2.18还说明，在 2007 年 1 月某一晚统计的无家可归者中，个人约占 2/3，长期无家可归者约占 1/5，不住在收容所的超过 40%。①

表 2.18　　2005 年 1 月和 2008 年 1 月的某天晚上无家可归者的数量　　（单位：人，%）

	2005 年	2008 年	2008 年分布百分比	人数变动 总计	百分比
总人数	744313	664414		-79899	-10.7
单身无家可归者	437710	415202	62	-22508	-5.1
有家庭的无家可归者	303524	249212	38	-54312	-17.9
长期无家可归者	171192	124135	19	-47057	-27.5
不住在收容所的无家可归者	322082	278035	42	-44029	-13.7
住在收容所的无家可归者	407813	386361	58	-21452	-5.3

资料来源：Sermons & Henry, 2009: Table 1 & HUD, 2009t。

从 20 世纪 80 年代起，无家可归就成为一个全国性问题，其产生的原因和整治措施一直是争论的焦点（Burt, 1991）。实际上，所有学者都认为无家可归是极度贫困造成的，但是对于精神疾病、药物滥用以及社会隔离等其他导致无家可归的因素却没有达成共识。同样的，虽然一些学者认为稳定的、价格适中的住房是减少无家可归者的最好方法，但是另一些学者则认为，只解决住房问题是远远不够的，必须配合案例管理和其他支持性服务（Cunningham, 2009; Hoch, 1998; Hopper, 1997; Shinn, Baumohl & Hopper, 2001; Shinn Weitzman et al., 1998; Wong, 1997; Wright & Rubin, 1991）。但是，正如将在本书第 11 章中讲到的，此前对无家可归者的政策重心主要是提供过渡性住房和支持性服务，以最终实现将无家可归者安置在永久性住房中，而现在的重心则是以尽快的速度将无家可归者安置在永久性住房中，如果之后有必要，再提供相关的支持性服务。

从某种程度上说，关于无家可归的原因和解决措施的意见分歧反映了时点估计法和时段估计法的差异。由于有精神疾病、药物滥用历史以及其他问题的人通

---

① 无家可归人口的完整描述，包括某一段时间的无家可归的人口数量和过去 12 个月在收容所住过一夜以上的人口数量等（HUD, 2009）。

常比其他人流浪的时间更长，因此在时点估计调查中，这些人会被过度取样，从而错误地成为无家可归者的典型代表。这些分歧也许同样反映出研究者、提倡者以及服务提供者在学科知识背景上的差异。查尔斯·霍奇（Charles Hoch）在其论文《住房百科全书》（*The Encyclopedia of Housing*，1998，p.24）中就无家可归问题说道，"在对无家可归问题的成因、现状和发展趋势进行调查的过程中，如果采用不同的研究方法，将会得到不同的结论"。

2.8 联邦政府的住房支出

美国住房和城市发展部负责全国绝大部分的住房项目。它成立于1965年，管理着美国的公共住房和其他基于工程的资助项目、联邦住房管理局的保险项目、租房券项目、住房和社区发展综合补助金，以及服务于老年人、无家可归者以及其他有特殊需求的人群的住房项目。此外，美国住房和城市发展部负责监管吉利美——担保以联邦住房管理局担保的抵押贷款为支持所发行的证券。2008年之前，美国住房和城市发展部还负责监督房利美和房地美——抵押贷款二级市场的主要机构。

除了住房项目之外，美国住房和城市发展部还经营一些社区和经济发展项目。由农业部负责的农村项目，由国防部负责的军人住房项目，以及由财政部负责的与住房相关的税收支出（见本书第4章），均不归美国住房和城市发展部管理。

美国住房和城市发展部的住房预算可以分为两方面：预算授权和住房支出。预算授权是指联邦政府承诺当年或未来几年将划拨的资金总额。住房支出是指联邦政府每年的实际支出。20世纪80年代以前，大部分住房项目都是基于多年的预算授权。于是，美国住房和城市发展部的预算授权仅次于国防部。20世纪80年代，里根政府削减了住房和城市发展部超过70%的预算授权。1978年，住房和城市发展部仅占联邦政府预算授权总额的8%。到了1983年，则下降到2%，此后除了有一年例外，其余年份始终保持在1%—2%（Dolbeare & Crowley, 2002）。

虽然削减预算授权并没有降低联邦政府在住房项目上的开支，但却减少了对家庭的住房资助。当住房资助合同到期需要更新时，住房和城市发展部规定的更新期限变得越来越短：首次是 5 年后更新，随后 1 年更新一次（特殊项目除外），到布什政府中期，有时甚至不到 1 年就需更新合同。图 2.8 比较了美国住房和城市发展部在 1977 年至 2008 年，经通货膨胀调整后的预算授权和住房开支的变化。从 1977 年至 1980 年，预算授权是住房支出的 2—6 倍。但是从 1980 年中后期至 2008 年，两者间的差距越来越小。

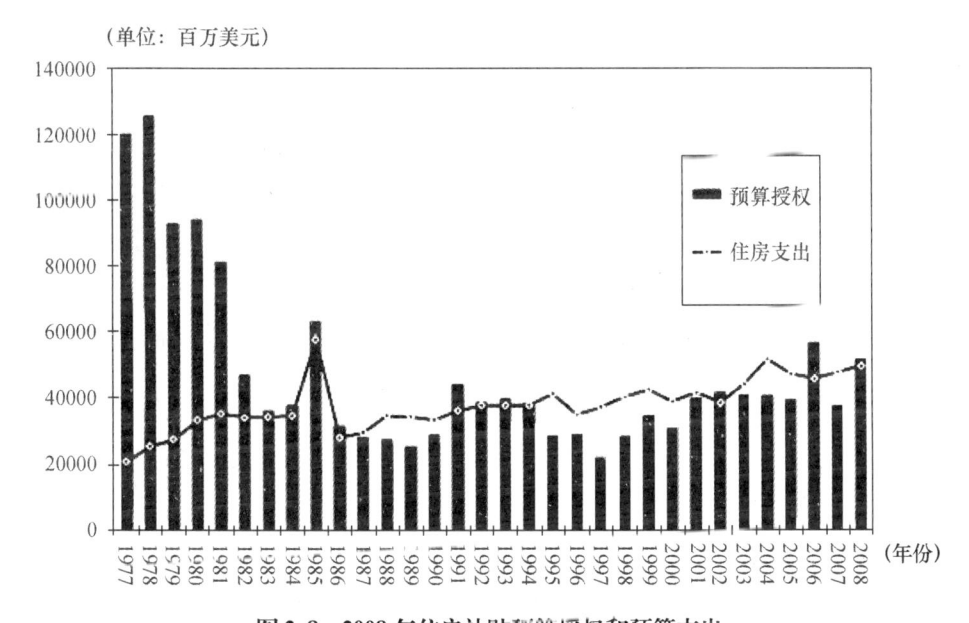

图 2.8　2008 年住房补贴预算授权和预算支出
资料来源：Budget of the U. S. Government, 2008b。

总的来说，从 1977 年至 2008 年，预算授权下降了 66%，而住房开支则增加了 153%。从 2001 年至 2008 年，住房总支出增长了 27%，而预算授权只增加了 3%。2008 年，预算授权是 509 亿美元，住房总开支则达到 491 亿美元。住房总开支超过预算授权的原因在于，年度住房支出可以包括未来几年的资金支出。

用于住房资助的预算授权减少表明，联邦政府缩减了对新住户的资助。多比尔雷（Dolbeare）和克罗莱（Crowley）指出，1977 年 1 月，"即将卸任的福特政府向国会递交了一项预算议案，用以资助 50.6 万新增的低收入住房"。如果联邦政府从 1976 年开始持续资助相同数量的低收入住房，那么到 2004 年，美国将有约 1500 万户低收入家庭居住在政府资助的住房里（Dolbeare & Crowley, 2002, p.9）。但事实却是，联邦政府转变了政策方向，放慢了资助计划。因此，到2008年，只有约500万户家庭获得联邦政府的直接资助。

预算授权下降导致的最重要结果就是，美国住房和城市发展部越来越多的预算被用于更新和延长现有的资助合同，而不是为家庭提供住房资助。为了不使现有的资助合同过期，继续对租房券持有者和住在政府资助开发的住房里的居民进行资助，联邦政府将大部分预算授权都用于更新这些资助合同。到20世纪90年代后期，用于合同更新和展期的资金占住房和城市发展部一半的预算授权（Dolbeare & Crowley，2002），有时甚至占用了所有预算总额，迫使住房和城市发展部调整更新到期资助合同的程序（例子见本书第7章"逐日盯市"部分）。

类似的，长期以来，住房和城市发展部在公共住房项目上的预算授权几乎都用于保护现有的公共住房，通过营运资助、设施更新资助以及"希望六号"计划对危房进行再开发。1996年以来，除了改建老化的公共住房和资助印第安保留区的公共住房之外，住房和城市发展部的预算授权从没有资助过新公共住房的建设（Dolbeare，Sharaf & Crowley，2004）。①

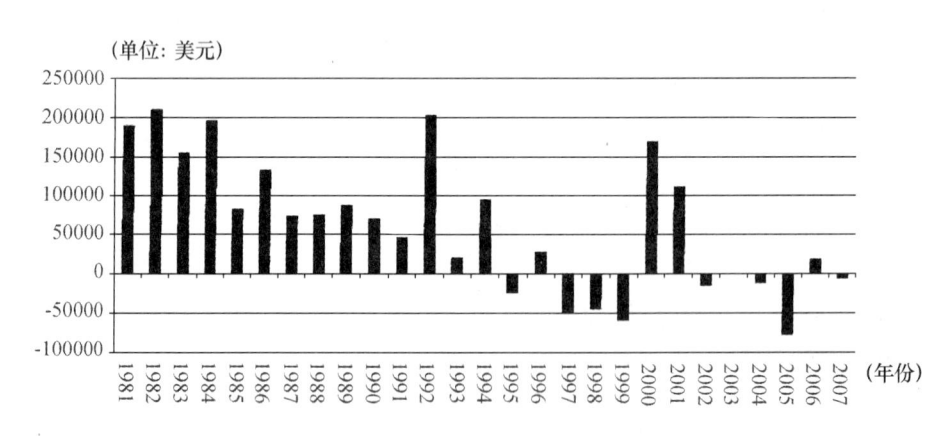

图2.9　1981—2007年美国家庭获得联邦住房补贴数额年度变动情况

资料来源：Committee on Ways and Means, 2008; Table 15.3。

---

① 收入住房委员会、预算和政策咨询中心与众议院筹款委员会周期性地发布联邦住房救助趋势的完整分析。参见Dolbeare，Sharaf & Crowley（2004），Rice & Sard（2009）与众议院筹款委员会（2008）。Colton（2003）也提供了预算趋势的深刻讨论。

从图 2.9 中可以看到这种趋势。该图显示了 1981—2007 年每年新增获得直接住房资助（包括基于工程的资助和对租房户的补贴）的租房户的数量变化。1981—1986 年，每年平均有 16.1 万户家庭获得资助。此后该数量急剧下滑。只有 3 年（分别是 1992 年、2000 年和 2001 年）每年获得资助的家庭数量超过 10 万户。1995 年，获得资助的家庭数量出现首次下降，而且 1995—2007 年，有 9 年是下降的，只有 3 年是增长的。1995—2007 年，每年平均只有不到 3000 个新租户获得补贴。

2.9 本章小结

第二次世界大战以来，美国住房状况在很多方面都发生了巨大变化。现在一套普通新住房的面积和配套设施都是过去几代人想象不到的。20 世纪中叶普遍存在的管道设施落后以及其他严重的住房质量问题，在今天看来基本上都解决了。罗斯福新政之前，被视为富人特权的自有住房现在已经成为土地使用权的最重要形式。经历了长达十年的低迷期，房屋置业率在 20 世纪 90 年代中期重新步入上升期。2004 年，无论是哪一个种族、经济阶层或其他群体，其房屋置业率都达到前所未有的水平。在过去的几年里，房屋置业率开始下滑，在一定程度上是由于住房成本增长高于收入增加，以及数百万家庭因为丧失抵押品赎回权而失去了住房。未来几年，房屋置业率上升的可能性不大。

虽然美国住房质量已经得到大大改善，但住房问题仍然很严重。尽管大部分美国人的居住条件提高了，但仍有数百万人无力承受住房负担，无家可归成为贫困人群的普遍遭遇。约有 1700 万户家庭（其中一半以上是自有房户）将一半以上的收入用于住房支出，这严重限制了他们购买其他生活必需品的能力。

21 世纪初，人们先后经历了前五年房价的狂飙，以及随后灾难性的崩溃。房地产泡沫破裂对房地产市场产生了深远的影响。它不仅导致住房销售量和建造量出现第二次世界大战以来最为严重的下滑，在美国某些地区，房价甚至跌至 20 世纪 90 年代初期以来的最低水平；而且其中最具破坏性的是，引发了大规模丧失抵押品赎回权的现象，这对自有房户及其家庭和社区、地方政府和整个经济而言都是毁灭性的打击。

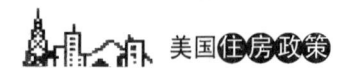

附录：一些数据来源

互联网的发展使得与住房相关的数据变得更容易获得。本附录简要介绍了美国住房方面最重要的数据来源，不过仅限于覆盖全国的免费数据。

◆HUD USER

www.huduser.org

HUD USER 网站得到美国住房和城市发展部的资助，提供了许多关于住房与住房政策相关的信息。该网站最大的特点在于可以浏览政府报告、出版物以及大量数据。

◆哈佛大学联合住房研究中心（Joint Center for Housing Studies）

www.jchs.harvard.edu

每年，哈佛大学联合住房研究中心都会发布《美国住房状况报告》。这份报告对美国当前的住房形势作了非常透彻的概况和分析，并提供了大量有用的住房统计数据，以 Excel 表格的形式可供下载。同时，哈佛大学联合住房研究中心还发布许多与住房相关的报告和论文。

◆《抵押贷款借贷/住房抵押贷款披露法案》（*Mortgage Lending/Home Mortgage Disclosure Act*，简称 HMDA）

www.ffiec.gov/hmda

根据《住房抵押贷款披露法案》的要求，联邦金融机构审查委员会负责公布住房抵押贷款借贷方面的详细信息，其中包括不同地区以及不同格式的数据。HMDA 最大的特点在于其揭示了放款人为低收入者和少数族裔及其社区服务的程度。全国、州、大都市区及个人放款人的数据均可从网站上获得。

◆全美低收入住房联盟（National Low Income Housing Coalition，简称 NLIHC）

www.NLIHC.com

作为倡导廉价低收入住房的组织，NLIHC 提供了很多与住房相关的有价值的信息。在该网站上可以浏览该联盟每年发布的《倡导者对住房与社区发展政策的引导》，了解与住房项目和话题相关的简要情况。该网站每年还发布一份名为《无能为力》的报告，将公平市值租金与低收入住户的收入进行比较。全美低收入住房联盟定期发布住房廉价性和联邦政府住房政策方面的研究报告。会员每周可以收到一份新闻简报。

◆预算和政策优先中心（The Center on Budget and Policy Priorities）

www.cbpp.org

该中心发布与住房政策（包括公共住房、租房券和丧失抵押品赎回权危机等）相关的研究报告和政策概要。

◆美国住房政策中心（The Center for Housing Policy）

www.nhc.org/housing/chp-index

美国住房政策中心隶属于美国住房协会（National Housing Conference），发布与住房廉价性和其他需求、州和地方政府的政策和项目，以及住房与其他社会问题（包括健康状况的改善、教育水平的提高、犯罪率的减少和社区与经济发展等）之间的联系等相关的研究报告。

◆美国人口普查局（U.S. Census Burea）

www.census.gov

美国人口普查局提供与住房相关的大量数据和报告。以下是其中最重要的数据来源。

◆美国住房调查（American Housing Survey，简称 AHS）

www.census.gov/hhes/www/housing/ahs/ahs.html

美国住房调查始于 1973 年，最初名为"年度住房调查"，到 1984 年变为每两年进行一次调查，改为现在使用的名字。AHS 拥有美国住房市场最全面的信息。基于全国范围内约 55000 个样本住房的调查，AHS 提供了全国住户相关的详细信息，而且也是住房状况和廉价性方面最重要的数据来源。它的最大特点在于提供了住户特征、收入、住房质量、社区环境、住房成本、设备和燃料以及住房面积方面的详尽信息。除了覆盖全国的调查之外，每隔六年 AHS 还对 47 个大都市区进行调查。

◆2000 年人口普查（Census 2000）

www.census.gov/main/www/cen2000.html

2000 年人口普查以及此前的 10 年人口普查提供了全国住房和住户方面最局部范围的信息。虽然 AHS 包括了关于住房的更详细信息，不过这些信息是大范围的（全国、47 个大都市区和一些分区），2000 年人口普查尽管信息量更少，但却

57

是针对小范围区域的，小至街区、人口普查区，大至市区甚至更大的区域，更侧重于住房成本和廉价性，而不是住房的质量状况。2000年人口普查中唯一涉及住房质量问题的是住房是否配备完善的管道和厨房设施，以及是否有单独的入口。

◆美国社区调查（American Community Survey，简称ACS）

www.census.gov/acs

从2010年开始，ACS将会成为地方房价和住房状况方面最重要的信息来源。ACS始于20世纪90年代，旨在弥补人口普查无法提供短期数据的缺陷。ACS将会成为美国规模最大的住户调查，提供覆盖所有地区（小至人口普查区和街区）的住房及相关信息。与2000年人口普查一样，ACS在住房质量状况方面只提供有限的信息。

◆新住房建设（New Residential Construction）

www.census.gov/const/www/newreconstindex.html

美国人口普查局在该项目中提供与住房建设（包括建设准入、新开工住房和完工住房）的详细信息。虽然建设准入方面的信息是地方性的，但新开工住房和完工住房的信息则是覆盖区域或全国范围的。此外，人口普查局还提供关于新建住房面积和其他属性的数据。

◆空置房和自有房（Housing Vacanies and Homeownership）

www.census.gov/hhes/www/housing/hvs/hvs.html

美国人口普查局每季度公布住房空置率和置业率方面的预测。空置率根据住房居住形式（自有或租赁）、住房面积和住房其他属性进行分类。而置业率根据不同的地区及不同的人口和社会经济特征进行分类。

第 3 章
住房信贷

由于住房建造成本和房价都太高,所以住房开发和购买都需要借款。住房建设、购买现有的出租房以及单户住房都需要借债。2009 年,美国住房抵押贷款超过 11 万亿美元,几乎是联邦政府所有债务的两倍多。

目前,住房信贷体系结构在很大程度上是在联邦政府的推动下逐步形成的,而且调整通常发生在经济危机之后。许多经久不衰的机制和要素,包括固定利率、分期付款的住房抵押贷款、抵押贷款保险和住房抵押贷款二级市场,都是在经济大萧条之后罗斯福政府对市场进行干预形成的。20 世纪 80 年代储蓄和贷款危机爆发后,联邦政府采取的应对措施将住房信贷推进到一个新的发展阶段——以证券化为主导的阶段。2007 年住房信贷体系再次陷入危机,而且一直持续到 2009 年中期。当前,新监管方案和制度格局尚未成型。本章将介绍目前美国住房信贷体系的主要特征,讨论其主要的机制、创新和监管。

3.1 住房信贷和罗斯福新政

1929 年大萧条爆发之前,用于购买住房的贷款不仅供应不足,而且非常昂贵。通常贷款期限为 2—11 年,具体取决于放款人的类型,到期后就必须再贷款或还贷。[①] 大多数放款人只愿意提供不超过住房价值 60% 的贷款,从而使得绝大部分借款人需要获得第二笔甚至第三笔贷款才足以购房(Jackson,1985;Lea,

---

[①] 储蓄、贷款银行一般提供为期 11 年的抵押贷款;保险公司发行的贷款一般为 6—8 年,而商业银行的一般为 2—3 年(Lea,1996)。

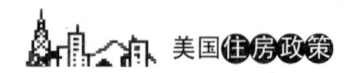

1996)。住房贷款的困难使得只有富人才买得起房子。如此一来，租房就成了美国最主要的居住形式。

大萧条给房屋置业率和自有房户带来严重的不利影响。随着上百万美国人纷纷失业，许多自有房户无力支付月供，丧失抵押品赎回权的住房猛增。到1993年春，超过一半的住房抵押贷款出现了违约，每天有超过1000套住房因丧失抵押品赎回权被强制拍卖（Jackson, 1985, p. 193）。一些自有房户仍能够承担住房抵押贷款，但有一些则被迫在贷款到期时将住房出售。银行现金紧缺，又面临储户挤兑，因此拒绝为借款人"滚动还债"，并要求他们立即全额还清欠款。而且，在那个通货紧缩的年代，自有房户的住房贷款负债额可能超过住房价值，即使把房子变卖也无法还清所有欠款。75年后，房地产泡沫破裂，这一问题再次出现，导致20%的自有房户背负超过住房价值的抵押贷款（Zillow.com, 2009）。

面对普遍的丧失抵押品赎回权问题和房地产业的崩溃，联邦政府通过一系列激励措施实现了住房信贷体系改革，并让大多数家庭拥有了住房。这些项目和制度为1940—1960年房屋置业率的显著提高铺平了道路，同时为住房信贷建立了一个新的、稳定的体系。这个体系在此后40多年间始终屹立不倒。

3.1.1 住房抵押贷款银行体系

对住房信贷体系进行的第一项改革措施是《联邦住房贷款银行法案》（Federal Home Loan Bank Act）。该法案由胡福政府于1937年7月颁布实施，先于罗斯福新政。该法案建立了住房抵押贷款的银行体系，旨在加强储蓄、借贷以及储蓄银行在抵押贷款市场中的作用。根据该法案，美国共设立了12个地区住房贷款银行，为储蓄银行提供资金，帮助其发放住房抵押贷款。这些住房贷款银行由联邦住房贷款银行委员会统一监管。

具体说来，当住房抵押贷款的需求量超过储蓄银行存款账户上可提供的资金总量时，该法案允许其向住房贷款银行借款。该法案不仅为地方银行提供了额外资金，而且希望通过延长贷款期限或提高贷款的最高限额（Loan-to-Value ratio），降低借款人的贷款成本（Immergluck, 2004, p. 36）。

住房贷款银行体系最终成为战后美国住房信贷体系中的一个重要组成部分，但是，它在化解当时住房信贷体系中存在的危机方面几乎没有发挥任何作用。更确切地说，设立住房贷款银行体系的目的就不是为了解决丧失抵押品赎回权的问题。1932 年罗斯福的上台以及此后的一系列立法创新，即所谓的罗斯福新政，才缓解了这一问题。

罗斯福政府不仅让数百万户家庭摆脱了丧失抵押品赎回权的问题，而且从根本上改变了住房信贷体系，既降低了放款人的风险，又节省了借款人的成本。罗斯福政府的第一项立法直击丧失抵押品赎回权问题，随后实施的项目则从多方面巩固了美国的房地产业。

3.1.2　自有房户借贷公司

1933 年 6 月 13 日颁布的《自有房户借贷法案》（*Home Owners' Loan Act*）旨在"帮助人们渡过丧失抵押品赎回权的难关"（Immergluck，2004）。该法案创立了自有房户借贷公司（the Home Owners Loan Corporation，简称 HOLC），负责购买违约的抵押贷款或对其进行再贷款。该公司通过长期联邦债券来购买这些违约抵押贷款，而后以更优惠的贷款条件再次发放。它把贷款期限延长到 15 年，从而降低了月供。该公司还为自有房户提供资金，用于缴纳税款或支付其他必要的住房修缮费用。有时它还通过提供低息贷款帮助一些家庭重新购回之前由于丧失抵押品赎回权而失去的住房。两年内，自有房户借贷公司共花费 30 多亿美元，购买和新发放 100 多万项贷款，占全国自有房总量（不包括农用房）的 10%（Jackson，1985，p.196）。在全国范围内，符合条件的自有房户中约有 40% 从自有房户借贷公司获得资助（Colton，2003，p.72）。

自有房户借贷公司的重要性不仅仅体现在帮助数千户家庭在大萧条时期保住了房子。正如历史学家肯尼斯·杰克逊（Kenneth T. Jackson）所言，"自有房户借贷公司的历史重要性在于它推出、完善并通过实践证明了分期等额偿还的长期住房抵押贷款的可行性"（Jackson，1985，p.196）。目前住房信贷中最基本的固定利率、长期、分期偿还、低首付的住房抵押贷款在 20 世纪 30 年代中期和自有房户借贷公司出现之前是不存在的。

延长贷款期限大大降低了月供（见表 3.1）。例如，对于一项本金为 10 万美元、年利率为 7% 的抵押贷款，当贷款期为 5 年时，月供将近 2000 美元；而当贷款期延长为 30 年时，则月供不到 700 美元。通过采用分期偿还本金和利息的方式，自有房户借贷公司使得自有房户能够在贷款到期时付清全部欠款，从而无须再贷款或支付更高的贷款利息。最后，通过提高贷款与住房买价或价值的比值，自有房户借贷公司减少了借款人对第二笔贷款的需求，而且降低了首付额。

表3.1 在不同贷款期限和利率水平下，10万美元的抵押贷款每月偿还额 （单位：美元）

利率	贷款期限（年）			
	5	10	15	30
3%	1797	966	691	422
7%	1980	1161	899	665
10%	2125	1322	1075	878

3.1.3 联邦住房管理局

在自有房户借贷公司成立1年零2周之后，罗斯福政府和国会又设立了联邦住房管理局（Federal Housing Administration，简称FHA）。联邦住房管理局是由1934年通过的《全国住房法案》（*National Housing Act*）设立的，旨在通过刺激住房建设降低失业率。联邦住房管理局也是住房信贷体系中一个重要的组成部分。联邦政府通过住房管理局为合格放款人发放的住房抵押贷款提供担保。因此，有联邦住房管理局的担保，放款人就不必担心贷款违约对其造成的损失。如果借款人不能按合同要求偿还贷款，联邦住房管理局有义务替借款人还清剩余欠款。

联邦住房管理局的担保使得放款人在发生贷款违约时不会受到损失，从而激励了放款人提高用于住房建设和购买的贷款总额，同时也促使他们提供更低利率的贷款。联邦住房管理局的重要性不言而喻。如杰克逊（Jackson，1985，p.203）所言："在过去半个世纪里（指从20世纪30年代起），联邦住房管理局对美国人产生的深远影响没有任何一个机构能够比得上。"

联邦住房管理局所做的不只是为住房抵押贷款提供担保，它要求贷款、住房以及借款人必须达到一定要求才能获得担保。有些要求使房屋置业率在美国大范围内得到提高，而有一些要求却强化了种族歧视，并导致某些城市的衰落，这些将在后文中提到。

联邦住房管理局从根本上改变了美国住房信贷体系，让更多的人买得起房，而实现方式主要有以下 4 种①：

◆它沿袭了自有房户借贷公司的做法，将由它担保的贷款期限延长到 25—30 年，从而进一步降低了月供。

◆它将贷款的最高限额从原先的标准——住房估价的 1/2 或 1/3——提高到住房估价的 93%。贷款与房价比值的提高不仅大大减少了对第二笔贷款的需求，而且使得首付不超过房价的 10%。

◆联邦住房管理局设立了住房建设的最低标准，这些标准在房地产业得到了广泛应用。通过对新住房建设项目实行统一、客观的标准，以及要求在批准抵押贷款担保之前，对所有住房进行质量检查等措施，联邦住房管理局确保了利用放款人的贷款，购买的住房质量合格，不存在有损其价值的重大缺陷。

◆通过使放款人免受由贷款违约和丧失抵押品赎回权带来的经济损失，联邦住房管理局的担保使得住房抵押贷款利率出现降低，从而减轻了自有房户的经济负担。杰克逊的研究表明，联邦住房贷款担保使得贷款利率下降了 2%—3%（Jackson，1985）。

联邦住房管理局推出的多项创新都被住房抵押贷款业的其他机构采纳。不久，长期还款、分期还款、贷款与房价比值较高的住房抵押贷款就成为了一种标准产品，无论其是否得到联邦政府的担保。此外，私人保险公司很快就开始为住房抵押贷款提供保险，因此联邦住房管理局也成为提供担保的机构之一，而不再是唯一的机构。

在很大程度上，正是由于联邦住房管理局的成立，以及它在抵押贷款市场推动的一系列变革，购买住房的成本才变得比租房更低。由联邦住房管理局担保的抵押贷款振兴了房地产业，并使住房开工率上升到前所未有的水平。1937—1941 年，年住房开工率增长了 86%。联邦住房管理局担保的贷款占 20 世纪 40 年代发放的贷款总量的 40%（Jackson，1985，p.205）。第二次世界大战之后，退伍军人管理局（Veteran's Administration）启动了自己的贷款担保项目，用以帮助 1600 万归国军人以适中的价格购买到住房。该项目基本上是模仿联邦住房管理局的项目模式，不同的是前者首付更低。这两个项目帮助美国工薪阶层实现了住房梦。

---

① 之后的讨论很大程度上引自 Jackson（1985）。

联邦住房管理局对大萧条时期及战后房地产业的复苏发挥了巨大作用,而且让数百万家庭实现了以较低成本购买住房的梦想。但同时,它也剥夺了数百万其他家庭的住房机会。联邦住房管理局也使不计其数的城市社区陷入衰退。

联邦住房管理局对用其担保的贷款所购买的住房设定了严格要求。正如前面所述,联邦住房管理局要求所有的住房都必须达到它规定的质量要求,而且还根据住房所在社区的地理位置及族群构成不同对这些要求作出适当的调整。也就是说,联邦住房管理局认为,位于主要由黑人组成的社区内的住房具有过高的风险,因而不能给予担保。

为控制担保的抵押贷款超过住房本身价值而带来的风险,联邦住房管理局在评估住房的价值以及保值的可能性方面制定了非常详细的标准。这些评估有助于确定一套住房是否符合贷款担保条件,以及能够获得的最大担保额度。而评估的标准在很大程度上取决于住房所处的社区及周边区域的族群特征。

例如,在八个专门衡量住房质量的标准中,第二个重要标准与"住房抵御不利影响的能力"有关。1935年,联邦住房管理局在《担保手册》中列举的"不利影响"包括"反动种族主义者和反动国家主义者的渗透"。该手册指出,"居民的类型和社会地位"是决定社区吸引力的一个重要因素(引自 Immergluck,2004,pp. 94 – 95)。

在1936年的《审核手册》中,联邦住房管理局强调,社区族群的构成是评估住房价值风险性的重要因素。

> 评估人员应该调查住房所处的周边区域,确定是否存在反动的种族主义者,最后对该地区是否有可能被这些反动分子渗透作出理性判断……只有那些面对不利影响具有足够抵御能力的住房,才能在住房评估中获得高分(1936年联邦住房管理局《审核手册》第23章,引自 Immergluck,2004,p. 95)。

虽然联邦住房管理局为郊区社区的住房提供了大量抵押贷款担保,但是城市居民获得的担保相对而言却少得多。由于不容易获得担保,在城市社区购买或出售住房也更加困难。例如,1935—1939年,在圣路易斯都市区利用联邦住房管理局担保的贷款购买的 241 套新房中，有 91% 位于郊区。而这些郊区的住房大部分都是由城市居民购买的，所以杰克逊说，"联邦住房管理局的帮助实际上是在剥削圣路易市的中产阶级"（Jackson，1985，p. 209）。1934—1940 年，联邦住房管理局在圣路易斯郊区担保的抵押贷款是圣路易斯市区的 5 倍多（Jackson，1985，p. 210）。同期，华盛顿特区的郊区获得的抵押贷款担保是其市区的 7 倍多（Jackson，1985，p. 213）。

杰克逊进一步指出，在联邦住房管理局项目启动后的近 30 年里，到 1966 年，联邦住房管理局从未在新泽西州的两个日渐衰落的工业城市卡姆敦和帕特森担保过一项贷款（Jackson，1985，p. 213）。他认为，"融资的不足往往导致社区内住房销售不景气，因此，空置的住房只能继续搁置，使得其价值急剧减少"（Jackson，1985，p. 213）。

除了在核准住房抵押贷款担保的过程中采用带有种族歧视的标准外，联邦住房管理局由于更偏好单户住房，而不是多户住房，更偏好新房建设，而不是住房修缮，在一定程度上导致了市区的衰落。例如，用于修缮现有住房的贷款数额少，而且期限短，也就意味着家庭购买新房会比翻新老住房更容易（Jackson，1985，p. 206）。

当然，联邦住房管理局并没有发明种族歧视或红线。它的审核标准体现出房地产业的常规做法。但是，联邦住房管理局本可以对这些做法进行革新，将贷款担保作为有效的杠杆手段。但正如倡导公平住房的先驱查尔斯·阿博拉斯（Charles Abrams）所说：

> 政府为开发商和放款人提供如此慷慨的资助，本应要求他们遵守非歧视政策，或者，联邦住房管理局本应不干涉地方政府的内部事务。相反，联邦住房管理局采取的种族歧视政策可与纽伦堡法律相媲美。从一开始，联邦住房管理局就将自己定位为保护所有白人社区的机构。它派遣自己的代理人到白人社区，以组织黑人和其他少数族裔在那里买房（Charles Abrams, Forbidden Neighbors, 1955，转引自 Jackson，1985，p. 214）。

杰克逊（1985，p. 213）说得更直接："联邦住房管理局不但奉行种族歧视政策,而且把它作为一项公共政策来执行。"

3.1.4 联邦国民抵押贷款协会(Federal Housing National Mortgage Association)

1938年,罗斯福政府又推出了一项改革政策,成立了联邦国民抵押贷款协会(Federal National Mortgage Association,简称FNMA,又更名为Fannie Mae,房利美)。该政策为此后几十年住房信贷体系的发展奠定了坚实的基础。联邦国民抵押贷款协会的职责是购买联邦住房管理局担保的贷款,然后为抵押贷款市场提供新的资金来源。最初,联邦国民抵押贷款协会是一个私人公司,有权通过发行债券融资,用于购买联邦住房管理局担保的贷款。债券的利息用借款人偿还的贷款支付。虽然联邦国民抵押贷款协会在大萧条时期及第二次世界大战后早期毫无疑问不会发挥重要作用(Carliner,1998),但在此后的几十年里,作为住房抵押贷款二级市场的中心,其职责和业务在广度和深度上都得到了巨大的拓展。这些内容将在后面详细介绍。

3.2 20世纪40—80年代的住房信贷体系
——互助储蓄银行时代

20世纪30年代末,为了让此后两代人拥有稳定的住房抵押贷款市场,联邦政府已将所有关键机构部署到位。它设计了两套不同的住房信贷体系,而且每一个体系都与金融业的其余部分隔离。其中规模较大的一个体系以储蓄、贷款协会和共同储蓄银行——两者合称"互助储蓄银行"为中心;另一个体系则包括联邦住房管理局担保的住房贷款,以及在贷款产生和购买过程中涉及的相关机构。

互助储蓄银行是20世纪30年代末至70年代住房贷款的最重要来源。它在相当严格的监管下运作,使得家庭没有太多的投资机会,只有两个基本的功能。互助储蓄银行为家庭提供有存折的储蓄账户,达到一定数额的存款则得到联邦政府的全额担保。

利用这些储蓄账户的资金,互助储蓄银行为当地社区的购房者提供为期30年的固定利率住房贷款。贷款的利率高于储蓄利率,而两者之间的差额就是互助储蓄银行的营业收入和利润的主要来源。如果在其市场范围内,房贷的需求超过储蓄账户的资金总量,互助储蓄银行则可向所在地区的住房贷款银行借取资金。

另一个规模较小的体系主要与联邦住房管理局担保的房贷有关。互助储蓄银行发放的贷款来自储蓄,而联邦住房管理局担保的房贷则更多地来自非储蓄机构。独立的经纪人和住房贷款公司用借来的资金购买联邦住房管理局担保的房贷。然后将这些房贷转卖给其他机构——通常是保险公司或房利美。从20世纪30年代中期至40年代,人寿保险公司是联邦住房管理局担保的贷款的最大投资人;而此后,最大投资人则是房利美。换句话说,联邦住房管理局担保的房贷主要是由抵押贷款二级市场提供资金。

双重住房信贷体系被证实运行非常稳定。到20世纪70年代,它所面临的最大问题就是,贷款资金供给与需求的区域性不平衡。由于互助储蓄银行的经营范围一般都局限于某个城市,而且通常只面向某些社区,因此它们提供房贷的能力取决于吸收存款的多少。在发展迅速的社区,尤其是在南部阳光地带,房贷的需求远远超过存款总额。而在东部及中西部那些年代久远、发展缓慢的社区,存款总额则一般超过房贷需求。

但是,从20世纪60年代开始,双重住房信贷体系出现了新的趋势。随着利率的波动性越来越大,用于房贷的资金量也变得越来越不稳定。由于互助储蓄银行最主要的收入来源是长期固定利率贷款,因此存款利率的上升直接影响到其利润。为了解决这一问题,联邦政府1966年通过了《Q法规》(*Regulation Q*)对有存折的储蓄账户规定了最高利率。该法规在很大程度上使得互助储蓄银行不至于支付超过贷款利息的储蓄利息,从而免遭破产。但是,当市场利率高于《Q法规》的最高存款利率时,该举措也增大了购房者获得贷款的困难。

到20世纪70年代末,通货膨胀将利率拉升到两位数,加之联邦政府放松了对互助储蓄银行和其他金融机构的监管,互助储蓄银行面临的压力更大了。随着利率的攀升,互助储蓄银行发现,"为存款支付的利息已经超过从贷款中赚取的利息"(Colton,2003,pp. 178－179)。此外,政府放松了对金融部门的监管,让有存折的储蓄账户户主有了更多的投资渠道。除了受到严格监管的储蓄账户,他们还可以投资高回报的存单、货币市场基金,以及各种类型的共同基金。如此一来,许多互助储蓄银行都出现了净亏损,所谓的"脱媒"进一步加剧了贷款资金的供给。

联邦政府应对这一困境的措施可用一个词来概括：放松监管。1980年，华盛顿取消了《Q法规》，并允许互助储蓄银行将存款利率市场化。而对互助储蓄银行来说，取消存款利率的上限意味着吸收储蓄的成本可能超过贷款的利息收入，反而使得"脱媒"问题更加严重。

意识到这一问题之后，联邦政府开始采取措施帮助互助储蓄银行摆脱困境。它不仅提高了存款保险的最高保额，以吸引大额存款，同时还扩大了互助储蓄银行的投资范围，希望扭转净亏损的局面。此外，互助储蓄银行还可以直接投资房地产开发项目。资本金要求的放宽让互助储蓄银行可以持有更少的储备金。而且，联邦政府鼓励互助储蓄银行在二级市场上出售低息的住房贷款，以筹得新资本，从而扩大利息差（FDIC, 2005a）。联邦政府还允许互助储蓄银行和银行金融机构将经营范围拓展至其他州，以加速其增长，并取消或减弱了一些限制利率及与抵押贷款相关的地方法规和监管要求（McCoy & Renuart, 2008）。

互助储蓄银行还推出了浮动利率贷款（Adjustable Rate Mortgages），希望将一部分利率风险转移到借款人身上。此前，放款人承担了30年定息房贷的利率风险；而在浮动利率贷款下，借款人所欠的利息每年（或其他周期）调整一次，以适应市场利率的变化。这样一来，从贷款中取得的利息收入与支付给储户的利息大致持平。虽然浮动利率贷款在高利率、高房价的时期受到欢迎，但几年之后才开始慢慢流行，而且它几乎丝毫没有减轻20世纪70年代和80年代互助储蓄行业面临的财务危机。

简而言之，放松互助储蓄行业管制，加上诸多腐败行为和运气欠佳（互助储蓄银行投资的许多购物中心及复合式公寓都遇到了财务危机），让互助储蓄银行陷入了非常困难的境地（Sherrill, 1990）。最终，联邦政府不得不出资1570亿美元（不包括利息支出）收拾残局。救助法案——1989年的《金融机构改革、恢复和强化法》（Financial Institions, Reform, Recovery and Enforement Act，简称FIR-REA）开启了住房信贷的新时代，在这个时代中，互助储蓄银行的作用越来越弱，而抵押贷款二级市场则开始居于主导地位。

《金融机构改革、恢复和强化法》的影响

除了重新构建互助储蓄行业的监管框架,为破产的储蓄银行设立清算程序之外,FIRREA 还给现存的互助储蓄银行规定了新的要求和资本金标准。该法案缩小了互助储蓄银行的投资范围,规定其70%的借贷资金必须用于住房贷款、住房建设贷款、住房修缮贷款、住房净值贷款或资产抵押证券。此外,该法案还限制了互助储蓄银行向单个借款人出借的最大金额。

最为重要的可能是,FIRREA 设定的严格资本金要求往往限制了互助储蓄银行发放贷款的范围。该法案明确要求互助储蓄银行必须"至少与国民银行一样恪守资本金要求"(Housing Development Reporter,2008)。这意味着互助储蓄银行每贷出一美元,就必须在储备金中持有至少一定额度以上的资金(例如,普通股股本、非提取账户)。FIRREA 规定互助储蓄银行的总资本金不得低于总资产(如贷款)的 8%。但是不同类型贷款所要求的资本金各不相同,详见表3.2。

表 3.2　　FIRREA 对存款机构持有的与房地产相关资产施加的
经风险调整后的资本要求

（单位：美元）

资产类型	每100万美元资产所需的资本	每100万美元的资本金可支持的资产
由 GNMA 担保的住房抵押贷款证券	0	没有限制
联邦住房管理局和退伍军人管理局发行的抵押贷款和大部分高质量的住房抵押贷款证券	16000	2500 万
贷款与房价比超过80%,或者私人贷款担保逾期不超过90天的1—4户住房贷款;平均入住率在80%以上,并且贷款与房价比不超过80%的现有多户住房贷款;非优级抵押贷款支持证券(主要是1—4户住房抵押贷款支持的证券)	40000	1250 万
其他大部分房地产资产,但超过房地产价值80%的部分除外	80000	625 万
自有房地产和逾期超过90天的贷款,一些1—4户住房贷款除外	160000	312.5 万

资料来源：Housing Development Reporter, 1998。

新标准在很大程度上偏向联邦政府担保的抵押贷款和资产抵押证券，大大提高了互助储蓄银行持有多户住房贷款的成本。例如，100万美元的资本金可以支持2500万美元由联邦住房管理局或退伍军人管理局担保的住房贷款或是高信用评级的资产抵押证券，也可支持1250万美元用于单户、双户、三户或四户住房的贷款，也可支持625万美元用于多户住房的贷款。

当互助储蓄银行发现资本金低于FIRREA标准时，它们既可以筹集更多的资金——但在互助储蓄行业崩溃时往往很难融资，也可以收缩业务使总资产与资本金持平。最终互助储蓄银行选择了收缩业务。互助储蓄银行将数十亿美元的住房抵押贷款出售给了抵押贷款二级市场，从中获得的收益往往用来购买资产抵押证券，从而加速了20世纪70年代就开始盛行的趋势。

图3.1显示了互助储蓄银行在抵押贷款市场中重要性的下降趋势。1975年，互助储蓄银行拥有超过全国56%的抵押贷款；1980年，其市场份额不到50%。此后，市场份额开始加速下降。1985年，互助储蓄银行拥有全国略微超过1/3的住房抵押贷款，1990年则不到1/4，1995年只有1/8，到2009年则仅有1/20。图3.1还显示，在通货膨胀得到控制之后，互助储蓄银行抵押贷款资产

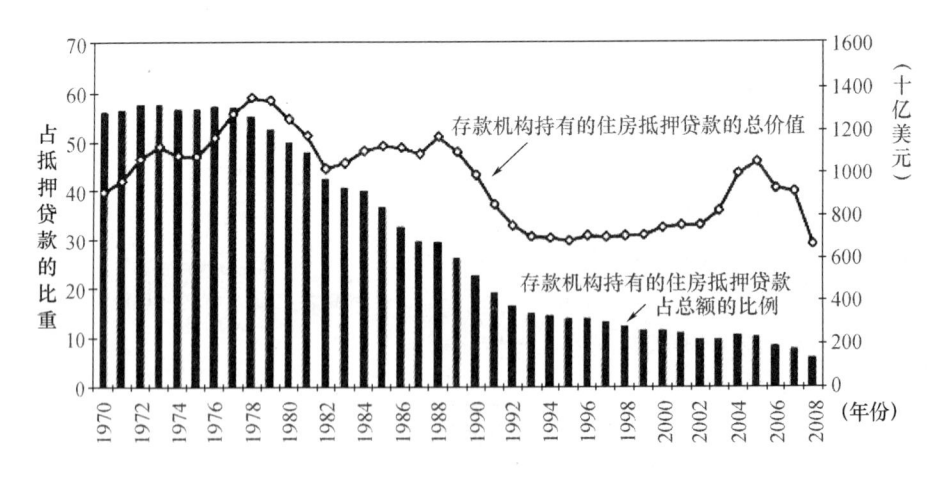

图3.1　存款机构持有的住房抵押贷款：经通货膨胀调整后的数额和占住房抵押贷款总额的比例（%）

数据来源：Board of Governors of the Federal Reaerve Bank, 2009a, 2009b。

组合的总市值在 1979 年达到顶峰——9240 亿美元。1988 年后，尤其是 1989 年通过 FIRREA 之后，其总市值直线下滑，在 1995 年跌至谷底——5230 亿美元。虽然在房地产泡沫的巅峰时期，抵押贷款资产组合的实际总市值有所上升，但 2005 年之后也开始急剧下滑。

互助储蓄银行在美国抵押贷款市场中的地位下降，一部分原因是联邦政府 20 世纪 80 年代对存贷危机进行干预，而采取了更加严格的监管措施；另一部分原因在于危机爆发后上百家互助储蓄银行被迫关闭或被其他机构收购。2003 年，只有 1413 家互助储蓄银行，相比之下，1995 年有 2030 家，1990 年有 2815 家，1980 年有 4319 家。从 1980 年到 2003 年，互助储蓄银行的数量减少了 66% 以上（Office of Thrift Supervision，2004）。

总而言之，FIRREA 对住房信贷体系产生了深远的影响。它不仅削减了互助储蓄银行的贷款总量，抑制了其借贷业务的发展，而且导致用于多户住房的抵押贷款资金的大幅减少，不过同时也推动了正处于上升趋势的抵押贷款二级市场的繁荣。

3.3 20 世纪 90 年代以来住房信贷体系的发展——资产证券化和经济危机

20 世纪 80 年代，在经济动荡中，住房信贷体系步入了一个新的时代——由抵押贷款二级市场和其中的重要机构主导的时代。与其他金融部门相隔离的双重住房信贷体系已经发展成为一个规模更大、与全球金融市场融为一体的新体系。互助储蓄银行不再是住房抵押贷款市场的中坚力量，而是与其他许多机构一样，扮演着很小的角色。抵押贷款二级市场的范围已不仅局限于当初的联邦住房管理局担保的贷款，而跃升为各种类型抵押贷款最重要的资金来源。在二级市场中，不仅有房利美和其他政府赞助企业，还包括私人投资公司。而私人投资公司开发出越来越复杂的资产抵押证券。抵押贷款银行和非储蓄机构主导了抵押贷款的发放，然后立即将这些贷款在二级市场上出售，用于证券化。同时，抵押贷款也变得越来越多样化。"风险定价"模型作为新的评估抵押贷款价值的方法，推动了高风险次级贷款的迅速发展。21 世纪初，为期 30 年、分期付款的定息抵押贷款中又融入了一系列的另类抵押贷款产品。2006 年之前，住房信贷体系一直保持迅猛的发展速度，但在2007年年底次贷危机爆发后，却变成自身过快发展和日益衰落的经济的牺牲品。①

3.3.1 抵押贷款二级市场的崛起

虽然抵押贷款二级市场在1938年才建立，但是仅在30年间就成为住房融资的主要决定因素。正如之前所提到的，罗斯福政府创建了房利美来购买联邦住房管理局担保的抵押贷款，并赋予房利美发行股票和债券的权力，为购买联邦住房管理局和退伍军人管理局担保的抵押贷款融得资金。抵押贷款利息和本金支付则用来回购债券。早期，房利美级别并不高，联邦住房管理局担保的大部分抵押贷款都被人寿保险公司购买（Carliner，1998）。

1968年，联邦政府将房利美由一个公共机构转变为政府赞助企业（Goverment-Sponsored Enterprise，简称GSE），一个受到政府监督的私有公司。最为重要的是，房利美和其他政府赞助企业随后被投资者和金融市场视为得到联邦政府的隐形支持的公司（2008年当联邦政府成为政府赞助企业的收购者之一时，尤其是担保了其所有的债券和抵押贷款支持证券时，这一观点被证明是正确的）。在特许执照下，房利美可以购买除联邦住房管理局和退伍军人管理局担保的抵押贷款之外的其他抵押贷款。同时，联邦政府成立了美国国民政府抵押贷款协会（简称"吉利美"），以实施房利美此前履行的"特殊援助职能"。这些职能包括购买联邦住房管理局和VA担保的抵押贷款，以及其他获得联邦政府补贴的住房开发项目的抵押贷款。

1970年，华盛顿成立了抵押贷款二级市场的第三个组织机构——联邦住房抵押贷款公司。最初由12家住房抵押贷款银行所有，后来在1989年转变为与房利美和吉利美类似的GSE企业，房地美的创立旨在加强储蓄机构发行传统抵押贷款（没有联邦政府的补贴）的二级市场。通过在二级市场上出售低利率的抵押贷款，储蓄机构试图更好地使抵押贷款池中获得的收入与支付给存款者的利息相匹配。

在过去的20年间，二级市场不仅在规模上不断壮大，而且变得越来越复杂。在早期发展阶段，在二级市场上机构只是买入抵押银行和其他贷款人发行的抵押贷款，作为投资组合持有。从20世纪60年代开始，这些机构开发了多种类型、

---

① 该部分内容大量摘自住房和城市发展部（2009），Immergluck（2009）和Zandi（2008）。

基于单一贷款的大型组合金融证券,这种趋势在20世纪80年代愈演愈烈。

第一支抵押贷款支持证券被称为"介入证券"。投资者购买抵押贷款池中的一定份额,并从中得到相应的利息和本金支付,这些款项来自单个借款人。介入证券独有的特征——预付风险和违约风险——对大批投资者没有吸引力。在某些情况下,受托人的责任不允许投资者购买介入证券。随后,为了消除这些局限性,利用技术的提高,这三大二级市场机构联合其他私有金融公司,发明了以抵押贷款池作抵押的多种债券。投资者不再是拥有抵押贷款池的一定份额,而是可以直接购买债券,而债券的收入来自抵押贷款池的本金和利息支付。这些本金和利息支付款项则被用以支持到期时间不同(短期、中期和长期)和风险收益不同的债券。严格地说,证券被分割成许多部分(法国称之为"片"),每一部分都能够支持分离的债券。

进入20世纪90年代,房利美、房地美和吉利美几乎完全占据了抵押贷款二级市场的全部份额。吉利美购买了联邦住房管理局和退伍军人管理局担保的抵押贷款,并将其证券化,而房利美和房地美则专注于更大的市场——没有联邦政府担保的"传统"抵押贷款市场。为了使违约风险最小化,这些政府赞助企业对其购买和证券化的抵押贷款制定了严格的标准。此外,抵押贷款的价值不能超过资产价值的一定比例,而且超过资产价值80%的抵押贷款需要抵押贷款保险;借款人花费在抵押贷款以及其他住房相关的开支不得超过收入的某一比例,也不得超过债务的某一比例;借款人的收入必须稳定;抵押贷款的数量不能超过限额。只有满足GSE要求的抵押贷款才是合格的,也才能在二级市场上出售,否则贷款人会把债务滞留在其投资组合内(Immergluck,2004)。

到了20世纪90年代和21世纪初,抵押贷款二级市场变得更加复杂。当GSE继续购买和证券化抵押贷款,以满足承销要求时——后来这类贷款被称为"优质贷款"——越来越多发行"私有证券"的投资公司加入到这一市场中来。这些私有证券大部分都是围绕没有达到GSE承销要求的贷款建立起来的。我们后面会谈到,这些公司专营高风险的次级贷款。

抵押贷款支持证券的出现使得住房融资与其他金融市场进一步结合在一起。全球范围内的投资者能够与购买公司债券或政府债券相同的方式购买抵押贷款支持证券。于是,对抵押贷款支持证券的投资也就诞生了。在抵押贷款证券爆炸性增长的驱动下,美国单一家庭抵押贷款持有量占抵押贷款二级市场的份额从1980年的17%增长到1990年的44%,在2000年达到59%。2009年之前,其份额已

表 3.3　不同机构持有的 1—4 户住房抵押贷款：总量与百分比分布

	1970 年	1980 年	1990 年	1995 年	2000 年	2005 年	2006 年	2007 年	2008 年	2009 年—Q1
持有的抵押贷款数额（十亿美元，以 2008 年为基年）										
存款机构①	1149.2	1677.7	1783.5	1694.0	2111.8	3298.9	3448.4	3526.0	3264.0	3293.6
储蓄机构	910.0	1250.3	988.7	681.5	742.9	1051.5	926.8	912.7	666.3	662.1
商业银行	234.7	415.5	713.0	918.6	1212.7	1976.6	2226.2	2293.0	2252.2	2281.7
信贷联盟	4.4	12.0	81.9	93.9	156.2	270.8	295.4	320.2	345.5	349.8
抵押贷款二级市场	99.9	430.9	1920.1	2750.2	3776.8	6058.5	6734.1	7204.1	7117.8	7208.1
政府支持机构	86.0	151.0	196.9	296.0	262.1	501.5	491.5	466.6	466.5	488.4
由机构和政府支持企业支持的抵押贷款池或信托	13.9	279.8	1632.6	2180.4	3032.7	3770.0	3962.8	4485.7	4803.3	4935.6
私人资产支持证券的发行商			90.6	273.8	482.0	1787.0	2279.8	2251.9	1848.0	1784.1
其他②	385.1	394.3	617.7	445.2	524.4	988.1	972.1	834.8	654.8	641.8
总计	1634.2	2502.9	4321.4	4889.4	6413.0	10345.5	11154.5	11564.8	11036.6	11143.5
百分比分布（%）										
存款机构①	70.3	67.0	41.3	34.6	32.9	31.9	30.9	30.5	29.6	29.6
储蓄机构	55.7	50.0	22.9	13.9	11.6	10.2	8.3	7.9	6.0	5.9
商业银行	14.4	16.6	16.5	18.8	18.9	19.1	20.0	19.8	20.4	20.5
信贷联盟	0.3	0.5	1.9	1.9	2.4	2.6	2.6	2.8	3.1	3.1
抵押贷款二级市场	6.1	17.2	44.4	56.2	58.9	58.6	60.4	62.3	64.5	64.7

续表

	1970年	1980年	1990年	1995年	2000年	2005年	2006年	2007年	2008年	2009年—Q1
政府支持机构	5.3	5.0	4.6	6.1	4.1	4.8	4.4	4.0	4.2	4.4
由机构和政府支持企业支持的抵押贷款池或信托	0.8	11.2	37.8	44.6	47.3	36.4	35.5	38.8	43.5	44.3
私人资产支持证券的发行商	0.0	0.0	2.1	5.6	7.5	17.3	20.4	19.5	16.7	16.0
其他②	23.6	15.8	14.3	9.1	8.2	9.6	8.7	7.2	5.9	5.8
总计	100.0	100.0	100.0	100.0	100.0	100.0	100.0	100.0	100.0	100.0

注：①包括银行个人信托和不动产。②包括家庭；非金融公司；非农场、非公司的商业组织；州、地方和联邦政府；州和地方政府退休基金；金融公司；抵押贷款公司；房地产投资信托（REITS）；人寿保险公司；私人养老基金。

资料来源：Board of Governors of the Federal Reserve System, 2009a, 2009b。

表3.4　不同机构持有的1—4户住房抵押贷款的数额变化情况

持有的抵押贷款数额（十亿美元）	1970—1980年 总变化	1970—1980年 变化百分比（%）	1980—1990年 总变化	1980—1990年 占总量的百分比（%）	1980—1990年 变化百分比（%）	1990—2006年 总变化	1990—2006年 占总量的百分比（%）	1990—2006年 变化百分比（%）	2006—2009年—Q1 总变化	2006—2009年—Q1 占总量的百分比（%）	2006—2009年—Q1 变化百分比（%）	2006—2009年—Q1 占总量的百分比（%）
存款机构	528.5	46.0	105.8	60.8	6.3	1664.8	5.8	93.3	-154.7	24.4	-4.5	1405.5
储蓄机构	340.2	37.4	(261.6)	39.2	(20.9)	(61.9)	-14.4	(6.3)	-264.7	-0.9	-28.6	2404.4
商业银行	180.7	77.0	297.5	20.8	71.6	1513.2	16.4	212.2	55.5	22.1	2.5	-504.4
信贷联盟	7.6	170.8	69.9	0.9	581.2	213.5	3.8	260.8	54.4	3.1	18.4	-494.5
抵押贷款二级市场	331.0	331.4	1489.2	38.1	345.6	4814.0	81.9	250.7	474.0	70.4	7.0	-4305.7
政府支持机构	65.0	75.6	45.8	7.5	30.3	294.6	2.5	149.7	-3.1	4.3	-0.6	27.7
由机构和政府支持企业支持的抵押贷款池或信托	266.0	1917.2	1352.8	30.6	483.4	2330.2	74.4	142.7	972.8	34.1	24.5	-8836.2
私人资产支持证券的发行商②		NA	90.6	0.0	NA	2189.2	5.0	2416.3	-495.7	32.0	-21.7	4502.7
其他②	9.2	2.4	223.5	1.1	56.7	354.3	12.3	57.4	-330.3	5.2.	-34.0	3000.2
总计	868.7	53.2	1818.5	100.0	72.7	6833.2	100.0	158.1	-11.0	100.0	-0.1	100.0

注：①包括银行个人信托和不动产。②包括家庭；非金融公司；非农场，非公司的商业组织；州、地方和联邦政府；人寿保险公司；私人养老基金；州和地方政府退休基金；金融公司；抵押贷款公司；房地产投资信托（REITS）。

资料来源：Board of Governors of the Federal Reserve System, 2009a, 2009b。

经超过 64%（见表 3.3）。1990—2009 年，未偿付的住房抵押贷款市值，经通货膨胀调整后达到 6.8 万亿美元，而抵押贷款二级市场所占份额超过 3/4——其中 73% 是通过抵押贷款支持证券实现的（见表 3.4）。换句话说，大部分抵押贷款一出现就立即出售二级市场，进而组建成抵押贷款池以支持更复杂的证券。

3.3.2 风险定价的兴起以及次级抵押贷款的产生

20 世纪 90 年代之前，抵押贷款承销惯例和标准对一项抵押贷款的判断是非常明确的。暂时先不考虑种族歧视问题（见本书第 11 章），借款人要么符合申请贷款的标准，要么不符合。他们拥有的选择非常少。借款人可以申请"传统型"抵押贷款，这些抵押贷款或是由贷款人加入其投资组合，或是出售给二级市场。如果是出售给二级市场，那么这项贷款需要符合政府赞助企业（房利美和房地美）制定的承销规定，而这些机构购买了二级市场上绝大部分的抵押贷款，并将其证券化。除此之外，借款人还可以申请联邦住房管理局或退伍军人管理局担保的抵押贷款，但也需要符合严格的承销规定。对于抵押贷款和其他债务支出超过收入的一定比例，或者收入不稳定，或者有不良信用记录的借款人而言，成功申请抵押贷款并非易事。当然，银行在批准贷款时有一定的自主权，特别是当银行希望持有投资组合中的抵押贷款，不想在二级市场上出售的时候，但是在灰色地带之外，不满足贷款人承销规定的借款人几乎是无法获得贷款的。

到了 20 世纪 90 年代，随着风险定价的兴起，情况发生了变化。贷款人能够对更高的成本抵押贷款施加更宽松的借贷要求，而不是提供单一类型的贷款。作为高违约风险的回报，借款人需要支付更高的利息和其他成本。这些高成本贷款就是次级贷款。随后又引入了 Alt-A 级贷款——介于优级贷款和次级贷款之间——针对那些有资格申请优级贷款但不愿意公开所有收入、资产、债务或他们愿意抵押但却带有其他风险因素的财产（Baily et al., 2008；Gramlich, 2007；HUD, 2009g；Immergluck, 2009）。正如本书第 11 章将谈到的，次级贷款不合理地将少数家庭和社区牵涉进来，相当大一部分次级贷款是掠夺性的——根本没有顾及借款人的承受能力，而且往往利用了欺骗以及其他不正当手段。总的说来，次级贷款和优级贷款由各种不同类型的机构发放。优级贷款更多地是来自银行和储蓄机构，而次级贷款则更多地是由非存款机构、抵押贷款银行和抵押贷款经纪人提供。不过，自20世纪90年代和2000年以来，银行持股公司收购了越来越多的独立抵押贷款银行，而且往往将其转变为子公司。抵押贷款银行和经纪人几乎总是以自有证券化方式将其贷款出售给二级市场。虽然存款机构也将大部分抵押贷款出售给二级市场，但是其中更多的贷款符合GSE的承销标准，而且是由GSE进行打包。同时，存款机构的抵押贷款比抵押贷款银行和其他非存款机构受到更多来自政府的监管（见本书第11章）。许多抵押贷款银行和经纪人所从事的业务与存款机构非常不同，特别表现在高成本贷款的积极市场营销方面（Apgar & Calder, 2005）。的确，为了以可能的最高利率承销抵押贷款，抵押贷款银行频繁地提供金融动机（以"收益率差价溢价"的形式），即使借款人只能承担低利率（HUD, 2009g；Immergluck, 2009）。

最初，次级贷款主要用于已存贷款的再融资。从1993年至1999年，次级贷款的80%用作该用途；只有22%用于住房购买融资。21世纪初，大约30%的次级贷款用于购买住房，但是到了2005年和2006年，该比例超过了40%（Immergluck, 2009）。[①]

从2005年开始，住房价格加速增长，贷款人提供了一系列可支付产品。这些所谓的奇异抵押贷款产品使得人们能够借入大量资金，从而购买更昂贵的住宅——或者将更多的钱用来再融资——或者暂时降低月供（Immergluck, 2008, 2009）。这些奇异的抵押贷款产品包括：

◆不同类型的浮动利率抵押贷款，内在初始固定利率看似较低，借款人的抵押贷款是以该利率为基础，而不是一段时期后抵押贷款的实际利率。最常见的是"2/28"抵押贷款，最初两年内利率是固定的，通常低于市场利率，随后则转换为市场年利率。

◆本金免偿抵押贷款：借款人在一定时期内不需要偿还本金。

[①] 次级贷款的支持者认为，次级贷款使那些原先被拒之门外的低收入和中等收入家庭可以贷款购房，但该目标却被次级贷款再融资的流行所掩盖了。尽管许多家庭的确用次级贷款购买住房，但越来越多的次级贷款借款人已经拥有了住房，他们开始用次级贷款的目的是为现在的贷款再融资。不过，值得指出的是，在2000年次贷危机以前，低收入家庭自置居所比例达到了峰值。换句话说，次级贷款至少是低收入和少数民族家庭自置居所增加的第二个原因。更重要的原因是低利息、经济繁荣和联邦公平住房法规的严格执行（本书之后讨论）。

◆漂浮式抵押贷款：通常都是短期贷款，借款人在抵押贷款到期之前只需支付利息（或者更少），但在期末一次性清偿全部未清偿的本金和利息。

◆附支付选择权的贷款：借款人可以选择每月支付少于月供的数额，其中差额部分加到贷款本金上（负摊销）。

◆自己填收入贷款：不要求借款人出具收入、资产或债务的文件证明。Mark Zandi 认为，"借款人自己填写收入状况，不管是多大的金额"（Zandi，2008，p. 96）。

以上这些类型的抵押贷款其实并不是什么新鲜事物，之前只是范围较小，主要对象是富人。现在这些贷款已经成为市场的重要组成部分。2004—2006 年，本金免偿抵押贷款和附支付选择权贷款的市值占总抵押贷款的比重从 7% 增长到 26%（HUD，2009g）。

如果考虑抵押贷款的风险因素，那么许多借款人都无法支付贷款的首付。除低首付按揭贷款，很多借款人申请第二次按揭贷款以弥补第一次按揭贷款与其购买价格之间的价差，有时候还包括手续费。这类附加贷款中的一部分是用于避开私有贷款保险①，另一部分则主要用来降低首付。到 2005 年之前，所有住房购买者中有 25% 申请了附加贷款（Avery、Brevoort & Canner，2008；HUD，2009g）。

最后，无论是优级贷款还是次级贷款的贷款人都降低了承销的标准，使得借款人将收入的更大比重用于按揭贷款。丹·伊玛格拉克（Dan Immergluck）是这样解释的：次贷按揭贷款的债务收入比，在 2001 年不到 40%——由于可浮动贷款已经占据主导地位，这一水平已是相当高——已经上升到 2006 年的 42% 以上。这些数字都是平均数，因此两个百分点意味着增加的幅度相当大（Immergluck，2009，p. 85）。而且，自己填写收入的贷款说明借款人偿付贷款的能力基本不在贷款人的考虑范围之内。我们将在后面讨论到，贷款人从第一次按揭贷款的手续费中获利，由于很快就在二级市场上出售，因此几乎没有违约风险。

哈佛大学联合住房研究中心的一位分析师阐释了新按揭产品和宽松的承销，增加了购房者所能借入的平均金额。2005 年，拥有中等收入 5.7 万美元的家庭符

---

① 当贷款额超过房价的 80% 时，私人抵押贷款保险（PMI）通常是必须的。私人抵押贷款的保费计入每月住房开支中。在背负式贷款中，借款人可以免付私人抵押贷款保险（Avery et al.，2007）。

合申请30年、固定利率计算、利息比率28%的22.5万美元按揭贷款。如果利息比率达到38%，抵押贷款的最高限额是30万美元。但如果将按揭贷款转换为浮动利率贷款，即使利息比率达到38%，则最高限额可以提高至38万美元。如果转换为本金免偿抵押贷款，则可以提高至50万美元——相当于22.5万美元的两倍（Joint Center for Housing Studies, 2009, 图20）。

表3.5说明了按揭贷款市场发展带来的影响，从表中可以看到，以2007年为基年，按揭贷款发放在不同种类产品中的分布。次级贷款以及此后的Alt-A级贷款发放量在20世纪初出现飞涨。2001—2006年，次级贷款发放量增长了229%，达到6170亿美元，而Alt-A级贷款则增长了539%，达到4420亿美元。当与房屋净值贷款相结合时，通常是以附加贷款的形式作为次级贷款或Alt-A级贷款的补充，或者支付首付及其他成本，这三类贷款占总发行量的比重从13%增长到32%。扣除物价上涨因素后，2001—2006年，这三类贷款的发行量增幅超过了280%。

表3.5 2001—2007年不同类型抵押贷款的发行量（以2007年为基年，十亿美元）

	次级贷款	Alt-A级贷款	住房权益	前三项小计	巨型抵押贷款	优级贷款（符合政府支持企业的标准）	联邦住房管理局/退伍军人管理局发放的贷款	总计
总发行量（以2007年为基年，十亿美元）								
2001年	187.3	64.4	134.6	386.4	521.0	1481.0	204.9	2979.6
2002年	230.5	77.2	190.2	497.9	658.1	1966.2	202.8	3823.0
2003年	349.3	94.7	371.9	815.8	732.5	2772.1	247.9	5384.2
2004年	592.7	208.6	362.2	1163.5	675.0	1328.1	148.2	4478.3
2005年	663.5	403.4	387.5	1454.5	605.1	1157.2	95.5	4766.9
2006年	617.1	411.4	442.2	1470.7	493.7	1018.2	82.3	4535.6
2007年	191.0	275.0	355.0	821.0	347.0	1162.0	101.0	3252.0
2007年—Q1	93.0	98.0	97.0	288.0	100.0	273.0	19.0	680.0
2007年—Q2	56.0	96.0	105.0	257.0	120.0	328.0	25.0	730.0
2007年—Q3	28.0	54.0	93.0	175.0	83.0	286.0	26.0	570.0
2007年—Q4	14.0	22.0	60.0	96.0	44.0	275.0	31.0	460.0

续表

	次级贷款	Alt-A级贷款	住房权益	前三项小计	巨型抵押贷款	优级贷款（符合政府支持企业的标准）	联邦住房管理局/退伍军人管理局发放的贷款	总计
百分比变化（%）								
2001年—06	229.4	538.9	228.5	280.7	5.24	31.25	59.84	52.22
2006年—07	69.0	33.2	19.7	44.2	29.7	14.1	22.8	28.3
百分比分布（%）								
2001年	6.3	2.2	4.5	13.0	17.5	49.7	6.9	100.0
2006年	13.6	9.1	9.8	32.4	10.9	22.4	1.8	100.0
2007年	5.9	8.5	10.9	25.2	10.7	35.7	3.1	100.0

资料来源：Inside Mortgage Finance，2008。

同时，2001—2006 年，符合 GSE 借贷标准的优级贷款占总发行量的比重从约 50% 下降到不足 23%。2006 年优级贷款的总市值比 2001 年减少了 31%。从表 3.5 中还可以看出，联邦政府担保的联邦住房管理局和退伍军人管理局按揭贷款的相当一部分市场份额被次级贷款占有。2001 年，联邦住房管理局和退伍军人管理局按揭贷款占总发行量的 6.9%；到了 2006 年则仅占 1.8%。

3.3.3 监管放松、竞争与技术

次级贷款及其他另类抵押贷款得以产生并迅速发展是监管放松、激烈竞争、技术创新，以及资产证券化等因素共同作用的结果。为应对 20 世纪 80 年代的存贷危机，联邦政府通过了诸多法案，不仅取消了对银行贷款利率进行限制的地方法规，而且放开了浮动利率抵押贷款、漂浮式偿付款以及负摊还（指借款人没有足额偿还应付利息时，其差额应计入本金，并对分期还款金额加以调整的抵押贷款）（McCoy & Renaurt，2008；HUD，2009g；Immergluck，2004，2009）。如果说 20 世纪 80 年代通过的法案为次级贷款和其他另类抵押贷款奠定了立法基础的话，那么 20 世纪 90 年代，尤其是 21 世纪初，联邦政府放松对抵押贷款市场的监管则

进一步促进了这些贷款的发展。虽然公平借贷的倡导者,甚至还有联邦储备银行的一位高管曾提醒格林斯潘,注意次贷市场上出现了越来越多过于宽松、通常还具有掠夺性的借贷活动,遗憾的是,格林斯潘并没有采取干预措施(Gramlich, 2007; Morris, 2008)。实际上,格林斯潘鼓励浮动利率贷款的发展(Zandi, 2008, pp. 67-68)。而且,联邦储备银行的两个监管机构还成功地阻止了地方政府试图限制次级贷款创新过滥的行为(Engel & McCoy, 2008; Immergluck, 2009)。此外,美国证券交易委员会对越来越复杂的资产抵押证券的发展持放任态度,也就是说,联邦政府丝毫没有干预次级贷款的发展。

电脑技术和程序的不断进步,也是抵押贷款市场快速演变的重要因素。利用电脑进行的数据建模,推动了信用评级自动化和贷款发放自动化的发展,从而大大加快了贷款审核和批准速度(FDIC, 2005b; Immergluck, 2004)。放款人和政府赞助企业还利用技术来预测放贷标准的变化对贷款业绩的影响。而且,技术进步还推动了抵押贷款二级市场和资产证券化的发展。数据挖掘技术的发展使得抵押贷款银行和经纪人能够甄别潜在客户(McCoy & Renaurt, 2008; Engel & McCoy, 2008; Lea, 1996; Immergluck, 2009)。

抵押贷款放款人对市场份额的激烈争夺同样推动着次级贷款以及其他非传统抵押贷款产品的快速发展。如果放款人采取更严格的放贷标准,那肯定会失去市场份额(HUD, 2009g, p. 36)。正如赞迪(Zandi)所说,"业务量的增长带来了利润的增长,但是抵押贷款市场的竞争依然非常激烈,而利润空间又非常小,促使放款人不断提高业务量,赚取更多的利润——因此他们想尽办法让家庭接受并不安全的抵押贷款"(Zandi, 2008, p. 103)。

3.3.4 高风险抵押贷款和抵押贷款二级市场

抵押贷款二级市场,尤其是对高回报、自有品牌资产抵押证券的螺旋式上升需求,推动了次级贷款和 Alt-A 级贷款的发展和繁荣。自有品牌证券尤其受到欢迎,因为它们比其他具有同等风险的证券提供了更高的回报率。需求攀升在一定程度上是由于外国投资者的涌入,包括主权财富基金、外资银行和其他国家的政府。这些外国投资者都在积极寻找既安全又能提供比美国国债更高收益率的投资方式(HUD, 2009g; Morris, 2008)。2006 年,国际投资者持有美国约 30% 的抵押贷款（HUD，2009g），需求的上升也受到共同基金的影响。为了支撑业绩的高增长，共同基金急需找到高回报的投资机会。它们购入大量风险最高、收益最高的贷款。许多银行和投资银行通过设立特殊目的实体在资产抵押证券上也投入了大量的资金。面对如此庞大的需求，华尔街的投资公司开发出更复杂的资产抵押证券——很大程度上是风险贷款，进一步推动了需求。

资产抵押证券的结构。最早资产抵押证券是以抵押担保债券的形式出现于20世纪80年代。到了90年代末，它们被称为"住房抵押贷款证券"，主要用来解决违约问题。为此，投资公司将上百个抵押贷款聚集在一起，在此基础上发行证券。贷款的本金和利息用于偿付所发行的债券。于是，证券被分解成三个等级，每一等级都支持不同的债券。最高级的部分最先得到偿付，其次是处于中间的部分，最后是"权益"部分。因此贷款违约首先影响的是最低级的部分。由该部分支持的债券利率更高，但是本金和利息无法偿还的风险却是最大的。只有当最低级的部分无法吸收所有损失时，违约风险进而影响到其他部分；接着，由中间部分承担违约的损失。为了规避违约风险，资产抵押证券发行人通常将一部分贷款收入留作储备金；债券的总面值低于潜在抵押贷款的总面值（Zandi，2008）。[①]

最高等级部分通常占住房抵押贷款证券面值的80%。中间等级部分通常占证券面值的18%。风险最大的权益部分占剩余的2%，同时也是最后得到偿付的部分，因此也是最容易受到贷款违约影响的部分。也就是说，如果证券的80%是最高等级，20%由中间和最低等级构成，那么只要证券的潜在贷款违约的部分不超过20%，最高等级的投资者就不会遭受损失。

与公司债券和国债一样，资产抵押证券也是由主要几家评级机构（穆迪、标准普尔以及惠誉）进行信用评级。这些机构的分析师负责衡量证券的可行性，然后基于风险的高低予以评级。最高级部分评级最高，中间部分次之，权益部分没有评级。经过评级机构的认可，高级住房抵押贷款债券似乎与其他评级相同的债券一样，是安全可行的（实践证明，评定抵押贷款证券的方法存在很大问题，这将在后面详细介绍）。

[①] 关于MBS构造的更详细解释，参见Baily et al.（2008），Bitner（2008），Immergluck（2009），Morris（2008）和Zandi（2008）。

到 2005 年，资产抵押证券的结构变得愈加复杂。投资银行在一些证券的基础上又衍生出证券。债务抵押债券（Collateralized Debt Obligations，简称 CDOs）就是将住房抵押贷款证券中的债券聚集起来，在此基础上发行新债券。从而最初的债券组成一系列新的部分，每一部分都支持一系列新发行债券。从根本上说，CDOs 与共同基金是类似的，共同基金就是专门从事资产抵押证券业务的。CDOs 购买了住房与商业抵押证券或其他 CDOs 发行的债券。通过某种金融"炼金术"，CDOs 频频购买更高风险的中间债券，将其拆分，然后基于最高等级部分发行 A 级债券。虽然大部标的债券基本上都是 B 级，而在证券总面值中占据最大份额的 CDOs 最高部分则往往被评为 AAA 级（Baily et. al, 2008；Immergluck, 2009；Zandi, 2008）。

不久，华尔街又在 CDOs 的基础上衍生出 CDOs（CDO squared），并不断重复进行下去。于是，合成 CDOs 出现了，这种 CDOs 并不是由抵押贷款支持的，而是由金融衍生工具（如信用违约互换）支持的（Morris, 2008, pp. 75 – 76）。[①] 最终导致的结果就是，一项抵押贷款可能与多个相互独立的证券有关——一阶住房与商业抵押证券、二阶债务抵押债券、三阶债务抵押债券等。所有这些证券都是由评级机构进行信用评级，最高往往被评为投资级，尽管其结构相当复杂（Bitner, 2008；HUD, 2009f；Immergluck, 2009；Lowenstein, 2008；Zandi, 2008）。

处于私人证券中心地位的抵押贷款具有相当大的风险。表 3.6 详细介绍了 2006 年发行的私有住房抵押贷款支持证券背后的不同类型的抵押贷款。从信用等级来看，次级贷款占 42%，Alt-A 级贷款占 32%。浮动利率贷款占 65%，可选择支付方式的浮动利率贷款占 14%。在将近 1/3 的贷款中，几乎无需借款人出示其收入、资产及债务的相关证明文件，也有近 1/3 的贷款只需支付利息（Inside Mortgage Finance, 2008）。

---

① 合成 CDOs 特别受欢迎，因为一般 CDOs 是基于抵押贷款或者 MBS 的现金流，而合成 CDOs 使 CDOs 经理人"避免了购入、持有证券时的财务风险，因为 CDO 已经被结构化了"（Morris, 2008）。事实上，从 2006 年到 2007 年，合成 CDOs 的交易量超过了现金流 CDOs（Morris, 2008）。作为合成 CDOs 的基础，信用违约互换是一种保险形式，参与一方同意在债券出现违约时支付给另一方以补偿，而作为交换，需每月或每季度支付给另一方一定数目的费用。与传统保险公司不同，信用违约互换的提供者不需要保有大量的资产作为储备（Morgenson, 2008；Morris, 2008；Zandi, 2008）。

表3.6　　2006年发行的私有住房抵押贷款支持证券的抵押品　　（单位：十亿美元,%）

住房抵押贷款支持证券的总发行量（十亿美元）	11456
抵押品的特征（占住房抵押贷款支持证券的总发行量的百分比）	
次级贷款	42.2
Alt-A级贷款	31.9
无本金贷款	30.3
浮动利率贷款	64.8
有支付选择权的浮动利率贷款	14.4
低抵押或无抵押贷款	31.9
分期付款贷款	46.2
漂浮式贷款	10.7
自置住房贷款	43.0
套取现金的再融资贷款	37.2

注：各分类项目之间有重叠的情况。
资料来源：Inside Mortgage Finance, 2008。

3.3.5　私人证券的发展

20世纪90年代中期，私人抵押贷款证券已经成为抵押贷款二级市场的重要组成部分，但到2005年前后才达到最快的增长速度。1990年，它们只占所有发行的住房抵押贷款的2%；2000年，该比例上升到7.5%，比储蓄机构约少4%。在此后的几年里，私人证券发展势头迅猛。2004年，私人证券的住房贷款总值增长了57%以上，2005年又增长了55%。到了2006年，私人证券占所有发行的住房抵押贷款的20%以上。相比之下，政府赞助企业支持的证券中的住房抵押贷款所占份额从2003年的44%下跌至2006年的35.5%。2003年至2006年间，发行的住房抵押贷款增长了3.3万亿美元，而私人证券就占了近一半（46%），政府赞助企业证券只占15%（见表3.3和表3.4）。

现在来看资产抵押证券的发行，在2003年新发行的2.7万亿美元的资产抵押证券中，私人证券所占比例为22%；2004年达到46%，2005年和2006年均超过55%。换句话说，在2005年前后，私人抵押贷款证券已经超过政府支持企业，成为抵押贷款二级市场最重要的部分（见图3.2）。

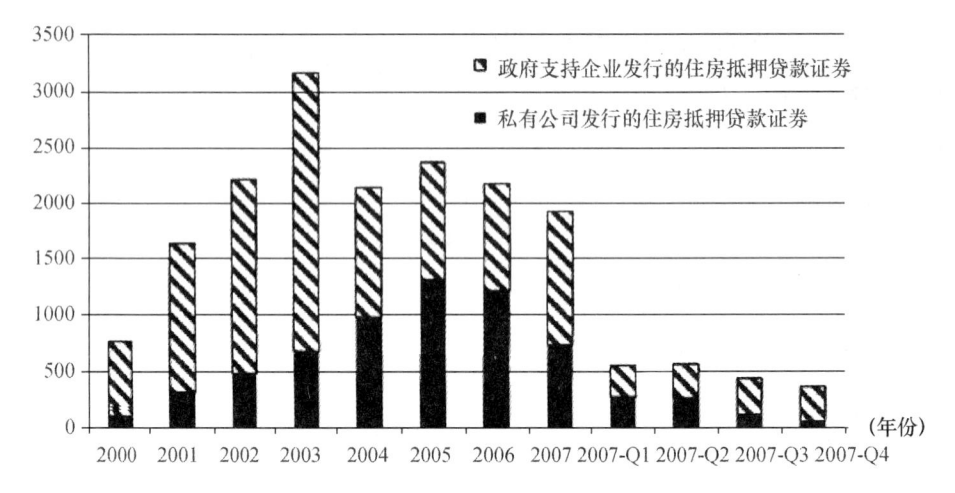

图 3.2 私人公司和政府支持企业发行的抵押贷款证券的发行量
（私人公司和政府支持企业）（十亿美元，2008 年美元价格）

资料来源：Inside Mortage Finance，2008。

随着 2007 年次贷危机的爆发，私人证券的发行量也急剧下滑。2006 年，私人证券在发行的贷款总量中占 20%；到 2009 年第一季度，则只有 16%，下降了 3700 亿美元。而且，私人证券在新发行的资产抵押证券中的份额也从 2007 年第一季度的 51% 滑落至同年第四季度的 15%，2008 年和 2009 年所占份额更低。相反，政府支持企业在 2007 年却将其失去的市场份额全部收回。

3.3.6 次贷危机

很显然，住房信贷体系是不稳定而且注定要崩溃的。到 2005 年前后，抵押贷款信贷体系已经好比一座复杂的沙堡，虽然设计很精巧，但是结构很不完善。涓涓细流就足以摧毁整座城堡。

抵押贷款信贷体系其实是建立在一个错误的假设基础上——房价会一直保持增长。放款人、债券评级机构、投资者和监管者从过去的增长中推断房价会持续上涨。他们假设，即使房价下跌，幅度也不会太大，而且也只会是小范围的。新证券的发行以及贷款的地域分散化足以抵消房价下降的影响。

但是，这种观点被证明为过于乐观、过于短视了。例如，创新的速度过快，以致没有足够长的时间来验证新抵押贷款产品或在新市场上放开的抵押贷款产品的发展趋势。低额贷款在不同经济状况下的变化趋势已经被研究了数年，因此，放款人和政府支持企业有足够的把握发放低额贷款。但次级贷款和 Alt-A 级贷款则有所不同。大量的新型抵押贷款以及放贷标准的广泛采用，导致无法准确预测这些贷款在不佳的经济状况下会出现何种情况。

而且，抵押贷款市场的放贷管制越来越松弛。到 2005 年前后，由于存在资产抵押证券的庞大需求，放贷、出售给二级市场、证券化等业务将会带来丰厚的手续费和其他收入，借贷活动变得更加活跃。实际上，几项研究指出贷款发放标准的宽松是次贷危机爆发的主要原因。数千项贷款都被发放给了根本无力负担的借款人（HUD，2009g；Immergluck，2009）。①

放贷标准降低是经济学家所声称的委托代理问题的典型代表。没有任何一个经纪人愿意承担责任，风险都是由他人承担。简而言之，由于首付极低，购房者的负担超出其承受能力的债务其实并没有任何损失，尤其当买房的目的是投资，而不是居住时。而放款人也几乎不承担任何风险，因为他们已经立刻将贷款出售给二级市场，正因为他们不持有这些贷款，这些贷款未来的价值与他们的关系不大。类似的，投资银行购买了贷款，并将其打包成证券，然后卖给其他投资者，也不承担风险，而且，他们在证券化过程中能够赚取手续费和其他收入。投资者被资产抵押证券（尤其是次优级抵押贷款）的高回报所吸引，而且最高部分的 AAA 级确保了证券的低风险。评级机构本应质疑资产抵押证券的可靠性，但是其收入来源于发行证券的投资银行支付的评级费，因此也不愿意失去一项利润如此丰厚的业务（Lowenstein，2008；HUD，2009；Immergluck，2009；Stein，2008）。

房地产市场一转"冷"，情况就截然不同了。人们之前普遍认为丧失抵押品赎回权永远都不会是一个严重问题，即使是风险最高的贷款。房价上涨时，自有房户能够以更优惠的条件获得再贷款，如果形势更糟糕，也可以出售住房，偿还贷款。但是，一旦房价下跌，由于权益资本"蒸发"了，所欠贷款超过住房的价值，导致许多借款人无法得到再贷款。同样，出售住房也不足以偿还贷款。

---

① 社会普遍担忧当可变利率贷款被重新设定在高利率时，大量的抵押品赎回权将会丧失，但这样的担忧可能被夸大了。首先，新设定的利率不会超过初始"诱惑利息"太多。更重要的是，许多可变利息次级贷款和 Alt-A 级贷款从一开始，它们的条款就是难以接受的。因此，事实上，许多贷款在发行几个星期后就出现了违约（住房和城市发展部，2009）。

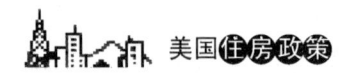

但是，2007年房价一下滑，房地产市场就跌入了谷底。贷款违约和丧失抵押品赎回权的现象开始猛增，尤其是次级贷款和相关贷款。次级贷款和Alt-A级抵押贷款证券的投资者一瞬间逃离了房地产市场。投资银行和其他公司再也无法出售之前那么多的资产抵押证券，大幅减少次级贷款的购买量。最后只剩下抵押贷款银行和其他放款人为卖不出去的抵押贷款买单，导致大量机构破产或被迫退出抵押贷款市场（Avery et. al, 2008）。

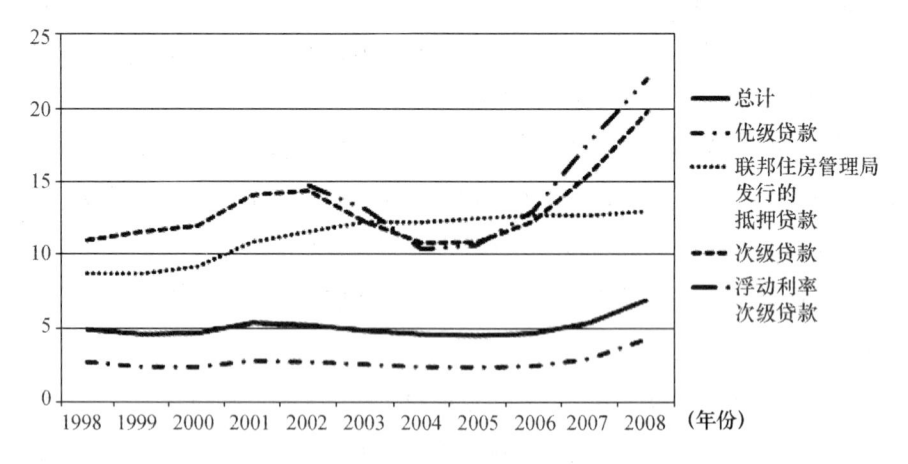

图3.3　1998—2008年逾期住房抵押贷款占比（%）

资料来源：National Delinquency Survey, National Mortgage Bankers Association, as reported in HUD, 2009s：Table 18。

图3.3和图3.4显示了抵押贷款违约和丧失抵押品赎回权现象的增减的变动趋势。2006年，抵押贷款违约已经开始上升，但在2007年则出现显著的攀升，比2006年增加了12.3%。次级浮动利率抵押贷款中有18%出现了违约，比2006年增长了13%。主要按揭贷款违约也增加了2.9%，比2006年高出大约一个百分点。大部分主要按揭贷款违约都与Alt-A级贷款有关（HUD，2009g）。

2007年，次级浮动利率抵押贷款中有近5%进入抵押品拍卖程序，比上年增加了2.5%；同期，所有次级抵押贷款丧失抵押品赎回权的比例与上年相比增长了一个多百分点，达到2.5%；2007年，优级贷款的丧失抵押品赎回权比例增长到0.3%，比上年多1%。所有抵押贷款丧失抵押品赎回权的比例达到0.7%，是20多年来的最高纪录。

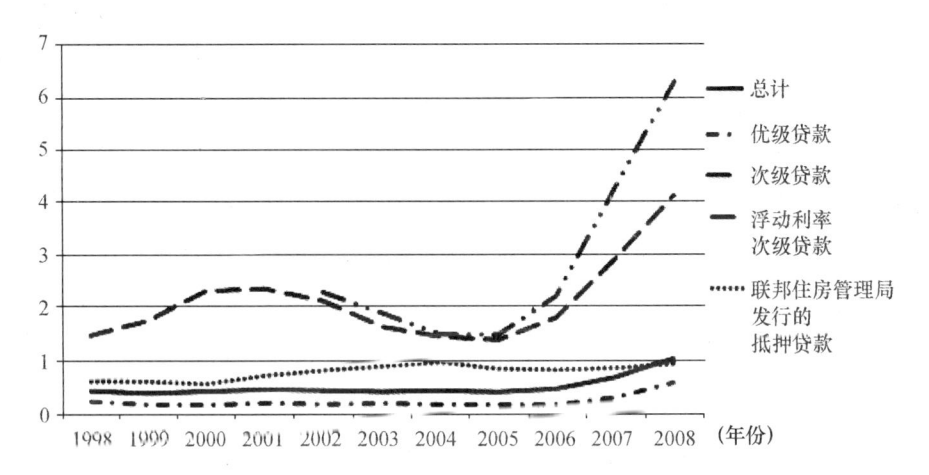

图 3.4　1998—2008 年住房抵押贷款丧失抵押品赎回权的发生率（%）

资料来源：National Delinquency Survey, National Mortgage Bankers Association, as reported in HUD, 2009s：Table 18。

2008 年和 2009 年形势进一步恶化，直至 2009 年 7 月才有所好转。丧失抵押品赎回权在次级贷款中最为普遍，而在优级贷款中也同样存在。总的来说，全国丧失抵押品赎回权的比例达到 1.06%，这可能是大萧条时期以来的最高比例。浮动利率次级贷款丧失抵押品赎回权的比例已经上升到 6.3%，次级贷款丧失抵押品赎回权的比例也达到 4.1%。从绝对数上看，2007 年有超过 120 万的自有房户丧失抵押品赎回权，2008 年则至少达到 200 万；大部分人申请的都是次级贷款，但 2008 年优级贷款丧失抵押品赎回权的比例激增。虽然其中许多都是 Alt-A 级和浮动利率贷款，但 2008 年传统定息贷款丧失抵押品赎回权的比例同样快速增长，这说明经济形势进一步恶化（HUD，2009g）。更多住户面临丧失抵押品赎回权的风险。2009 年春，约有 20% 背负抵押贷款的自有房户的权益为负，抵押贷款余额已经超过住房的价值。在遭受打击最严重的市场，如加利福尼亚州、内华达州和佛罗里达州，甚至有 40%—60% 的自有房户是负权益（Simon & Haggerty，2009；Zillow.com，2009）。纽约联邦储备银行开展的一项研究表明，35%—47% 申请次级贷款的自有房户拥有负权益（Haughwout & Okah，2009）。虽然负权益一般不可能让自有房户陷入贷款违约，尤其在不动产是住房的情况下，但它的确会让自有房户面临违约的高风险。失业、离婚、疾病，甚至紧急性住房维修都能迅速让负权益的住户丧失抵押品赎回权。而且，如果周边邻居普遍丧失抵押品赎回权，那么自有房户不太可能幸免（HUD，2009g；Immergluck，2009）。

贷款违约和丧失抵押品赎回权的风险严重破坏了抵押贷款融资体系，还危及金融部门。次级贷款和 Alt-A 级贷款的二级市场首当其冲。不仅新发行的次级贷款和 Alt-A 级贷款很快就蒸发了（见表3.5，从该表中可以看到次级贷款发行量从 2007 年第一季度的 930 亿美元下跌到第四季度的 140 亿美元），而且次级贷款发行商，不论规模大小，也大量退出了市场。联邦储备银行在报告中称 167 家机构中只有 2 家是独立抵押贷款银行，2007 年均退出了市场，而且该数字还不包括被其他机构（例如 Countrywide，美国最大的贷款机构之一，被美国银行收购）收购的贷款机构。这些倒闭的贷款机构发放的抵押贷款占 2006 年高价传统贷款发行总量的 15%，占所有贷款发行总量的 8%（Avery et al.，2008）。

对美国和全球经济更具毁灭性的打击是不断增多的丧失抵押品赎回权打压了住房抵押贷款支持证券的价值，引发了许多规模最大的金融机构的流动性危机。由于次级贷款的投资者一般都是高杠杆运作，借钱购买住房抵押贷款支持债券，赚取利息差价，而不断恶化的丧失抵押品赎回权问题使得大量投资需要追补保证金。而向这些投资者提供短期借款的机构或者拒绝滚动还债，或者要求投资者提供额外的抵押品。2007 年，经济危机导致贝尔斯登投资银行破产，被 JP 摩根收购；2008 年，又导致另一家大投资银行——雷曼兄弟破产，美林被美国银行收购。这些机构在次级贷款和 Alt-A 级贷款支持证券业务中损失数十亿美元。抵押贷款支持证券价值的"缩水"还导致保险巨头——美国国际集团亏损数十亿美元，迫使联邦政府以 1700 亿美元的价格将其接管。美国国际集团伦敦分公司曾发行 780 亿美元的信用违约到期，为抵押贷款支持证券的投资者提供担保，但其资本储备远远不足以兑现承诺，当抵押贷款支持证券的价值下跌时，美国国际集团的担保合同迫使其向客户（即竞争对手）支付数十亿美元（Morgenson，2008）。伦敦分公司的巨额亏损渐渐拉低了美国国际集团的信用评级，进而导致美国国际集团需要提供价值约 150 亿美元的额外抵押品，而这在当时的情况下是不可能实现的。联邦政府最终注入 850 亿美元维持美国国际集团的运营（Morgenson，2008）。

同样的，许多银行和其他金融机构都曾建立结构化投资工具（Structured Investment Vehicles，简称 SIV），作为投资抵押贷款支持证券和其他金融工具的表外项目。SIV 的杠杆率是极高的，它通过商业票据（属于短期借款）投资抵押贷款支持证券，然后用证券的收益支付商业票据的利息。2007 年中期，SIV 共持有超过 1.4 万亿美元的次级抵押贷款支持证券（Zandi，2008，p.121）。但是当贷款违约和丧失抵押品赎回权问题不断涌现时，发放商业票据的机构担心抵押品的价值缩水，拒绝滚动还债，更不用说接受额外的抵押品了。于是，许多 SIV 转向创造它们的金融公司，导致这些公司亏损数十亿美元（Zandi，2008）。颇具讽刺意味的是，抵押贷款支持证券的投资者所面临的问题，与 20 世纪 80 年代陷入存贷危机的投资者——他们借短贷长——面临的问题几乎一样。在存贷危机爆发之前，投资者依靠短期借款，投资期限更长的产品（Zandi，2007，p.122）。

房利美和房地美也深陷丧失抵押品赎回权危机的困境。2008 年 9 月 6 日，联邦政府从股东手中买下所有股份，将两家机构接管。① 虽然政府支持企业并没有发行任何基于次级贷款的证券，也没有像私人证券发行商那样放松承销标准，但还是亏损了数十亿美元。部分原因在于房利美和房地美曾购买了大量 AAA 级次级贷款支持证券，一方面是为了达到国会设定的借贷目标，另一方面是为了改善财务状况。正如前文提到的，在 2005 年前后，政府支持企业在市场份额上输给了私人证券，造成财务业绩下滑。它的抵押贷款支持证券发行量所占市场份额从 2003 年的 78% 下降到 2004 年的 54%，2005 年则只有 45%（Inside Mortgage Finance，2008）。此外，政府支持企业受到来自国会的压力，必须支持低收入住房。但随着越来越多的中低收入借款者申请次级贷款，政府支持企业要达到国会目标的难度不断增大。2004 年，政府支持企业购买了 44% 的次级贷款支持证券，2005 年和 2006 年分别达到 33% 和 20%——当丧失抵押品赎回权的危机侵蚀了证券价值时，导致的结果就是巨额的亏损（Duhigg，2008；HUD，2009g）。

对政府支持企业造成更大危害的是购买 Alt-A 级贷款并进行证券化。到 2008

---

① 几个月以前，作为布什政府经济刺激计划 HERA 2008 的一部分，GSEs 被转交给新的监管机构。该法案设立联邦住房金融局作为房地美、房利美和联邦住房贷款银行的独立监管机构。HERA 授权新监管机构制定"GSEs 投资组合规模和结构、资本需求量和破产管理的规定"。法案还要求新机构需为每家 GSEs 设定住房目标（之前由住房和城市发展部承担），并临时授权财政部可以购买 GSEs 和联邦住房贷款银行的证券（美国财政部，2009）。在将 GSEs 纳入监管的两个月后，政府执行了上述授权。

年中期，Alt-A级贷款的损失额大约占政府支持企业总亏损额的50%（Stein，2008）。从2005—2007年，房利美在不对借款者的收入或储蓄状况进行与往常一样的审核的情况下，购买了为之前三倍多的贷款，有效地规避了违约风险（Duhigg，2008；Stein，2008）。

在接管之后，联邦政府向政府支持企业注资4000亿美元，用以改善资产负债表，在资金不足的时候还可用于购买住房抵押贷款进行证券化（Duhigg，2009；U. S. Department of Treasury，2009）。到2009年5月，联邦政府已经向政府支持企业拨款600亿美元，政府支持企业则为了维持生存要求获得更多的资金（Associated Press，2009），而政府支持企业的未来发展前景却是不可知的。在2009年7月，联邦政府宣布进行一项"广泛的复查工作"，为政府支持企业的出路寻找其他途径，并在2010年预算公布时向国会和公众报告了政策建议（U. S. Department of Treasury，2009）。以下是解决政府支持企业发展问题的一些方法：

①使政府支持企业回复到原有的状态，既实现私人股东回报的最大化，又达到住房政策中住房自有的目标；②逐渐放慢资产的运营和变现速度；③将政府支持企业的功能融入联邦机构中；④建立公共效用模型，其中联邦政府负责监管政府支持企业的利润率，设定担保费，为政府支持企业的承诺提供担保；⑤将政府支持企业拆分为许多小公司（U. S. Department of Treasury，2009，p. 41）。

政府支持企业的未来发展问题的争论聚焦在是否让政府支持企业履行公共职责，使住房更加廉价，住房抵押贷款更加稳定，而不是将抵押贷款二级市场完全交由私人部门掌控。

联邦政府对次贷危机的回应以及此后引发的更广泛的金融危机将在本书第13章中详细讨论。可以说，布什政府所采取的措施大部分是改善银行和其他金融机构的资产负债表，而没有解决不断加剧的丧失抵押品赎回权的问题。例如，美国联邦储备委员会设立了银行和其他金融机构能够提供抵押贷款支持证券和其他资产作为低息短期借款的抵押品的项目。2008年9月，在金融系统失灵之后，国会通过了（最初否决了）不良资产救助计划（Troubled Asset Relief Program，简称

TARP），以借款和优先股的形式向银行和其他金融机构注入数十亿美元的资金（Immergluck，2009）。2009 年 2 月，奥巴马政府启动了缓解丧失抵押品赎回权问题的项目，到 2009 年 10 月止，该项目的成效尚无法预知（Congressional Oversight Panel，2009）。与布什政府一样，奥巴马政府也在寻找移除银行和其他金融机构资产负债表中的不良资产的途径，或者降低这些不良资产对信贷流动的负面影响。到 2009 年 7 月，奥巴马政府已经推出了一项议案和计划，但尚未见成效。①

3.4 多户住房的债券融资

正如债券融资对住房置业率的重要性，对于公寓建筑的开发和收购以及其他多户租赁的住房而言，债券融资同样不可或缺。但是，对多户租赁住房的融资与单户自有住房有很大差别。

首先，由于多户住房往往比单户住房昂贵，需要更多资金，因此个人多户住房抵押贷款的违约比单户住房抵押贷款给贷款人造成的损失更大。仅是这一差异就让贷款人对多户住房抵押贷款非常谨慎。其次，多户住房一般比单户住房更与众不同，体现在住房面积和布局、地理位置和市场焦点等方面。这也让贷款人更加难以评估风险。

在单户住房抵押贷款市场，面对数百万的个人贷款，贷款人和其他机构能够使用复杂的统计模型估算住房、借款人以及抵押贷款的不同特征如何影响违约率，从而一一确定贷款条款。但对于规模小得多的多户住房抵押贷款，利用这类统计模型进行估计的可靠性很低。对风险缺乏统一的衡量标准和认识阻碍了多户住房抵押贷款二级市场的发展（DiPasquale & Cummings，1992）。

从 20 世纪 30 年代到 80 年代，存款机构是单户住房和多户住房最重要的融资来源。1980 年，存款机构占全国多户住房抵押贷款总量的 38%，到 1985 年上升到 43%。但是此后的存贷危机和联邦政府的干预导致多户住房抵押贷款出现巨大下滑，1990 年存款机构所占比例为 32%，到 2009 年则只有 17%（见表 3.7）。剔

---

① 最重要的障碍与如何给资产定价有关。银行和其他机构至少是不情愿地一起"减价出售"MBS 和其他资产。另一方面，私人股权公司和其他潜在投资者只对有大额折扣的这类证券和债务有兴趣（Bajaj & Labaton，2009；Andrews，Dash & Bowley，2009）。

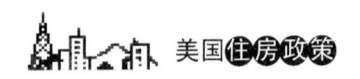

除通货膨胀的影响因素之后，存款机构持有的多户住房抵押贷款数额在 1990 年至 1995 年期间下降了 87%，1995 年至 2009 年下降了 24%。

表 3.7　　不同机构持有的多户住房抵押贷款的数额变化情况

	1970 年	1980 年	1990 年	2000 年	2006 年	2009 年—Q1
持有的抵押贷款数额（十亿美元，以 2007 年为基年）						
存款机构①	138.2	175.1	209.9	173.9	270.6	282.4
储蓄机构	119.9	141.6	151.2	76.6	102.3	65.7
商业银行	18.3	33.4	58.6	97.3	168.3	216.7
信贷联盟	88.8	51.0	47.8	42.1	49.2	51.4
抵押贷款二级市场	2.2	33.2	70.5	173.2	355.0	458.9
政府支持机构	1.7	17.5	21.7	31.3	112.6	191.3
由机构和政府支持企业支持的抵押贷款池或信托	0.6	15.7	47.3	82.5	131.9	154.4
私人资产支持证券的发行商	0.0	0.0	1.5	59.4	110.5	113.2
其他②	104.3	113.1	146.8	116.0	119.6	115.6
总计	33.5	372.3	474.9	505.2	794.5	908.3
百分比（%）						
存款机构①	41.4	47.0	44.2	34.4	34.1	31.1
储蓄机构	35.9	38.0	31.8	15.2	12.9	7.2
商业银行	5.5	9.0	12.3	19.3	21.2	23.9
信贷联盟	26.6	13.7	10.1	8.3	6.2	5.7
抵押贷款二级市场	0.7	8.9	14.8	34.3	44.7	50.5
政府支持机构	0.5	4.7	4.6	6.2	14.2	21.1
由机构和政府支持企业支持的抵押贷款池或信托	0.2	4.2	10.0	16.3	16.6	17.0
私人资产支持证券的发行商	0.0	0.0	0.3	11.8	13.9	12.5
其他②	31.3	30.4	30.9	23.0	15.1	12.7
总计	100.0	100.0	100.0	100.0	100.0	100.0

注：①包括银行个人信托和不动产。②包括家庭；非金融公司；非农场、非公司的商业组织；州、地方和联邦政府；人寿保险公司；私人养老基金；州和地方政府退休基金；金融公司；抵押贷款公司；房地产投资信托（REITS）。

资料来源：Board of Governors of the Federal Reserve System, 2009a, 2009b。

联邦政府应对存贷危机的措施严重损害了获得多户住房抵押贷款的可能性。正如此前所述，救助法案中基于风险的资本金标准将多户住房置于劣势的位置。新标准要求存款机构拥有相当于多户住房抵押贷款额两倍的资本金，相当于大多数抵押贷款支持证券的四倍多。由于其贷款组合比现有资本更多，存款机构自然会出售多户住房贷款，而不再继续发放。

FIRREA 在其他方面也阻碍了多户住房抵押贷款的发展。该法案设定了单个借款者可获得的最大贷款数额。这个条款限制了小存款机构向大多户住房开发项目提供抵押贷款的能力。此外，该法案还规定，当贷款总额超过不动产价值的 70% 时，存款机构不得为租赁住房的收购、开发和建设（Acquisition, Development and Construction，简称 AD&C）提供贷款。由于多户住房的开发项目所需的 AD&C 贷款往往超过其价值的 70%，因此该条款大大"打击了美国某些地区开发项目的收购、开发和建设活动"（DiPasquale & Cummings, 1992）。最后，FIRREA 不允许存款机构投资房地产市场，从而禁止了存款行业中将 AD&C 贷款与权益投资相结合的一贯做法。

1986 年税收改革法案（该法案大大减少了租赁住房投资中的税收收益）通过后的三年，这些限制措施进一步削弱了多户住房部门。多户住房从 1989 年至 1990 年开始下滑，幅度达 20%，1991 年则下降了 40%；到了 2008 年，则回到了 1986 年之前的水平（见图 2.1）。但是，换个角度来看，20 世纪 80 年代前期，在巨额税收收益的影响下过分高估了多户住房的建设。

与单户住房抵押贷款相似，抵押贷款二级市场也逐渐成为多户住房抵押贷款的最重要资金来源。到 2009 年第一季度，50% 的多户住房抵押贷款在二级市场，29% 在抵押贷款支持证券中，21% 在政府支持企业的资产组合中；单户住房抵押贷款则为 65%（见表 3.7）。有趣的是，多户住房抵押贷款的市场在金融危机中期似乎显得更加稳定。其中一个原因可能是多户住房抵押贷款的承销标准比单户住房抵押贷款更严格。[1]

---

[1] 一个例外可能是在 21 世纪初的纽约市，私人股权公司投资了许多租金上限控制的公寓，并在融资时允许短期出现负的现金流。他们最初认为现金流在受限租金的租房户搬入时会有极大改观，但事实证明这个假设很不现实（Lee, 2008）。

表 3.8 不同机构持有的多户住房抵押贷款的数额变化情况（以 2007 年为基年，十亿美元）

	1970—1980 年		1980—1990 年		1990—2006 年			2006—2009 年—Q1			
	总变化	变化百分比(%)	总变化	占总量的百分比(%)	变化百分比(%)	占总量的百分比(%)	总变化	变化百分比(%)	占总量的百分比(%)	变化百分比(%)	占总量的百分比(%)
存款机构①	36.9	26.7	34.8	95.0	19.9	33.9	60.8	29.0	19.0	11.8	4.4	10.3
储蓄机构	21.8	18.2	9.6	56.0	6.8	9.4	-48.9	-32.3	-15.3	-36.6	-35.8	-32.2
商业银行	15.1	82.6	25.2	39.0	75.3	24.6	109.7	187.0	34.3	48.4	28.7	42.5
信贷联盟	-37.8	-42.6	-3.2	-97.4	-6.2	-3.1	1.5	3.1	0.5	2.2	4.4	1.9
抵押贷款二级市场	31.0	1395.0	37.3	79.7	112.5	36.4	284.5	403.5	89.0	103.9	29.3	91.3
政府支持机构	15.8	951.6	4.2	40.8	24.2	4.1	90.8	417.7	28.4	78.7	69.9	69.2
由机构和政府支持企业支持的抵押贷款池或信托	15.1	2725.2	31.6	38.9	201.6	30.8	84.6	179.0	26.5	22.5	17.1	19.8
私人资产支持证券的发行商	0.0	NA	1.5	0.0	NA	1.4	109.1	7355.6	34.1	2.7	2.4	2.3
其他②	8.8	8.5	33.6	22.7	29.7	32.8	-27.2	-18.5	-8.5	-4.0	-3.4	-3.5
总计	38.8	11.6	102.6	100.0	21.6	100.0	319.5	67.3	100.0	113.8	14.3	100.0

注：① 包括银行个人信托和不动产。② 包括家庭、非金融公司、非公司的商业组织、州、地方和联邦政府、人寿保险公司、私人养老基金、州和地方政府退休基金、金融公司、抵押贷款公司、房地产投资信托（REITS）。

资料来源：Board of Governors of the Federal Reserve System, 2009a, 2009b。

更让人吃惊的是，2000—2009 年，多户住房抵押贷款在私人证券中的份额非常稳定，在 12%—14% 之间浮动。从总体上看，抵押贷款二级市场和商业银行存款分别占多户住房抵押贷款的 50% 和 25%。1970 年，人寿保险公司所占份额超过 1/4，到 1980 年仍然是其第二大投资者，但到了 2009 年则只有 6%（见表 3.7）。

抵押贷款二级市场的发展，以及存款机构在多户住房贷款业务上的衰落对低成本开发项目和位于低收入或少数族裔社区的租赁住房带来了不利影响。斯乔纳里（Schnare）（2001）发现，20 世纪 90 年代后期，不到 100 万美元的多户住房抵押贷款，占存款机构持有的多户住房抵押贷款总额的一半以上，但在政府支持企业收购的多户住房抵押贷款中所占比例还不到 20%。

另一方面，价值超过 400 万美元的抵押贷款占政府支持企业持有或证券化的多户住房抵押贷款的约 40%，但还不到存款机构所持有总量的 6%。存款机构持有的多户住房抵押贷款中，有一半以上（约 55%）与位于少数族裔或中低收入者居住的人口普查区，而政府支持企业持有的多户住房抵押贷款的比例则不到 40%（Schnare，2001）。如果这种趋势继续发展，那么抵押贷款二级市场在多户住房领域的增长将会严重限制针对低收入和少数族裔的租赁住房的债券融资。

最后，哈佛大学联合住房研究中心发现，为中等面积的住房（有 5—9 个房间）提供的融资，与面积更小或更大的住房相比，更不易获得，融入全球资本市场的程度也远远更低。因此，中等面积住房（约占租赁住房市场的 20%）的拥有者一般不享有最优惠的贷款条款，例如定息、期限超过 10 年的抵押贷款（Joint Center for Housing Studies，2009）。

3.5 公共政策与住房融资

只有发生了经济危机，我们才会反省住房融资体系究竟在多大程度上受政府影响或取决于政府。虽然住房融资体系由营利性机构主导，但是这些机构是在受公共部门影响的环境中运营。而且，联邦政府在住房融资领域设立了许多关键机构和工具。联邦政府本身也在提高低收入家庭住房自有率方面发挥关键作用。而且，2007 年次贷危机的发生警示我们，当公众监督和政府监管失灵时所带来的严重后果。

本章讨论了罗斯福新政如何改变了住房融资体系，以及如何推动美国向以住房自有为主的土地使用方式的转变。20世纪70年代至90年代制定的法律和监管法规进一步提高了少数家庭的住房自有率，尽管许多成果在次贷危机中毁于一旦。其中，比较重要的法律包括1977年的《社区再投资法案》，1989年的《金融机构改革、复原和强制执行法令》，以及1992年制定的政府支持企业的可购买住房目标。

《社区再投资法案》的颁布是为了解决银行和储蓄机构不对少数和低收入社区的住房提供按揭贷款的问题。该法案要求储蓄机构为来自任何地区的储户提供按揭贷款或其他服务。该法案还要求银行监管机构监督银行是否符合法案中关于兼并收购等活动的规定。而且，《社区再投资法案》允许社区和地方政府以不遵从法案规定为由质疑某项兼并收购活动。

从20世纪70年代后期至2007年，抵押放贷者向中低收入社区和家庭发放的贷款抵押品累计达到450亿美元，其中包括《社区再投资法案》要求下的优先贷款（Taylor & Silver，2009）。另外，《社区再投资法案》的实施使得放贷者更注重城市市场的稳健性，并引导他们采用更灵活的承销标准（Immergluck，2004；Joint Center for Housing Studies，2002）。本书第11章将会对《社区再投资法案》进行更加深入的探讨。

我们之前谈到《金融机构改革、复原和强制执行法令》是如何对储蓄机构引入基于风险的新资本标准，以及通过新监管措施的出台削弱储蓄机构在住房再融资体系中的作用，抑制对多家庭住房的融资能力。但是，该法令还包括旨在提高中低收入住房融资能力的条款。也许其中最为重要的是《金融机构改革、复原和强制执行法令》要求联邦住宅贷款银行将其年净收入的10%投入到新安居工程中（Cowell，2009）。

安居工程的运用范围是非常广泛的，还包括为中低收入家庭提供的租赁住房和自有住房。1990—2007年，安居工程为62.3万单位的住房开发拨款30多亿美元，其中，为极低收入者提供的资金达39.1万美元（Council of Federal Home Loan Banks，2009a）。此外，《金融机构改革、复原和强制执行法令》要求联邦住房贷款银行制定社区投资方案。社区投资方案使得会员可以获得低息贷款，中低收入家庭购买、建造、修缮住房或再融资可以获得信用证。2007年全年，该方案帮助67.2

万单位的住房获得了融资（Council of Federal Home Loan Banks，2009b）。

除了这些融资渠道外，《金融机构改革、复原和强制执行法令》还强化了《社区再投资法案》，增加了1975年《家庭抵押贷款披露法案》中的贷款要求。

房利美和房地美，这两家二级抵押贷款市场的主要机构，也是在政府的推动下成立的。正如之前所提到的，房利美和房地美分别在1968年和1970年作为私营公司成立。作为政府支持企业，房利美和房地美必须遵从联邦法规，但可以获得政府赋予的独有的特权。这些特权包括，从财政部获得的信用额度，可以豁免大部分地方税，而且无需向证券交易委员会申请注册。1992年，联邦政府对政府支持企业施加了几项"可支付住房目标"，以增加低收入家庭和服务水平低的地区（包括城市、乡村、少数和低收入地区）的贷款比例。2007年之前，房利美和房地美一直都达到了这些标准，直到次贷危机发生。房利美和房地美针对中低收入家庭开发了一系列特殊项目。同时还将承销标准更加灵活化，从而可以获得比贷款房价更低的贷款，让购房者可以将收入的更高比重投入到住房消费上。例如，2003年，房利美用价值200万亿美元抵押贷款帮助180万户家庭购买住房，除此之外还帮助600万户家庭，其中包括180万户少数民族家庭在21世纪的第一个十年中首次购房（Fammie Mae，2004）。据全美低收入住房联盟估计，"可支付住房目标"设定之后，政府赞助企业关于可购买住房的业务扩张了两倍（National Low Income Housing Coalition，2004，p.59）。但是，正如上面所提及的，为了达到这项目标，政府支持企业在次级贷款市场购买了数百亿美元的贷款支持证券（优级贷款，AAA级）。一些分析师曾指责GSE以及其"可支付住房目标"引发了次贷危机。为了增加对低收入者的放贷，GSE降低了承销标准，不负责任地大量放贷。虽然GSE在2005年投资了大量的次级证券以实现"可支付住房目标"，但是它们的破产却是因为对Alt-A级贷款的投资而引致的，而Alt-A级贷款与"可支付住房目标"几乎没有联系。上面提到，大部分Alt-A级贷款的借款人收入相对较高。而且，GSE购买次级证券是否催生或放大了次贷危机尚有待考察。在美国住房和城市发展部向国会提供的关于止赎危机爆发原因的报告中指出，GSE购买的次级证券占所有次级证券的比重从2004年的44%下降到2005年的33%，到2006年则只有20%。"在次级贷款市场增长最为迅猛的时期，认为GSE推动了次级证券市场发展的观点与GSE在次级证券买方市场中地位下降的事实是不符的。"

同时，国际投资者、对冲基金，以及其他金融机构对次级证券的需求增长也非常快。美国住房和城市发展部称，"总而言之，虽然 GSE 在一定程度上确实推动了次级贷款市场的发展，但是很显然，对次级证券的需求来自众多投资者"（HUD，2009g，p.41）。

GSE 在 2008 年的巨额亏损促使联邦政府对其进行收购。从那时起，联邦政府向 GSE 发放数百亿美元，以支撑 GSE 购买抵押贷款以及再融资业务。由于贷款支持证券使 GSE 再次成为美国住房贷款的主要资金来源。2008 年上半年，GSE 购买、担保了所有贷款的 73%，以及下半年的 85%（Joint Center for Housing Studies，2009，p.9）。相比之下，2007 年 GSE 只占所有新发行贷款的 50%，2005 年和 2006 年约为 30%。

3.6 本章小结

美国住房融资体系是全世界规模最大，同时也是最为复杂的住房融资体系。从大萧条时期以来，美国重建了住房融资体系，并创建了新机构，采取了新的监管措施，推出了许多新产品。在 30 年分期偿还的抵押贷款、联邦担保的抵押贷款保险，以及最初的二级市场等因素的驱动下，20 世纪 30 年代，联邦政府对抵押贷款市场的干预为第二次世界大战后美国住房自有率的大幅增长奠定了坚实基础。

20 世纪 80 年代之前，美国住房融资体系相对比较稳定，与其他金融市场联系不大。大部分住房购买都是由地方储蓄以及一本通存折提供融资。联邦政府担保的 FHA 和 VA 抵押贷款占据了其余市场。这些抵押贷款通常由抵押贷款银行和经纪人发行，然后出售给长期投资者，比如房利美。

利率的不断增长，金融业管制的逐渐放松，以及抵押贷款二级市场的增长，将第二次世界大战后的住房融资体系推向了一个前所未有的水平，抵押贷款市场与其他金融市场联系紧密。抵押贷款二级市场，大部分情况下通过贷款支持证券，取代了储蓄和贷款以及其他储蓄机构，成为抵押贷款资金的主要来源。

20 世纪 90 年代至 2000 年，抵押贷款二级市场成为住房抵押的主要投资者。最初，这个体系运作得非常好。通过将抵押融资与全球金融市场联结起来，抵押贷款二级市场为住房抵押提供了更多、更廉价、更稳定的资金。但是，随着抵押贷款承销标准的不断降低，住房融资体系在 2005 年崩溃了。由于借贷要求变得越来越宽松，贷款证券化的数额达到了历史最高水平，贷款支持证券也变得越来越复杂。住房市场进入低迷期，价格增长放缓，贷款违约和抵押品赎回开始增多，冲击了次级贷款以及其他风险贷款市场，导致了金融危机的爆发。由于住房市场仍在震荡，国会和奥巴马政府仍在商议对整个金融部门——包括银行、抵押贷款银行、GSE 以及其他机构实施新的监管措施，住房融资体系未来的发展前景目前还无法确定。

第4章
税收与住房

联邦政府通过直接支出和税式支出两种方式资助住房产业。其中，税式支出是指由于对与住房相关的支出和投资实行减税、免税或发放税收补贴，而没有征收的税收收入。虽然政府直接资助得到了更多来自政界和媒体的关注①，但是，税式支出在规模上却要大得多（如图1.2所示）。2008年，联邦政府用于公共住房、租房券和其他直接住房资助的花费为402亿美元。但是，它为自有房户和租赁住房、抵押贷款收益债券的投资者提供的税收减免则达到近1719亿美元，相当于直接住房支出的四倍多。本章将考察联邦政府用于住房的税式支出的主要方式，比较主要的税式支出类型，并评价不同收入的群体在不同税式支出上的受益程度。本章还将讨论通过税收法规来资助住房的优点和不足。

4.1 税式支出概述

2009年，联邦政府住房税式支出总额达1817亿美元，其中84%（即1512亿美元）流向了自有房户。迄今为止，规模最大的税收减免是抵押贷款利息免交个人所得税。2009年，这些减免额超过了所有与住房相关的税收减免总额的50%，并占用自有房户税式支出的近2/3。其他用于自有房户的主要税式支出包括：主要住房出售所得的免缴资本利得税（占税式支出总额的19%），减免房产税（占税式支出总额的9%）。表4.1提供了税式支出方面的统计数据，表4.2对与自有

---

① 彼特·迪瑞尔（Peter Dreier）指出通过对1999年的主要日报进行新闻关键字搜索发现有4822篇文章提及"公共住房"，164篇含有"第八条计划"，以及39篇有"贷款利息"和"抵扣"（Dreier, 2001）。

房户相关的三种税式支出作了简要描述。

对于租赁住房和抵押贷款收入债券的投资，联邦政府还提供了税收激励。尽管这部分税式支出通常比用于自有房户的税式支出更为复杂，但其数额则少得多。2009年，住房投资者通过税式支出所获得的收益达295亿美元，约占自有房户税式支出总额的1/5。这些税式支出包括：通过购买州和地方政府为首次购房者提供的低息贷款，以及为资助低收入租赁住房的开发而发行债券所获得的利息免交个人所得税，对"非经营性损耗"和超出正常折旧额的折旧豁免，以及低收入住房税收补贴项目。而低收入住房税收补贴项目是低收入租赁住房开发的最重要的单个资金来源，也是本书第5章的主要内容。

表4.1　　2009财年联邦政府用于住房的税式支出

	总额（亿美元）	占自有房户/投资者税式支出总额的比例（%）	占税式支出总额的比例（%）
对自有房户的税式支出			
自有住房的抵押贷款利息减免	100810	66.3	55.5
自有住房的房产税减免	16640	10.9	9.2
出售主要住房的资本利得税减免	34710	22.8	19.1
对自有房户的税式支出小计	152160	100.0	83.8
对投资者的税式支出			
州和地方政府为资助购房者发行的债券利息免税	990	3.4	0.5
州和地方政府为资助租赁住房开发而发行的债券利息免税	900	3.0	0.5
租赁住房加速折旧提成	11760	39.8	6.5
低收入住房税收补贴项目	5780	19.6	3.2
1997年之后住房分期销售的所得延期纳税	1250	4.2	0.7
亏损达2.5万美元的租赁住房免受非经营性亏损规则的制约	8840	29.9	4.9
对投资者的税式支出小计	29520	100.0	16.2
总计	181680		100.0

资料来源：Budget of the United State Government, 2008a。

4.1.1 对自有房户的税式支出

虽然从政治角度看，对自有房户的税式支出似乎是神圣不可侵犯的，但是，除了对出售住房所得免征资本利得税之外，其他对自有房户的税式支出最初并不是为了提高房屋置业率而实施的。美国一位学者对税式支出和社会政策进行了全面描述，他写道："学习税法的学生无法找到任何能证明这些税式支出是专门用来提高房屋置业率的证据"（Howard，1997，p.49）。内战期间，联邦政府推行了一项紧急个人所得税，其中，应纳税的收入不包括应向州和地方政府缴纳的利息收入。1913年，联邦政府在实施永久个人所得税时沿用了这个关于收入的定义。在此后的几十年里，该条款对美国税式支出的影响极小。

表4.2   对自有房户和住房投资者的税式支出的主要方式简介

对自有房户的税式支出

抵押贷款利息减免（Mortgage Interest Deductions）。迄今为止，与住房有关的规模最大的税式支出，在联邦政府所有的税式支出中仅次于雇主提供的医疗保险免税。抵押贷款利息免税允许有房户在计算联邦个人所得税时，在个人应纳税收入中减去该年度用于偿还抵押贷款的利息花费。从1997年起，有房户被允许每年从其应纳税收入中减去用于第一套和第二套住房的价值不超过100万美元的抵押贷款利息。在本章后面会解释，抵押贷款利息减免对低收入住户来说常常毫无意义，因为，这些住户可减免的收入总数（住房和其他方面）本身就低于联邦政府的标准免税额。

不动产税减免（Property Tax Deduction）。除抵押贷款利息减免外，有房户还可从应纳税收入中减去他们在该纳税年度中为其拥有的首套住所缴纳的不动产税。

资本利得豁免（Exclusion of Capital Gains）。有房户出售住房的（部分）获益允许免交联邦资本所得税。自1997年起，单身有房户允许免交最高达25万美元的资本所得税，已婚夫妇可减免的最高值达50万美元。有房户每两年可享此种税收优惠。

对投资者的税式支出

低收入住房税收补贴（Low-income Housing Tax Credit）。低收入住房税收补贴由1986年颁布的《税收改革法案》设立，它允许开发合格出租住房的投资商在10年内，每年从应缴联邦个人所得税中减去该不动产的合格基数（其总开发费用减去土地和其他不合格支出）的一个固定比例。对于新建项目和重大修缮项目的补贴约为合格基数的9%，而对于修缮费用低于3000美元的每单元的不动产或那些同时接受其他联邦资助的不动产税收补贴约为每年合格基数的4%。截止到2003年，低收入住房税收补贴已资助开发了超过120万个住房单元。关于该项目的详细内容见本书第5章。

续表

历史建筑修缮税收补贴（Historic Rehabilitation Tax Credit）。历史建筑修缮税收补贴由1978年的《税法》设立，它允许参与由联邦指定的历史性建筑物修缮工程的投资商获得联邦所得税补贴，每价值1美元的补贴就等于减去1美元的应缴纳所得税。该补贴在数目上等于合格项目修缮支出的20%。历史建筑修缮税收补贴对于居住建筑和非居住建筑同时适用。

抵押贷款收益债券利息豁免（Exclusion of interest on Mortgage Revenue Bonds）。因为购买由州和地方政府为首次购房的低收入住户提供低息抵押贷款而发行的债券所赚取的债券利息免征所得税。这些债券可被用于购买新房或存量住房，只要其价格不超过地区平均住房价格的90%。

抵押贷款补贴凭证（Mortgage Credit Certificats）。除了抵押贷款收益债券，州住房金融管理机构还可发行抵押贷款补贴凭证。前者可用来发行低利率抵押贷款，而后可使首次购房的中低收入家庭从他们的联邦税单中减去他们每年支付的抵押贷款利息的10%—50%（不超过2000美元）。该方法为那些收入不足以享受抵押贷款利息减免的住户提供了纳税优惠。该方法于1984年创立，但是到目前为止还没有被广泛使用。

多户住房债券利息免税（Exclusion of interest on multifamily bonds）。购买州和地方政府为资助出租住房开发而发行的债券所获得的利息免税。这些出租房中至少20%的住房单元（在某些目标地区为15%）必须为收入不高于地区平均水平50%的家庭保留，或者40%的住房单元必须能被收入不高于地区平均水平60%的住户承受。单个州和地方政府每年所能发行的抵押贷款收益债券和多户住房债券的数量是有限制的。以2003年为例，为住房、学生贷款和工业发展所发行的债券总额不得超过每人75美元。

与出租房项目有关的不高于2.5万美元的亏损免受非经营性亏损规则的制约。1986年《税收改革法案》严重削弱了投资商用出租房的贬值来抵消个人应纳税收入的能力，但是，与出租房相关的某些类型资本损失不受此规则影响，这些资本损失不得超过2.5万美元。

1987年后的不动产分期出售所得延期纳税。房地产所有者在出售不动产时，如果该地产是分期出售的，并且其销售总额低于500万美元，则分期销售所应缴纳的所得税可延期支付。

出租房折旧中高于其他折旧系统的部分。联邦政府将对于不动产和其他类型资产的可允许折旧中高出通过"实际的、根据通胀率调整的经济情况"估算得出的折旧值部分，也计算为它的税式支出。

20世纪40年代，全国房屋置业率开始逐渐上升，需要缴纳联邦个人所得税的人数也达到了总人口的一定比例。[①] 而且由于税率上升，抵押贷款利息和房产税减免数额也开始增加（Dolbeare，1986；Howard，1997）。

虽然抵押贷款利息和房产税减免对所有自有房户都适用，但是高收入自有房

---

① 在第二次世界大战以前，大部分美国人收入低于个人免税额。在1939年，只有6%的美国工人需要支付联邦个人所得税。到了1945年，由于个人免税额的降低，有70%的工人要支付个人所得税（Howard，1997）。

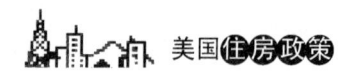

户从这些税收激励中的获益远多于低收入自有房户。首先，税收减免的数额随着收入的增加而增加。例如，减免1000美元能够为处于最高收入层的纳税人节省350美元（2009年其个人所得税税率为35%），但是对处于最低收入层的纳税人来说只能减免100美元（2009年其个人所得税税率为10%）。其次，由于收入更低的自有房户享受的税收减免额更少，因此自有房户获得的税收减免额随着收入的降低而降低。当抵押贷款利息和房产税，加上未报销的医疗费用、慈善捐赠和其他可抵扣费用的总和低于税法规定的免税标准时，那么该纳税人就享受不到任何来自自有房户的税收优惠。

例如，2007年，一对已婚夫妇的收入免税标准是10700美元。对于年收入在4万到6万美元的家庭，其每年用于偿还房贷（房贷支出中的本金部分不能免税）和房产税的平均支出达9996美元，比免税标准少700美元。因此这类家庭享受不到减免税的好处。对于年收入在6万到8万美元的家庭而言，其用于偿还房贷和房产税的平均支出为11796美元，比免税标准高1100美元；假如税率为20%，该平均支出带来的税收减免只比免税标准提供的数额多275美元。但对于收入处于该范围内的家庭，如果平均支出低于免税标准，则享受不到任何税收减免。当自有房户负担大额的住房贷款，并且所处地区的房产税税率较高时，其房贷利息和房产税的总和最有可能超过免税标准。

表4.3和表4.4显示了自有房户税式支出的不均衡分布。我们从中可以看到，不同收入群体在房贷利息和房产税减免上的获益程度是不同的。很明显，最高收入群体获益最多。年收入超过7.5万美元的自有房户中有超过60%的人可以享受房贷利息减免，而年收入为5万至7.5万美元的自有房户该比例只有30%，年收入不高于3万美元的自有房户该比例则不到2%。

表4.3　　抵押贷款利息减免带来的税收收益分布（2007财年）

收入水平（美元）	纳税人数（千人）	占纳税总人数的比例（%）	获得抵押贷款利息税收减免的人数（千人）	占该收入水平中纳税总人数的比例（%）	抵押贷款利息税收减免带来的收益（百万美元）	占总收益的比例（%）	抵押贷款利息税收减免带来的人均收益（美元）
<10000	28213	18.2	5	0.0	NA	NA	NA

续表

收入水平（美元）	纳税人数（千人）	占纳税总人数的比例（%）	获得抵押贷款利息税收减免的人数（千人）	占该收入水平中纳税总人数的比例（%）	抵押贷款利息税收减免带来的收益（百万美元）	占总收益的比例（%）	抵押贷款利息税收减免带来的人均收益（美元）
10000—20000	22240	14.4	266	1.2	73	0.1	274
20000—30000	16542	10.7	736	4.4	321	0.5	436
30000—40000	14599	9.4	1566	10.7	842	1.3	538
40000—50000	12532	8.1	2307	18.4	1513	2.3	656
50000—75000	21923	14.2	6998	31.9	7062	10.6	1009
75000—100000	13976	9.0	6821	48.8	8150	12.2	1195
100000—200000	19207	12.4	13510	70.3	28868	43.3	2137
>200000	5566	3.6	4059	72.9	19771	29.7	4871
总计	154798	100.0	36269	23.4	66600	100.0	1836

资料来源：Joint Committee on Taxation, 2008, Tables 5 & 6。

表4.4　房产税减免带来的税收收益分布（2007财年）

收入水平（美元）	纳税人数（千人）	占纳税总人数的比例（%）	获得房产税减免的人数（千人）	占该收入水平中纳税总人数的比例（%）	房产税减免带来的收益（百万美元）	占总收益的比例（%）	房产税减免带来的人均收益（美元）
<10000	28213	18.2	3	0.0	NA	NA	NA
10000—20000	22240	14.4	211	0.9	27	0.1	128
20000—30000	16542	10.7	709	4.3	129	0.5	182
30000—40000	14599	9.4	1635	11.2	357	1.5	218
40000—50000	12532	8.1	2406	19.2	636	2.6	264
50000—75000	21923	14.2	7339	33.5	2880	11.8	392
75000—100000	13976	9.0	7160	51.2	3364	13.8	470
100000—200000	19207	12.4	13998	72.9	11583	47.4	827
>200000	5566	3.6	2843	51.1	5434	22.3	1911
总计	154798	100.0	36304	23.5	24411	100.0	672

资料来源：Joint Committee on Taxation, 2008, Table 5 & 6。

造成不同收入群体在房贷利息税收减税方面差异的原因，一定程度上由于房屋置业率的不同——收入越高的群体，房屋置业率越高。但是，享受房贷利息税收减免的低收入纳税人的比例显然低于其房屋置业率。例如，2007年，年收入在3万至4万美元的家庭中有60%是自有房户（U. S. Census Bureau，2008a），但只有11%能享受到房贷利息税收减免（见表4.3），主要是因为他们所有的可免税支出没有达到最低免税标准。

从货币价值的角度来看，房贷利息税收减免分布的偏向性更严重。2007财年，收入不低于10万美元的纳税人仅占所有纳税人的16%，但他们获得的房贷利息税收减免数额超过总额的73%，共计666亿美元。收入不超过3万美元的纳税人占所有纳税人的45%，但获得的房贷利息税收减免的数额所占比例不到1%。年收入在3万至5万美元的纳税人占所有纳税人的17.5%，但获得的房贷利息税收减免数额只占总额的3.6%。这些数据表明，处于不同收入水平的自有房户在房贷利息税收减免上的巨大差异。年收入不低于20万美元的纳税人获得的平均房贷利息税收减免额为4871美元；对于年收入为5万至7.5万美元的纳税人而言，则约为1009美元；年收入为2万至3万美元的纳税人房贷利息税收减免额仅为436美元。

房产税减免分布与房贷利息税收减免非常相似。例如，年收入超过10万美元的自有房户享受的房产税减免额占总额的70%；而年收入不到3万美元的自有房户，该比例则不到1%（见表4.4）。

从1984年起，联邦政府试图通过房贷抵税凭证来解决自有房户在税收减免分布上的不均衡问题。除了抵押贷款收益债券，州住房金融机构还可向首次购房者发放此凭证。有了房贷抵税凭证，中低收入的首次购房者能从其应缴纳的联邦个人所得税中扣除年房贷利息支出的10%—50%（不超过2000美元）。如此一来，那些因为收入低而享受不到房贷利息税收减免的自有房户同样可以获得税收优惠。

但是，极少数州和地方政府重视房贷抵税凭证，它们通常只发放抵押贷款收益债券和其他私人债券。[1] 因此，房贷抵税凭证成了住房税式支出中最不起眼的

---

[1] 2007年全年，共有27个州发行了房贷抵税凭证，只帮助了171239个自有房户。在2007年，12个州共发行了总计2158份凭证（住房金融局全国委员会，2009）。

一项政策。不过应该强调的是，房贷利息和房产税减免适用于所有自有房户；而房贷抵税凭证不同，自有房户必须提交申请，而且房贷抵税凭证的多少取决于州政府①以及私人投资者的意愿。

此外，对许多中低收入自有房户来说，房贷抵税凭证的用处不大，因为他们的应纳税额通常很低，有时由于收入税抵免额和儿童抚养税抵免额超过应纳税额，甚至无需纳税。"因为房贷抵税凭证是不可偿还的，因此，如果抵免额超过纳税人的应纳税额，多余部分则自动作废"（Collins & Dylla，2001，p.7）。

对自有房户的税收优惠政策遭到较多批评。从公平性角度看，很明显，高收入自有房户的获益程度远高于低收入自有房户。因此，对自有房户的税式支出违背了垂直平等原则。该原则认为，税收负担应与纳税人的支付能力（通常以个人收入为衡量指标）成正比。而且，在收入相同的群体中，该税收优惠政策更倾向于自有房户（相对于租房户而言），这也违背了水平平等原则，即同等收入的纳税人应该承受同样的税收负担（Dolbeare，1986；Dreier，2001；Glaeser，2009；Howard，1997）。

从经济学角度看，有些批评者认为对自有房户的税式支出造成资本投资的不平衡。房贷利息的税收减免刺激了对住房建设的投资，从而"使得过多的资源流向房地产行业"（W. E. Hellmuth，1977；Dolbeare，1986，p.265）。另外，房贷利息和房产税减免可能导致"房价被人为地抬高，由于自有房户和卖房者将税收优惠的价值计入了住房价格"（Dreier，2001，p.76；Glaeser，2009）。

但另一方面也有人认为，作为一项提高房屋置业率的激励政策，对自有房户的税式支出在规模和力度上还远远不够，因为最大的受益者——高收入自有房户——即使不享受任何税收优惠也会买房。事实上，加拿大、澳大利亚和一些欧洲国家的房屋置业率与美国相差无几，尽管对自有房户的税式支出远不及美国。还有人认为，对自有房户的税式支出正是通过"鼓励自有房户在偏僻的地区购买大户型住房，而不是购买市中心及近郊的中小户型住房"，推动了郊区化进程，扩大了城市范围（Dreier，2001，p.76；Glaeser，2009）。

---

① 当州政府选择发行房贷抵税凭证时，意味着其放弃了来自 MRB 支持的贷款利息与支付给债券持有人利息的利差收入。

最近，对自有房户的税收优惠政策，特别是免征出售住房的资本利得税，被认为是引发21世纪初房地产泡沫的罪魁祸首。通过免除高达50万美元（对已婚夫妇而言，则相当于每人25万美元）的资本利得税，联邦政府间接地鼓励了住房投资活动，促使人们更频繁地出售住房以获取收益（Bajaj & Leonhardt, 2008; Shan, 2008）。

4.1.2 对投资者的税式支出

联邦税法为住房投资提供了两种类型的激励机制。第一种鼓励投资者购买为资助租赁住房的开发以及首次购房者的抵押贷款而发行的债券，投资者从这些债券中获得的利息可免交联邦个人所得税。这些债券抵税使得投资者能接受比其他需纳税的债券更低的利率。进一步，政府可利用这些低利率债券，为低收入购房者和低收入租赁住房开发提供低于市场利率的贷款。

第二种类型的税收激励机制拉动了对租赁住房的资本投资。税法允许投资者在其他方面的收入免交个人所得税，也就提高了他们的税后收入。事实上，税法鼓励个人和企业利用资本投资来获得免税优惠。他们一般采用有限合伙制的方式进行投资，这样投资者可获得与其投资比例相对应的住房净收入，同时承担相应比例的纳税损失，但对住房经营以及与投资无关的支出不承担任何责任。有限合伙制通常是由辛迪加组织者进行组建，而辛迪加组织者一般是作为房地产开发商和投资者之间的中间人。

1987年之前，与租赁住房投资相关的最重要的税收减免是折旧提成（Depreciation Allowance），后来被低收入住房税收补贴项目（Low Income Housing Tax Credit，简称LIHTC）所替代。政府运用资本投资的税收激励机制来有效调节私人资源，服务于公共目的——主要是开发中低收入住房。到1987年，与直接资助项目相比，税收激励机制受到的政府和行政干预更少。所有合格的住房投资都可以获得税收优惠，无需递交申请（Clancy, 1990）。此外，直接资助项目的资金来源往往受国会年度拨款额度限制，但是在1987年之前，对投资者的税式支出则不受这方面的限制。

对资本投资的税收激励机制的最大缺点在于其效率很低。很大一部分税式支出都没有真正用于住房建设，而是花在了"筹集资本，以及赚取利润过程中发生的交易费用中"（Clancy，1990，p. 298）。换句话说，当投资者为住房开发筹资时，部分资金在设立有限合伙制的过程中被消耗了，包括会计费、法律费、销售费、佣金以及其他相关费用。并且，投资者对房地产的投资取决于其要求的回报率，回报率越高，投资额越少。

综合起来，目前这两项对投资租赁住房和房贷收益债券的税式支出在所有与住房相关的税式支出中所占比例约为16%（见表4.1）。虽然对自有房户的税式支出使高收入家庭获益更多，但是，目前对投资者的税式支出还是主要偏向中低收入住房，对推动投资以市场价出租的住房所起的作用很小。例如，免税债券允许当地政府为中等收入的首次购房者和低收入租赁住房开发提供低于市场利率的抵押贷款。低收入住房税收补贴项目也为低收入租赁住房投资提供了经济激励。除针对低收入家庭的住房投资外，税式支出中最重要的一项是历史建筑修缮税收补贴（Historic Rehabilitation Tax Credit），为投资于有历史价值的建筑物的投资者提供一次性税收补贴，不考虑该建筑物的用途和其居住者的收入（Gale，1998；National Park Service，2005）。

目前，关于住房投资方面的联邦税收政策非常重视低收入住房，这最初源于1986年颁布的《税制改革法案》。该法案从根本上重塑了对住房和其他房地产投资者的激励机制，这部分内容将在下面详细讨论。

1987年之前，税法为所有类型的租赁住房投资都提供了相似的激励机制。虽然低收入住房偶尔比其他以市场价出租的住房得到更多的优惠，但是它们之间的差异很小。到1987年，对租赁住房投资活动提供的最重要的税收激励措施是折旧提成。租赁住房是一项非常有吸引力的投资对象，因为它能使富有的投资者减少其应缴纳的联邦个人所得税。投资者可从个人应纳税所得额中扣除与投资房地产相关的收入、红利以及"账面亏损"。

虽然目前折旧提成不再是投资租赁住房最重要的激励机制，但还是需要了解折旧提成的概念及其演变过程。为减轻租赁住房及其他商业地产所有者在维护费用上的负担，联邦税法设立了折旧提成。从理论上说，通过折旧提成，不动产所有者的应纳税所得额减少了，从而可以把节省下的钱用于不动产维护与修缮。折旧费用会降低不动产的应纳税所得额。

而加速折旧（这部分内容将在后面进行详细阐述）会产生"账面亏损"，因此总折旧额往往超过净利润。例如，某不动产的净利润为7.5万美元（等于房租及其他收入减去营运成本和房贷利息费用），但折旧费用为20万美元，那么该不动产的亏损额就高达12.5万美元。在1986年《税制改革法案》颁布之前，投资者可以利用该亏损额抵消其他收入应纳税额，从而提高其税后收入。

投资者通过折旧享受到的税收减免额在很大程度上取决于其个人所得税税率。税率越高，折旧带来的税收减免额就越大。例如，20世纪70年代，最高税率为70%，依照这一税率，由于折旧造成的5万美元个人应纳税收入减免的价值为3.5万美元（也就是说，折旧将为投资者节省价值3.5万美元的纳税支出）。20世纪80年代早期，最高税率降至50%，同样折旧的价值下降为2.5万美元。2004年，最高税率为35%，该折旧的价值相应地下降为1.75万美元。

折旧实际上是从联邦政府获得的免税贷款。虽然它减少了租赁性不动产的纳税额，并且有时候允许投资者用折旧来减少其他来源收入的应纳税额，但折旧同样增加了不动产在出售时需缴纳的资本利得税。在出售不动产时，业主需要从购买到出售期间的该不动产累积折旧额来支付资本利得税。但是，资本利得税的税率通常低于个人所得税的税率，而且资本利得税只在出售不动产时征收，因此业主还是能够从折旧中获利。从货币时间价值上看，同等数额的支出，其未来价值比当前价值要小得多。

随着时间的推移，计提折旧的方法发生了许多变化。投资者通常可以采用直线法计提折旧，即直接把应计提折旧额（等于开发总支出减去土地及其他非折旧支出）除以折旧年限，所得的值就是每年的折旧额。但是，政府常常通过"加速折旧"来为投资者提供税收优惠。在加速折旧法下，投资者每年的折旧额是直线法计提数值的几倍。例如，1954年至1970年间，投资者可以在直线法（以40年为折旧年限）和双倍余额递减法（double declining balance）两种计提方法中进行选择（Gravelle，1999）。

直线法下投资者的年折旧率为2.5%。而双倍余额递减法则使投资者的年折旧率达到5%，相当于前者的两倍；但由于其每年的应计提折旧额需扣除上一年计提的折旧，所以双倍余额递减法下每年计提的折旧额是逐年递减的。当双倍余额递减法计提的折旧总额与直线法下的折旧总额相等时，投资者可以转而使用直线法。

对于加速折旧法计提的折旧额超过直线法计提的折旧额部分，将作为普通所得缴纳个人所得税，而不是税率较低的资本利得税，这种征税方法称为"回收"。

1970—1981 年，租赁住房的折旧年限通常为 30—40 年，投资者可以选择加速折旧。1981—1986 年，鼓励投资于房地产的税收激励力度大大加强，尤其体现在低收入住房上。低收入住房的折旧期限缩短为 15 年，加速折旧额是应计提折旧额的 200%。此外，作为投资于低收入住房的额外激励机制，1981 年税法取消了对留置期超过 100 个月的不动产出售时，超额折旧征收个人所得税的条款（Jacobs, Hareny, Edson & Lane, 1986, p. 241）。对于以市场价出租的住房，1981 年税法将其折旧年限规定为 15 年（随后又延长到 18 年和 19 年），同时规定加速折旧额是应计提折旧额的 200%。

表 4.5 显示了在不同时期，一项课税基数为 20 万美元的不动产实际的折旧总额。根据 1971 年前的税法（假设折旧年限为 40 年），该不动产在 7 年中共需计提 60333 美元的折旧额，其中，第 1 年为 10000 美元，第 7 年为 7351 美元。而在 20 世纪 80 年代早期的税法下，该不动产在 7 年内共需计提 102253 美元的折旧额，其中第 1 年为 19444 美元。如果该不动产包括低收入住房，那么折旧总额将超过 12.6 万美元。

表 4.5　不同税法下一项课税基础为 20 万美元的不动产允许的折旧额　　（单位：美元）

年份	1954—1970 年 (40 年，200% 余额递减法)	1971—1980 年 (31 年，年限 总额法)①	1981—1985 年 (15 年，200% 余额递减法)	1982—1985 年 (19 年，175% 余额递减法)③	1987 年至今 (27.5 年， 直线折旧法)
1		10000	26667	18421	7273
2		9500	23111	16724	7273
3		9025	20030	15184	7273
4		8574	17359	13785	7273
5		8145	15044	12516	7273
6		7738	13039	11363	7273
7		7351	11300	10316	7273
折旧总额		60333	126550	98310	50909

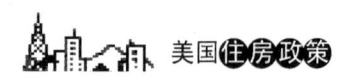

续表

年份	1954—1970 年（40 年，200% 余额递减法）	1971—1980 年（31 年，年限总额法）①	1981—1985 年（15 年，200% 余额递减法）	1982—1985 年（19 年，175% 余额递减法）③	1987 年至今（27.5 年，直线折旧法）
折旧总额占应计提折旧额的比例		30%	63%	49%	25%
"回收"的折旧		25333	33216②	24626	

注：①年限总额法是加速折旧的另一种方法；②1982—1985 年对低收入租赁住房的投资不征收"回收"税款；③1982 年和 1983 年折旧年限为 15 年，1985 年为 18 年，1985 年和 1986 年为 19 年。

资料来源：Adapted from Dipaasquale and Cummings, 1992; Gravelle, 1999; Jacobs et al., 1986。

4.1.3 1986 年的《税制改革法案》

1986 年的《税制改革法案》几乎取消了所有鼓励个人投资租赁住房的税收激励机制（Dipasquale & Cummings, 1992; Hendershott, 1990）。首先，它取消了加速折旧法，并将折旧年限从 15 年延长到了 27.5 年。如此一来，表 4.5 中，课税基数为 20 万美元的不动产，每年计提的折旧额仅为 7273 美元。7 年后，该不动产的应计提折旧总额中只有 25% 提取了折旧，但在该法案颁布之前，该比例达到了 63%。其次，1986 年的《税制改革法案》降低了最高税率（从 50% 降至 28%），从而大大减少了折旧提成给投资者带来的收益。此外，该法案还取消了对资本利得税的税收优惠，对资本利得征收与其他收入相同的税率。这就意味着，当投资者出售住房时，在累计折旧方面必须支付比以前更多的税收（不过，随后的立法恢复了对资本利得税的优惠政策）。

除了取消对住房投资的税收激励政策外，该法案还降低了州和地方政府可发行免税债券的最高额度。州和地方政府发行的所有用于私人行为（包括住房）的债券，不能超过每人 50 美元。①

2000 年，国会通过立法逐渐提高最高额度，并在 2002 年提高到每人 75 美

---

① 在 1986 和 1987 年，TRA86 设定了私营企业债券发行量最低不少于 250 万美元，最高不超过州人均 75 美元的额度。然而从 1988 年开始，立法机构要求将额度修改为不低于 150 万美元/州，不超过人均 50 美元，该限额一直持续到 2000 年。

元，此后，最高额度值随着通货膨胀率做相应的调整。虽然目前免税融资渠道比 90 年代早期更多，但是房地产业仍然需要与经济发展和其他方面争夺这些资金。

最后，同时也是给个人投资者致命一击的是，税制改革对"非经营性亏损"（例如折旧）进行了严格的限制。从 1987 年起，绝大部分个人投资者不能再用房地产上的损失来抵减其他应纳税收入，如工资、利息和红利等。折旧只能用来抵减从房地产中获得的应纳税收入，而不是其他来源的收入。1986 年的《税制改革法案》极大地削减了房地产投资作为税基对个人投资者的价值；在很多情况下，避税是房地产投资的首要动机。唯一的例外是低收入住房税收补贴项目，这部分内容将在本书第 5 章中具体讨论。

1986 年的税制改革在住房租赁市场上产生了立竿见影的效果。1985—1993 年，多户住房建设规模逐年下滑。1981—1986 年，多户住房的年均新开工量为 562000 户；1987—1995 年，仅有 316000 户，下降了 43%。多户住房新开工量在所有住房新开工总量中所占的比例也从 1985 年的 33% 下降到 1991 年的 15%，1993 年进一步下跌到 11%。直到 90 年代后期，多户住房规模建设才开始回暖，但是没能恢复到 20 世纪 70 年代末或 80 年代的水平。

4.2 本章小结

联邦政府对低收入住房的直接资助几乎每年都在削减，但住房税式支出获得的关注却很少，尽管其规模远大于直接资助。虽然用于支持低收入住房建设的税收激励政策推动了数百万低收入住房建设，但是与公共住房、租房券和其他直接住房资助项目相比，税式支出却是很不起眼的。

其中一个原因在于，税式支出不受国会拨款的限制（这一点与直接资助不同），所以不能算作政府支出。另一个原因可能是，其受益者绝大多数是富裕的自有房户。政治上，每年为自有房户提供超过 1.5 亿美元的税收优惠比公共住房更容易受到抨击，而且这些税收优惠的一半以上都被年收入达六位数的家庭获得。

除了出售住房时享受税收优惠外，极少数中低收入自有房户能从其他对自有房户的税收优惠政策中获益，特别是房贷利息和房产税减免。假如税法想给中低收入家庭提供更多资助，现行的税收减免制度应该转变为税收抵扣制度。目前，大多数中低收入纳税人从联邦个人所得税中获得标准减免额，因此，不能获得房贷利息及房产税减免。如果他们得到的是税收抵扣，他们就可以减少应纳税额。而且如果该税收抵扣是可偿还的，当税收抵扣额超过应纳税额时，自有房户还能获得多出部分的退税款（Green & Reschovsky, 2001）。①

虽然对投资者的税式支出仅占所有税式支出总额的12%，但是，其对于低收入住房开发却非常重要。对租赁住房的税收激励政策常常因为效率较低而被诟病，其中，只有一小部分税式支出被用于实际住房建设，其余部分都被用于辛迪加费用以及为投资者提供可观回报的耗费中。尽管如此，对投资者的税式支出将私人投资吸引到低收入住房开发上，而且，税收激励效率会随着时间的推移而逐渐提高，低收入住房税收补贴项目的实施就是最好的例证。

---

① 2008年，作为布什政府经济刺激计划的一部分，国会通过了一项临时决议，给予第一次购房者最高至8000美元的税收抵扣。2009年2月，作为奥巴马政府经济刺激计划的一部分，国会增加了抵扣上限，并在2009年9月再次扩大了抵扣，直到2010年4月。最近，立法机构也制定了上限为6500美元的临时税收抵扣政策，用于符合收入要求的购房者。

第 5 章
低收入住房税收补贴

在低收入租赁住房的所有资助项目中，规模最大的并非来自联邦住房项目，而是《国内税收法案》中的一项条款——低收入住房税收补贴项目，该项目根据1986年《税制改革法案》设立，为投资于低收入租赁住房的开发商提供资金支持。2006年，该项目共资助开发了160万多套住房，约占同期所有多户住房开发总量的1/6（Danter Company，2009）。[①] 如今，参与该项目的住户比50年前启动的公共住房项目还要多。

本章将全面阐述低收入住房税收补贴项目，主要讨论了税收补贴计算，分配给各项工程的方法，以及将税收补贴转化为用于开发的权益资本的过程。本章将分析由税收补贴资助开发的住房的区位分布及其住户的收入情况。最后还探讨了该项目长期发展的可行性以及所面临的挑战。

5.1 税收补贴的运作方式

在低收入住房税收补贴项目中，每获得1美元税收补贴，就意味着投资者可少交1美元的联邦个人所得税。投资者可以连续10年获得税收补贴，但是该住房必须由低收入家庭居住至少15年。税收补贴的数额取决于住房开发项目的成本、地理位置和项目中低收入住户的比例。与房地产行业的其他税收减免政策不同，税收补贴不是自动发放的，而是由指定的州级行政部门（通常为州住房金融管理

[①] 该估计使用了 Danter Company（2009）应用的方法，其认为75%的税收抵扣导致了新的房屋建设，并将该数字按是否获得多户建筑许可证进行划分。在许多州，税收抵扣产生了大量的多户型建筑，这在全国的平均值为23%。

局）负责分配。各州的税收补贴总额取决于各州的总人口数量。2010年，各州的税收补贴额为每人2美元，此后该数值每年将依据通货膨胀率进行调整。[①] 开发商必须向州住房金融管理局申请税收补贴。在每个州的税收补贴中，至少有10%必须分配给由非营利机构开发的住房。

　　税收补贴的数额取决于项目的开发成本和低收入住户的比例。计算税收补贴时，首先需要计算项目的总开发成本，再减去土地成本及其他费用[②]，最后得到的数值称为"合格基数"。其次，如果该项目开发的住房不完全是由低收入住户居住，那么需要将低收入住户的比例（或者其居住面积占项目总面积的比例）乘以"合格基数"，得到"资格基数"。最后，如果该项目位于"开发难度较大的地区"，或"合格人口普查区"，则可以在"资格基数"的基础上再乘以130%，相应地提高"资格基数"。

　　"开发难度较大的地区"是指在都市区或非都市区中，房价与收入比值偏高的地段；而"合格人口普查区"是指在所有住户中，至少有50%的家庭收入不超过地区平均值的60%，或者贫困率至少达到25%的地区。[③] 1987—2006年，在所有获得税收补贴的项目中，约有26%因为处于"开发难度较大的地区"或"合格人口普查区"，可享受130%的"资格基数"。

　　最后得到的"资格基数"再乘以"补贴率"，就得到此后10年该项目每年可获得的税收补贴额。对于新建和重大修缮项目，为期10年的税收补贴总额是在"资格基数"现值的70%的基础上计算出来的，即相当于每年可得到的税收补贴约为"资格基数"的9%。如果开发工程每住房单元的平均修缮费用低于3000美

---

　　① 各州的人均税收抵扣额最初设为1.25美元，2002年之后上调至1.75美元，并按当年通货膨胀率进行调整。2008年，《住房及经济复苏法》规定2009年临时上调了该额度至2.2美元，且全州范围内至少有2557500美元。2010年时，立法机构要求将上限降至人均2美元，下限为每州2325000美元，并按通货膨胀率调整。

　　② 除土地外，税收抵扣不能抵消如下开支：建筑及相关成本；长期贷款的融资成本和费用；完工后的管理成本和费用；辛迪加相关费用；工程预备款项；完工后的运营资本（如广告支出）；由联邦拨款支付的成本；曾有使用税收抵扣的住房部分；非居住区建设成本（如商业区或其他并不用于目标租户的建设）。

　　③ 美国住房与城市开发部有一份所有开发难度较大的地区和合格地区的列表。见http://www.hud.user.org/datasets/gct.html。若要了解开发难度较大的地区和合格地区是如何确定的，参见2003年9月19日的 *Federal Register*。

元，或者获得某些联邦补贴或免税债券资助，则税收补贴应根据"资格基数"现值的30%计算，相当于每年的税收补贴额为"资格基数"的3%—4%，而补贴率则逐月计算，等于期限与税收补贴项目相同的美国长期国库券的加权平均成本之和①（关于现值与折现问题，参见本章附录）。虽然开发商需要通过申请才能得到大额补贴，但对于通过免税债券融资获得的资金所开发的项目，则可以自动获得小额税收补贴。

如果至少有20%的住房单元能够为收入不超过地区平均收入50%的住户承受，或者至少40%的住房单元可为收入不高于地区平均收入60%的住户承受，那么租赁住房的开发项目也有资格申请税收补贴。大多数开发商将税收补贴项目中的绝大多数住房提供给低收入住户，这样不仅可以最大限度地获得税收补贴，还能将部分房屋出租给较高收入住户。

根据项目中获得税收补贴的住房比例，补贴住房可征收的最高房租等于地区家庭平均收入的50%（或60%）乘以30%。需要注意的是，税收补贴项目的房租水平与其他联邦住房项目不同。在其他联邦住房项目中，房租不超过其调整后收入的30%，不足部分由政府支付；但在税收补贴项目中，无论租户的实际收入如何，所有租户需要缴纳的房租是相同的，所以，收入低于项目规定的最高上限的租户有可能面临超过其收入30%的房租负担。

专栏5.1 如何计算税收补贴：一个例子

莱斯特·鲍伊（Lester Bowie）小区位于圣路易斯州郊区，所有的100个住房单元都由低收入住户居住。由于低收入住户的比例超过40%，符合项目要求——住户收入水平不超过地区平均收入的60%，于是，房租确定为地区平均房租的30%。

---

① 2008年以前，税收抵扣的精确数值是按可比期限的长期国债的加权成本每月调整的。尽管基于基准现值70%的税收抵扣称为"7%"抵扣，而现值30%的税收抵扣被称为"4%"抵扣，事实上，从20世纪90年代后期到2008年间，大的抵扣常在8%左右波动，而小的抵扣常在3%左右波动。但是《住房与经济改革法案》临时设定了"9%"抵扣，要求税收抵扣不低于9%。从2008年7月31日至2013年12月31日，住房开发必须使用不小于"9%"的抵扣。立法机构只设定了9%抵扣，而"4%"抵扣仍是每月设定；参见 Novogradac & Company, 2009。

项目耗资1000万美元，其中160万美元用于购买土地、项目营销以及获取长期贷款。项目没有获得联邦政府的任何资助。

该项目的"合格基数"为840万美元（等于1000万美元减去160万美元）。

由于该项目中的所有住房都由低收入住户居住，所以其"资格基数"等于840万美元乘以100%，即840万美元。

因为该项目位于开发难度较大的地区，所以可以提高"资格基数"，将原"资格基数"840万美元乘以130%，得到1092万美元。

年度补贴额等于调整后的"资格基数"乘以补贴率9%，即98.28万美元。此后10年，投资者将每年获得同等数额的补贴，累计总额为982.8万美元。

5.2 将税收补贴转化为项目权益资本

住房开发商一般很少使用税收补贴。相反，他们通常将补贴"出售"给私人投资者，然后将所得的收益用于支付开发过程中的采购费、建造费以及其他支出。更精确地说，他们将项目的部分权益出售给外部投资者，这些投资者获得了税收补贴、其他税收收益（如折旧提成）、项目运行产生的现金流，以及最终出售住房的部分资本利得。

开发商可以将这些工程的权益直接出售给外部投资者，不过更常见的方式是通过辛迪加形式来达到同样的目的。辛迪加包括营利性组织和非营利性组织，它将获得税收补贴的项目打包，分块出售给企业和其他投资者（见图5.1）。它们通常设立有限责任合伙制，其中投资者作为有限责任合伙人，没有项目经营权。辛迪加从投资收益中先扣除归属自己的管理费和其他交易费用，余下部分则分配给开发商。辛迪加一般成立资本金为5千万美元至1.5亿美元的投资合伙制，在多个合作关系中充当有限合伙人。辛迪加还负责监督税收补助工程的管理情况，以降低工程违反税收补贴项目中关于房租和收入规定的风险。工程一旦违规，投资者将会受到严重的罚款惩罚。

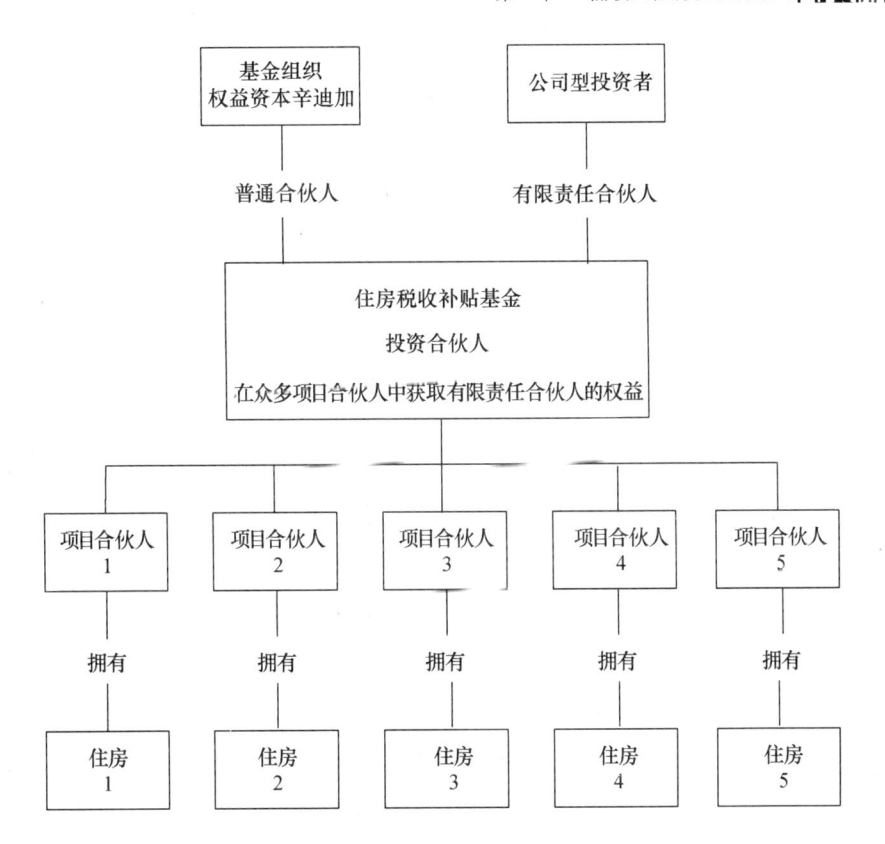

```
                    基金组织                        公司型投资者
                  权益资本辛迪加

                       │                              │
                    普通合伙人                    有限责任合伙人
                       │                              │
                       └──────────────┬───────────────┘
                                      │
                              ┌───────────────┐
                              │ 住房税收补贴基金 │
                              │   投资合伙人    │
                              │在众多项目合伙人中获取有限责任合伙人的权益│
                              └───────┬───────┘
           ┌──────────┬──────────┬────┴─────┬──────────┐
        项目合伙人  项目合伙人  项目合伙人  项目合伙人  项目合伙人
           1          2          3          4          5
           │          │          │          │          │
          拥有        拥有        拥有        拥有        拥有
           │          │          │          │          │
          住房        住房        住房        住房        住房
           1          2          3          4          5
```

图 5.1　税收补贴辛迪加结构图

资料来源：E + Y Kenneth Leventhal Real Estated Group, 1997, 35, with permission。

税法在税收补贴项目吸引公司型投资者方面进行了一些限制。其中，对"非经营性损失"的限制使得很多个人投资者无法使用税收补贴（见本书第 4 章）。20 世纪 90 年代以来，金融服务公司就控制了税收补贴市场，这类公司包括银行、政府支持企业（比如房地美和房利美）和保险公司。2002 年，在所有税收补贴投资活动中，非金融企业所占比例还不到 10%（Ernst & Young, 2003）。

税收补贴产生的权益资本数额取决于两个因素：(1) 投资者愿意为补贴支付的价格；(2) 与税收补贴的出售和辛迪加相关的各种交易费用。在 1987 年税收补贴项目启动后的最初几年里，投资者愿意为 1 美元的税收补贴支付的价格通常还不到 50 美分。而对于 1 美元的税收补贴，相关的交易费用则不少于 10 美分，因此，开发商每出售 1 美元税收补贴只能获得不到 40 美分的权益资本。

121

随着时间的推移，投资者愿意为税收补贴支付的价格渐渐提高，但2006年之后又开始下降，这在很大程度上归咎于金融危机。随着项目的推广，特别是1993年国会将该项目设为"永久项目"后，投资者认为投资于税收补贴的风险大大降低了，因而愿意接受更低的回报率。在项目早期，投资者可能要求30%的年回报率，而到了2001年，他们愿意接受7.5%甚至更低的回报率（见图5.2）。虽然税收补贴的价格与地理位置、工程类型和其他因素有关，但是，2001年开发商从出售1美元的税收补贴中获得的平均权益资本至少达到了80美分（Ernst & Young, 2003；Roberts, 2001；Smith, 2002）。到2006年，该数额超过了1美元（Ernst & Young, 2007）。平均权益资本的增长反映了投资者的要求回报率以及辛迪加费用的降低。不过这在一定程度上也说明投资者受到了除投资回报之外的其他因素的驱动。

税收补助收益率在2006年跌到最低点，与此同时，开发商从1美元税收补贴中获得的权益资本则达到峰值。2007年，房利美和房地美在获取更多税收补贴上受到了限制（由于颁布实施了《替代性最低所得税税法》），这在很大程度上导致税收补助收益率的上升和税收补助价格的下降。这种趋势在2008年和2009年不断加强，原因在于联邦政府对政府支持企业采取了干预措施，以及银行在次级贷款业务上损失了数十亿美元。规避所得税已无法提供任何收益，对税收补助的需求因而严重萎缩。2006年至2009年5月，税收补助收益率几乎翻了一番，达到1997年以来的最高值8.9%。在此期间，开发商从1美元税收补贴中获得的权益资本下降了20%，从99.2美分降至80美分，甚至更低（见图5.2）。本章稍后将讨论税收补助在投资者方面吸引力下降的原因，以及政府采取的应对措施。

出售税收补贴带来的权益资本决定了项目对其他渠道的资金需求量，以及所能征收的最低房租。出售补贴提供的权益资本越多，开发商需要借入的贷款和对其他渠道的资金需求量就越少。如果开发商将税收补贴单元提供给收入低于地区平均收入60%的家庭，则必须保证商业贷款的数额足够小（因为贷款必须由收取的房租偿还）。

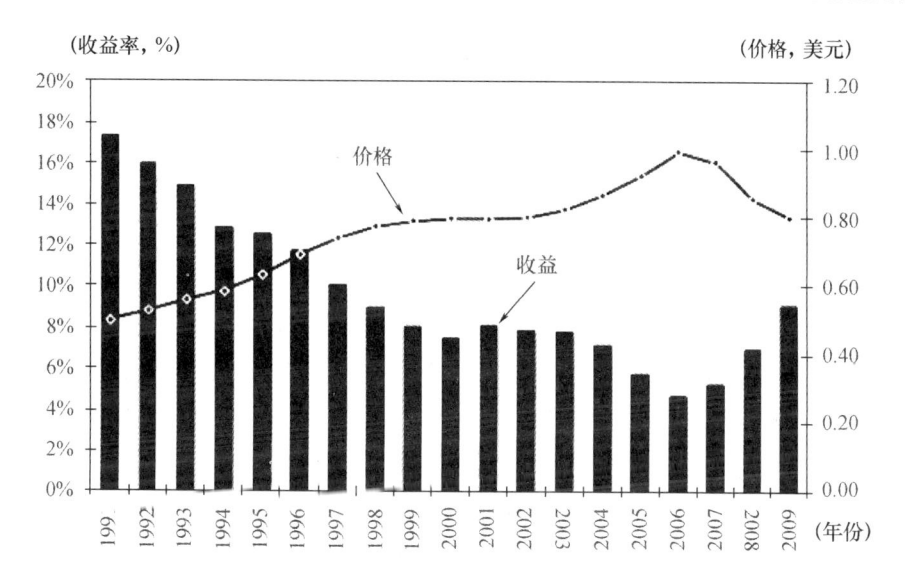

图 5.2 低收入住房税收补贴：1991—2009 年的收益率和价格

资料来源：Ernst & Young, Unpublished data。

审核和开发成本

税收补贴几乎不能覆盖项目的所有开发成本。为了让项目可行，大多数开发商还需要获得一些抵押贷款，以及其他来源的借款和权益资本。在项目早期，开发商往往需要获得来自七八种不同渠道的资金（Hebert, Heintz, Baron, Kay & Wallace, 1993；Cummings & DiPasquale, 1999）。这使得税收补贴项目的审核程序极其复杂而且耗时，更不用说此后的报告要求。如果税收补贴和市场利率贷款不能使收入为地区平均收入 60% 的住户负担得起房租，开发商就必须寻求额外的资助，这称为"缺口融资"（Gap Financing）。

这些额外资金通常由州及地方政府提供，一般通过分类拨款（Block Grants）、住房信托基金（见本书第 9 章）、基金会和其他有志于推动廉价住房开发的非营利性机构等方式提供资助。这类资金包括拨款和低息贷款，而且低息贷款的利息通常可以延迟偿还。通常将此类贷款称为"软性第二抵押贷款"（Soft Second Mortgage）。

对截至 1996 年完工的 2500 多个税收补贴工程进行的一项研究发现，40% 的工程涉及缺口融资，缺口融资总额占所有工程开发费用总额的 16%。这些缺口融资方式中将近 2/3 是低于市场利率的贷款，其中有 23% 的贷款利率为零（Cummings & DiPasquale，1999，p.288）。类似的，这些工程中有64%获得了低于市场利率的第一抵押贷款；如果不包括通过面向乡村住宅开发的联邦第515条款项目获得抵押贷款融资的工程，则该比例为38%（Cummings & DiPasquale，1999，p.288）。近年来，随着从1美元税收补贴中获得的权益资本增多，开发商对缺口融资的需求降低了。在2003年到2006年的所有建设项目中，有41%的项目除税收补贴之外没有获得其他补贴，47%的项目仅有一种其他类型的补贴（最常见的是免税债券或者住房项目的联邦分类拨款），不到12%的项目获得至少两种类型的补贴，而获得至少三种类型补贴的项目不到2%（Climaco、Finkel、Kaul、Lamb & Rodger，2009）。

表5.1显示了税收补贴项目在融资方面的复杂性。在该表中，以一个包括95个住房单元的开发项目为例，列出了在不同情况下采取的融资方式。项目总成本将近1200万美元，资格基数为997.5万美元，在此后10年里将获得共计798万美元的税收补贴。从表5.1中可以看到，在不同价格下出售1美元的税收补贴所能获得的权益资本数额——介于40美分至95美分之间。表5.1还呈现了当房租分别为地区平均房租的60%、50%和30%时，该项目最高可获得的市场利率抵押贷款额。此外，从表5.1中还可以看到，当出售税收补贴的收益与可获得的最大抵押贷款额之和无法覆盖项目总花费时，项目缺口融资额的大小。

表5.1　　　　　　　　在不同情况下税收补贴项目的融资情况　　　　　　（单位：美元,%）

假设		
住房总数（个住房单元）	95	
每单元住房成本	125000	
开发总成本	11875000	
合格基数（开发总成本的85%）	9975000	
补贴率	9.00	
年税收补贴额	897750	
10年的税收补贴总额	8977500	
中等家庭收入	65900	
当房租占地区平均家庭收入的不同比例时的各项经济参数		
	房租占地区家庭平均收入的比例	

续表

	60%	50%	30%	
最高房租	989	824	494	
房租总收入	93908	78256	46954	
有效毛利润（假设空置率为5%）	89212	74343	44606	
维护和运营费用总额	35685	33901	32206	
净运营收入	53527	40443	12400	
负债保障比例	1.15	1.15	1.15	
可用于偿债的收入	46545	37172	10783	
最高抵押贷款额（20年，利率为7%）	6003533	4794538	1390807	
在不同情形下所需的缺口融资额				
	1美元税收补贴的价格			
	0.95	0.80	0.60	0.40
权益资本总额	8528625	7182000	5386500	3591000
当房租为地区平均水平的60%时				
权益资本与抵押贷款之和	14532158	13185533	11390033	9594533
缺口融资额	2657158	1310533	484967	2280467
当房租为地区平均水平的50%时				
权益资本与抵押贷款之和	13323163	11976538	10181038	8385538
缺口融资额	1448163	101538	1693962	3489462
当房租为地区平均水平的30%时				
权益资本与抵押贷款之和	9919432	8572807	6777307	4981807
缺口融资额	1955568	3302193	5097693	6893193

注：缺口融资额等于开发总成本减去权益资本和抵押贷款。

当住房提供给收入不超过税收补贴项目规定的最高限额（即地区平均收入的60%）的家庭，而且开发商每出售1美元税收补贴能获得95美分的权益资本时，事实上，项目资本金与最高可获得的抵押贷款额之和超出项目开发总费用260多万美元。在这种情况下，开发商不需要获得额外资金（此时，州住房金融部门通常会减少对项目的税收补贴，以消除开发商的剩余利润，或者降低项目的房租水平，从而减少开发商可获得的市场利率贷款额）。但是，假如住房是提供给收入仅为地区平均收入30%的家庭，那么开发商获得高达200万美元的缺口融资，而且一般通过拨款或"软性第二抵押贷款"的形式取得。

表 5.1 还显示了税收补贴价格对项目融资的影响。假如出售每 1 美元补贴仅获得 80 美分的权益资本,而不是 95 美分,同时项目建造的住房是提供给收入最高的群体,那么开发商也不需要任何缺口融资。但是,如果开发商仅能获得 60 美分的权益资本,则需要 48.5 万美元的缺口融资,当税收补贴价格进一步降到 40 美分时(这样的价格在项目初期并不少见),所需的缺口融资达 230 万美元。

综上所述,表 5.1 显示了低收入住房税收补贴在投资市场上价格上升能大大增加项目的权益资本,从而减少了对其他来源的资金需求量,还使得更多收入低于项目允许的最高值(即地区平均收入的 60%)的家庭能够承受房租负担。但是,如果项目是面向收入接近贫困线(约为地区平均收入的 30%)的家庭而开发的,那么缺口融资仍然是不可或缺的。

值得注意的是,州住房金融管理局并不总是足额拨付项目所有税收补贴,从而增加了项目对缺口融资的需求。如果州住房金融管理局认为补贴总额超过了项目的实际需求,则会相应地减少实际发放的补贴。而且,美国国税局要求"各州在保证项目运行的同时,尽可能将税收补贴降到最低,并考虑项目开发成本的合理性"(Cummings & DiPasquale,1999,p. 260;GAO,1997)。

税收补贴价格的不断提高,加上对税收补贴的市场竞争加剧,促使州住房金融管理局不再全额发放补贴,从而可以将税收补贴分配给更多的开发项目。

5.3 税收补贴项目概况

到 2006 年,低收入住房税收补贴项目资助了近 29000 个开发工程,支持了 160 多万个租赁住房单元的开发。也就是说,平均每年投入使用的住房单元达到 83612 个,尽管从 2000 年至 2006 年,项目每年平均开发 100800 个住房单元。本节介绍了 2006 年前获得税收补贴的完工住房,主要考察了非营利机构和营利机构在税收补贴住房建设方面的作用、住户收入、住房的建筑质量以及区位分布。表 5.2 简要描绘了这类住房的基本特征。

表 5.2　　1987—2006 年获得税收补贴的住房的基本特征

	开发工程数量	住房数量	每项工程开发的平均住房数量
总计（个住房单元）	28746	1672239	58
低收入住房的平均比例（%）	96.0		
在各种分类标准下的分布比例			
按投资者类型（%）			
非营利性机构	23.4	20.8	53.7
营利性机构	76.6	79.2	62.4
按工程类型（%）			
新建工程	61.7	60.7	58.0
收购和修缮	36.4	37.5	60.7
新建、收购和修缮	1.1	1.2	61.9
现有住房	0.8	0.6	44.6
按税收补贴类型（%）			
4%	35.8	44.6	77.2
免税债券	14.2	33.7	140.8
9%	55.6	47.4	52.7
4% 和 9%	8.6	8.0	57.3
按是否获得130%的资格基数（%）			
是	26.8	31.0	73.6
否	73.2	69.0	59.9
区位分布（%）			
中心城市	45.8	50.6	66.8
郊区	29.4	35.2	72.5
非都市区	24.9	14.2	34.4
地区（%）			
东北部	18.1	14.7	47.2
中西部	30.1	24.6	47.5

127

续表

	开发工程数量	住房数量	每项工程开发的平均住房数量
南部	34.9	40.0	66.5
西部	17.0	20.8	71.2
投入使用的年份（%）			
1987—1989年	17.2	9.1	30.8
1990—1994年	24.5	17.1	40.7
1995—1999年	24.3	27.6	66.2
2000—2006年	34.0	46.3	79.2

资料来源：HUD，2009u。

5.3.1 投资者（包括营利和非营利机构）

虽然联邦法规要求，州住房金融管理局分配给非营利住房开发商的税收补贴不低于总额的10%，但实际上，非营利机构获得的补贴数额远远超过该值的两倍多，占所有开发项目的23%，以及开发的住房总量的21%。而且，非营利机构在税收补贴住房中的份额还在不断提高。1987—1994年，非营利机构开发并投入使用的住房数量占开发的住房总量的比例不到13%；1995—2000年和2000—2006年，该比例分别为30%和23%。然而，目前非营利机构在所有开发的住房总量中所占份额正逐渐下降，从1995—1999年的27%下降到2000—2006年的19%。最近几年，非营利机构开发的项目远远少于营利机构。

5.3.2 补贴类型

在所有开发项目中，56%的开发项目获得了9%的税收补贴，但这些项目在住房数量上只占47%。大型建设项目（尤其是那些利用免税债券融资的项目）所获得的补贴通常是4%。20世纪90年代后期以来，免税债券的使用有显著上升。2000年以后，超过80%的利用免税债券融资的税收补贴项目投入建设。约1/4的税收补贴项目由于位于"开发难度较大的地区"或"合格人口普查区"，从而获得了130%的资格基数。

5.3.3 住户收入

税收补贴开发工程中绝大多数住房都是面向低收入住户的。通常一个税收补贴开发项目中有96%的住房是为低收入住户建造的。超过80%的项目开发的住房全部由低收入住户居住，仅有3%的项目将一半以上的住房提供给高收入租户。此外，虽然税收补贴项目住户的最高收入限额为地区平均收入的60%，但绝大多数项目的租户收入远低于该值。

一项对1992—1994年投入建设的10767个税收补贴工程的全国调查发现，没有获得其他租房补助（如第8条款租房券项目）的租户年平均收入为地区平均收入的45%。而得到其他资助的住户占1/3，其平均年收入仅为地区平均收入的23%（Ernst & Young Kenneth Leventhal Real Estated Group，1997，p.7）。联邦审计总署对在1992—1994年投入建设的423个税收补贴工程的抽样调查显示，税收补贴住房的居民平均年收入约为13300美元，其中约有60%的住户收入低于15000美元。同时，约有75%的住户收入不高于地区平均收入的50%（GAO，1997，p.38）。

另一项针对1992—1994年投入建设的税收补贴工程的研究范围相对较小，抽取了5个都市区的39个工程进行调查。结果发现74%的住户收入不超过地区平均收入的50%，而且，40%的住户收入不高于地区平均收入的30%。所有住户的平均年收入为18449美元（Buron，Nolden，Heintz & Stewart，2000，pp.35 - 36）。类似的，卡明（Cummings）和第帕斯奎（DiPasquale）在一项对1987—1996年开发的2554个工程的研究中发现，收入达到全国平均收入48%的住户能够负担的平均房租为436美元。

上述研究显示，虽然低收入住房税收补贴项目的住户收入通常高于公共住房及其他联邦住房资助项目，但却远远低于项目规定的最高收入限额（即地区平均收入的60%）。其他一些研究表明，税收补贴项目还为持有联邦租房券的极低收入住户提供住房。Abt协会在为住房和城市发展部所做的一项研究中发现，1995—2006年投入建设的所有项目中，47%的项目中至少有一个同时持有租房券的住户。该研究还发现，有7%—13%的租房券持有者居住在税收补贴住房中（Climaco，Finkel et al.，2009）。大多数税收补贴住房的房租低于规定的最大值

（即地区平均房租的60%），这也表明，大多数税收补贴工程除了税收补贴和市场利率贷款之外，还需依靠分类拨款和低利率贷款。

5.3.4 住房特征（尺寸和结构类型）

平均每个税收补贴工程有58个住房单元。规模最大的工程通常具有以下特征：利用免税债券融资，1999年后完工，获得130%的资格基数，位于中心城市和西部地区。

大约62%的税收补贴工程属于新建工程，其余的均为住房修缮工程。正如之前所述，新建工程多分布在郊区和非都市区，约占郊区及非都市区税收补贴工程总数的75%，但是在中心城区，则只占42%。而对现有住房的修缮工程占中心城区所有税收补贴工程的50%以上，但在其他地方则不到30%。

5.3.5 区位分布（中心城区、郊区、非都市区、贫困地区和少数族裔地区）

税收补贴住房遍布全国中心城区、郊区及非都市区。中心城区占所有开发项目的46%，在住房总数中占51%；郊区约占所有开发项目的29%，在住房总数中占35%。相比之下，非都市区占总开发项目的25%以上，在住房总数中的比例不到1/6。位于非都市区的税收补贴工程开发的平均住房数量仅为中心城区和郊区的一半。税收补贴项目的地区分布也表现出类似的特点，规模较大的开发项目大多位于南部和西部地区。

与其他租赁住房相比，税收补贴住房更有可能位于低收入及少数族裔社区。例如，表5.3显示，1995—2006年，投入使用的税收补贴住房中，在人口普查区21%的抽样样本中有超过30%的居民收入低于贫困线，而所有租赁住房居民中只有12%有同样的境遇。中心城区更是如此，35%的税收补贴住房位于特贫区，而所有租赁住房的居民中有此境遇的比例仅为21%。类似的，所有税收补贴住房中有44%所处的人口普查区中少数族裔人口超过50%，而租赁住房的比例只有32%（Climaco et al.，2009，p.59）。

表 5.3 1995—2006 年不同区位分布的低收入税收补贴住房所在的人口普查区的特征

人口普查区的特征	中心城区 税收补贴住房	中心城区 所有租赁住房	郊区 税收补贴住房	郊区 所有租赁住房	非都市区 税收补贴住房	非都市区 所有租赁住房	总计 税收补贴住房	总计 所有租赁住房
贫困线以下的居民比例超过30%	35.0%	20.8%	5.9%	3.5%	11.3%	8.1%	21.1%	12.3%
少数族裔居民比例超过50%	61.1%	44.9%	29.8%	23.3%	15.5%	11.3%	43.7%	31.5%
单亲妈妈家庭比例超过20%	28.4%	16.0%	8.0%	3.5%	5.4%	2.7%	17.9%	9.2%
租户比例超过50%	66.1%	64.1%	28.4%	30.9%	15.3%	12.7%	45.5%	43.6%

资料来源：Climaco et al., 2009：Exhibit 4-16。

税收补贴住房因为较多分布在少数族群和低收入社区而备受诟病。批评者认为，该项目依然存在"种族与收入隔离问题"（Poverty & Race Research Action Council n. d.；Neuwirth, 2004；Freeman, 2004；Van Zandt & Mhatre, 2009）。虽然与其他租赁住房相比，税收补贴住房在少数族群和低收入社区的集中度较高，但是，与公共住房和其他由联邦政府直接资助开发的住房项目相比，其集中程度又相对较低（Freeman, 2004）。此外，科克·麦克莱尔（Kirk McClure）的研究显示，税收补贴住房在帮助低收入家庭进入中等收入郊区的社区方面发挥的作用比租房券更有效（McClure, 2006）。同样需要指出的是，由于税收补贴住房的租户收入高于贫困线（即超过地区平均家庭收入的30%），在特贫区内建设税收补贴住房实际上可以降低贫困的集中程度。

5.3.6 财务状况

大多数税收补贴项目的经济状况良好。税收补贴住房项目的财务业绩数据向公众公开得很少。但是，从仅有的一些项目运作研究中可以看出，绝大多数项目的经济业绩是不错的。而且，税收补贴项目也没有经历那些曾困扰此前联邦住房项目（如公共住房和第236条款项目）的大规模经济危机（见本书第6章和第7章）。

对低收入住房税收补贴项目的最新研究是安永公司开展的一项全国性调查。安永公司分析了2005年之前投入建设的14000个税收补贴工程，其中共有110万个住房单元。该项研究跟踪了这些工程2000—2005年的财务业绩，结果发现均表现良好。2005年，平均入住率是96%，平均债务偿付比率（Debt Service Coverage Ratio）为1.15，每个住房单元平均产生240美元的现金流。但不够理想的方面是，研究发现有18%的工程入住率低于90%，34%的工程债务偿付比率小于1或产生负现金流。不过，该研究认为"较差的经济业绩仅仅是暂时的"，因为几乎极少工程年年都是如此。例如，尽管在某一年有16%—19%的项目出现低于90%的入住率，但在此后两年或几年里，仅有3%—9%的项目又出现这种情况。类似的，26%—36%的项目可能在某一年出现负的现金流，但只有6%—19%的项目在第二年又出现负现金流（Ernst & Young，2007，p.2）。2000年—2005年，只有2%的项目每年的入住率均没有达到要求，也只有4%的项目在债务偿付比率和现金流这两个指标上每年都表现不佳（Ernst & Young，2007，pp.21-23）。研究还发现，在所考察的工程中丧失抵押品赎回权的平均比例为0.03%，"明显低于其他住房类型"（Ernst & Young，2007，p.3）。

5.4 难题和尚待解决的问题

2008年，金融危机爆发使得投资者对税收补贴的需求急剧减少，而在此之前，低收入住房税收补贴项目被公认是美国最为成功的住房项目之一。事实上，它很快就成为全国低收入住房最大的资金来源，并且避免了之前很多困扰住房项目的问题。税收补贴项目的高灵活性使得各州可根据本地区的需求进行调整，而且可以有效避免丑闻与不正当交易发生。金融危机发生之前，低收入住房税收补贴项目的问题主要集中在其复杂性和低效性，以及廉价可持续性和住房使用15年后的可持续性。但是，金融危机的爆发引发了新的问题，主要是关于项目的可持续性，以及是否应该通过税收补贴和其他手段鼓励私人投资低收入住房建设。

5.4.1 复杂性与低效性

1990年，作为美国规模最大的非营利住房开发机构之一的帕特里克·克兰西（Patrick Clancy）总裁指出，低收入住房税收补贴项目吸收了税收激励机制和联邦直接住房资助项目的最大缺点。他认为税收补贴项目与其他税收机制一样效率极低，原因在于很大一部分补贴消耗在交易费用和投资者利润上，而没有用于实际住房建设。与第8条款新建工程项目和其他针对私有租赁住房的联邦资助项目一样，税收补贴项目极度官僚化，不但申请程序非常复杂，而且需要提交大量的报告，并对是否符合项目的规定进行说明（Clancy，1990）。

两年后，著名的住房政策专家迈克尔·斯特格曼（Michael Stegman）认为，该项目的审核程序过于复杂烦琐。"作为一项国家住房政策，该项目面向的人群收入越低，所需筹集的费用就越高，过程也越复杂，这样的政策确实毫无意义"（Stegman，1992，p.363）。

这些批评大多是在项目实施早期提出来的。那么，目前税收补贴项目的实际情况到底如何呢？虽然税收补贴项目仍然非常复杂（与其说是税收激励政策，倒不如说是直接资助项目），但是该项目的效率的确有了较大改善。在项目初期，平均每1美元的税收补贴中只有42美分真正用于住房建设，到了1996年，这一数值上升到平均65美分（E&Y Kenneth Leventhal Real Estate Group，1997），到2003年，则超过了80美分（Roberts，2001），2006年达到了峰值——1美元，某些地方甚至超过了1美元。

由于投资者愿意为税收补贴支付更高的价格，而辛迪加和其他交易费用在不断下降，这就使得开发商在出售税收补贴中可以获得更多的权益资本。这不仅减少了对其他来源的资金需求，而且可以将住房提供给收入更低的租户。对多种资金渠道的依赖性虽然大大减少，但是仍然存在，尤其是将住房提供给收入低于地区平均收入60%的家庭时，往往需要多种资金来源。

不过税收补贴项目的其他问题依然备受诟病。例如，有批评说税收补贴项目并没有为收入混合型项目的开发商提供激励机制。正如此前所述，税收补贴项目只是为收入不高于地区平均收入50%或60%的家庭居住住房提供资助，也就是说，收入更高的租户的住房不能获得补贴。而且，税收补贴项目的监管要求使得

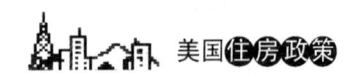

对收入混合型项目的管理变得非常烦琐。例如，假如获得资助的某住户收入提高，而且超过了项目规定的最大值，那么该项目的住房必须提供给低收入住户。再如，假如某低收入住户搬出住房，那么空置的住房必须由另一低收入住户居住，而且该低收入住户只能居住该空置住房，而不能选择任何其他住房（Postyn，1994）。

5.4.2 可负担性和住房使用15年后的可持续性

由于金融危机的爆发，人们对低收入住房税收补贴项目的关注焦点转向了项目的可负担性，以及住房使用15年后当解除对收入和租金等的限制时税收补贴住房的可行性。项目最初设立时，联邦政府要求所有获得税收补贴资助的住房由低收入住户居住的时间至少达到15年，其中前10年投资者每年都能取得税收补贴。在此期间，如果工程违反了项目在收入与租金方面的规定，则投资商将会受到经济惩罚。这种惩罚采取"退还补贴"的方式，即退还已获得的税收补贴，还有利息及其他赔偿款。

除非违反了项目本身的规定或违背了廉价性要求，那么15年后，税收补贴住房的所有者可以将住房租给任何收入水平的租户，收取任意数目的房租。事实上，很多税收补贴项目都受到廉价性的限制。例如，在1989年后投入使用的税收补贴住房中——包括25%以上的全部税收补贴住房[①]——大约1/3还获得联邦农户住房管理局〔(Federal Farmers Home Administration)，后更名为乡村住房服务部(Rural Housing Service)〕的资助，其中要求住房必须保持长达50年的廉价性(Collignon，1999)。州政府和地方政府及其他税收资助项目的管理机构也会在15年服务期之后对项目施加额外服务负责。

1989年和1990年，国会为了维持税收补贴住房的廉价性而通过了两项法案。1989年通过的《收益协调法案》(Revenue Reconciliation Act)要求1989年后完工的住房，在原先规定的服务期结束后，还需继续服务15年。1990年的《综合预算协调法案》(Omnibus Budget Reconciliation)允许合格的非营利组织、租户协会

[①] 作者的计算是基于住房和城市发展部LIHTC数据库。这些数字都是估测值，它们的准确性会受到大量FNMA融资数据缺失的影响。

和公共机构有权拒绝以低于市场价的价格购买税收补贴项目,从而进一步加强了税收补贴住房的长期廉价性。

上述两项法案使得税收补贴住房在原先规定的15年服务期满后,能够继续维持廉价性。除此之外,它们还让有志于保持长期廉价性的机构更容易获得税收补贴住房。但是,虽然法案增大了税收补贴项目的所有者将项目转变为以市场价出租的住房,但却不能确保项目的长期廉价性和可行性。在某些情况下,如果税收补贴住房的所有者打算出售住房,但是所有者和州住房金融管理部门都找不到合适的买家,那么,该住房不必延长服务期,这种情况被称为"合格合同"。

由于税收补贴竞争日趋激烈,使得很多州住房金融机构不希望开发商获得"合格合同"(Christensen,2004,p.51)。在审核低收入税收补贴申请时,一些州住房金融机构会优先考虑那些放弃申请"合格合同"的开发项目。还有一些机构则直接否决了那些不愿放弃"合格合同"的开发项目(Schwartz & Melendez,2005)。

只有在1990年之前投入建设的税收补贴项目可以不受1989年和1990年法案的限制。这些项目占到截止到2006年完工的所有税收补贴项目的17%,但只占所有住房数量的9%,这说明早期项目的规模较小。在1990年前投入建设的项目中,将近一半因为受到其他资金提供者或土地使用规定对廉价性的要求而将服务期延长到了15年以上(Schwartz & Melendez,2008;D. A. Smith,2002)。

极少住房在满15年期限之后由高收入租户居住。安永公司的研究发现,只有6%的住房转变为以市场价出租的住房。相比之下,42%的住房再次获得税收补贴,25%的住房虽没有获得税收补贴,但得到了再融资,继续作为廉租房(Ernst & Young,2007,p.35)。梅伦德斯和施瓦兹对全国已经或即将达到15年服务期的税收补贴住房的所有者进行了一项调查,同样发现极少住房面临转变为以市场价出租住房的问题(Melendez & Schwartz,2008)。

虽然满15年服务期对确保税收补贴住房提供给低收入租户居住有不利的影响,但是,相对而言,如何在住房15年服务期满后获得足够的资金进行收购和修缮,却是个更严重的问题。如果没有足够的资金从所有者手中购回住房,并对其进行修缮,以保持良好的建筑质量,那么再长的服务期也是毫无意义的。15年后,几乎所有的建筑都需要进行大规模的更换和升级。

使用了10年以上的建筑通常已经超过了其有效寿命。在第15年的时候，建筑通常需要更换新的边墙和屋顶。到了第20年或第25年时，则需要对住房结构和机械系统进行大规模的升级换代（D. A. Smith, 2002, p. 22）。

早期建设的税收补贴住房尤其需要进行更新。那时，税收补贴产生的权益资本较少，所以通常只是做一般性的修缮，而不像20世纪90年代中期之后那样进行新建和大规模修复。如此一来，这些住房在15年以后，往往比后来建设的住房需要更多的修缮。

更糟糕的是，这些早期住房在15年后几乎不可能有储备资金来支付修缮费用。早期项目在审核时所要求的储备金更少，而且这些储备金一般在住房使用的前15年就已经消耗殆尽。据某大型营利性辛迪加组织的一位官员称，大约25%的税收补贴住房需要大规模的修缮和大量的资金。这类住房大多位于中心城市，并且曾用税收补贴资金进行过一般性的修缮（Schwartz & Melendez, 2008）。

税收补贴住房的设备更新所需要的资金，主要通过抵押贷款再融资的方式获得。新抵押贷款用于支付必要的维修费用，偶尔也用于购买有限责任人拥有的住房。但是，抵押贷款再融资的方法并不总是可行的，尤其是对于那些房租收入过低的住房，无法偿还用于购买住房和支付维修费用所需的新抵押贷款。最容易出问题的是那些早期税收补贴住房，这些住房往往只进行了一般性修缮，位于疲软的住房市场，而且还负担着大额的债务。

当住房的租金太低而不足以偿还抵押贷款时，住房所有者就必须寻求其他资金来源。于是，越来越多的州住房金融管理机构开始发放新的税收补贴和免税债券来帮助这些税收补贴住房（Schwartz & Melendez, 2008）。但如此一来，州住房金融管理机构就必须在保护现有廉租房与建设新廉租房两者之间进行权衡。

从公共政策的角度看，正如考林非（Collingnon, 1999）、克雷克罗夫特（Craycroft, 2003）和其他学者曾指出的，15年服务期迫使州与地方政府在分配稀缺税收补助时，必须在保护和扩大现有廉租房两个目标之间进行协调，而且还要求州与地方政府必须采取新的有效措施延长大多数税收补贴住房的服务期。虽然国税局可以惩罚那些在前15年内违反了收入和房租方面规定的住房所有者，但

15 年后是否能实行同样的规定，则完全取决于州住房金融机构。因此，州与地方政府必须利用新的有效方法来监督长期廉价性规定的实施情况，否则延长服务期只是一句空话。

5.4.3 低收入住房税收补贴与金融危机

2006 年，投资者在低收入住房税收补贴项目中获得的收益达到顶峰。正如之前所述，2007 年，税收补贴收益略有提高，而税收补贴的价格有所下降，在很大程度上是由于房地美和房利美缩减了对税收补贴项目的投资。到 2008 年和 2009 年，随着银行和政府支持的企业——税收补贴项目的主要投资者——在次级贷款业务中损失了数十亿美元，这种趋势进一步强化。几家大银行被迫破产，由联邦政府接管，或是被其他机构吞并，而政府支持企业也被纳入联邦政府的监管范围之内。由于无法提供任何利润，税收补贴项目对银行和其他金融机构的吸引力急剧下降。随着形势的恶化，税收补贴市场中几乎已经找不到其他投资者。

由于税收补贴市场的萎缩，开发商在税收补贴的辛迪加中获得的权益资本大大减少，因此急需大量缺口融资。而且，越来越多的项目无法吸引投资者。根据 2009 年 5 月的数据，2009 年全年对税收补贴的权益投资仅有 40 亿—50 亿美元，与 2007 年的 90 亿美元相距甚远（Pristin，2009）。

联邦政府为了拯救经济，在 2008 年和 2009 年相继通过一系列法案帮助和加强低收入住房的补贴项目。2008 年的《住房经济复苏法案》（*The Housing Economic Recovery Act*，简称 HERA）暂时增加了住房金融机构分配给低收入项目的税收补贴额，同时将分配给每个州的税收补贴额从人均 2 美元提高到 2.2 美元。此外，该法案要求税收补贴率至少达到 9%，从而有效地增加了提供给投资者的税收补贴额（约为项目资格基数的 1%）。

上述措施增加了可分配税收补贴额——不仅资助了更多项目，而且使住房获得了更多的补贴，但并没有激发投资者对税收补贴的兴趣。2009 年 2 月，奥巴马政府制定的经济刺激法案，采用了另一种方法支持低收入住房补贴项目，以此促进住房建设。《美国复苏和再投资法案》中，有两项与低收入住房补贴项目相关的条款，分别是低收入住房税收补贴资助项目和低收入住房税收补贴强化项目。后者向州住房金融机构共提供了 22.5 亿美元的资助款。这些资金为那些从出售税收补贴中无法获得足够权益资本的项目解决了缺口融资问题。2007年、2008年和2009年获得税收补贴的项目都有资格申请该项目。此外，低收入住房税收补贴强化项目还允许州住房金融机构用2008年和2009年获得的税收补贴换取现金补助款。因此，州住房金融机构能够直接向低收入住房开发商提供资金，而无需分配税收补贴。事实上，该项目给予各州用综合补助款（1美元的税收补贴可换取85美分补助款）取代税收补贴的选择权。与税收补贴不同，综合补助款使得各州能够直接向合格的住房开发项目提供权益资本（National Low Income Housing Coalition，2009a，2009b；Citizens Housing Planning Association，2009）。

目前对这两个项目进行评估还为时尚早——申请的截止日期是2009年6月。但是，低收入住房补贴项目不太可能在很短的时间内实现1美元税收补贴换取90美分补助款。现在看来，在2005年前后，税收补贴项目出现的低收益和高价格似乎并不完全是经济因素的结果。在《社区再投资法案》（见本书第11章）下，银行希望通过税收补贴投资来提高其评级水平。政府支持企业对税收补贴的投资可能是基于政治上的考量。除非收益率提高，价格下降，否则非金融公司不太可能返回税收补贴市场。个人投资者也不会选择税收补贴，除非联邦政府放松非经营损失的限制。

在更短的时间内向投资者提供补贴能扩大税收补贴市场。如此一来，投资者能够在投资初期获得更多的补贴，在投资后期补贴更少，而不是10年内每年收到相同数额的补贴。这将提高投资者的回报率，从而吸引更多的潜在投资者（从技术层面上讲，投资初期得到更多的补贴能够增加投资活动的现值，见本章附录）。例如，投资者可能取得为期5年，而不是10年的补贴，或者在10年中前期分配更多的补贴额，此后则每年递减（类似加速折旧法）。

如果税收补贴的价格无法回到2005年前后的水平，低收入住房税收补贴项目就不能产生之前那么多的权益资本，在将住房出租给收入更高的住户（最高不得超过地区平均收入的60%）之前，开发商也需要更多的缺口融资。但如果1美元税收补贴的价格稳定在80美分，就能够控制整个局面（见图5.1），更低的价格需要额外的补贴。

也许奥巴马政府允许州住房金融机构用税收补贴换取现金的决策是解决税收补贴问题的次优方案。如果政府直接向低收入住房开发商提供资金，就不必为税收补贴项目的不确定性和复杂性所困扰。由于直接拨款在联邦预算中作为费用列示，税收补贴同样可以作为没有征收的那部分税收收入的成本。低收入住房税收补贴项目实际上是综合补助款，各州在决定税收补贴的用途方面（如项目的类型、区位分布、开发商的类型和目标住户的类型）享有极大的自主权，在决定住房综合补助款的使用时同样如此。税收补贴与现金相比，其中一个优势在于私人投资者的参与加强了对住房有效管理的监督。为了确保投资者不受到税法的惩罚，辛迪加时常检查工程是否符合税收补贴项目的相关规定（特别是租金和收入方面的规定）。如果没有私人投资者的参与，对税收补贴住房的监管责任就落在了州住房金融机构和其他政府机构的肩上，有可能产生监管不到位的问题。

5.5　本章小结

低收入住房税收补贴项目从一个复杂的经济手段演化为美国低收入租赁住房最重要的资金来源。该项目由 1986 年的《税制改革法案》设立，几乎取代了此前所有的鼓励租赁住房投资活动的税收激励措施。由于前景的不确定性，该项目还只是一个未经实践检验的新税收激励措施，投资者以极优惠的价格购买了税收补贴住房，希望获得高额的经济回报。如此一来，在项目初期，在税收补贴权益资本和可获得的最大市场利率贷款之外，开发商常常被迫寻求其他的资金来源。

但是，随着低收入住房税收补贴项目越来越为人们所熟知，特别是在国会将其确定为国家税收法的永久项目之后，投资者为税收补贴住房支付的价格越来越高。与此同时，税收补贴权益资本占项目总成本的比例也越来越大，从而减少了开发商对缺口融资的需求，并使得收入更低的住户也能承担租金费用。简而言之，低收入住房税收补贴项目的效率在不断提高。越来越多的税收补贴被直接用于住房开发建设，而消耗在辛迪加成本和投资者经济回报上的补贴也越来越少了，虽然 2008 年和 2009 年的金融危机在一定程度上削弱了这种趋势。

税收补贴具有良好的灵活性。州住房金融管理机构在决定符合项目要求的住房类型方面有很大的自主权。有些机构优先考虑向老年人和其他特殊需求人群提供住房项目，有些则偏重分布在衰落的中心城市的住房项目，还有些鼓励由非营利机构开发的项目。联邦政府在资助破旧公共住房的修缮时，往往同时实施税收补贴和希望六号两个项目。此外，税收补贴也常被用来帮助其他联邦政府资助的项目（Stegman，1999）。

与其他住房项目一样，低收入住房税收补贴也存在缺陷。首先，与公共住房和第 8 条款项目不同，税收补贴并不提供随着租户收入的变化而变化的大额资助。由于税收补贴资助的住房征收同等数额的租金，因此，如果租户收入降低，则房租占收入的比重将会增加，甚至有可能超过 30% 的收入。税收补贴项目效率的提升使得收入更低的住户也能够参与该项目，但是极低收入的家庭如果没有获得联邦租房券，几乎不可能负担税收补贴住房的租金。

其次，该项目对收入混合型住房的建设几乎不提供任何激励。因为税收补贴数额与开发项目的低收入住户的比例成正比，所以绝大部分项目都是提供给低收入住户的。

再次，该项目不能保证其资助的住房在廉价性上的长期可持续性。有些税收补贴项目在 15 年服务期满后，面临着被转换为以市场价出租的住房的风险。更为重要的是，很多税收补贴项目缺乏足够的资金进行更新修缮。联邦和州政府已经修改了税收补贴项目，旨在延长住房的最低服务期，而且州和地方政府为资助税收补贴项目的修缮提供了额外的资金来源，如发放新的税收补贴，但如果最初项目设计是另外一种方案，就没有必要做这些努力了。

2008 年和 2009 年，金融危机进一步暴露了税收补贴项目的缺点。实际上，该项目高度依赖为数不多的大型金融机构的投资。2008 年，这些机构在次级贷款业务中损失了数十亿美元，有些甚至破产或被联邦政府接管，导致它们对税收补贴的需求急剧萎缩。今后，税收补贴项目很有可能无法产生与之前规模相当的权益资本，这也意味着开发商需要寻求其他形式的补贴或收取更高的房租。

附录：折现和现值

现值不仅是对获得低收入住房税收补贴项目资助的住房进行投资过程中涉及的一个关键概念，也是租赁住房领域的关键概念。

假定一个合适的贴现率，投资者可以把他们在未来将获得的收入转换为当前时点的价值。为了确定项目的投资额，他们需要设定一个基于风险的贴现率，把将来每年能赚取的收入转化为目前的价值。这里所说的贴现率本质上跟利率是一样的。

表 5.4 显示了 1000 美元在不同利率水平（5%、10% 和 15%）下的未来价值。从表中可以看出，4 年后，在 5% 的利率水平下，1000 美元的价值为 1215 美元；利率为 10% 时，价值为 1464 美元；利率为 15% 时，价值为 1749 美元。而从现值的角度看，该表也可以理解为，当贴现率为 5% 时，4 年后获得的 1215 美元的现值为 1000 美元。但是当贴现率提高时，为了使现值达到 1000 美元，则需要在将来获得更多的钱。

表 5.4　在三种不同的利率水平下投资 1000 美元在未来几年将获得的价值　　（单位：美元）

利率（或贴现率）	5%	10%	15%
目前	1000	1000	1000
1 年后	1050	1100	1150
2 年后	1102	1210	1322
3 年后	1157	1331	1520
4 年后	1215	1464	1749

净现值的计算公式如下：

$$PV = S_n / (1+r)^n$$

这里：PV = 现值

　　　S_n = n 年后获得的收入

　　　r = 贴现率

虽然使用电子制表软件（如 Excel）可以自动计算净现值，但理解现值的计算过程还是很重要的。假设 5 年后获得 1 万美元的收入，当贴现率为 5% 时，则现值计算如下：

$$10000 / (1.05)^5 = 10000 / 1.276 = 7836 \text{ 美元}$$

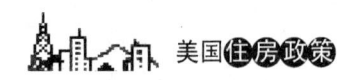

贴现率的确定取决于投资者的资本成本和风险水平，以及相似投资项目的一般回报率。

在低收入住房税收补贴项目中，投资者愿意为10年的税收补贴支付的价格取决于其要求的贴现率。表5.5比较了10年中每年获得9万美元的税收补贴的现值。当贴现率为5%时，现值为69.5万美元；但当贴现率为15%，投资者只获得45.2万美元的现值。

表5.5　　三种不同贴现率下每年获得9万美元的税收补贴的现值　　（单位：美元）

年份	贴现率 5%	贴现率 10%	贴现率 15%
第1年	85714.29	81818.18	78260.87
第2年	81632.65	74380.17	68052.93
第3年	77745.38	67618.33	59176.46
第4年	74043.22	61471.21	51457.79
第5年	70517.35	55882.92	44745.91
第6年	67159.39	50802.65	38909.48
第7年	63961.32	46184.23	33834.33
第8年	60915.54	41985.66	29421.16
第9年	58014.80	38168.79	25583.62
第10年	55252.19	34698.90	22246.62
总计	694956	553011	451689

如果您想了解更多关于现值和贴现率概念的信息，请参阅房地产金融领域或者成本收益分析领域的教科书，例如布鲁格曼和费舍尔在2005年出版的著作（Brueggeman & Fisher, 2005）。

第 6 章
公共住房

公共住房无疑是美国最广为人知的低收入住房资助项目。作为最古老也是迄今为止规模最大的住房资助项目，公共住房在大众心里留下了很多印象，但绝大多数都是负面的，例如，极度贫穷的住户、丑陋的建筑、疏于管理的公共场地，以及高犯罪率等。虽然这些评价在某些地区是真实的，但是，这并不代表公共住房发展的真实状况。

公共住房是非常多样化的。全国大约一半的公共住房管理局（Public Housing Authorities，简称PHAs）掌管着不到100个公共住房单元，它们通常位于1—2幢住宅建筑里。而将近90%的公共住房管理局掌管的公共住房不超过500个单元。由这些小型机构经营的公共住房主要提供给老年人居住，大多数都很不起眼。虽然有些大型公共住房管理局的管理效率很高，但它们往往也是问题出现较多的地方。例如，纽约市公共住房管理局被公认是全国最好的机构之一，管理着约18万个单元的公共住房，占全国公共住房总量的13%。

本章将阐述公共住房的几个关键问题，包括它的发展历程、最严峻问题产生原因及其解决措施。

6.1 公共住房综述

公共住房项目设立于1937年，是罗斯福新政期间最后通过的立法之一。该立法经过多次修改，在多年后才被国会通过。它的通过不仅是因为公共住房满足了国家对廉价租赁住房的需求，同时也因为公共住房在创造就业和消除贫困方面的潜在能力。作为支持公共建设工程规模较大的项目，公共住房取代了新政期间为支援公共建设工程而设立的一项用来资助低收入住房开发的小型项目。通过公共住房项目，公共事业管理局住房署资助了58个工程建设项目，共开发了2.5万个居住单元（Radford，1996）。

新公共住房项目的运作范围更广也更严格。立法授予地方公共住房管理局发行债券资助公共住房的开发①，其中债券的本息由联邦政府支付，公共住房的营运成本由房租支付。

最初，公共住房项目进展很慢，而且在第二次世界大战期间被迫中断。1949年《住房法案》重新启动了该项目，并承诺在此后的6年里全国将建造81万个公共住房单元，其中，很多住房将用来替代城市更新项目下（该项目也是由当年《住房法案》设立的）被拆除的住房（Caves，1998；Von Hoffman，2000）。虽然直到1968年，全国才完成这一建设目标，但是，公共住房建设在战后确实有了很大的提升。从表6.1中可以看出，从项目设立到20世纪80年代，每一个10年公共住房的建设规模都比上一个10年有所增长。

表6.1　　　　　1949—2008年公共住房总量的变化情况

年份	公共住房总量（套）	与上一年相比公共住房总量的变化	
		变化的数量（套）	所占百分比（%）
1949年	170436		
1959年	422451	252015	147.9
1969年	792228	369777	87.5
1980年	1192000	399772	50.5
1990年	1404870	212870	17.9
1994年	1409455	4585	0.3
1996年	1388746	(20709)	-1.5
1998年	1295437	(93309)	-6.7
1999年	1273500	(21937)	-1.7
2000年	1266980	(6520)	-0.5
2004年	1188649	(78331)	-6.7

---

① 在20世纪80年代，巩固互访开发融资从发债变为拨款。

续表

年份	公共住房总量（套）	与上一年相比公共住房总量的变化	
		变化的数量（套）	所占百分比（%）
2005 年	1177337	(11312)	-7.1
2006 年	1172204	(5133)	-1.4
2007 年	1155377	(33272)	-2.8
2008 年	1140294	(15083)	-1.3
1949—1979 年		1021564	599.4
1979—1994 年		217455	18.2
1994—2008 年		(269161)	-19.1

资料来源：1949-1969, Stegman, 1990：Table 13.3；1980-2007, Committee on Ways and Means, 2008, Table 15-8；2008, Joint Center for Housing Studies, 2009：W9。

但是，1975—2000 年，更多的资源被用于对现有公共住房的维护和再开发，而不是新住房建设。公共住房的数量在 1994 年达到了顶峰，共计 140 万个单元。但是，到 2008 年，公共住房数量减少了 27 万个单元，下跌 19%（见表 6.1），其中的原因将在后面的章节里详述。在 2003 年所有存量公共住房中，只有 5% 是 1985 年后建造的，而且大多数是用来替代被拆除的原有公共住房。另外，2003 年，57.5% 的公共住房房龄超过 30 年，37.6% 介于在 15—30 年之间（见表 6.2）。

公共住房管理局的经营规模差别很大。2008 年，美国领土内共有 3148 个住房管理局，拥有并管理公共住房；另外还有 995 个住房管理局专门负责管理租房券项目，不负责公共住房（Sard & Fischer, 2008）。这些公共住房管理局掌管着 112 万个单元的公共住房。规模最小的公共住房管理局（即管理的公共住房不超过 100 个单元）数目众多，约占 50%，但是，它们占公共住房市场的份额很小，仅为 5%。另外，有 12 个公共住房管理局管理着 7500 多个公共住房单元，占公共住房总量的 23%。仅纽约市公共住房管理局就管理着占全国公共住房总量 13% 的公共住房（见表 6.3）。不同公共住房管理局的开发工程的平均规模之间的差别也很大，规模最小的住房管理局的平均规模为 48 个单元，而规模最大的则为 291 个单元（其中，纽约市为 612 个单元，该数据没有反映在表中）。

表6.2　　2003年公共住房的一些物理特征

	单元数量（个）	占总量的百分比（%）
房龄（2003年）		
不到15年	63901	5.0
15—30年	482972	37.6
超过30年	739258	57.5
总计	1286131	100.0
建筑类型		
独栋	35257	2.7
排屋	297370	23.1
双联	120592	9.4
楼梯	146963	11.4
高层/电梯住房	389731	30.3
电梯楼梯混合型住房	296201	23.0
总计	1286114	100.0
住房大小（以卧室数量为标准）		
0个	94950	7.4
1个	405488	31.5
2个	396502	30.8
3个	299729	23.3
至少4个	89463	7.0
总计	1286132	100.0

资料来源：Harvard University Graduate School of Design, 2003, Appendix Tables A4 – A6。

虽然很多人把公共住房和高层建筑联系在一起，但是大多数公共住房一般属于其他建筑类型。如表6.2所示，2003年，高层/电梯住房只占公共住房总量的30%——在大城市，该比例更高，而在其他地方则相应低一些（由于此后公共住房的拆除和再开发，该比例目前更低）。低层连排住房占25%。其他建筑类型包括中层无电梯公寓住房、双联住房以及独栋住房。但是，不管采用哪种建筑类型，公共住房的设计一般很少与周边环境相协调，这部分内容将在后面进行讨论。

表 6.3　　　　　　　　　　　2008 年公共住房管理局的特征

公共住房管理局的规模（以管理的公共住房数量为衡量标准）	公共住房管理局的数量（个）	占总数量的比例（%）	管理的公共住房总量（套）	占总量的比例（%）
<100 套	1484	47.1	71943	5.4
100—500 套	1300	41.3	287655	21.5
501—1000 套	188	6.0	129901	9.7
1001—3000 套	131	4.2	215640	16.1
3001—7500 套	33	1.0	146775	11.0
7501—15000 套	9	0.3	95238	7.1
>15001 套	3	0.1	213759	16.0
纽约市	1	0	178489	13.3
总计	3149	100.0	1160911	100.0

资料来源：Sard & Fischer, 2008。

在公共住房的发展历程中，长期困扰它的诸多问题和挑战都源于该项目的最初设计。20 世纪 30 年代，为了让公共住房项目在国会通过，罗斯福政府做出的政治让步大大限制了该项目可用的资源。查尔斯·阿布拉莫斯（Charles Abrams）是住房政策和城市规划的代表人物，他写道："追溯历史，我相信在 1937 年关于公共住房的争论中做出的妥协永久地削弱了它，并将最终导致它的消亡"（Radford，1996，p.190）。最初的立法，导致公共住房在社会、物质和经济方面遇到了很多问题，尤其体现在该项目的租户选择、项目区位、工程设计和建筑质量等方面（Hays，1995）。

6.1.1　租户选择

公共住房是全国最贫穷、最脆弱人群的住所。为了克服房地产业的反对，公共住房拥护者同意，公共住房项目设计应该使得它不能与私人住房市场相竞争。这意味着，符合公共住房申请条件的家庭收入必须远远低于能在私人住房市场上购买住房的最低收入标准。极低收入家庭的聚集被公认为是产生许多严重公共住房问题的根源，其中包括它难以承担的运营成本，以及其他与贫困集中相关的一些问题（Vale，2000）。

就项目设计而言，公共住房的目标对象是低收入家庭。但是，随着时间的推移，公共住房的住户变得越来越贫困。最初，公共住房管理局在选择租户时采用了严格的标准。该项目偏好那些被劳伦斯·弗里德曼（Lawrence Friedman）称之为"湮没的中产阶级"（Bratt，1989，p. 57）。例如，无力在私有市场上购买住房的勤劳的工薪家庭。"起初，公共住房是面向贫穷的工薪家庭，他们收入微薄，但非常努力奋斗，偶尔也会失业，而且有相当一部分人获得公共资助，他们都积极争取过上更好的生活"（Fuerst，2003，p. 201）。

项目初期，公共住房大部分租户主要是双亲家庭。公共住房管理员对大多数申请人进行家访，以了解他们的家庭是否井然有序，是否能够满足项目的要求。当租户不遵守规定或者住房没有达到整洁标准时，公共住房管理员会毫不留情地驱逐他们。

第二次世界大战之后，公共住房中"湮没的中产阶级"越来越少。一方面，当租户的收入水平超过公共住房最高收入上限时，租户不能继续待在公共住房，必须立刻迁出。另一方面，联邦住房管理局的房贷保险推动了低成本房屋置业率的快速增长，从而使得数百万工薪家庭（其中包括那些可能考虑公共住房的家庭）能够在郊区购买价位适中的住房。如此一来，公共住房居民的平均收入持续下跌，1950年为全国平均收入的57%，1960年为41%，1970年为29%，到20世纪90年代中期则不足20%（Nenno，1996）。

多年来，联邦政府为了实现公共住房居民收入的多元化，采取了一系列措施。起初，如前所述，公共住房项目向低收入工薪家庭授予优先权，但是，这类家庭不太可能长期居住在公共住房里。为了解决公共住房中越来越严重的贫困集中化问题，1974年国会修订了1937年的《住房法案》，旨在"确保在合理的一段时期内，每个公共住房工程中家庭的收入分布趋于多元化，避免低收入家庭和存在严重社会问题的家庭的聚集"（Jacobs，Hareny，Edson & Lane，1986，p. 62）。1981年，国会再次修订了1937年的《住房法案》，但此次政策导向发生了180度转弯，新法案中将公共住房和第8条款补助项目的优先权提供给了极低收入的家庭（即收入低于地区平均收入的50%）（Jacobs et al.，1986，p. 63）。

1998年，国会再次试图解决公共住房中的贫困集中化问题，并颁布了《公共住房改革法案》（即1998年的《住房质量和工作责任法案》）。该法案规定，在公共住房的所有租户中，收入低于地区平均家庭收入30%的家庭不少于40%，而且75%的新租房券获得者的收入也必须处于该范围内。此外，如果某住房管理局将75%以上的租房券发放给了收入低于地区平均家庭收入30%的家庭，那么公共住房的最低比例可进一步下降到30%。也就是说，在《公共住房改革法案》下，住房管理局可以批准比租房券项目更高比例的高收入家庭申请公共住房（Solomon，2005）。该法案还要求每个公共住房管理局制定一个录取计划，将收入相对高的家庭安置在低收入工程中，而把收入相对低的家庭安置在高收入工程中（HUD，2000b）。

表6.4简要列出了2009年全国公共住房居民的一些特征。2009年，全国公共住房居民的年均收入为13234美元，远低于联邦贫困线。只有17%的居民收入超过2万美元。公共住房居民最常见的收入来源是残疾人或退休人员的社会保险和养老金，这表明其中绝大多数是残疾人和老年人。1/3的住户是老年人，而且其中有38%还是残疾人。另外20%的住户中，户主是年龄在62岁以下的残疾人。

表6.4　　2009年全国公共住房居民的特征

年均收入（美元）	13234	不同种族家庭的住户分布比例（%）	
在各收入范围中的分布比例（%）		白人	51
0美元	5	黑人（非洲裔美国人）	45
1—5000美元	13	亚裔人	1
5001—10000美元	34	印第安人或阿拉斯加土著	2
10001—15000美元	19	拉美裔（可以是任何人种）	23
15001—20000美元	11	不同年龄段的住户分布比例（%）	
20001—25000美元	6	0—5岁	14
>25000美元	11	6—17岁	25
不同收入来源的住户分布比例（%）		18—50岁	35
工资收入	33	51—61岁	10
社会福利	27	62—82岁	13
社会保险/社会保障/养老金	55	83岁以上	2

续表

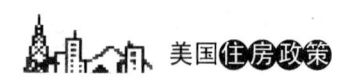

其他收入来源	20	不同入住时间的住户分布比例（%）	
不同住户类型的住户分布比例（%）		去年入住	22
残疾人	34	1—2 年前入住	10
老人	32	2—5 年前入住	20
有儿童的家庭	41	5—10 年前入住	18
单亲妈妈家庭	37	10—20 年前入住	17
不同家庭规模的住户分布比例（%）		20 年前入住	12
1 人	47		
2 人	21		
3 人	15		
4 人	10		
至少 5 人	8		

资料来源：HUD，2009e。

工资收入是第二大收入来源，33%的公共住房居民有工资收入。27%的住户获得某种形式的福利。虽然很多公共住房的住户有工作，但仍有相当一部分住户收入极低，说明其要么工资收入很少，要么工作时间有限。

虽然很多公共住房的住户是老年人，但儿童所占的比例更大。41%的住户家中有年龄不到18岁的儿童。就公共住房的所有居民总数而言，39%的居民年龄低于18岁，其中14%的居民不到6岁。而年龄至少在62岁以上的老年人占15%。

从种族方面来看，白人占居民总数的一半，其次是黑人占45%。拉美裔人（包括白种人、黑人和其他人种）占总数的23%。

另外，表6.4还列出了住户在公共住房的居住时间。超过1/5的住户是在过去1年内搬入的，10%的住户是在过去1年或2年内搬入的，29%的住户在公共住房中已经居住了至少10年。

6.1.2 项目选址

最初的立法在一定程度上还影响了公共住房的选址——使得公共住房较多坐

落在低收入、通常由少数族裔居住的社区。最重要的是，在对公共工程管理局住房项目诉讼案的审议中，巡回上诉法庭于1935年裁定联邦政府不拥有征地权（Hays，1995）。于是，联邦政府授权地方政府组建地方性公共住房管理局。作为地方政府的一个部门，地方公共住房管理局享有为公共住房征地的权力。

不过，最关键的是，在依靠公共住房管理局建造公共住房的同时，联邦政府还赋予了地方政府在是否修建公共住房的决定权。所有希望利用联邦资源开发低收入住房的城市和其他社区都可以实施公共住房项目，而没有类似规划的地方政府也没有义务必须实施该项目。而且，一些富裕的郊区和市政府甚至可以不必设立公共住房管理局。

如此一来，公共住房只可能位于那些选择参与该项目的行政区内，这也就解释了为什么大量公共住房聚集在中心城区和主要由工薪阶层居住的郊区，远离富裕的郊区。正如表6.5所示，2000年，65%的公共住房位于中心城区，而租赁住房的比例为43%。相反的，位于郊区的公共住房仅占17%，而租赁住房约有一半位于郊区。

除了可自由选择是否设立公共住房管理局和建设公共住房外，选择参与公共住房项目的地方政府在项目选址上也几乎享有决定权。这也揭示了公共住房势必会受到种族隔离的影响。白人社区一般反对在其社区内进行任何公共住房开发；即使一定要开发，也只会提供给低收入白人住户（Hirsch，1998；Turner et al.，2008）。

不但白人及其政府代表强烈反对在白人社区内建设供黑人居住的公共住房，而且，来自黑人社区的当选官员通常也更希望公共住房建在他们自己的社区里，而不是建在族裔混杂的地区。公共住房不但能为低收入黑人提供必要的住房，还能加强，至少保护黑人官员的政治基础。将公共住房建在白人社区会削弱黑人当选官员的政治基础。如此一来，造成公共住房中的种族隔离程度非常高（Bratt，1989；Hirsch，1998；Turner，Popkin & Rawlings，2009；Vale，2000）。

表6.5揭示了公共住房主要集中在贫穷、由少数族裔居住的社区的现象。该表显示了2000年和2008年，公共住房的分布与所处人口普查区的贫困率和少数族裔住户比例有着密切的联系。同时，该表还列示了2000年人口普查区内公共住房少数族裔住户分布，并与其他获得联邦政府资助的住房和租赁住房进行了对比。从表中可以看出，2000年，公共住房比其他资助住房和租赁住房更集中分布

在最贫穷、种族隔离最严重的人口普查区。将近1/3的公共住房位于贫困率不低于40%的人口普查区内，超过40%的公共住房所处的人口普查区中少数族裔住户比例至少达到80%。相反的，公共住房几乎很少出现在贫困率低或少数族裔住户比例低于10%的人口普查区。2/3的公共住房位于中心城区，只有17%处于郊区。公共住房少数族裔住户尤其集中在贫困率最高、种族隔离最严重的社区，其中只有1.5%居住在少数族裔住户比例低于10%的人口普查区，而公共住房所有住户的类似比例仅12%，第8条款新建和重大修缮项目为31%，租房券持有者为18%，所有租赁住房为22%。

表6.5　公共住房与其他类型的租赁住房在居住区域特征上的比较　　　（单位:%）

	获得资助的住房					
	公共住房（2000年）	公共住房中的少数族裔住户（2000年）	公共住房（2008年）	第8条款新建和重大修缮项目（2007年）	租房券（2000年）	所有租赁住房（2000年）
区位类别						
中心城区	64.5	75.9	NA	40.3	49.2	45.2
郊区	17.3	13.4	NA	37.5	35.3	38.9
非都市区	18.2	10.7	22.4	22.2	15.5	15.9
所处人口普查区1989年的贫困率						
低于10%	8.3	3.8	11.8	31.7	24.8	38.6
10%—19%	21.4	13.7	26.6	16.0	36.0	32.8
20%—29%	21.2	20.5	23.4	10.5	22.0	15.7
30%—39%	17.5	20.7	16.2	7.5	11.4	7.7
高于40%	31.7	41.3	22.1	34.3	5.8	5.2
所处人口普查区少数族裔住户的比例						
低于10%	12.0	1.5	22.1	31.7	17.7	21.5
10%—29%	15.5	8.6	19.7	26.5	22.2	29.7
30%—49%	12.4	11.5	12.3	13.7	15.6	17.0
50%—79%	17.9	20.8	17.5	14.1	21.1	16.2
高于80%	42.2	57.7	28.4	13.9	23.5	15.6

资料来源：Sard & Fischer (2009) and unpublished HUD data, courtesy of Kirk McClure。

2008年，形势发生了重大变化。由于推倒了绝大部分破旧的公共住房，2008年，坐落在少数族裔住户比例不低于80%的人口普查区的公共住房所占比重下降了约14%，达到了28%，而位于贫困率至少达到40%的人口普查区的公共住房比例也下降了近10个百分点，达到22%。也许最重要的一点是，在所有公共住房中，22%所处的人口普查区中少数族裔住户不到10%，比2000年上升了12%。该比例比租房券项目的相应比例（2000年）还要高，大致与租赁住房的相应比例持平。虽然公共住房仍然更集中分布在贫困社区，但至少没有之前那么严重了。

6.1.3 公共住房设计和建筑质量

公共住房通常是很容易辨认的。不论是高层还是低层，很多公共住房的外观与其周围的住房都有着显著差异。公共住房的分布密度通常较高，一般与周围的景观相隔离，几乎没有装饰和配套便利设施。因此，与其他租赁住房相比，公共住房的质量常常差很多。

公共住房设计和设施方面的不足，在一定程度上是由于项目建设方面的严格资金限制。1937年的立法规定了项目开发费用的最高限额：在人口不少于50万的城市为每个住房单元5000美元或每个房间1250美元；在其他地方是每个住房单元4000美元或每个房间1000美元。与公共工程管理局住房署制定的相对宽松的造价标准相比，拉弗德（Radford，1996，p. 191）写道："公共住房的立法规定导致即将为美国人所知的'公共住房'的建筑质量标准，明显低于公共工程管理局开发的住房。"

1937年立法的其他规定也进一步限制了用于公共住房建设的资金。该立法把公共住房建设和城市振兴联系在一起，起初要求每建设一个单元的公共住房，就必须推倒一个单元的贫民窟住宅。相应的，场地开发成本就高于远离市中心、低密度的地区。

最初的立法明确规定公共住房不得与私有市场上的住房竞争，造成公共住房目前的处境。玛丽·尼诺（Mary Nenno，1996，pp. 104 - 105），一位公共住房领域的长期观察家写道：

> 缺乏资金支持，加上强制避免与私有市场之间的竞争给公共住房项目留

下了不可磨灭的印记。它们还设法给公共住房贴上了一个污名的标签，把它宣扬为非主流住宅类型……在这样的环境中，建筑师被迫放弃了鲜活的建筑风格（为了不与周边的住房竞争），只能使用最简单的公用设施（如微弱的街灯、过热的地下室、首层地面用柱子支撑），只能开发低覆盖率、高密度，而且往往没有规划任何公共绿地。因此，公共住房不仅没有成为其所在居住区中有吸引力的一部分，它们巨大、单调、简化的建筑造型，反而削弱了公众对公共住房的支持，同时，为了安全性和经济性丧失了仅有的美观。

很多公共住房开发工程设计都是尽可能地简单，而不是追求豪华。它们只提供最基本的便利设施。壁柜很浅、没有门，用煤灰板代替石灰板墙。在很多高层工程中，电梯隔层才停；不设单独的大厅。公共空间被缩减到最小。而这些措施实际上是为了节约开支，以满足项目对于建设开支的严格限制。

不过，糟糕的建筑设计以及设施的匮乏，节约下来的钱并不多。为了不超出项目极低的建设预算，公共住房建造往往也追求成本最小化。建筑材料是次等的，施工也是粗糙的。科特勒维兹（Kotlowitz, 1991, p. 22）在《这里没有儿童》一书中，描述了20世纪50年代末，一个来美国访问的苏联建筑师代表团在芝加哥参观即将完工的亨利霍纳住宅（一个公共住房项目）时的反应，他们非常惊奇地发现，竟然用煤灰板来代替石灰板作为内墙。他们说，如果他们在苏联建造工人住房时这样做，将会被辞退。而苏联时期的建筑在设计和装饰上几乎没有任何可圈可点的地方。

公共住房建设的成本节约措施后来被证明是极其短视的。粗制滥造的建设常常使得后期的维护和修缮费用非常高。与建筑质量较好的工程相比，公共住房的建筑结构报废和修缮频率高很多。还有观点认为，如果公共住房最初的建筑质量就比较好，它们受到的破坏不仅会减少，而且居民也会更爱护它。

需要强调的是，这些对公共住房设计和建筑质量的批评并不只限于高层建筑，虽然公共住房给公众留下的主要印象就是高层建筑。事实上，正如前面所述，大部分公共住房是中低层建筑。但是，这些中低层建筑跟高层建筑质量一样差，问题也很多。

国会对公共住房开发施加的严格预算约束，确实给项目设计和施工带来了麻烦。但是，造成公共住房质量问题的不仅仅是经济上的限制。首先，至少后来的事实证明，公共住房管理局和建筑师很明显地偏好现代主义高层结构，这对公共住房的居民来说是极不适宜的。例如，高层建筑使得母亲难以照顾在屋外玩耍的孩子。

其次，公共住房（不只是高层建筑）往往远离周边街区，使得它们看起来不属于周边社区的一部分。正如建筑师奥斯卡·纽曼（Oscar Newman）所言，场地设计会影响破坏性行为和犯罪活动的发生率。长长的走廊过道、内部庭院，以及其他"无名的公共空间使得居民难以对社区适宜进行的活动达成共识，也难以产生主人翁感觉，因而，也很难辨别居民和陌生人"（Newman，1995，p.130）。纽曼介绍了圣路易斯州臭名昭著的普鲁特伊戈公共住房项目，该项目于1966年完工，10年后即被拆除，其中，所描述的情况与许多其他大城市的公共住房项目非常类似：

> 公共场地与所有的住房单元隔离，非常不安全。很快它上面就堆满了玻璃和垃圾。一层的邮箱被破坏了。在走道、门厅、电梯和楼梯间行走时很不安全。它们被乱涂乱写，堆满了垃圾和废弃物……妇女上街和送孩子上学时只能结伴而行。

不过唯一例外的是，"当一块场地仅为两家人共同拥有时，它通常会被保护得很好。从这里可以得出结论：居民通常维护、控制和认可那些明确归属于他们的空间"（Newman，1995，p.150）。

6.1.4 管理

如果说公共住房的财政困难和区位特征在一定程度上源于1937年立法所确立的规章和行政体系，那么公共住房的其他主要问题是由公共住房管理局和相关政府官员的选择、实践和态度所导致的。这一点尤其体现在公共住房管理方面。虽然很多公共住房管理局拥有专业的、能力很强的管理者，但仍有许多机构长期管理不善，有的甚至还产生了腐败问题。

在某些城市，公共住房被视为是一种恩惠，在决定谁有资格入住时，往往是根据申请人的人际关系和政治关系，而不是阅历和教育程度。从公共住房管理局监督以及单个工程管理上看，公共住房项目管理欠佳，具体表现在以下几个方面：松弛的租户选择程序；不能对租户投诉及时作出回应；不能及时维修设施和住房；在住房达到使用年限时，不能制定并执行长期计划来改建原有住房。在华盛顿特区、纽沃克、新泽西和新奥尔良等一些城市，联邦政府采取了干涉措施，接管了公共住房管理局，并任命独立的管理者整顿公共住房市场秩序。20世纪90年代，联邦政府接管了芝加哥公共住房管理局。

科特勒维兹在其著作《这里没有儿童》中，对公共住房管理的失败作了深刻的描述。书中讲述了芝加哥亨利霍纳公共住房里的一户家庭如何在挣扎中生存的故事。他们的公寓有很多年没有粉刷了，用了30年的厨房金属柜子都已经生锈了。由于坐便器常常冒出极其难闻、腐臭的气味，导致一个卫生间经常不能使用。而另一个卫生间的浴缸热水龙头拧不紧。冬天，供暖系统关不掉，下水道的水常常漫到厨房下水池。

科特勒维兹在书的后半部分，描述了一个新上任的住房管理员在视察亨利霍纳地下室时见到的景象：2000多件家用器具，包括冰箱、炉子和厨房碗柜都生锈了，有很多还泡在水里，包装盒也腐烂了，这说明它们已在那里存放了至少几个月。更可怕的是，这些物品上爬满了蟑螂和跳蚤，地下室的气味令人难以忍受，到处都是正在腐烂的老鼠、猫和其他动物的尸体，还有人和动物的粪便、沾满土的内衣。科特勒维兹（1993，p. 241）写道："15年来，这家人一直都是这样生活，而芝加哥住房管理局刚刚才发现这些问题。"

至少到目前为止，芝加哥是公共住房管理不善的极端例子，但大多数住房管理局的管理状况良好。有些是优秀的资产经营者，但是更多的公共住房管理局则面临着长期性问题，尤其是大型管理局。这些问题很多产生于公共住房项目的系统特征，造成公共住房管理效率低下。公共住房与其他房地产市场几乎是隔离的，它对于已经在其他租赁住房（包括获得资助的租赁住房）的管理上被证实有效的技术和实践的采纳速度非常慢。不仅如此，公共住房管理局采用的组织结构比其他房地产业的组织结构更为复杂，权力更加集中。

《哈佛大学公共住房营运成本研究》一书中写道："公共住房管理局为了适应地方政治环境和地方性联邦项目安排，构建了防御性的组织结构，导致它脱离了私有市场实践，而且不能提供有效的资产管理服务"（Byrne, Day & Stockard, 2003, p. 1）。

公共住房管理局的集中化经营和融资方式是阻碍其进行有效管理的最关键因素。其他资助住房和以市场价出租的住房的管理是高度分散的。每个工程的收入、支出和其他经济数据是分开统计和分析的。公共住房管理的大部分责任，包括维修、租赁和驱逐不合格住户，都落在了项目经理的肩上。

但是，一直到 2005 年前后，公共住房管理局在管理上依然采用高度集中的方式，收入和支出的报告是以整个工程为基础的，而且对项目经理只授予有限的责任和权力。[1] "虽然公共住房项目以中央集权企业的形式进行运作，但实际上，美国其他多户住房的拥有者和管理者——不管是营利性的，还是非营利性的——都会发现分散化的经营方式是更有效的"（Harvard University Graduate School of Design，2003，p.84）。

2005 年，美国住房和城市发展部颁布法令，要求公共住房管理局废除长久以来的管理体系，开始采用资产管理方法，对每个工程进行单独管理。在《哈佛大学公共住房营运成本研究》的建议下，法令要求公共住房管理局采取基于项目的管理、预算和会计方法（D. Fischer，2009；HUD，2009b）。此外，遵循该书的建议，法令修改了对公共住房运营补助的计算方法。

6.2 运营补助

在公共住房最初的设计中，由联邦政府支付住房建设成本，由租户支付工程的运营支出。地方住房管理局为资助项目开发发行债券，债券的本息由联邦政府支付。维修和其他运营费用则从房租收入中支付。到 20 世纪 60 年代为止，该系统一直运行良好。

不过，后来运营费用的增长逐渐超过了租户的收入水平。一方面，随着公共住房的老化、通货膨胀和维修费用的增加，导致运营成本不断上升；另一方面，公共住房居民变得越来越贫穷，收入水平下降。最初，无论住户是否有实际支付能力，房租依然持续上涨，于是，住户房租支出占其收入的 40% 就不足为奇了。为了避免攀升的房租与住户收入拉开太大的距离，很多住房管理机构停止了对住房的修缮与

---

[1] Byrne et al.（2003）为公共住房管理提供了一份完整和深刻的评论，并给出了改进建议。

维护。很明显，公共出租房最初的运营补助方式无法发挥积极作用了。

20世纪60年代末70年代初，为了解决这一问题，国会对公共住房法案进行了多次修订，规定公共住房的最高房租不得超过住户收入的25%（后来提高到30%）。为了补偿由于房租降低而不足以支付的运营费用，这些修订案（以参议员爱德华·布鲁克的名字命名）设立了一项新的运营补助。此后联邦政府曾几次修改计算和分配运营补助的方法，很快运营补助就成为公共住房项目的重要组成部分。1969年联邦政府运营补助为1490万美元，1979年上升到72700万美元，1993年为25亿美元，2003年为35亿美元，2008年则达到45亿美元（Byrne et al., 2003, p.1; Hays, 1995, pp.96 - 97; 全美低收入住房联盟, 2009c; Nenno, 1996）。2003年，运营补助约占一个普通公共住房管理局运营预算的一半（Byrne et al., 2003, p.4）。

2005年，美国住房和城市发展部采用了分配运营补助的新方法。之前，分配运营补助是先根据公式计算出"允许费用水平"。公共住房管理局获得房租收入与允许费用水平之间的差额。该允许费用水平是一个运行良好的公共住房管理局用于运营的支出，该数额是在对20世纪70年代早期一部分住房管理机构进行抽样检验的基础上得出的，并且每年根据通货膨胀的情况进行调整（Byrne et al., 2003, p.4）。

住房和城市发展部的新计算方法，很大程度上是基于国会在1998年授权哈佛大学进行的一项运营成本研究，在所得出的政策建议的基础上发展而来的。在该项研究中，通过控制开发规模、住房年限、每单元卧室数目、建筑类型和区位等因素，研究人员构建了一个多变量统计模型来预测公共住房的运营支出。研究对象是由联邦住房管理局担保的住房抵押贷款融资的私有租赁住房。研究结果表明，从总体上看，用于公共住房运营的总资助额"基本上与预测的需求量相符"（Byrne et al., 2003, p.5）[①]。但是，目前的资助水平与不同类型的公共住房管理局的运营补助预测需求量之间并不完全一致。大型公共住房管理局的运营补助应该减少3%，而小型公共住房管理局的运营补助则应该增加10%—19%（Byrne et al., 2003, p.5）。

[①] 对哈佛大学研究的批评，参见 National Housing Law Project（2005）。

新资助方式采纳了该项研究的建议，直接针对单个项目发放运营补助，而不再是发放给公共住房管理局。计算每个项目获得的运营补助，需要考虑房租收入和总开支（包括运营成本、设施费用等）之间的差额（D. Fischer，2009；HUD，2009b）。如果某公共住房管理局在新资助模式下获得的资金比之前更少了，那么其中的差额可在未来6年内分阶段补足。

新运营资助方式的主要目标在于实现资助与需求之间的一致性。但是，资助的需求量是根据公式计算出来的，而实际发放的资助则受制于国会年度拨款总额。拨款总额每年都在变化，而且往往低于资助需求总量。住房和城市发展部采用该方式以来，最近几年的缺口最为严重。在1980年至2008年的20年间，只有10年国会是全额发放公共住房运营补助的。当拨款不足时，每个公共住房管理局的运营补助也要按比例减少。2003年之前，计划发放的资助总额与实际发放的资助额之间的差额很小，平均只有2%（即公共住房管理局通常获得计划发放资助款的98%；Sard & Fischer，2008）。不过，2003年之后，该差额越来越大。不仅每年公共住房管理局都无法获得足额的运营补助，而且实际收到的补助款也在不断减少。到2008年，公共住房管理局只拿到运营补助款的89%（Sard & Fischer，2008）。由于对公共住房运营的扶持力度减弱，许多公共公共住房管理局面临巨额的预算赤字，被迫削减修缮费和维修费。有些还将公共住房出租给收入更高的家庭，以补充运营补助。许多公共住房管理局开始出售办公大楼，将所得收益用于维护现有公共住房。为了应对联邦政府补助款不断减少的问题，圣地亚哥市公共住房管理局甚至取消了所有公共住房项目（Sard & Fischer，2008；Weisberg，2007）。

6.3 资本需求

公共住房长期以来一直被更新主要的建筑系统所困扰。数十年来，公共住房的资金需求缺口达数十亿美元之多，部分是由于运营资金不足而推迟住房修缮。虽然从2004年以来，国会每年拨款大约25亿美元用于住房整修，但这些资金还不够更换已达到使用寿命的设备和其他建筑系统，更不用说更换那些已经损坏数年的设施。从2004财年至2009财年，联邦政府对公共住房的整修投入的资金（经过通货膨胀调整后的数值）下降了将近20%。

虽然1937年最初的公共住房法案规定，公共住房管理局必须设立资本储备金（Capital Reserve Funds），但国会在20世纪50年代决定，公共住房管理局应该将这些储备金用于偿还为资助公共住房开发而发行的债券（Nenno，1996，p. 112）。如此一来，就没有多余的资金来满足住房所需的维护费用了。

直到1968年，也就是项目启动三十多年之后，联邦政府设立了第一个致力于满足公共住房更新改造需求的项目。在该项目实行的前十年，由华盛顿决定公共住房的更新优先权，因此不一定与公共住房管理局最迫切的需要相吻合。在有些年份，更新屋顶享有优先权；而在另一些年份，优先权则归属于供暖和其他建筑系统。公共住房管理局自身并没有任何其他资金来源来资助住房更新改造，因此，无论需要整修的住房实际状况如何，它们都必须利用任何能够得到的资金，但并不能保证在更新时资金充足。此外，这种逐步修缮的方法"使得公共住房管理局很难对需要全面修缮的住房进行大规模整修"（Stegman，1990，p. 342）。

1980年以来，在决定住房更新改造优先权方面，华盛顿给予了地方公共住房管理局更多的自主权。1980—1991年，公共住房管理局每年需要向综合改善资助项目（Comprehensive Improvement Assistance Program，简称CIAP）申请资金。从1992年起，大型公共住房管理局（最早是指那些拥有至少500个住房单元的公共住房管理机构，后来是指拥有至少250个住房单元的机构）从综合拨款项目中获得更新资金。每个机构获得的拨款数额取决于其机构规模及其掌管的公共住房的状况。小型公共住房管理局则依然通过综合改善资助项目获得资金。1998年的《住房质量和工作责任法案》将这两个项目合并成一个新的项目，称为公共住房资本基金。为了获得基金，公共住房管理局必须每年向该基金提交年度计划，详细阐述资金的计划使用用途（National Association of Housing and Redevelopment Officials，2005）。

虽然华盛顿在1990—2008年间平均每年提供超过33亿美元（2008年数据，经过通货膨胀率调整）的资金，但依然无法满足公共住房的资金需求。近年来，资助规模不断下降，从2001财年至2008财年，平均每年只有28亿美元，相比之下，1990财年至2000财年则达到36亿美元。实际上，从名义货币的角度来看，从2006财年至2008财年，资助的数额并没有发生变化，都是24亿美元，但从实际货币上看却是削减了预算（Dolbeare & Crowley，2002；Couch，2009a）。

2000 年，一项对公共住房资金需求的研究分析了 1998 年的数据，结果发现，要满足所有公共住房更新的全部需求，尚需 225 亿美元，或平均每一住房单元 18847 美元（如果加上阿拉斯加、夏威夷、关岛和维尔京群岛，并考虑减少铅涂料的使用、提高能源的利用率，以及为残疾人居住的房屋进行改造等因素，则需要 246 亿美元或平均每一住房单元 20390 美元）。此外，还需要 20 亿美元，即平均每一住房单元需要 1679 美元支付在正常维护以外的修缮和更新费用，实现住房的保值（Finkel, DeMareo, Lame & Rich, 2000, p. 18）。萨德（Sard）和费舍尔（Fischer）在该研究的基础上，预测到 2008 年，住房更新资金缺口将达到 220 亿美元；如果 10 万个公共住房单元需要推倒重建而不是修缮的话，资金缺口将高达 320 亿美元。

与保值需求相比，不同类型的公共住房管理局在住房更新改造需求上的差异更大。如表 6.6 所示，家庭居住的公共住房比老年人居住的公共住房更需要更新改造——这是因为家庭型住户人口较多，如果家里有小孩的话，住房更容易磨损。大型公共住房管理局的更新需求相对也更大。例如，对于拥有至少 6600 个住房单元的公共住房管理局，每个住房单元的更新平均需要 21 万美元，而对于拥有不到 250 个住房单元的公共住房管理局，则只有 14 万美元。

表 6.6　　　　　　　　1998 年公共住房的平均更新需求　　　　　　　　（单位：美元）

现有住房的更新需求	
总计	18847
老人住户	12962
家庭型住户	20748
小型公共住房管理局（<250 户）	13868
大型公共住房管理局（>6600 户，不包括纽约、芝加哥和波多黎各）	21462
每年的需求增长情况	
总计	1678
老人住户	1259
家庭型住户	1815
小型公共住房管理局（<250 户）	1821
大型公共住房管理局（>6600 户，不包括纽约、芝加哥和波多黎各）	1554

资料来源：Finkel, DeMarco, Lame & Rich, 2000：Exhibit 2.1。

尽管公共住房更新改造所需的资金量很大，但是，自1990年以来，其数额已经从100多亿美元的峰值降下来了。主要原因是，1990年质量最差的公共住房——也是修缮费用最高的公共住房——在1998年的希望六号项目支持下被拆除。无论如何，公共住房更新改造的资金需求量仍然大大超过住房和城市发展部发放的补助金。而且，这笔补助金不能总是用于住房更新。公共住房管理局最多能够将每年补助款的20%用于补充其运营费用或者提升管理系统，从而减少了用于住房更新的可用资金。此外，由于运营补贴一般无法满足需求，公共住房管理局往往将补助款用于增加运营补贴。

根据大型公共住房管理委员会提供的数据，如果每年拨款25亿美元，那么将现有公共住房更新到标准水平需要58年；如果每年拨款额提高到35亿美元，则需16年；每年拨款45亿美元时只需10年（Council of Large Public Housing Authorities, n. d.）。另外，《哈佛大学公共住房运营成本研究》的作者，建议华盛顿允许公共住房管理局申请长期贷款，以满足其不断增加的住房更新需求，并发放一项新的联邦补助款，用于支付长期贷款的利息和本金；而且可以将该笔补助款与现有的运营和资本金结合起来（Byrne et al., 2003, p. 3）。如此一来，公共住房管理局的住房更新需求也能得到满足。但是，这需要联邦政府长期提供稳定的补助款，一旦补助款减少，将会导致公共住房管理局无法偿还长期贷款。

6.4 破旧的公共住房

虽然存在很多问题，但是大多数公共住房运行状况良好，为住户提供了舒适的住房。1989年，国家严重破旧住房委员会（1992, pp. B2 – B4）由国会设立，它预测全国6%的公共住房，即86000个住房单元处于严重破旧的境况。该委员会对破旧的定义包含以下四个方面的内容。

◆家庭条件差（教育程度低/中学辍学率高、失业率高、家庭收入低）
◆公共住房工程及周边社区的严重犯罪率高
◆管理难度大（空置率高、转手率高、房租低、住房被申请者拒绝率高）
◆住房质量下降

虽然对破旧的定义各不相同，但之前关于公共住房状况的众多研究得到的结论却是相似的。例如，1980 年的一项研究估计，6% 的公共住房工程，其中包括 7% 的住房单元存在"长期问题"。同期进行的另一项研究也认为，7% 的公共住房工程，其中包括 15% 的住房单元"处于困境"；而约一半的公共住房工程运行状况良好或一般，但同时存在至少五个严重问题（Bratt，1989，p.65）。

虽然不同的研究在破旧程度的估计上有所差异，但是可以肯定的一点是，大多数公共住房状况良好。例如，1999 年美国住房和城市发展部对公共住房居民进行的一项调查发现，2/3 的受访者对他的公寓和项目满意或非常满意（HUD，1999b）。而持非常不满意态度的人不到 10%；21% 的受访者对他们的住房不满意，这也意味着公共住房项目还有待改善。但是，研究结果证明了认为公共住房是一个无法挽救的灾难的观点是错误的。正如斯特格曼（Stegman，1990，p.333）所述："除了那些住在里面的和正等待着住进去的人之外，其他没有人喜欢公共住房。"

6.5 希望六号项目和公共住房的改造

从 20 世纪 90 年代开始，美国对数百个公共住房工程进行了改造，从而改变了公众对公共住房的一贯印象。破旧的公共住房被小规模的、收入混合型住房替代，这些住房的设计标准被视为第二次世界大战之后过度奢华的标准。大多数公共住房的再开发项目从针对严重破旧的公共住房的希望六号项目中获得了资助。联邦政府试图通过改变租户资格标准，设置更严厉的驱逐政策，解决公共住房中严重的贫困集中化问题。

6.5.1 希望六号项目

根据国家严重破旧住房委员会的提议，国会于 1993 年启动了希望六号项目，旨在拆除并重建破旧的公共住房。最初，希望六号项目每年可用资金为 3—5 亿美元（虽然 2000 年之后缩减到约 1 亿美元）。从 20 世纪 90 年代初以来，希望六号项目就成为改造公共住房的中坚力量。从 1993 年到 2007 年，希望六号项目共资助了15万多个破旧的公共住房单元①的拆除，并投资了至少61亿美元对34个州（还包括哥伦比亚和波多黎各地区）的247个公共住房项目进行了再开发（Turner & Kingsley, 2008, p. 10；HUD, 2004a, 2004b, 2004c），从而大大改善了公共住房的面貌。

最初，希望六号项目主要侧重于公共住房的重建和审核居民的申请。它致力于用分布较稀疏的项目取代现有的破旧公共住房，并吸引符合公共住房要求的低收入工薪家庭入住，实现公共住房租户收入多元化（Popkin et al., 2004, p. 14）。不久，希望六号项目的目标进一步扩大，涵盖了"促进经济融合与贫困人口分散化、'新城市主义'和内城复兴"（Popkin et al., 2004, p. 14）。

到20世纪90年代中期，参与该项目的公共住房管理局将公共住房与其他获得联邦资助的住房（例如低收入税收补贴住房，市价自有房和市价租赁住房）结合在一起，扩大了居民的收入分布范围。② 在设计方面，该项目提倡新城市主义和可防御空间原则。外观单调的传统公共住房如今被替换成低层、有前门廊、凸窗、人字形屋顶的建筑。为了克服很多公共住房开发工程与周边环境相隔离的缺陷，希望六号项目在设计时将工程与周围社区很好地融合在一起。

为了加强安全性，希望六号项目工程设计常常让居民对其住房外的公共用地有更大的控制权。传统公共住房的特色公共用地通常包括走道、停车场和普通的空地，居民在这些地方很容易受到袭击。希望六号项目的设计让居民拥有了私人和半私人空间，缩减了不安全的公共用地（Cisneros & Engdahl, 2009；Popkin et al., 2004）。

希望六号项目的服务设施比原先的公共住房更加齐全。公寓通常装有洗碗机、中央空调、洗衣机和烘干机（Popkin et al., 2004；Cisneros & Engdahl, 2009）。而其他特色，例如在市价房周边辟有公共用地，大大增强了希望六号工程对高收入住户的吸引力，因为与公共住房的普通住户不同，这些高收入住户在住房市场上往往有较多的选择（图6.1和图6.2将希望六号项目下的公共住房在

---

① 房屋拆迁的数目包括源于希望六号项目中规划的56755例，其从1996年到2003年一直呈扩张趋势。总计96225例房屋通过希望六号项目翻修拨款所拆迁的（HUD, 2004, 2009；Kingsley, 2009）。

② Solomon（2005）报告称超过40个PHAs使用了低收入家庭的税收抵扣和其他融资渠道，作为希望六号项目资金的补充（参见审计局，2002）。

重建前后的形象进行了对比)。

图 6.1a　希望六号项目实施之前的马丁·路德·金广场，位于宾夕法尼亚州，费城

图片由费城公共住房管理局马奎斯·布朗（Maucrice Brown）提供

为了达到更高级的设计和建设水准，希望六号项目每住房单元的开发成本都超过了之前的水平。在一项对希望六号项目的评估中，作者写道，"原则上，高开发成本在未来会获得回报，不仅因为希望六号项目提供了更好的居住环境，而且降低了维护成本。具体来说，高质量的设计和施工让住房更不容易遭到破坏，即使在正常损耗情况下，使用寿命也更长"（Popkin et al.，2004，p.21）。

除了项目融资和设计方面的创新，希望六号项目对公共住房的管理也进行了改革。参与该项目的公共住房管理局往往将希望六号工程的经营权以签订合同的形式授予私人管理公司。与绝大多数公共住房高度集中的经营模式不同，大多数希望六号项目都是独立运作的。每一个项目有单独的运营预算,每个工程的实际运营成本和业绩都是单独记录。这种方法在其他多户租赁住房市场上比较常见,私人投资者要求采用这种运作方式来加强自身投资的安全性(Popkin et al., 2004, p.26)。

图6.1b 希望六号项目的重建工程实施之后的马丁·路德·金广场,位于宾夕法尼亚州,费城

图片由费城住房管理局的马奎斯·布朗提供

希望六号项目使公共住房的面貌焕然一新。某些项目的建筑设计还获得了嘉奖。希望六号项目赢得了福特基金和哈佛大学美国政府创新奖。大型公共住房管理委员会(2004, p.8)这样写道:

> 希望六号项目让公共住房项目及其建筑单元和居民成为了主流。希望六号项目为私人投资者和贷款人创造了一个新的市场,这些人发现收入混合型、多渠道融资的公共住房是一个极佳的投资机会。公共住房管理局通过希望六号项目和其中的经验提升了管理、运营、设计、改革和资本经营策略,

并扩大了自身的影响力。

几乎没有人可以否认希望六号项目与它所取代的破旧公共住房相比不是一项重大的飞跃。但是，该项目没有提高居住在原先公共住房中的住户的生活水平。用小规模、收入混合型的项目替代大型公共住房项目，希望六号工程拥有的住房单元往往少于它所取代的项目。1993—2007年间，完成的234个希望六号项目再开发工程拆除了96226个公共住房单元，对11961个住房单元进行了重建。取而代之的是111059个住房单元。但其中只有59674个新公共住房单元（占再开发住房总数的45%）获得了长期运营资助，可提供给极低收入住户居住。其他有些单元获得很少的资助，只能提供给收入水平高于公共住房项目标准的住户。此外，还有些公共住房没有得到任何资助，只能以市场价出租或出售（Popkin et al.，2004，p.21；Kingsley，2009）。

虽然从总体上说，在希望六号项目拆除或重建的公共住房单元中，其中只有约55%将被新的公共住房所替代，但是，却有81%处于使用中的公共住房单元需要更新（Kingsley，2009）。希望六号项目推倒或重建的公共住房中有近1/3是空置的，并且大部分已经空置了多年，已经不适合居住了（Kingsley，2009；Popkin et al.，2004）。

对希望六号项目的批评是，有部分原公共住房居民不能获得新公共住房。在希望六号项目拆除或重建公共住房后，原先的住户面临四种选择：

◆通过申请，获得在新开发项目中数量有限的公共住房单元；
◆利用第8条款租房券在私有市场上寻找住房；
◆搬到其他公共住房项目的现有空置单元；
◆不接受任何资助（Popkin，2002，p.2）。

美国审计总署对于165项希望六号项目工程的申请人进行了分析，结果发现，46%的原住户一般会选择新公共住房，但该比例随着时间推移却出现下降。到1999年9月30日，据公共住房管理局估算，约61%的原住户居住在新公共住房。不过，到2003年6月30日，该比例只有44%（GAO，2003b，p.10）。

图6.2a　希望六号项目的重建工程实施之前的吉诺地庄园，位于密苏里州，堪萨斯城

图片由堪萨斯城公共住房管理局提供

到2008年9月，约有24%的原住户（17382个家庭）搬入完工的公共住房中。据公共住房管理局估计，只有38%的原住户最终重新居住在完工的公共住房中（Kingsley，2009）。

但并不是所有被希望六号项目工程重新开发的公共住房的原住户都有资格获得新公共住房。地方公共住房管理局和项目经理有权制定比公共住房一般资格标准更严厉的标准。信用记录差、有犯罪前科或家务管理差的家庭很有可能被拒之门外（Popkin、Cunningham & Burt，2005）。

在芝加哥，由希望六号项目或其他项目资助开发的收入混合型公共住房住户必须每周工作至少30个小时，或者是全职在校生。在符合同样申请条件下，相对于那些正在积极寻找就业机会或参与职业培训的居民而言，项目优先考虑那些全职工作或读书的人。据芝加哥公共住房管理局（2004）估计，在公共住房的所有居民中，约有一半能满足这样的要求，从而有资格参与收入混合型住房项目

(Paulson, 2004)。

如果原住户选择不到新开发的公共住房居住，那么也可以搬到其他公共住房项目的住房单元中，或使用租房券在私有市场上寻找住房。但是，如果居民选择申请其他公共住房项目，其居住环境的物质和社会条件不可能比之前有显著的提高。而对于那些获得租房券的住户，研究表明，他们将搬到贫困率较低的社区居住（GAO, 2003；本书第8章将详细讨论这一问题）。

图6.2h 希望六号项目的重建工程实施之后的吉诺地庄园，位于密苏里州，堪萨斯城
图片由堪萨斯城公共住房管理局提供

据统计，获得租房券的原住户将从平均贫困率为61%的人口普查区搬到平均贫困率为27%的人口普查区。而且，在没有选择居住新开发住房的住户中，有40%目前位于贫困率低于20%的人口普查区。调查显示，原住户对新住房和新社区的满意度较高，很多人还表示个人增强了安全感。

这些原住户继续住在以少数族裔为主的社区中（Popkin & Katz et al., 2004, p.29）。一项研究表明，40%获得租房券的原住户曾在过去一年里无法支付房租和设施费用，这在很大程度上是因为租房券持有者需要自行承担设施费用

（其中还有一半的人存在温饱问题），而公共住房居民则不需要（Popkin & Katz et al.，2004，p.30）。有些住户认为搬迁之后，与之前相比，他们与社会之间的联系更少了。因为希望六号项目而造成的搬迁"割断了他们的社会关系，使许多人缺乏安全感，在遇到问题时不知该向谁求助，因而常常觉得孤单和隔绝"（Popkin & Katz et al.，2004，p.31）。同时，波普金（Popkin）写道，有些研究者认为尽管存在这些问题，但是很多原住户，特别是那些选择了租房券的原住户，"很高兴能退出公共住房项目——而且，很高兴远离那些他们认为毫无用处的关系网"。

并不是所有原住户都能获得搬迁资助或新项目资助。总体而言，到2003年6月30日，4.9万名原住户中，有20%没有获得租房券或搬到其他公共住房；14%的居民在没有知会的情况下自行搬走或以其他理由搬出；6%的居民被驱逐，很可能是因为没有遵守公共住房的租约（美国审计总署，2003b，pp.3-4）。

希望六号项目备受诟病的另一个原因在于，地方公共住房管理局完成工程再开发所需的时间过长，导致很多原住户决定退出公共住房项目。到2004年夏天，"希望六号项目最初规划的所有公共住房、自有房和以市场价出租的住房只完成了约1/3"（Solomon，2005，p.19）；但到了2008年9月，希望六号项目约有2/3已经完工（Kingsley，2009）。有些人质疑被推倒的公共住房是否确实处于"严重破旧"状况。由于住房和城市发展部给希望六号项目工程拨款时，并没有对"破旧"作出统一的定义，因而备受批评。一些居民和倡导组织认为，部分被推倒的公共住房实际上是可以修复的，这样就可以保留原先的住房单元（Center for Community Change & ENPHRONT，2003；National Housing Law Project，2002）。而一些关于希望六号项目的研究则认为，那些被推倒的公共住房已经不适宜居住了（Popkin et al.，2004）。

站在2009年7月的时点上看，希望六号项目未来的发展前景充满着不确定性。正如之前所述，从2006年以来，投入该项目的资金已经达到1亿美元。奥巴马政府在2010财年的预算议案中提出用新项目——称为"自主选择社区"项目——取代希望六号项目。在新项目下，初期投入2.5亿美元，将"扩大希望六号项目的规模，加大对破旧的公共住房和资助住房的投资，振兴极度贫困地区，并与学校改革相结合，改善儿童的成长环境"（HUD，2009r）。到2009年7月，还无法获知该项目的细节，而且该项目尚待国会的批准。①

6.5.2　1998年《住房质量和工作责任法案》

希望六号项目的实施是过去20年里公共住房领域最重要的变化，但不是唯一的变化。1998年颁布的《住房质量和工作责任法案》对公共住房和租房券项目的运作方式产生了根本性的影响。② 该法案主要侧重于采用不同的方法解决公共住房贫困集中化问题。其中规定，公共住房项目中，极低收入住户所占比例至少要达到40%；如果当地方公共住房管理局将75%以上的现有新租房券发给极低收入住户，则该比例可降到30%。

该法案还设定了当居民收入提高时，房租的上升空间。与固定收取占住户净收入30%的房租不同，该法案允许地方公共住房管理局设立"房租上限"，不管住户收入增长多少，房租都不可以超过这一上限。为了鼓励工薪家庭入住或者继续留在公共住房中，法案规定，失业或靠社会福利度日的居民找到工作后的第一年不得上涨房租，第二年只能上涨有限的幅度。此外，为了解决贫困集中化问题，促进收入融合，法案规定地方公共住房管理局在出租空置单元时，应考虑现有住户的收入水平，应将收入更高的住户分配到收入更低的项目中，而收入更低的住户则分配到收入更高的项目中。

该法案进一步明确了希望六号项目旨在改造破旧公共住房的目标。它正式取消了"一对一"的替代规定，因为该规定不利于公共住房管理局推倒质量最差的住房（住房和城市发展部于1995年中止了该替换要求）。此外，该法案允许地方公共住房管理局运用基金拨款来拆除破旧的项目，并用规模更小的项目来取代。公共住房管理局还可以发行债券或借入贷款来更新或重建新的公共住房，"用将来的联邦基金拨款偿还债务"（Solomon，2005，p.21）。到2004年11月，公共住房管理局已发行了超过16亿美元的债券，其中近3亿美元债券是芝加哥公共住房管理局为重建其所有的多户公共住房而发行的，这部分内容已在前面讨论过

---

① 欲了解更多希望六号项目的分析，参见 Cisneros &Engdahl（2009）和 Popkin et al.（2004）。
② 将要进行的《住房质量和工作责任法案》讨论是基于 Solomon（2005）中对其法律和实施的完整评价。

(Solomon, 2005, p. 21)。①

该法案要求公共住房管理局拆除"最不适宜居住或费用最昂贵的住房,并向这些住房的居民发放租房券"(HUD, 2000d, pp. 9 – 10)。从 1995 年撤销"一对一"替换政策以来,到 2008 年,已拆除了近 26 万个公共住房单元,其中约有 40% 与希望六号项目重叠(Sard & Fischer, 2008; Solomon, 2005, p. 17)。

该法案的其他条款旨在提高公共住房管理的有效性和合理性。除了取消"一对一"替代规定,简化公共住房拆除程序,消除在租户选择时的偏向性,允许某些特定的工程和社区采用候选人名单,成立统一的资本金之外,该法案还允许大型公共住房管理局将不超过资本金总额 20% 的资金用于支付运营成本,而小型公共住房管理局所使用的资金规模则不受限制,从而大大提高了公共住房管理的灵活性。

该法案允许公共住房管理局保留投资活动的收益,"例如,允许在建筑上安装广告牌和卫星天线",而这些收益之前必须上交给住房和城市发展部(Solomon, 2005, p. 52)。另外,该法案号召对管理不善的公共住房管理局实施更严格的制裁,包括对被公认为"失败"的公共住房管理局进行强制性破产接管。不过,直到 2004 年,这些条款都没有被真正实施(Solomon, 2005)。

对 1998 年法案的争议主要集中在要求成年居民(特殊情况除外)每月为社区服务至少 8 小时。批评家认为,这项要求是不公平的,是在变相地索取回报,而且其他住房资助项目(例如自有房户的税收优惠)并无这项义务。公共住房管理局也对该条款表示不满,主要是因为其实施难度很大(Solomon, 2005, p. 45)。不过,一些存在特殊情况的成年居民,如老人、残疾人、参与教育项目或职业培训项目的人,可无须履行这项义务。

6.5.3 违规立即驱逐政策

20 世纪 90 年代以来,在公共住房改革中最简单,但影响最大的一项政策是克林顿政府实施的违规立即驱逐政策(One-Strike Eviction Policy)。该政策是克林顿总统在 1996 年《国情咨文》(*State of the Union Address*)中提出的,随后被写

---

① 希望六号项目计划外的公共住房拆迁信息难以获得。

入法律。违规立即驱逐政策旨在打击公共住房中的暴力犯罪和毒品交易活动。根据该政策，只要违规一次（并不一定要定罪），就要将当事人驱逐出公共住房项目，而且从此以后再也不许参与。该政策明确规定，曾从事犯罪活动的人（如性骚扰者、非法药物使用者（不管是否涉毒犯罪）以及在联邦资助住房里生产兴奋剂的人）不得申请公共住房。该法还授予地方公共住房管理局对以下三类人的申请拥有否决权：

◆申请人曾因涉毒犯罪行为而被驱逐出公共住房项目，3年后再次申请；

◆申请人曾有酗酒或药物滥用史，无论事隔多长时间都不能参与公共住房项目；

◆申请人曾有涉毒犯罪行为、暴力犯罪行为或其他犯罪行为，只要公共住房管理局认为存在安全隐患就可否决其申请（Human Rights Watch，2004，p.3）。

在实施违规立即驱逐政策时，联邦法规授权公共住房管理局对申请人违规行为的本质，以及已改过自新的原因和证据进行判断。但是，人权观察组织（Human Rights Watch，2004，p.3）开展的一项研究发现：

> 大多数公共住房管理局在审核有犯罪记录的申请人时，并不会考虑他的悔改情况，而是直接否决其申请资格。只有当申请者在申请资格被拒，要求行政复议时，他的悔改情况才会被考虑。聘用律师的申请人通常会赢得申诉。但是大部分申请人不可能请到代理人，因而不能成功赢得申诉。

虽然违规立即驱逐政策将危险人群挡在公共住房项目的门外，提高了公共住房的整体生活质量，但同时也驱逐了违规者家庭中那些并未违规的儿童及其他家庭成员（Popkin, Buron, Levy & Cunningham, 2000, Popkin, Cunningham & Burt, 2005）。违规立即驱逐政策还限制了刑满释放后重新回到社会的罪犯获得住房的机会（Human Rights Watch，2004）。

6.5.4 公共住房的变化以及一些例子

总的说来，希望六号项目、《住房改革法案》和违规立即驱逐政策对公共住房产生了多方面的影响。与十年前相比，如今，公共住房较少分布在最贫穷、种族隔离最严重的社区，很少家庭被分配到大型项目开发的公共住房中居住，住房的建筑质量也较高，住户对联邦资助的依赖程度大大降低了。萨德（Sard）和费舍尔（2008，p.6）在对公共住房项目进行评价时指出了以下几点：

◆位于极度贫困（贫困率不低于40%）社区的公共住房比例从1995年的43%下降到了2008年的26%。

◆规模最大的住房，包括大部分高层住房，基本上都被拆除了。除了纽约，目前只有4.8万个住房单元属于家庭型工程（拥有至少500个住房单元）。

◆85%以上的公共住房达到住房和城市发展部的建筑质量要求，而且有至少40%被认为建筑质量非常高。

◆目前，只有19%的有儿童的公共住房住户的主要收入来源是社会福利。而在1997年，该比例高达35%。

从全国范围来看，1994年以来，有近27万个住房单元（相当于19%）被拆除。正如之前所述，这些住房大部分都是由规模较大、疏于修缮的项目开发的，所处社区犯罪率和贫困率较高。在许多城市，至少有15%的公共住房被拆毁。在希望六号项目下，一些城市拆除了绝大多数的高层及规模较大的家庭型公共住房。芝加哥就是第一个采取这样措施的城市，而且已被记录下来，供更多的城市借鉴（Popkin et al., 2000; Popkin & Cunningham, 2002; Popkin, Cunningham & Woodley, 2003）。随后，费城、堪萨斯、巴尔的摩以及其他众多城市纷纷效仿。表6.7显示的是1997年至2009年，37个城市公共住房数量变化情况。所有城市的公共住房数量都出现了下降，只有图桑是个例外。从总体上看，公共住房数量下降了18%；若不考虑纽约市，则下降了27%。有10个城市下降了至少40%。圣地亚哥几乎没有公共住房，但这并不是拆除，而且获得住房和城市发展部的批准，退出了公共住房项目。原住户得到了租房券，公共住房管理局被获准可以将原公共住房出租给收入更高的家庭（Sard & Fischer, 2008; Weisberg, 2007）。

表6.7　　1997年至2009年部分城市的公共住房数量的变化情况　　（单位：个）

公共住房管理局	总量 1997年	总量 2009年	增减 总量	增减 百分比（%）
圣地亚哥	1366	36	-1330	-97.4
堪萨斯	6195	1922	-4237	-68.8
孟菲斯	7090	3144	-3946	-55.7
底特律	8759	3978	-4781	-54.6
辛辛纳提	7666	3718	-3948	-51.5
印第安纳波利斯	3851	1870	-1981	-51.4
圣路易斯	6159	3180	-2979	-48.4
杰克逊维尔	4857	2650	-2247	-45.4
匹兹堡	9335	5135	-4200	-45.0
亚特兰大	14353	8076	-6277	-43.7
芝加哥	39833	23998	-15835	-39.8
达拉斯	6987	4369	-2618	-37.5
哥伦比亚	5318	3476	-1842	-34.6
巴尔的摩	18088	12911	-5177	-28.6
华盛顿	11788	8643	-3145	-26.7
洛杉矶	9226	6860	2366	-25.6
菲尼克斯	3464	2657	-807	-23.3
费城	21732	16702	-5030	-23.1
拉斯维加斯	2670	2056	-614	-23.0
西雅图	6669	5295	-1374	-20.6
圣安东尼奥	8086	6485	-1601	-19.8
路易斯维尔	5757	4771	-986	-17.1
密尔沃基	4753	4137	-616	-13.0
克里夫兰	11854	10412	-1442	-12.2
波士顿	12615	11098	-1517	-12.0
埃尔帕索	6375	5695	-680	-10.7
休斯敦	4085	3707	-378	-9.3
夏洛特	3939	3579	-360	-9.1
波特兰	2809	2575	-234	-8.3
迈阿密	10039	9243	-796	-7.9

续表

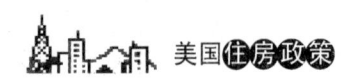

公共住房管理局	总量 1997年	总量 2009年	增减 总量	增减 百分比（%）
旧金山	6757	6249	-508	-7.5
明尼阿波利斯	6635	6187	-448	-6.8
丹佛	3664	3883	-219	-6.0
华兹堡	1415	1370	-45	-3.2
纽约	180000	179771	-229	-0.1
奥斯丁	1931	1929	-2	-0.1
图桑	1505	1535	30	2.0
总计	467629	83302	-84327	-18.0
		平均变化百分比（%）		-26.4
总计（不包括纽约）	287629	203531	-84098	-29.2
		平均变化百分比（%）		-27.4

资料来源：HUDUSER，2005；HUD，2009e。

芝加哥的公共住房改革计划。2000年，芝加哥获得联邦政府的特别批准，发行债券筹集资金，对所有高层家庭型公共住房进行为期10年（后延长为15年）的再开发。利用联邦公共住房补助款、希望六号项目基金以及其他资金来源偿还债券的本金和利息。在联邦政府的准许下，芝加哥于2000年2月启动了所谓的"改革计划"，将全市几乎所有高层多户公共住房和部分中低层建筑都拆除了。

芝加哥希望通过该计划的实施，到2014年建成或重建2.5万个公共住房单元。其中6000个单元将变成收入混合型住房——1/3是公共住房、1/3是获得其他项目（如低收入住房税收补贴项目）资助的住房、1/3是以市场价出租的自有住房。另外9400个单元将会改建成独立的公共住房。剩下的9500个单元则提供给老年人居住（Chicago Housing Authority，2005）。到2007年12月31日，芝加哥住房管理局已经建设或改建了16172个单元，完成了计划的64.7%（Chicago Housing Authority，2008）。

原先居住在公共住房的住户，假定签订了租约而且没有违反租约，则能够获得租房券，在私人市场上寻找住房，或搬入其他联邦资助的住房项目开发的住房中。公共住房改革计划称，"在1999年10月1日住在芝加哥住房管理局掌管的公共住房中的居民，如果在住房再开发期间依然遵守租约，那么就可以获得再开发或重建的公共住房"（Chicago Housing Authority，2005）。但是，对芝加哥公共住房再开发的研究显示，许多原住户没有资格申请再开发的住房，通常是因为没有完全遵守租约的规定，或是家庭成员有犯罪前科。[①]

6.6 本章小结

公共住房被实践证明是美国发展最为持久的低收入住房项目，虽然存在很多问题，其中包括建筑质量不达标、设计不合理、管理不善、设备维修和经营资金不足、贫困集中化等。但大多数公共住房项目还是提供了合适的住房。质量最差的公共住房如今大部分已经被拆除了，由收入混合型、分布较稀疏、设计标准高的住房所取代。而且，目前几乎很少公共住房位于极度贫困的社区。

公共住房长久发展的秘诀在于其公有性。与其他类型的资助住房不同，公共住房确保了住房永久地由低收入住户居住。而且与其他基于工程的资助项目不同，公共住房不需要续签补助合同，其所有者也没有权力把它转变为以市场价出租的住房。唯一影响公共住房持续性的因素是，其管理和治安手段落后，以及用于建筑更新修缮的资金匮乏。只要有足够的资源使公共住房保持良好的状态，能够支撑运营成本，那么公共住房能持续地为极低收入住户提供舒适的住房。但是，运营补助很少是全额发放，用于设施更新的联邦资金常常不足以支付住房的维护费用。

除了需要足够的资金投入和运营支持外，公共住房的另一大问题是关于那些因为住房再开发而被迫迁移的住户。相当大一部分住户没有资格申请收入混合型新公共住房，在租房券项目中又难以找到合适的住房，尤其是那些有犯罪记录、吸毒史或不良工作记录的住户更不可能通过新公共住房的审核程序，也不可能受到房东的欢迎。而且，很多居住在破旧公共住房的住户不遵守租约，有些人甚至没有签订租约，这使得他们根本无法获得任何搬迁补助。

[①] 城市研究院完成了几份关于芝加哥公共住房再开发的报告，并关注了其对居民的影响。其他相关资料参见 Popkin（2002），Popkin & Cunningham（2002），Popkin, Cunningham & Woodley（2003）。

很多公共住房的居民由于种种原因很难参与公共住房项目，这些原因包括家庭人口多、患有身体或精神疾病、教育程度低、有犯罪或吸毒史、工作经验少等。有些人认为公共住房的目标不应该是"解决这些问题人群的复杂需求"（Popkin，Cunningham & Burt，2005，p. 3；Fuerst，2003），而且这些问题人群中，有一部分还是公共住房社区内犯罪行为和秩序混乱的罪魁祸首。同时，正如波普金等人（Popkin，Cunningham & Burt，2005，p. 3）所说：

> 在破旧的公共住房中居住的大多数家庭都有孩子。新住房政策排斥这些问题最严重的家庭，会使那些孩子处于不利的成长环境。而且，考虑到联邦住房政策在导致公共住房破旧方面也难辞其咎，联邦政府和地方公共住房管理局应该在解决这些居民的问题上承担一部分责任。简而言之，如果我们希望为下一代人创造更好的环境，就应当采取有效的措施帮助这些居民摆脱困境。

最后需要指出的是，从20世纪90年代起，因为公共住房的推倒重建工程一般都是规模较小的收入混合型工程，公共住房的供应量已经不断下滑。虽然这些新公共住房往往提供了更好的居住条件，但其数量也大大减少，而且要获得这些住房也变得更加困难。假如这个趋势继续发展下去，最需要廉租房的极低收入家庭获得公共住房的机会将会越来越少。

第 7 章
联邦政府资助开发的私有租赁住房

20世纪60年代初至80年代初的近20年间,联邦政府资助开发了100多万套由私人机构拥有的中低收入租赁住房。与公共住房相比,首先,20世纪90年代末之前的公共住房是由公共机构拥有的,而这些住房则归属于私有的营利性和非营利性机构。其次,联邦政府对公共住房的资助是永久性的,但对于私有租赁住房,联邦政府只给予一段时间的资助,此后,将这些住房以市场价出租。因此,私有租赁住房面临的一个重要挑战是如何确保其一直让低收入家庭居住。本章对私有租赁住房项目进行了简要的介绍,并探讨了如何应对这个重要挑战。

7.1 抵押贷款资助项目

1961年肯尼迪政府上台后,联邦政府开始着手资助公共住房之外的其他类型的住房。虽然联邦政府计划修建更多的公共住房,但同时也致力于设立一个争议较少的资助项目。联邦政府非常关注那些收入高于申请公共住房标准,但又不足以在私人市场获得合适住房的家庭。而且,联邦政府也希望与私有机构合作,为营利性开发商和私人投资者提供优惠政策,鼓励其开发面向低收入家庭的廉租房。20世纪60年代初期的经济危机也促使政府启动新的住房项目,支持低收入住房开发被认为能够推动经济发展,尤其能够挽救濒临崩溃的建筑行业(Hays,1995, p.102)。

7.1.1 第221(d)3条款

1961年,肯尼迪政府设立了针对中等收入家庭的第221(d)3条款——低于市场利率项目。该项目要求营利性和非营利性开发商向私人放贷商申请由联邦住房管理局担保的、低于市场利率（通常为3%）的住房抵押贷款。随后，放贷商立即将这些贷款卖给房利美。通过这个项目，联邦政府向私人开发商提供了利率为3%的贷款，银行在此过程中充当了中介的角色，低于市场利率的贷款让住房所有者降低房租成为可能。据估计，"若市场利率为6.5%，那么利率为3%的贷款可以让房租减少27%"（Aaron，1972，p. 129）。

低利率项目主要面向不符合申请公共住房要求的中等收入家庭。而要参与低利率项目，家庭最高收入不得超过地区平均收入。房租则取决于工程预算，包括利率为3%的抵押贷款偿还、运营支出（例如，保养费、设施和税费）以及住房所有者6%的利润。项目开发商有的来自营利性机构，有的来自非营利性机构。其中，非营利性机构包括教会和一些之前未涉足租赁住房的开发和运营机构。

第221（d）3条款实施的时间很短，所开发的住房也很少，只有18.4万套（Aaron，1972）。在项目启动的第一年，联邦和地方政府在处理申请时出现了延误，导致项目进展缓慢。因此，到1966年，只完成了原定计划的7%（Aaron，1972，p. 229）。

低利率项目不得人心的主要原因有两个。首先，该项目给公众的印象（一些学者认为这种观点事实上是错误的；Aaron，1972）是只有中等收入人群中最富裕的家庭才能负担该项目的房租；而对于中等收入人群中收入更低的家庭而言，低利率贷款并不足以将房租降至他们所能负担的水平。正如海兹（Hays，1995，p. 103）所说："第221（d）3条款受到抨击的原因在于，它其实是在为那些收入高、本不应获得资助的人提供资助。"

其次，也是更重要的原因是该项目在财务上不可行。正如之前所述，低利率补助是通过联邦政府购买个人房贷实现的。而这些贷款的总额被计入购买当年的联邦预算中，即使联邦政府实际的补贴少于贷款总额。长此以往，随着借款人逐渐还清贷款的本金和利息，联邦政府的实际支出也会相应减少。但从会计学的角度讲，第221（d）3条款的成本是非常高的。

7.1.2 第236条款

1968年，约翰逊政府终止了第221（d）3条款，取而代之的是新利息补贴项目——第236条款。该条款是1968年《国家住房法案》中的一部分。与第221(d)3条款相似，第236条款通过降低借款人的债务负担，让中低收入家庭能够供得起房租。但差别在于，联邦政府并没有购买个人房贷，而是每年为开发商提供补贴，使得开发商只需偿还相当于利率为1%的抵押贷款。也就是说，该补贴等于市场利率抵押贷款与利率为1%的贷款的还款额之间的差额。

为了参与利息补贴项目，开发商必须向私人放贷商申请联邦住房管理局担保的住房抵押贷款（通常利率为7%），而联邦政府则会提供"降息"，帮助其支付绝大部分债务。从预算上看，这种每年进行补贴的项目使得第236条款的成本似乎比第221(d)3条款低得多，但实际上前者的公共支出比后者大得多。

由于第236条款提供的资助规模更大，它所资助的租赁住房的房租比第221(d)3条款低，让收入更低的家庭也能负担得起。在第236条款中，房租的高低取决于利率为1%的贷款、运营费用（例如，设施、劳动力、维修费等）和住房所有者6%的利润。住户支付的房租取"基本房租"调整后收入的25%（后上升到30%）中的较大值。运营费用的增加可能导致房租上涨，但上调房租必须得到住房和城市发展部的批准。

虽然所有收入不高于地区平均收入80%的家庭都具备申请项目的资格，即可享受利息补贴项目带来的低房租，但联邦政府还为有限数量的低收入家庭提供额外、更多的房租补贴（称为"补充性房租"）①，用以填补住户调整后收入的25%（后上升到30%）与基本房租之间的差额。后来，1974年颁布的《住房法案》授权住房和城市发展部发放房租补助款（Rental Assistance Payments，简称RAP），帮助低收入家庭支付基本房租（到20世纪80年代中期，大部分补充性房租和房租补助款都归入了第8条款的租房券项目）。

第236条款发展得非常迅速。在设立后的三年内，它所建造的住房就超过了第221(d)3条款的建造总量。第236条款的发展趋势在很大程度上得益于联邦税法的修改。修改后的税法允许加速计提折旧，因此减少了私人投资者应纳税的

---

① 1965年制定的租金补贴计划最初是用于补贴FHA担保的低收入居民，补贴弥补租户收入的25%与租金的差额。该计划实行之后，在第236条款中被延伸至低收入自置居者（Orlebeke, 2000; Weicher, 1980）。由于不受国会的欢迎，该计划在启动的5年后即被终止。计划曾覆盖了7.1万户住宅，其中大部分在之后被转入第8项计划中。

所得额,从而大大刺激了对租赁住房的投资［阿克坦布尔格（Achtenberg）在1989年详细阐述了1969年的税法改革,参见本书第4章对税收激励措施和租赁住房的讨论］。1973年,尼克松政府颁布法令,停止发放新住房补贴,终止了该项目;但对正在开发的项目则继续提供补贴,直至项目完工（Orlebecke,2000,pp. 500 – 502）。第236条款共开发了54.4万多套住房（Olsen,2001）。

7.1.3 第515条款

1962年,国会通过了针对乡村地区租赁住房的第515条款项目。该项目由农业部负责运营。① 第515条款为开发商提供为期50年、利率为1%的贷款。此外,获得贷款的所有项目中有75%还得到房租补贴,以确保低收入住户的房租不超过其调整后收入的30%（起初是25%）。与第236条款类似,该项目的房租也取决于运用费用和利率为1%的贷款的债务费用。虽然只有低收入家庭（收入不超过地区平均收入的50%）才能获得额外的房租补贴,但收入不超过地区平均收入80%的家庭都可以申请该项目。

第221（d）3条款和第236条款已经有数十年没有资助任何新的住房建设了,而第515条款目前还在运作,尽管资金大大削减。1979年至1985年是第515条款项目发展的巅峰时期,在此期间,平均每年的资金支出达到9亿美元。1995年以来,该项目每年的资金支出都没有超过1.84亿美元;1999年至2004年间则一直在1.15亿美元上下徘徊（Rapoza & Tietke,2004,2005,p. 2）;2007年和2008年,资金支出更是下降到7000万美元（Strauss,2009）。在巅峰时期,该项目每年资助开发的住房超过3.8万套;而2008年只有800套（Strauss,2009）。从项目成立以来,第515条款共资助建设了超过52.6万套的住房;2008年仍有44.5万套住房处于施工期。

7.1.4 项目绩效

在20世纪70年代的通货膨胀时期,油价飞速上涨,运营支出增长超过了住

---

① 最初,计划是由美国农业部的农村家庭管理局（FMHA）负责,现在由其继任机构——农村住房服务机构负责。

户收入增长，导致上述三个房贷资助项目都陷入了困境。于是，房租的攀升使得大部分租户都无力承受。许多项目在支付运营费用后没有足够的资金还贷，导致贷款违约。到 1975 年末，在第 221（d）3 条款和第 236 条款开发的共计 64 万套住房中，有 9 万套住房（占 14%）所在工程的开发商无力偿还联邦住房管理局担保的抵押贷款；其中包括 1/4 的第 221（d）3 条款项目和 1/10 的第 236 条款项目（Achtenberg，1989，p. 233）。第 221（d）3 条款和第 236 条款的失败不仅是"严重通货膨胀时期租户的收入和房租赶不上运营支出的迅猛攀升"的结果（Achtenberg，1989，p. 233），还揭示了一系列的深层次问题：

  项目的基本设计和激励机制以牺牲长期项目的稳定发展为代价，过于看重私人开发商和放贷商的前期利润和风险。通过有限责任制，开发商获得收益后随即将项目的风险转移给没有项目经营权的消极投资者。而最初的放贷商在一次性赚足安置费后，就将联邦住房管理局全额担保的贷款转给永久放贷商，从而避免了决策失误带来的损失。联邦住房管理局迫于 1968 年《国家住房法案》对住房建设量的要求，拒绝承担创造社会福利的新责任，往往不加仔细审查就批准贷款。如此一来，许多项目本身就是不可行的，其中很大一部分是缺乏经验的非营利性机构开发的项目。

为解决住房和城市发展部在这两个贷款补贴项目中住房所面临的财务困境，联邦政府采取了提供额外房租补助的措施。之前已经谈到，第 236 条款项目中有一部分住户获得补充性房租和房租补助款。1974 年，国会通过了第 8 条款贷款管理补贴项目（Load Management Set-Aside Program，简称 LMSA）。为改善低收入租户的现金流状况，减轻其高额房租负担，该项目补足了租户收入的 25%（后提高到 30%）与房租之间的差额。对于这两个贷款补贴项目开发的住房而言，只要如期还贷，就可以获得第 8 条款贷款管理补贴项目提供的补贴。

国会还设立了另一个项目——第 8 条款住房处置项目。该项目中的住房是指因违约已取消抵押品赎回权或已被住房和城市发展部收购的住房。第 221（d）3 条款和第 236 条款资助的大多数工程都或多或少得到第 8 条款的资助——有些工程只获得对部分住房的资助，有些则获得对全部住房的资助。2001 年，前两个项目中现存的单位中有78%得到第8条款的资助（Millennial Housing Commission, 2002, p. 108）。而为了获得资助，住房所有者必须放弃提前还清由联邦住房管理局担保的房贷，并承诺将住房租给低收入者的时间再延长15年。

20世纪70年代和80年代，第515条款资助的很多乡村项目都面临类似的压力。为此，国会针对低收入住户设立了一个新的住房资助补充项目——第521条款项目，填补了住户调整后收入的30%与房租之间的差额。另外，位于城区的项目也符合第8条款项目的要求。到2004年，第515条款项目的所有工程中有超过75%还得到了第521条款或第8条款的资助（Rapoza & Tietke, 2005, p. 2）。

7.2　第8条款新建和重大修缮项目

1974年，联邦政府采用了一个不同的方法来资助私人所有的低收入住房。由于只进行利息补贴在帮助低收入家庭和适应经济状况的变化上存在局限性，于是华盛顿设立了第8条款新建和重大修缮项目来资助低收入住房，不仅更加灵活，而且规模更大。该项目不对工程的贷款利息进行补贴，而是直接为租户提供房租补贴。

简而言之，开发商可以选择市场利率或低于市场利率的贷款（通常从地方住房融资机构获得）。而无论采用哪种融资方式，第8条款都向租户支付公平市值租金与其收入25%（后提高到30%）之间的差额。与公共住房一样，房租也随着收入的变化而变化。但区别在于，联邦补助也随之进行调整。开发商可以选择工程中任何数量的住房参与该项目，一些住房则可以以市场价出租。

除房租补贴之外，第8条款项目还允许低收入住房开发商和投资者加速计提折旧，从而减少联邦所得税（详见本书第4章）。

第8条款新建和重大修缮项目所提供的房租补贴和税收优惠数额庞大，对开发商和投资者非常有吸引力，但其发展速度不如第236条款。到1980年，该项目已经开发了30多万套住房。里根政府于1983年终止了该项目。该项目所有工程完工时，共计资助了超过85万套住房的建设或修缮（Olsen, 2001；National Housing Trust, 2004a）。

第8条款新建和重大修缮项目的成本非常高，其开发和运营支出也相当大。

只要公平市值租金超过还贷额和运营支出，带来部分利润，开发商就不太愿意控制成本。20世纪70年代和80年代初，利率上升增加了项目成本。该项目的建筑质量通常比同一社区的其他住房更好。例如，周边建筑没有电梯，该项目则有电梯。通过房租的"年度调整系数"，第8条款新建和重大修缮项目的高房租状况一直持续下去。每年的房租乘以住房和城市发展部公布的系数就得到下一年度的房租额。占所有第8条款项目住房一半的老年住房的房租也相对较高，这是因为老年住房的房租包括了很多社会服务费用（Smith，1997，p. 153）。①

7.3 保护的挑战

第221（d）3条款、第236条款、第515条款及第8条款项目所提供的资助都是短期的，其中第221（d）3条款、第236条款、第515条款项目所提供的贷款利息补贴到还清联邦担保的贷款为止。第8条款则通过签订合同提供房租补贴，合同到期后需要续签。换句话说，保护联邦资助的私有租赁住房面临两个挑战——偿还联邦担保贷款（或提前还清）以及第8条款合同的到期。由这些项目开发的数十万套住房已经以市场价出租，剩余几十万套住房的处置方式尚未确定（Finkel, Hanson, Hilton, Lam & Vandawalker, 2006; Gao, 2007; National Housing Trust, 2004a, 2004b, 2004c）。

在讨论这一保护问题时，通常将住房分为"老资助房"（由第221（d）3条款、第236条款项目开发的住房）和"新资助房"（由第8条款新建和重大修缮项目开发的住房）。对老资助房的保护涉及两个方面的重要问题：联邦担保贷款的偿还（或提前还清）和部分住房房租补贴合同的到期。对新资助房而言，最重要的是第8条款房租补贴合同到期。虽然第515条款资助的乡村住房与住房和城市发展部资助的城市住房面临相似问题，但将两者分开讨论更方便。

---

① 在1978年，国会制定了另一个基于项目的第8项适度翻修计划。如其名所示，该计划是为"需要维修但不用大修的单元"所设计的（Jacobs, Hareny, Edson & Lane, 1986）。计划在1991年被修改，只适用于无家可归者的庇护所修缮。该计划只覆盖了不超过5万户住宅，远未达到其他第8项计划的规模。

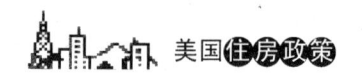

7.3.1 老资助房

虽然第 221（d）3 条款、第 236 条款项目开发的住房贷款期限通常是 40 年，但是两个项目不允许住房所有者在 20 年后还清贷款并将住房以市场价出租。在某些情况下，住房所有者有足够的动机这样做。首先，如果在 20 年内住房价值得到增长——尤其是住房所处地理位置较好时——提前还清贷款可以让住房所有者获得可观的利润。史密斯研究发现，在现存的老资助房中，大多数房租比公平市值租金低 10% 至 20%。

其次，20 年后，租赁住房已不能带来税收优惠（加速折旧），住房所有者需要对所有收入纳税。阿赫腾伯格认为："随着定期偿还房贷本金上升——这部分资金属于应纳税所得额——很多住房所有者发现支持的税额超过其从项目中得到的有限分红。这一问题促使他们提前还清贷款或进行再贷款或将住房以市场价出租。"

但并不是所有住房都能提前还贷。当住房所有者接受第 8 条款提供的房租补贴来改善现金流、避免贷款违约时，他们就必须推迟提前还贷的时间。2006 年第 221（d）3 条款和第 236 条款资助的 50 万套住房中有 43.2 万套获得第 8 条款的资助。[①]

到 20 世纪 80 年代早期，第一批由第 221（d）3 条款和第 236 条款开发的住房能够开始提前还贷。到 2002 年，953 个开发工程中有 110132 套住房因为提前还贷而不再享受房租补贴（National Housing Trust，2004b）。这些住房的平均房租也随之上升了 57%（Achtenberg，2002，p.3）。[②]

除了提前还贷问题，老资助房的廉价性也因为 40 年房贷到期而受到威胁。在全国范围内，1835 万套由第 221（d）3 条款、第 236 条款开发的住房中，共有 196342 套住房将在 2003 年至 2013 年间到期（GAO，2004，p.9）。目前，联邦政府并没有表示要"在房贷到期、房租限制取消时让租户免受房租上升的影响"

---

① 由于第 236 和 221（d）3 条款、未纳入第 8 条款补贴的完整数据没有得到，该数值是近似值。
② 另一份调查估计超过 1800 笔补贴贷款和 13300 个单元的业主曾在 2004 年提前偿付过补贴贷款。这些房产中有 1/3 构成了 40% 的接受第 8 项计划的租金补贴（Finkel et al.，2006）。

(GAO，2004，p. 15）。

联邦政府担保的抵押贷款到期和提前还清并不是保护老资助房所面临的唯一问题，还有房租补贴合同到期问题。如前所述，大约80%的老资助房（87%的第236条款项目住房和51%的第221（d）3条款项目住房）获得第8条款的额外资助。这些资助始于20世纪70年代，目的是避免住房贷款违约，也帮助低收入住户分担不断上涨的房租。老资助房的房租通常比新资助房（第8条款新建和重大修缮项目住房）的房租低。如此一来，第8条款补贴合同到期时，住房所有者极有可能退出项目，将住房以市场价出租。据美国住房信托估计，从1995年到2003年，第8条款资助的住房总量减少了近20%，主要是因为住房所有者在第8条款房租补贴合同到期时选择退出（National Housing Trust，2004d，p. 9）。

7.3.2 新资助房

国会在1974年启动的第8条款新建和重大修缮项目中允许开发工程获得为期20年至40年的房租补贴。这些补贴合同续签相应成为联邦政府的主要预算问题。很多第8条款项目的房租起初偏高，其增速也逐渐高于市场租金。第8条款项目住房租金每年都统一根据由住房和城市发展部公布的年度调整系数进行调整，通常高于周边住房租金的增长幅度。

年度调整系数是根据整个都市区的房租变化来计算的，但是没有获得资助的私有市场房租则只反映社区的情况。特别是当第8条款项目位于落后的低收入社区或城市远郊地区时，社区市场房租的上涨幅度往往只占都市区整体涨幅的一部分。第8条款住房的平均房租比地区公平市场房租高30%（Smith，1999，p. 151）。

第8条款项目填补了公平市值租金与租户收入之间20%的差额，房租上涨意味着补贴支出的增加。住房和城市发展部为了解决续签第8条款合同的高额费用问题，最初采取的措施是缩短合同期限。一开始缩短到5年，后来又缩短到1年；联邦政府通常在不到12个月的时间里要求续签合同（Rice & Sard，2009）。通过缩短合同期限，联邦政府减少了续签合同对联邦预算的影响。与一次性计入为期20年至40年的补贴支出相比，短期合同使得联邦政府的账目补贴支出减少了。随着越来越多原本长期的合同到期，短期合同也开始到期，续签合同的费用猛涨，几乎花费了住房和城市发展部的全部预算。如果不能续签这些到期的合同，将会有不计其数的贷款出现违约，进而导致丧失抵押品赎回权，也将会有无数开发商因此向住房和城市发展部索要住房担保赔偿（Achtenberg，2002，p.4），这时候就需要联邦政府进行干预。

7.3.3 物质保护需求

维持低收入住房的廉价性不只是唯一的挑战。缺乏周期性的投资来更新住房设施，资助住房像所有其他类型的住房一样将会变得越来越差。包括新屋顶、新窗户、新供热系统等设施通常靠专门的储备资金资助。该储备金一般是项目预算的一部分。每年，第221（d）3条款和第236条款住房房租上升通常需要住房和城市发展部的批准。这使得保持房租尽可能低而让中低收入住房者能承受的目标，与为了支付必需的设施更新而所需的资金之间出现了冲突。戴维·史密斯（David A. Smith）写道：

> 为了保护住户而限制房租的预算本身在廉价性和房地产市场活力（必要时提高房租）之间存在矛盾。住房和城市发展部往往通过降低房租来解决这个问题（成效甚微），从而减少住房所能获得的资金。住房和城市发展部还明确鼓励推迟对住房的再投资。时间一长，得不到必要维修的住房的市场竞争力自然就下降了（Smith，1999，p.146）。

过分强调限制房租造成了相当大的资金需求短缺。例如，一项对大约一半通过抵押贷款补贴项目获得资助的工程的调查显示，他们用于设施更新的费用共计6.06亿美元。但他们可用的储备金总额仅为0.75亿美元（Achtenberg，1989，p.240）。最近一项研究发现，1995年老资助房平均设施更新的资金缺口为每套3029美元，其中有15%的缺口超过7500美元（Finkel, DeMarco, Morse, Nolden & Rich, 1999, pp.2-5）。

从理论上说，第8条款新建和重大修缮项目的资助体系允许开发项目积累足够的储备金来满足其设施更新需求。该项目的房租起初是根据不同地区的公平市值租金确定，随后每年以年度调整系数为参照标准进行调整，所以其房租应该能够提供足够的收入用于储备金的积累。事实上，第 8 条款的大部分项目都运作良好。1995 年，65% 的项目资金缺口不到每套 1500 美元，而老资助房的资金缺口比例为 42%（Finel et al.，1999，p.2-5）。

但是经营不善和已经陷入困境的第 8 条款项目也不在少数，其原因通常是住房所有者无法筹集用于设施更新的资金。1995 年，9% 的新资助房的资金需求缺口在每套 7500 美元以上。第 8 条款住房资金需求缺口平均达到每套 3214 美元——比老资助房少接近 20%（Finel et al.，1999，pp.2-5）。

7.3.4 第 515 条款

由针对乡村租赁住房的第 515 条款项目开发或修缮的住房的保护需求，与联邦住房管理局抵押贷款利息资助项目开发的住房类似。与第 221（d）3 条款和第 236 条款项目一样，住房所有者可以通过提前还贷退出项目，将住房以市场价出租。第 515 条款住房同样需要资金进行修缮。

虽然 1979 年至 1992 年间，国会为了阻止住房所有者通过提前还贷退出第 515 条款项目，出台了一些激励政策，但还是有很多住房所有者选择了退出。到 2009 年，约 6.5 万套住房通过提前还贷脱离了该项目。据估计，剩下的住房中有 10%～25% 可能会提前还贷（ICF，2005；Fisher，2005；Housing Assistance Council，2009）。① 这些住房最有可能位于快速发展的都市区边缘，而这些地区正面临城镇化的趋势。第 515 条款项目使开发商在法律上取得了多项权利，不仅有权提前还贷，或者在不能提前还贷的情况下有权索偿（T. Thompson，2005）。如此一来，少部分通过以市场价出租住房的房主很可能选择提前还贷退出项目。

但是，第 515 条款的绝大多数住房不能转变为以市场价租赁的住房。这些住房或者面临需求不足的情况，或者房主没有足够的资金提前还贷。对其进行保护所面临的最重要挑战是住房老化和质量下降。2004 年，近 2/3 的住房已有 15 年历史，"它们的主要基础设施已接近报废，需要修护或更换"（Rapoza & Tietka，2005，p.4）。但是，许多房主无法负担设施更新的费用，需要额外的资助，他们

---

① 10% 的估计值来自由美国农业部发布的报告；25% 的数值来自审计局在 2002 年公布的研究（Fisher，2005）。

的房租收入太低，无力支撑能满足其资金需求的抵押贷款（Rapoza & Tietka，2004，2005）。

此外，第515条款的大部分项目规模都比较小（平均为25套住房），因此很难吸引新的投资者。因为出售项目带来的"影子收入"① 所需缴纳的税款大大超过住房的资产净值，最早的投资者既不愿出售项目，也无力支付必要的设施更新费用，因此，很多住房的质量状况变得越来越差（Rapoza & Tietka，2005，p.5）。

7.3.5 联邦政府采取的应对措施

联邦政府曾经数次试图保留这些私人所有、获得资助、针对低收入住户的租赁住房，并在房主将住房以市场价出租之后努力减轻低收入租户的负担。但各项政策实施的力度不同，成效也不尽相同。

老资助房。对这类住房的保护始于20世纪80年代中期。当时，由这三个抵押贷款利息资助项目开发的住房刚开始能够提前还贷。1987年的《低收入住房紧急保护法案》以及1990年的《低收入住房保护及居民自有房法案》"有效地抑制了提前还贷，并通过联邦支出，为住房所有者提供公平市场价值的激励因素，从而将廉租房的期限延长了20至50年"（Achtenberg，2002，p.2；National Housing Trust，2004a；Weiner，1998a，1998b）。这两部法案覆盖了近10万套住房（Achtenberg，2006）。

《低收入住房紧急保护法案》及《低收入住房保护及居民自有房法案》仅实施了几年。1996年，为将住房转变为市场价租赁住房，一些资助住房的所有者提起了一系列诉讼。于是，国会恢复了提前还贷的权利并取消了所有联邦保护资金。国会的重心不再是保护这些20世纪60年代和70年代资助项目建设的住房，而是在房主提前还清贷款，将住房以市场价出租之后，让低收入住户依然能够负担得起房租，而最重要的实现方式就是高级租房券。

通过高级租房券，住房和城市发展部希望在房主提前偿清贷款，并将房租提

---

① 影子收入是指贷款摊销和折旧抵税额，因为即使并未给业主带来实际的收益，它们仍被认定为是收入。

高到市场价时，让住户能够承担新房租，从而仍然留在原来的房子里。高级租房券与普通租房券（在本书第 8 章将会详细介绍）的相似之处在于，它们都填补了租户收入的 30% 和房租之间的差额。但是普通租房券通常只限于低收入住户，不能用于房租超过地区公平市值租金的住房，或是基于公平市场的"费用标准"的住房。但高级租房券可适用于收入更高的住户，而且不受公平市值租金的限制。无论房租有多高，它所支付的都是租户收入的 30% 与实际房租之间的差额。假如租户迁出了，那么该租房券就不再是高级租房券了，不能用于高于公平市场房租的住房。到 2003 年，约有 64380 个租户在房主提前还贷后获得了高级租房券（National Housing Trust，2004a）。

虽然高级租房券使得租户免于搬迁，但从长期来看，并不能阻止资助房数量的减少。当租户搬出后，房东可以收取任意数额的房租，只要市场能够接受。此外，高级租房券项目的期限需要通过国会批准。2005 年，国会曾考虑修改高级租房券项目，将其最长有效期缩短为 1 年，此后就转为普通租房券；但如果房租超过租房券的支付标准，则住户必须搬迁（National Low Income Housing Coalition，2005c）。虽然该议案最终被否决，但是也反映出高级租房券的缺陷。

连接市场。为了保护第 8 条款合同即将到期的住房，联邦政府采取了不同的策略。如前所述，很多第 8 条款项目房租通常高于同一社区的其他租赁住房。保护住房面临的最大问题是如何在续签补贴合同时不加重联邦预算负担，又使房主免于贷款违约。将联邦资助提高到现有水平在政治上是不可行的，但是在其他条件不变的情况下，仅削减这些资助，房主很难承担住房的运营支出（其中包括抵押贷款定期还款额）。当住房获得的是由联邦住房管理局担保的抵押贷款时——实际上很多第 8 条款项目都获得了这类贷款——这将直接导致财政部财政支出的损失。

1997 年，国会启动了连接市场项目来维持针对低收入家庭的第 8 条款住房的廉价性。根据计划，该项目将在 2006 年年底，即在所有第 8 条款合同到期时终止。项目要求房主将租金降至与社区相同的水平（这种租金称为"社区房租"），如此一来，必定会减少用于还贷和支付运营支出的收入。

为了使项目不至于无法还贷，连接市场项目允许重新构建住房信贷体系。原来的抵押贷款可以通过再融资变为两项贷款。第一个抵押贷款数目由房租降到市场普遍水准后产生的运营净收入决定。第二个抵押贷款则是住房负债总额和第一个抵押贷款之间的差额,由联邦政府发行(美国住房和城市发展部),房主不需要支付利息,除非住房能产生超额利润。实际上,连接市场项目减少了房主的抵押贷款定期还款额,使得降租成为可能(Achtenberg,2002、2006)。

抵押贷款被重新调整后,参与连接市场项目的住房所有者必须同意续签第8条款合同达8年之久——虽然未来的补贴将由联邦政府拨款决定。如果第8条款补贴不到位,该住房仍然必须保持低收入家庭能承受的房租(Achtenberg,2002,p.5;Hilton et al.,2004;Smith,1999)。

除了减少抵押贷款偿债费用外,连接市场项目下进行的债务重组还为必要的设施更新提供了资金。住房和城市发展部支付获得批准的修缮费用的80%,同时允许住房所有者和购买者在7年至10年内用运营利润支付剩下的20%(Achtenberg,2002,p.18)。当非营利性机构同意购买已申请连接市场项目重构的住房时可获得其他激励。

具有讽刺意味的是,连接市场项目通过的时候正是国内很多地方租赁住房市场最火爆的时候。如此一来,第8条款征收的很多房租不再远远超过地方房租,在某些地方甚至等于或低于周边地区的房租。这意味着第8条款住房的所有者若想继续参与项目,不一定要进行抵押贷款结构重组。事实上,他们可以承受减少的房租而无须进行债务重组。

不是所有接受第8条款补贴的开发项目都符合申请连接市场项目的要求。在第202条款项目下为老年人开发的工程(将在本书第10章中讨论)和由第515条款项目资助的乡村地区工程,以及乡村住房服务中心进行的其他项目都被排除在连接市场项目之外。此外,由州住房金融机构融资,而且没有联邦住房管理局担保的工程,以及第8条款合同到期的项目也被排除在外。

另外,连接市场项目不一定总是能完成整个程序。负责项目的政府机构可以判断住房质量状况是否恶化,通过融资进行维修并不是有效的方式;它还可以判断住房所有者的经营能力太差因而不能获得额外的资助。这些"不合格"的所有者不能进行抵押贷款重构,除非同意出售住房。最后,住房所有者可以拒绝完成连接市场重构(National Low Income Housing Coalition,2004)。

到2003年7月31日,共有2416个工程开始连接市场,占由联邦住房管理局担保的第 8 条款项目总数的 27%。据估计，到 2006 年年底，即项目结束时，另外将有 1000—2000 个项目进入该程序（Hilton et al.，2004，p. ix）。所有在 2003 年 7 月 31 日之前加入的工程中，有 1187 个工程（占 49%）已经完成了整个程序。在这些项目中，大约 2/3 进行了抵押贷款重组，其余 1/3 则没有（例如，它们仅通过连接市场项目降低了房租）。大约 1/4 进入连接市场程序的住房没有完成标准程序。这些项目不包括不满足项目要求的住房，所有者拒绝执行程序的住房，以及被列入"待定名单"的住房。

被列入"待定名单"的住房获得与通过连接市场项目减租类似的对待。虽然执行连接市场项目的机构希望这些房产通过降低房租而不进行贷款重组，财务上可行，但他们担心这些房产在降低房租后可能在经济上无法立足。因而，被列入"待定名单"的住房被允许延缓进入贷款重组程序（Hilton et al.，2004，p. x）。剩下的 25% 在 2003 年 7 月 31 日前进入连接市场程序的住房还没有完成整个过程，这些项目中超过 95% 将获得"完整"处理。对连接市场项目的一项评估预测显示，该项目将会在 20 年内为联邦政府节约 8.31 亿美元（Hilton et al.，2004，p. xli）。[①]

盯市。1999 年，联邦政府设立了盯市项目。上面提到的连接市场项目主要关注房租远高于居住区标准的住房，而盯市项目则关注房租低于市场水平的住房。这些住房包括：最初获得第 212（d）3 条款和第 236 条款资助，还得到第 8 条款额外资助的工程开发的住房。这些住房一般远离廉价住房市场，因为所有者如果拒绝续签第 8 条款合同，就能把房租提高至市场水平。

盯市项目允许资助住房的房租提高到与市场房租的同等水平——最高不超过公平市值租金的 150%，在获得住房和城市发展部的批准时，还可以提高到更高水平。参与项目的工程必须承诺至少在 5 年内不退出项目（也可选择永久参与项目）。但合同到期时，房主并没有义务续签第 8 条款合同，正如阿赫腾伯格（Achtenberg，2002，p. 10）所述，"使得盯市项目作为保护低收入住房的手段的价值仅存续 5 年"。

[①] 关于盯市的设计、运行和影响的具体内容，参见 Hilton et al.（2004），对迄今为止的计划有完整的评估。

另一个类似的项目是紧盯预算，该项目允许非营利性机构的所有住房在项目需要的情况下，将房租提高到市场水平（最高值为公平市值租金的150%，而且在获得住房和城市发展部批准时，可以提高到更高的水平，Achtenberg，2002，p.10）。该项目可帮助非营利性机构收购第8条款工程或为非营利性机构即将收购的项目整修融资。①

其他保护措施。除了高级租房券、连接市场和其他相关项目外，联邦政府还提供了一些其他类型的保护措施，特别是对第236条款资助的工程。降息支付保持/允许脱离现有的和新的第236条款住房所有者重新融资其受联邦住房管理局担保的抵押贷款，同时继续获得降息支付，该服务用于资助最初抵押贷款的定期还款额。从保留降息支付中获得的收入可用于任何目的，包括建筑设施的改进。再融资后获得的降息优惠期限为首次贷款的剩余期限。作为交换，住房所有者必须同意在抵押贷款最初的期限到期后继续在5年内使项目服务于中低收入住户（Achtenberg，2002，pp. 12 - 15；National Housing Trust，2004a）。

另一项对第236条款工程的保护措施是保留"超额收入"。"超额收入"是指房租中超过根据利率为1%的贷款计算的"基本房租"的差额。之前，如果住户根据指定的收入比例（现在为30%）缴纳的房租超过了预算所需的基本房租，其差额必须上交给联邦政府。如今，房主可以保留这部分超额收入，支付住房修缮费用和其他费用（National Housing Trust，2004a）。

第515条款。虽然由第515条款资助的乡村住房和住房和城市发展部资助的城市住房面临类似的问题，但直到2005年，联邦政府才启动类似的项目以满足这些需求。而此前，并没有设立连接市场等类似的项目解决乡村住房保护问题。几乎所有用来保护乡村住房廉价性、经济可行性的项目仅局限在各州和各地方，而且通常都是与非营利性组织进行合作。

例如，至少8个州明确将保护乡村住房作为分配低收入住房税收补贴的重点。其余超过35个州还预留部分税收补贴用于城市和乡村住房的保护（Reiman，2005，p. 28；Bodaken & Brown，2005；Chase & Gravies，2005）。

2005年，国会向几项旨在保护低收入乡村住房（包括租赁住房和自有住房）

---

① 关于盯市、标高至市价、标高至预算计划的具体内容，参见 Achtenberg（2002，2006）。

的试点项目拨款，其中包括多户住房保护重建试点项目（Multi Family Housing Preservation Restructuring Demonstration Program）。该项目向第515条款项目下质量出现严重问题的租赁住房更新改造提供资金支持。在该项目推行的前两年，共资助了178个项目、大约5000个住房单元的更新（Anderson，2007）。而另一个试点项目，乡村服务（Rural Services）则通过之前获得批准但未拨款的租房券项目，保护租户免受第515条款提前偿还要求的影响（Thompson，2007，p.4）。与改进的租房券项目（面向住房和城市发展部资助的住房，住户需要提前偿还贷款或退出第8条款项目）类似，该项目让租户能够继续居住，即使住房所有者将租金提高到公平市场的水平之上。对于2008年和2009年提出的类似法案，国会经研究后并没有通过。

7.4 私人所有资助住房概述

截至2007年，获得联邦政府资助的私人所有住房总量达到180万套，其中约有3/4是由住房和城市发展部资助的项目开发的，1/4则是由乡村住房服务中心开发的。表7.1显示，这些住房中绝大部分获得第8条款或第512条款的资助。早期项目（第236条款）资助的工程占28%。后期项目（第8条款新建和重大修缮项目）提供的资助相对更多，其资助的工程占46%。

遗憾的是无法获得关于这类住房住户的社会经济特征和其他特征的最新信息。从表7.2中可以看到，2008年第8条款基于工程的项目和第511条款资助开发的住房的住户的相关数据。私人所有住房的住户的收入比其他联邦政府资助的住户更低。这意味着两个项目的住户收入低于11000美元，处于贫困线以下。第8条款中2%的住户和第511条款中5%的住户的收入超过地区平均家庭收入的50%。该表还显示许多住户都是老年人。第8条款中超过40%的户主，以及第511条款中60%的户主年龄都超过61岁。此外，很大一部分户主还是残疾人。从表中还可以看出，第511条款的住户主要是白人，而第8条款中白人不到一半。造成这种差异的原因在于第511条款是针对乡村地区的。

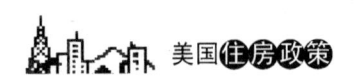

表 7.1　　　　　　　2006 年 9 月不同项目下私有租赁住房概况

	住房数量（套）	占总量的百分比（%）
美国住房和城市发展部项目		
第 236 条款、第 8 条款和其他房租补贴（2006）	432668	24.1
第 236 条款，不包括房租补贴（2007）	65755	3.7
第 236 条款小计	498423	27.8
第 8 条款新建和重大修缮项目	825097	46.0
第 8 条款一般性修缮项目（2009）	24931	1.4
第 8 条款小计	1348451	75.2
美国住房和城市发展部项目总计	1282696	71.5
乡村住房服务项目		
第 515 条款、第 521 条款和第 8 条款房租补贴（2008）	333750	18.6
第 515 条款，不包括房租补贴（2008）	111250	6.2
乡村住房服务项目总计	445000	24.8
总计	1793451	100.0

注：包括房租资助和第 236 条款房租资助项目。

资料来源：Section 236 with no rental subsidy：Committee on Ways and Means, 2008 & HUD, 2008：406；Section 236 with rental subsidy & Section 8 NC/SR：unpublished data from National Housing Trust；Section 8 Mod Rehab：HUD, 2009e；Section 515：Unpublished data from Housing Assistance Council。

表 7.2　　　2008 年居住在获得基于项目的第 8 条款和第 515 条款资助的
住房住户的相关数据

	基于项目的第 8 条款	第 515 条款
收入水平（%）		
极低收入（低于地区平均收入的 30%）	77	NA
很低收入（地区平均收入的 30%—50%）	19	93
低收入（地区平均收入的 50%—80%）	1	5
高收入（不低于地区平均收入的 80%）	1	1
平均家庭收入（美元）	10651	10921
收入来源（%）		
工资薪金	24	NA
养老金	10	NA
社会保障	46	NA

续表

	基于项目的第 8 条款	第 515 条款
补充社会保险收益	24	NA
社会福利	9	NA
种族（%）		
白人，非拉美裔人	46	72
黑人，非拉美裔人	34	18
拉美裔人	13	8
亚裔人/太平洋岛屿人/美洲印第安人	5	2
其他	2	0
住户类型（%）		
残疾人，不到 62 岁	17	NA
老年人，至少 62 岁	42	60
其他有子女的家庭	42	NA
户主的平均年龄（岁）	54	NA

注：包括极低收入住户和很低收入住户。

资料来源：Unpublished data from HUD（TRACS report），Davis，2009。

7.5 本章小结

除第 515 条款项目外，本章讨论的其他任何项目在过去 10 年内都没有建设任何住房。[①] 而且这些项目的存续时间都不超过 10 年。但是它们背后的含义是当前关于住房政策争论的焦点。新近项目开发的住房也遇到了由第 221（d）3 条款、第 236 条款和第 8 条款开发的住房类似的问题，例如低收入住房税收补贴和联邦综合补助款。

---

① 尽管华盛顿决定终止 1983 年的第 8 项 NC/SR 计划和 1991 年的第 8 项适度翻修计划，政府允许地方住房管理机构自己设计一定比例的住房消费券用于特定房产。大约从 1991 年到 2001 年，住房和城市发展部允许住房管理机构将最高至 15% 的消费券补贴资金用于个人房产。然而，在 2001 年该选择权修正前，很少有 PHAs 使用它。现在，PHAs 可以分配高达 20% 的消费券补贴资金到基于项目的援助上。然而，不像基于项目补贴的计划，一个房产中不超过 25% 的单元可以接受基于项目的消费券，除非受帮助的单元有老年人家庭或是残疾人家庭。若一户接受援助的住户搬出，他/她能收到租房消费券，而原先的单元可接受新的基于项目的消费券。详细内容参见 Sard（2001）。

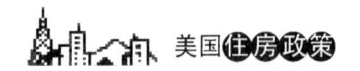

结论部分将阐述 20 世纪六七十年代住房项目曾面临的最突出问题，其中包括：对有时限的补贴合同进行续签的困难；使营利性开发商和投资者加入到开发和维护低收入住房中；非营利性机构作为低收入住房经营者的优势和局限性；抵押贷款和其他力度更小的补贴项目的不足；偏向于某些类型的补贴的财政预算原则所发挥的作用。

旨在吸引私人投资者参与的联邦住房项目几乎总是包含一定数量的面向低收入者的住房。投资者通常有权在一定年限后将住房以市场价出租。当房租补贴合同到期后，必须有资源和政治意愿去续签。保护有时间限制的低收入住房所面临的财政困难及其他问题表明，假如住房在私人市场上利润更高，要阻止房主提前还贷或促使他们续签第 8 条款合同并非易事。如果联邦政府不断提供新的住房补贴，就可以避免这些问题——当然不包括退出项目的低收入住房住户——因为补贴住房的整体供应至少会保持稳定。

但是，联邦政府对于补贴住房开发的承诺非常不稳定。20 世纪 80 年代以来，通过联邦资助直接建设的住房少之又少。如此一来，现有的补贴住房资源就变得非常宝贵。对于有时限的低收入住房保护并不局限于本章所讨论的项目。低收入住房税收补贴——目前尚在运作的最大低收入租赁住房补贴项目——最初要求参与项目的工程在 15 年内保持廉价性（特殊情况除外）。虽然随后的法案延长了该期限，但还是不能确保所有工程始终保持廉价性（详见本书第 5 章）。

低收入住房最初的补贴期限到期后能继续保持廉价性的困难在于，受利润驱使的开发商和投资者与政府的目标并不相同。税收和其他激励机制能使低收入住房对私有投资者有吸引力，从而为开发项目创造资本金，减少直接联邦支出。而且，通过与私有开发商和投资者合作，联邦政府还获得了除政府部门和居民之外的支持者。获得资助的低收入住房在国家和州政策中几乎总是被忽略，来自商界的支持可以发挥很大作用。

但是，私人开发商和投资者更关心的是通过建设补贴住房带来的收入和税收优惠。他们总是更看重项目开发前期的短期收益。随着时间的推移，投资者对补贴项目的兴趣将会越来越低。而且，当项目限定的廉价期接近尾声时，如果他们认为将住房以市场价出租会带来更大的经济收益时，他们保持住房廉价性的动力就更弱了。

第 7 章　联邦政府资助开发的私有租赁住房

第 221（d）3 条款、第 236 条款和第 8 条款标志着非营利性机构可以参与到联邦政府资助的多户住房开发中。①但是这些机构的绩效往往不尽如人意。很多非营利性机构，如宗教组织和社会服务机构，在住房领域没有任何经验。经验和资源的缺乏往往导致其开发的住房失败率极高（Achtenberg，1989；Hays，1985）。很多参与这些项目的组织没有再次尝试开发其他住房项目。

但是，整个非营利性机构并没有退出住房领域。新一代的非营利性住房机构在 20 世纪 70 年代后期出现，开始开发和经营低收入住房。这些机构没有像早期机构那样经历大规模的失败（详见本书第 9 章）。

抵押贷款补贴项目告诉我们，仅为低收入住房提供开发补贴是远远不够的。公共住房也是如此，公共住房项目的假设前提是，如果政府补贴开发费用，那么房租收入应该能支付运营支出。第 221（d）3 条款、第 236 条款和第 515 条款希望通过补贴一部分开发费用，让中低收入家庭也能承受房租，当租户收入和房租与运营开支变化方向一致时，成本补贴才能真正发挥作用。但是，当运营开支涨幅高于租户收入时，住房将陷入困境。如果房租随着运营支出的增加而上涨，租户用于房租的支出将超过其承受能力。如果房租与租户收入大致持平，那么住房的质量状况很可能恶化。以抵押贷款补贴项目为例，20 世纪 70 年代通货膨胀时期，很多工程面临困境，出现了许多贷款违约问题。成本补贴项目的另一局限性在于，无论住户的收入和需求是否存在差异，他们获得的补贴都是相同的。换句话说，在成本补贴项目下，房租通常都是固定的，无论租户的实际收入有多高。因此，假如通过补贴将房租从每月 750 美元降至 600 美元，高收入家庭显然比低收入家庭更有承受能力。

如前所述，首先，第 8 条款项目旨在弥补成本补贴的不足。补贴填补了住户调整后收入的 30% 与公平市值租金之间的差额，从而使项目避免了胡布森（Hobson）所谓的廉价性与可行性之间的权衡。如果运营支出上升，它将会反映在公平市值租金上，而房租将保持不变。其次，第 8 条款项目将补贴金额与租户收入挂钩。收入越低，补贴越高。如果租房的收入降低，补贴也会相应增加；反之亦

---

① 在 1959 年，国会制定了第 202 条款，用于依赖非营利机构住房开发的老年人住房。参见本书第 10 章。

然。毫无疑问，第 8 条款提供的补贴金额比抵押贷款补贴项目提供的资助更多。事实上，第 8 条款新建和重大修缮项目不断攀升的费用在 20 世纪 90 年代几乎占住房和城市发展部的绝大部分，这也促使立法者通过连接市场项目来削减开支。

第 8 条款项目是建立在私人所有租赁住房项目基础上的，很多其他项目只补贴成本支出，而仅依靠房租来支付运营费用。低收入住房税收补贴（见本书第 5 章）和其他很多州和地方项目亦是如此，包括那些由联邦综合补助款资助的项目（见本书第 9 章）。

最后，与补贴住房项目的经济可行性密切相关的不只是项目的实际费用，还涉及政府的预算原则。如前所述，第 221（d）3 条款项目被认为成本太高，因为在预算中政府购买的抵押贷款总额要计入补贴支出，虽然最终大部分费用都是由借款人偿还。类似的，第 236 条款提供的补贴数额比第 221（d）3 条款多，但是从预算角度看，却容易被接受，这是因为联邦政府只负担每年的还款额，而不是一次性支付全部贷款。

以第 8 条款新建和重大修缮项目为例，国会最初通过将补贴合同期限从 20 年缩短到 5 年（后来又进一步减为 1 年）的方式来降低续签到期的补贴合同的支出。虽然支出的实际金额没有发生变化，但是减少合同期限削弱了联邦政府的预算授权——支付未来补贴的承诺。另外，从预算角度来看，连接市场项目带来的成本节约是有意义的。虽然通过降低第 8 条款项目房租来减少其补贴支出，这里的"节约"是建立在一定前提条件下的，即通过运用联邦储备金来降低负债额，并支付设施更新费用，但是联邦预算中并不包括联邦储备金。

第 8 章 租房券

面向美国低收入群体、规模最大的住房补贴计划由于不牵涉任何住房和"项目",成为最不起眼的计划。尽管,针对私有租赁房屋的公共住房和补贴计划有助于推动住房的建设,但租房券能够帮助低收入家庭在自由市场上获得住房。与项目制的补贴计划相比,租房券不仅成本低,而且其提供的住房和区域更加广泛。但是,获得了租房券并不能保证低收入家庭能够享受到补贴。要获得补贴,其公寓必须满足一定的条件:首先,租金不能超过租房券计划所规定的最高限额;其次,公寓的建筑质量应当符合计划设定的标准;再次,业主必须愿意参与租房券计划。

本章将介绍租房券计划的发展历程,研究其优点和局限性。首先,考察的是参与该计划的家庭获得住房能力的变化趋势,以及由于住房市场和家庭类型的不同,成功率有何变化。其次,本章从种族、社会经济等特征方面对获得租房券的租房者的居住环境与其他租房者的居住环境进行了比较。最后,本章将探讨联邦租房券在促进种族融合和经济一体化中所扮演的角色。

8.1 起源和发展

虽然租房券在立法辩论中首次被提出早于 1937 年的《公共住房法案》,而且频繁地出现于此后相关的政策讨论中,但直到 20 世纪 70 年代,租房券才真正成为美国住房政策的一部分(对于租房券计划起源的相关背景,参见 Hartman, 1975; Orlebeke, 2000; Winnick, 1995)。1974 年的《房屋及社区发展法案》建立了第一个全国租房券计划，也就是最初为人们熟知的第 8 条款存量住房计划。①其中要求地方住房管理机构筹备住房援助计划（Housing Assistance Plans，简称 HAPs），计划的重点在于社区的住房需求以及如何满足这些需求：一方面是在第 8 条款新增建设和实质修缮计划的框架下开发补贴住房；另一方面是根据第 8 条款存量住房计划实施租房券计划。

由于是首次推出，第 8 条款存量住房计划向收入最高达到地区平均水平 80% 的家庭发放房屋租赁证。租赁证弥补了调整后家庭收入的 25%（后来提高至 30%）与公平市值租金（Fair Market Rents，简称 FMRs）的差额。公平市值租金是每年不断更新的，选取 2600 多个住房市场作为计算的样本。公平市值租金最初被定义为根据房屋面积大小调整后计算得出的新近租出房屋的租金中位数。1984 年百分位修改为 45，1995 年又修改为 40。但是，2001 年联邦政府又将 39 个租金最高的住房市场的公平市值租金回调至中位数。

要取得参与租房券计划的资格，公寓必须满足建筑质量及面积上的一定标准（以防出现质量缺陷或者居住空间过于狭小的问题）。而且业主必须同意参与租房券计划；也就是说，业主同意相关部门对住房进行质量检查，办理必要的手续以及接受政府支付的租金补贴。

不同的住房市场的公平市值租金差异很大。2009 财年，50 个州的城市中心地区一套两居室公寓的公平市值租金变化范围从最低的波因塞特的 512 美元/月到最高的康涅狄格州诺沃克的 1702 美元/月，大部分地区的公平市值租金相对较低。如图 8.1 所示，38% 的城市中心地区住房市场的公平市值租金不到 650 美元/月，而对于非城市中心地区的住房市场，该比例更是达到了 85%。只有 30% 的城市中心地区住房市场公平市值租金每月超过 800 美元，而非城市中心地区，该比例只

---

① 1973 年，当尼克松政府中止所有联邦住房补贴计划的同时，联邦政府开始试行住房津贴计划（EHAP）以评价租房消费券的利用潜力、经济影响和管理空间。作为当时最大的社会科学"实验"，EHAP 花费了 1.75 亿美元，给 12 个城市的租户提供了 5 年的租房消费券。尽管 EHAP 计划"测试"基于租房的消费券的需求程度，以期作为公共住房等基于项目计划的补充，但是国会在测试结果出来以前，就制定了房地产政策发展方向。国会在 1974 年 EHAP 几乎刚开始时，宣布了第 8 条款项目计划，涵盖了基于租房和基于项目的内容。不过，尽管 EHAP 对房地产政策的影响不如原先预期的大，但"大量的数据、精心的设计和严谨的目标设定让关于住房津贴可行性的争论得以解决"（Orlebeke，2000）。关于 EHAP 的详细内容，参见 Hay（1995），Salsich（1998）和 Weicher（1990）。

有4%。然而，美国主要大城市的公平市值租金一般较高。2009年，50个最大都市区的两居室公寓的平均公平市值租金达到1007美元，其中44%的公平市值租金超过了1000美元（见表8.1）。

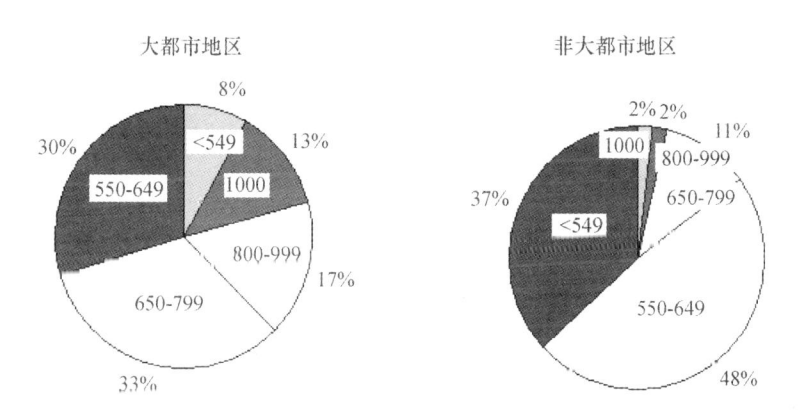

图8.1　2009年一套两居室住房在大都市地区和非大都市地区的公平市值租金分布（美元）

资料来源：美国住房和城市发展部，2009v。

表8.1　2009财年美国50个最大都市区的公平市值租金（两居室公寓）　（单位：美元）

旧金山	1658	奥斯丁—圣马科斯	912
拿骚—萨福克	1584	达拉斯	905
奥兰治县	1546	诺福克—弗吉尼亚—纽波特纽斯	904
圣地亚哥	1418	丹佛	891
洛杉矶—长滩	1361	亚特兰大	878
波士顿	1345	菲尼克斯—梅瑟	877
圣何塞	1338	明尼阿波里斯—圣保罗	873
纽约	1313	休斯敦	866
劳德代尔堡	1313	密尔沃基—沃基肖	839
奥克兰	1295	沃思堡—阿灵顿	838
华盛顿	1288	底特律	809
伯根—帕塞伊克	1249	波特兰—温哥华	809

续表

纽瓦克	1213	盐湖城—奥格登	802
迈阿密	1156	圣安东尼奥	792
里弗赛得—圣贝纳迪诺	1125	堪萨斯	791
巴尔的摩	1037	纳什维尔	761
新奥尔良	1030	夏洛特—加斯托尼亚—岩石丘	757
萨克拉门托	1022	印第安纳波利斯	745
哈特福德	1021	哥伦布	740
拉斯维加斯	1013	圣路易斯	737
费城	1005	辛辛那提	733
芝加哥	1004	布法罗—尼亚加拉瀑布	723
西雅图—贝尔维尤—埃弗雷特	987	匹兹堡	710
奥兰多	985	格林斯博罗—温斯顿—塞勒姆	699
坦帕—圣彼得堡—克利尔沃特	946	克利夫兰—洛雷恩—伊利里亚	694
平均值	1007	最小值	694
中位数	929	最大值	1658

资料来源：HUD, 2009v。

1983年，华盛顿制定了一项独立租房券计划，实际上是在第8条款存量住房计划基础上的改进。它与之前所讨论的凭证项目的不同之处体现在两个方面。首先，它所提供的补贴不是根据公平市值租金设定的，而是由住房管理机构指定的"支付标准"，代表项目所允许的最高房租。其次，也是最重要的，它允许住户自己决定租金的支出高于或低于其收入的30%，因此给予家庭更多的选择。虽然租房券计划填补了住户收入的30%与支付标准之间的差额，但也允许参与者选择租金高于支付标准的住房，只要参与者愿意支付高出支付标准的那部分租金。而且，选择房租低于支付标准的家庭能够将超出房租的部分储存起来，因此实际上房租占收入的比例不到30%。

1998年的《住房质量和工作责任法案》将凭证计划和租房券计划合并为一个单独的计划，保留了一部分租房券计划的内容，重新命名为"住房选择租房券计划"（Housing Choice Vouncher Program，简称 HCV）。HCV 授权住房管理机构在公平市值租金的 90%—110% 范围之内设定支付标准，在特定情况下可以超过 120%（HUD，2000a）。另外，为了反映租金水平的内部差异，该法案允许住房管理机构在同一城市设立不同的标准支付——在租金较贵的地区支付标准较高，而在租金较低的地区支付标准较低。

该法案允许参与者在自愿的情况下将家庭收入的 30% 以上花费在住房上，但是最多不能超过收入的 40%。它也允许租房券持有者在美国任何地方使用此券。假如某户家庭在芝加哥获得租房券，那么就可以在密尔沃基、纽约、洛杉矶以及美国其他任何地方使用此券。不仅如此，该法案还给了业主更多的自由来决定是否将房屋出租给租房券持有者。在此之前，如果某房东把一间或多间公寓出租给了一个租房券持有者，联邦法律则要求他不得拒绝其他租房券持有者的租赁要求。而从 1998 年开始，房东不需要承担这一责任。该法案规定收入极低的家庭（收入低于地区平均家庭收入的 30%）每年必须至少获得当年发放的所有租房券的 75%。

第 8 条款凭证项目在 1974 年设立之后发展得相当迅速。至 1976 年年底，使用面向租户的补贴的家庭已经超过 10 万户，1980 年则增长到将近 62.5 万户（HUD，2000a，p. 9；Weicher，1980，p. 75）。截至 2009 年，租房券资助的家庭超过 220 万户，超过其他任何联邦住房项目。在所有美国住房和城市发展部资助过的家庭中，租房券计划资助的户数所占的比例从 1993 年的 34% 上升到 2008 年的 42%。尽管从 20 世纪 90 年代早期以来，公共住房和其他针对工程的住房补贴计划资助的家庭数目一直在下降，而租房券计划始终保持着增长的态势，虽然涨幅时大时小。在 1995 财年至 1998 财年，以及 2003 财年至 2007 财年期间，美国国会没有向新增租房券提供任何资金。

总而言之，自 1995 年以来，租房券持有者的数目增加了大约 63 万户（见表 8.2）。其中大约 1/4 来自于首次获得联邦住房政策资助的新增住户，其余则是从公共住房和其他针对工程的住房补贴计划过来的住户（Center on Budget and Policy Priorities，2004；Couch，2009b；Rice & Sard，2009）。后者发生的原因在于，公共住房项目在希望六号计划下被精简规模并进行重建（见第 6 章），或者补贴住房的业主选择提前偿还联邦政府担保的抵押贷款，抑或选择退出补贴计划（见第 7 章）。

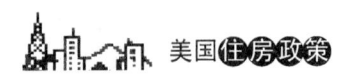

表 8.2　　1975—2009 年间每年发放的租房券数量及其累计数　　（单位：个）

年份	每年发放数量	累计总量
1975—1980 年	624604	624604
1981 年	55800	680404
1982 年	23314	703718
1983 年	61220	764938
1984 年	71000	835938
1985 年	76000	911938
1986 年	66652	1038590
1987 年	60000	1093505
1988 年	54915	1158505
1989 年	65000	1213461
1990 年	54956	1270308
1991 年	56847	1321213
1992 年	50905	1360302
1993 年	39089	1400005
1994 年	39703	1400005
1995 年	0	1400005
1996 年	0	1400005
1997 年	0	1400005
1998 年	0	1400005
1999 年	50000	1450005
2000 年	60000	1510005
2001 年		1510005
2002 年	26000	1536005
2003 年	0	1536005
2004 年	0	1536005
2005 年	0	1536005
2006 年	0	1536005

续表

年份	每年发放数量	累计总量
2007 年	0	1536005
2008 年	15000	1551005
2009 年	13000	1564005
1995—2009 年非新增租房券		465995
新增和非新增租房券总数		2030000

资料来源：HUD, 2000a, 2009a; Center on Budget and Policy Priorities, 2004; Couch, 2009。

8.2 租房券的使用趋势

从租房券计划建立到20世纪90年代中期，越来越多的家庭成功地使用所获得的租房券。1979年，也就是计划启动后的第5年，参与第8条款租房凭证计划的家庭中有几乎一半成功地找到了适合的住房。1985年至1987年间，全国的成功率上升至68%，到1993年，比率进一步达到81%。

然而，根据2000年对租房券使用情况的最新研究发现：全国的租房券成功率下降到了69%，大致与20世纪80年代中期持平（Finkel & Buron, 2001）。不考虑纽约和洛杉矶，2000年全国的成功率为71%，远远低于1993年的86%。在纽约，2000年的成功率达到57%，低于1993年的62%，不过仍然大大超过20世纪80年代中期的33%。在洛杉矶，成功率也从20世纪80年代中期的72%降至2002年的47%（见表8.3）。

表8.3　大都市地区租房券使用成功率的相关数据

年份	全国成功率	剔除纽约和洛杉矶之后的全国成功率	纽约	洛杉矶
1985—1987 年	68%	74%	33%	72%
1993 年	81%	86%	62%	NA
2000 年	69%	71%	57%	47%

续表

2000 年公共住房管理局的成功率分布情况

成功率	所占百分比
<50%	15%
51%—60%	12%
61%—70%	28%
71%—80%	15%
81%—90%	18%
91%—100%	12%

2000 年成功租得住房的分布情况

不同类型	所占百分比
成功,就地租赁[2]	21%
成功,在管辖范围之内搬迁[3]	72%
成功,搬迁至管辖范围之外	5%
成功,未知类型	2%

2000 年成功租得住房所需的时间

发放租房券至租得住房的时间间隔	所占百分比
<30 天	18%
30—59 天	25%
60—89 天	19%
90—119 天	15%
120—179 天	16%
>180 天	7%
平均花费时间（天）	83
所用时间的中位数	69

注：①该百分比是根据被考察的48个公共住房管理局的数据计算得出的结果；②就地租赁是指住户对原来居住的住房使用租房券,所以没有搬迁；③管辖范围是指发行租房券的公共住房管理局的管辖范围。

Source：Finkel and Buron, 2001.

全国范围内，48家大型公共住房管理局中租房券使用的成功率从不到50%至接近100%之间不等。表8.3说明，一方面，27%的住房管理机构报告的成功率等于或低于60%，这其中有15%的成功率不超过50%。另一方面，30%的住房管理机构报告的成功率在80%以上，其中有12%的成功率超过91%。超过40%的公共住房管理机构的租房券成功率介于61%与80%之间。

表8.3还显示了当租房者获得租房券时搬迁的情况。绝大部分（72%）的租房券持有者为了使用租房券而搬至新住处；21%的持有者继续留在原住处。虽然租房券可以在国内任何地方使用，但是只有5%的租房券持有者会在发放租房券的住房机构管辖范围以外的地区租赁房屋。

关于租房券使用情况的最新研究阐释了决定低收入家庭通过租房券获得住房的可能性的影响因素。该研究选取48个州的住房管理机构作为代表性样本，其中抽取的住房管理机构所管理的租房券计划的参与者不少于800人。该研究的作者对20世纪90年代租房券计划较低的成功率作了一些解释。

其中最重要的原因可能是租房市场的日益紧张，这一点能够通过住房市场中可向租房券持有者提供部分的空置率的减少体现出来。另一个可能的解释是联邦政府于1995年将公平市值租金由地区最近交易的租赁房屋租金的45%改为40%。但是，联邦政府在1999年制定的另一项政策——允许公共住房管理机构在公平市值租金的90%至110%范围之内设定支付标准，而且无需向住房和城市发展部申请——在一定程度上抵消了公平市值租金降低带来的影响。

诚然，影响低收入家庭找到满足租房券项目要求的住房涉及诸多因素，包括住房市场的特征、单个家庭状况以及其所在地区公共住房管理机构等（见表8.4）。该研究发现成功率与"市场紧缺程度"是呈负相关关系的，其中"市场紧缺程度"是指适合于租房券持有者的住房市场部分的预计空置率。每个地方性住房市场的空置率，都是由当地专家进行评估，将住房市场的空置程度划分为以下五个等级：非常紧缺（低于2%）、紧缺（2%—4%）、一般紧缺（4%—7%）、松弛（7%—10%）和非常松弛（大于10%）。从表8.4中可以看出，租房券的成功率在非常紧缺的市场只有61%，而在松弛市场则可达到80%。

表 8.4　2000 年的租房券成功率，根据不同的市场状况、人口特征及公共住房管理机构的实践情况分类统计　　（单位:%）

	占租房券总数的百分比	成功率	对成功率的影响（其他因素不变）
市场状况			
市场紧缺程度			
非常紧缺	16	61	没有影响
紧缺	49	66	
一般紧缺	28	73	9
松弛	7	80	14
《反歧视法》			
收入来源	17	76	18
收入来源及第 8 条款	13	62	13
不属于以上两种情况	47	69	
未知/数据缺失	22	64	没有影响
支付标准与公平市值租金的关系			
低于公平市值租金	9	62	-24
等于公平市值租金	67	70	
介于公平市值租金的 100%—110%	17	66	-10
高于 110% 公平市值租金	7	68	没有影响
首次视察中合格的住房单元比例			
<50%	31	67	
51%—75%	49	70	没有影响
>75%	20	74	15
人口特征			
种族			
非拉美裔白人	19	69	没有影响
非拉美裔黑人	56	68	
拉美裔人	22	68	没有影响
其他	2	73	没有影响
户主年龄			
<25 岁	18	73	没有影响
25—44 岁	59	68	

续表

	占租房券总数的百分比	成功率	对成功率的影响（其他因素不变）
45—61 岁	17	70	没有影响
>62 岁	7	54	-14
户主的性别			
女性	83	69	
男性	17	64	没有影响
家庭规模/是否残疾			
1 人，非老年人，非残疾人	8	56	没有影响
1 人，老年人，非残疾人	1	63	没有影响
1 人，老年人且残疾人	3	54	没有影响
1 人，非老年人，非残疾人	9	74	没有影响
2 人	24	69	没有影响
3—4 人	41	72	
至少 5 人	14	67	-8
家庭构成			
非老年人，有儿童	74	70	
老年人	7	54	-14
残疾人，单身	10	73	没有影响
无老年人和残疾人，无儿童	9	56	-11
无家可归者			
是	6	60	
否	94	69	没有影响
收入与地区平均收入的关系			
无收入	4	63	-10
有收入但不高于地区平均收入的 30%	75	71	
超过地区平均收入的 30%	21	59	-14
公共住房管理机构的惯例和程序			
辅导情况			
一对一	12	80	15
一对一和集体辅导兼有	22	88	-12
少于 30 人时采用集体辅导	33	67	-10

续表

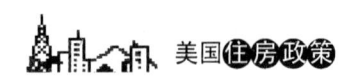

	占租房券总数的百分比	成功率	对成功率的影响（其他因素不变）
30人或以上时采用集体辅导	33	66	
与新房东的联络频率			
至少每月	34	66	
几个月一次	33	74	14
至少每年	11	67	12
不到一年一次或从来没有	21	65	没有影响

注：斜体字表示参照类别。a 指在人口、市场和其他因素不变的情况下，相对于参照类别，该类别对成功率有显著影响。b 指该类别与参照类别的成功率在90%的置信水平上存在统计显著性。c 指该类别与参照类别的成功率在95%的置信水平上存在统计显著性。

资料来源：Finkel and Buron, 2001, Exhibits 3-2, 3-5, 3-7, and D-2。

当使用其他衡量住房市场状况的方法时，也能得到相似但较不显著的结果。在控制其他可能影响租房券成功率的因素后，该研究发现，在一般紧缺的租房市场中使用租房券的成功率提高了约9个百分点，而在松弛市场中其成功率则能提高约14个百分点（Finkel & Buron, 2001, pp.3-16）。除了在市场紧缺程度方面的差异外，该研究还发现《反歧视法》的存在同样会对租房券项目的成功率产生影响。在明令禁止房东基于租户的收入来源或因是否得到第8条款项目资助方面的考量而歧视潜在租房者的地区，其成功率比其他地区高出至少12个百分点。

人口因素并不是决定租房券成功率的显著因素。黑人、白人、拉美裔人利用第8条款租房券项目获得租赁房屋的成功率几乎是相同的。此外，性别也不是租房券成功率的显著影响因素。但是，下列三类人群在租房券项目中处于绝对的劣势：

◆拥有至少5个成员的家庭通过租房券获得住房的成功率低于小规模家庭。在控制其他影响因素后，前者的成功率比后者低大约7%。

◆老年人的成功率低于其他年龄层。在控制其他因素的情况下，主事者（非残障人士）的年龄超过62岁的家庭的成功率要比其他年轻家庭低14%。

◆第三类成功率明显较低的群体是既无老年人也无残疾人的家庭。这类家庭约占所有租房券持有者的9%，大多仅凭男人（年龄介于45岁至60岁之间）的微薄收入支撑整个家庭。与其他租房券持有者相比，他们之中很多或是曾经无家可归，或是来自于纽约市。在不考虑其他因素的情况下，这个群体的成功率比其他家庭低大约11%。

该研究也考察了公共住房管理机构的常规及流程是如何影响租房券的成功率的。研究结果表明，当公共住房管理机构在发放租房券的同时，还为住户提供关于租房券项目运作方面的一对一或集体辅导的服务的租房券持有者的成功率较高。显然，无论是一对一还是集体辅导，参与者都会对租房券项目有更深的了解，获益匪浅。在不考虑其他因素的情况下，每隔几个月都会吸引新房东参与项目的公共住房管理机构的成功率稍高（Finkel & Buron，2001）。

8.3 租房券持有者的特征

与公共住房的住户类似，大多数租房券持有者的收入一般都很低，并且很多还是老年人或残疾人。表8.5显示的是2009年租房券持有者的人口和经济特征：平均年收入不到1.26万美元，大大低于联邦政府的贫困线；超过45%的家庭年收入不到1万美元；只有16%的家庭年收入超过2万美元。大部分租房券持有者的低收入状况反映了联邦政府的资助标准，优先考虑那些收入低于地区平均收入水平的30%的极度贫困家庭。自从1998年以来，参与租房券项目的所有家庭中有超过75%的都是收入极低的家庭。

租房券持有者最普遍的收入来源是养老保险、残疾保险或退休金，所占比重达到53%。社会福利与工资薪金所占比重几乎相等，分别为37%和36%。

伤残抚恤金和退休金是最普遍的收入来源，反映出租房券持有者的人口特征。56%的租房券持有者是残疾人或老年人，其中11%是年老又残疾的人。超过一半的租房券持有者不仅家中有儿童，而且几乎都是单身母亲。

从种族方面来看，约51%的租房券持有者是白人，44%是黑人。只有3%是亚洲人和土著印第安人。拉美裔人（可以是任何人种）占租房券持有者总人数的18%。

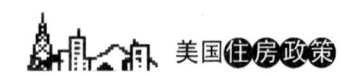

表8.5　　　　　　　　　　　2009年租房券持有者的特征

平均年收入（美元）	12591.00	住户家庭成员的年龄分布（%）	
		0—5岁	14
不同收入水平的住户比例（%）		6—17岁	33
0	4	18—50岁	36
1—5000美元	10	51—61岁	8
5001—10000美元	32	62—82岁	7
10001—15000美元	24	>82岁	1
15001—20000美元	14		
20001—25000美元	7	家庭规模（%）	
>25000美元	9	1人	35
		2人	22
不同收入来源的住户比例（%）		3人	19
工资收入	36	4人	13
福利收入	37	>5人	11
社会福利保险/社会福利/养老金	53		
其他收入	29	住房大小（%）	
无收入	2	无卧室	2
		1间卧室	24
住户类型（%）		2间卧室	36
残疾人住户	38	3间卧室	30
老年人住户	18	4间卧室	6
有儿童住户	53	>5间卧室	1
单亲妈妈住户	50		
种族（%）		在目前现有住房中居住的时间（%）	
白人	51	2008年迁入	21
黑人	44	1—2年	12
美洲印第安人或阿拉斯加土著	1	2—5年	21
亚洲人	2	5—10年	29
拉美裔人（可以是任何人种）	18	10—20年	14
		超过20年	3

资料来源：HUD, 2009e。

1/3 的租房券持有者是单身住户，而两人住户和三人住户分别占 22% 和 19%，家庭成员超过三人的住户占 24%。而且，超过 60% 的租房券持有者的住房卧室不超过两间，30% 的住房有三间卧室。只有 7% 的住房有四间或者更多卧室。

表 8.5 还显示了租房券持有者在现有住房中居住的时间。大约 1/5 的家庭是在 2008 年入住的，12% 的家庭已经居住了 1—2 年。大约 1/4 是在过去两年中搬入现有住房，居住时间在 2—5 年的住户比例为 40%，居住时间在 5—10 年和 10 年以上的比例分别为 29% 和 17%。

租房券持有者的社区特征

在支持租房券项目的诸多理由中，最主要的观点就是它所提供的住房选择比其他任何一项住房补贴都多（Newman & Schnare，1997）。公共住房和其他项目制的补贴通常要求低收入者居住在项目所在地，而租房券项目则允许人们在任何地区居住，只要房租不超过项目规定的最高额度，住房面积和建筑质量均符合项目的标准，而且业主愿意参与租房券项目。公共住房一般坐落在极度贫困的地区，而租房券则能够让人们居住在更安全、更便利的社区。

实际上，租房券持有者所居住的社区平均收入往往高于公共住房。2000 年，超过 50% 的公共住房所在的人口普查区的贫困率不低于 30%，而类似情况在租房券项目中占 17%，在美国所有租房单位中占 12.9%，在租金不高于公平市值租金的所有住房单位中占 18.2%。而且，42% 的公共住房所在地区的少数种族比例超过 80%，只有 23% 的凭证持有者、16% 的租房者（包括 22% 的租金合格者）居住在这样的地区（见表 8.9）。

迪瓦恩（Devine），格里（Gray），鲁宾（Rubin）及泰格哈威（Taghavi）（2003）提供了关于租房券持有者的社区特征方面的最新也是最全面的数据，选取了 50 个最大的城市地区，包含了美国一半以上的租房券项目参与者。他们将 2000 年租房券持有者的居住地点与其他资助住房的住户进行比较，重点分析在单个人口普查区内居住的租房券持有者的数量与该地区廉价舒适住房的总数之间的关系（廉价舒适住房是指租金不超过公平市值租金的住房）。

如表 8.6 所示，存在廉价舒适住房的人口普查区（包括市区和郊区人口普查区）中 83.5% 有租房券持有者居住，其中市区的比例是 88.1%，郊区的比例是

79.9%。与此形成鲜明对比的是，仅发现8%有公共住房（市区的比例为10.7%，郊区的比例为5.9%）。另外，17.1%存在其他联邦政府资助的住房项目（例如第236条款、第8条款新建和重大修缮项目），市区的比例为20.5%，郊区的比例为14.3%。

表8.6　2000年50个最大都市区（分为市区和郊区）的租房券持有者及其他资助住房的人口普查区的相关数据　　（单位：户，%）

	50个最大都市区	市区	郊区
有住户的人口普查区总数	26402	11719	14683
有廉价舒适住房的人口普查区总数	26136	11626	14510
有租房券持有者住户的人口普查区总数	21824	10237	11587
有公共住房的人口普查区总数	4457	2387	2070
有获得项目补贴的住房的人口普查区总数	2090	1246	853
有租房券持有者住户的人口普查区占含有廉价舒适住房的人口普查区的比例	83.5	88.1	79.9
有公共住房的人口普查区占含有廉价舒适住房的人口普查区的比例	17.1	20.5	14.3
有获得项目补贴的住房的人口普查区占有廉价舒适住房的人口普查区的比例	8.0	10.7	5.9

注：廉价舒适住房是指租金不高于公平市值租金的住房。

资料来源：Devine et al.，2003，Table II-3 and II-5。

然而，该研究也发现，租房券持有者在廉价舒适住房的人口普查区中被代表的程度，与相应地区不同民族和种族的凭证持有者被代表的程度有着相当大的差异。表8.7根据租房券持有者的相对比例对人口普查区重新进行了排序。通过对比某人口普查区内的租房券持有者占该区所有廉价舒适住房的比例与其占周边中心城区或郊区的比例，可以计算出相对份额。例如，如果某人口普查区中租房券持有者占廉价舒适住房的比例是5%，而其周边中心城区的相应比例也是5%，则租房券持有者的相对比例为100%；而如果前者比例是10%，后者比例是5%，则相对比例是200%。相反，如果某人口普查区中租房券持有者占廉价舒适住房的比例只有5%，而其周边城市的比例达到10%，则相对比例为50%。

表8.7　2000年根据租房券持有者的不同相对比例，人口普查区
在50个最大都市区（包括市区和郊区）的分布情况　　　　　（单位:%）

人口普查区的比例	50个最大都市区	市区	郊区
相对比例为0	16.7	12.3	20.3
相对比例为1%—25%	17.7	18.9	16.7
相对比例为25%—50%	14.4	14	14.8
相对比例为50%—100%	18.9	18.8	19
相对比例大于100%	32.2	36	29.2

注：人口普查区租房券持有者的相对比例的计算方法：首先计算出给定的人口普查区中租房券数量占廉价舒适住房存量的比例，然后再除以其周边城区或郊区的相应比例。

资料来源：Devine et al.，2003。

在50个最大的都市区中，各个地区的租房券持有者相对比例相差很大。一方面，大约1/3的人口普查区内的租房券持有者的比例超过了其周边城市或者郊区的比例，从而其相对比例超过了100%（见表8.7）。另一方面，17%的人口普查区中几乎没有凭证持有者（即相对比例为0%），18%的人口普查区的相对比例低于25%（即人口普查区租房券持有者的比例小于其周边城区相应比例的25%）。从表8.7中可以看出，郊区的相对比例在某种程度上一般比城区的相对比例低，而城区租房券持有者的比例通常较高。

迪瓦恩（Devine）等人还发现租房券持有者居住的社区存在着明显的种族差异。如表8.8所示，在所有租房券持有者中，白人比黑人和拉美裔人更有可能居住在租房券持有者相对比例较低的地区。但在租房券持有者比例非常高的人口普查区，黑人是主要的租房券持有者；而在相对比例最低的人口普查区，黑人占所有租房券持有者的比例仅有1/4。相比之下，无论人口普查区租房券持有者的相对比例或高或低，拉美裔租房券持有者的比例基本保持不变。

表 8.8　　2000 年 50 个大都市区根据人口普查区中不同的相对比例，
租房券持有者的种族分布情况　　　　　　（单位:%）

租房券持有者的相对比例	每个人口普查区中租房券持有者所占比例		
	黑人	白人	拉美裔人
小于 25%	28.1	52.1	16.4
25%—50%	32.4	47.7	16.4
50%—100%	38.0	42.3	16.0
大于 100%	51.4	31.4	13.8

资料来源：Devine et al.，2003。

表 8.9 从另外一个角度考察了租房券持有者的社区状况。它不仅比较了租房券持有者与公共住房、第 8 条款新建和重大修缮项目和低收入住房税收抵免计划的住户在地理特征上的差异，还比较了租房券持有者与美国所有租赁房屋和租金不超过公平市值租金的房屋的住户之间的地理差异。该表格还提供了租房券持有者和公共住房项目中少数族裔住户的相关数据。其覆盖的范围不仅仅是 50 个最大都市区，而是全国。总的来说，表 8.9 说明租房券持有者的分布与廉价舒适住房（指租金不超过公平市值租金的住房）的分布非常接近。例如，17.7% 的租房券持有者居住在少数族裔比例不超过 10% 的人口普查统计区；而 18.2% 的廉价舒适住房分布在类似的地区。廉价舒适住房与租房券持有者在分布上的一致性意味着租房券项目帮助家庭迁入更加富裕、相处更加融洽的社区的能力受到合格住房存量大小的限制。

从表 8.9 中还可以看出，一方面，与公共住房的住户相比，租房券持有者常居住在少数族裔人口较少、贫困率较低的地区。相反，对于少数族裔人口占大多数并且贫困率较高的人口普查区，一般不会有租房券持有者。另一方面，从贫困率和少数族裔的分布情况来看，其他项目制的资助项目与租房券项目相比有明显的优势。例如，第 8 条款新建和重大修缮项目的房屋有 31.7% 处在贫困率低于 10% 的地区，而租房券持有者则有 8.2%。低收入居民住房税收抵免项目资助的房屋分布与租房券持有者的分布非常类似。

表8.9　按照人口普查区的贫困率、少数族裔人口和区位特征，租房者的分布情况　　　　（单位：%）

	租赁住房（2000年）	租金不高于公平市值租金的住房（2000年）	租房券持有者（2000年）	公共住房（2000年）	第8条款新建和重大修缮项目资助的住房（2007年）	低收入居民住房税收补贴项目（2004年）	少数族裔租房券持有者（2000年）	公共住房少数族裔住户（2000年）
人口普查区的贫困率								
0—10%	38.6	29.1	24.8	8.3	31.7	29.0	16.7	3.8
10%—20%	32.8	33.3	36.0	21.4	16.0	31.0	34.2	13.7
20%—30%	15.7	19.3	22.0	21.2	10.5	18.0	27.3	20.5
30%—40%	7.7	10.6	11.4	17.5	7.5	13.0	14.9	20.7
>40%	5.2	7.6	5.8	31.7	34.3	5.9	6.8	41.3
总计	100.0	100.0	100.0	100.0	100.0	100.0	99.9	100.0
人口普查区中少数族裔所占比例								
<10%	21.5	18.2	17.7	12.0	31.7	16.5	2.3	1.5
10%—29%	29.7	24.9	22.2	15.5	26.5	24.8	15.4	8.6
30%—49%	17.0	16.2	15.6	12.4	13.7	15.9	18.8	11.5
50%—79%	16.2	18.3	21.1	17.9	14.1	19.3	31.8	20.8
>80%	15.6	22.4	23.5	42.2	13.9	23.5	31.7	57.7
总计	100.0	100.0	100.0	100.0	100.0	100.0	100.0	100.0
区位特征								
中心城区	45.2	51.7	49.2	64.5	40.3	46.7	59.7	75.9
郊区	38.9	35.6	35.3	17.3	37.5	37.6	32.3	13.4
非都市区	15.9	12.7	15.5	18.2	22.2	15.6	7.9	10.7

资料来源：Unpublished HUD data, Provided by Kirk Mcclure。

最后，表8.9显示，租房券项目在帮助少数种族家庭搬迁至贫困率低且白人占多数的社区所发挥的作用是有限的。与其他租房券持有者相比，少数种族租房券持有者更有可能居住在少数种族人口比例达到50%甚至更高的人口普查区——居住在少数种族家庭所占比例低于10%的人口普查区几乎是不太可能。的确，少数族裔租房券持有者居住在少数族裔主导的地区的概率比公共住房的住户稍低一些，而且在少数族裔人口比例低于10%的人口普查区，两者居住的概率均比较低。但是，与公共住房的少数族裔住户相比，少数族裔租房券持有者在种族隔离最严重的社区的分布更加分散。以所有租房券持有者为参照，少数族裔租房券持有者在贫困率低于20%的人口普查区中居住的概率略低，但居住在高贫困率的人口普查区的概率则稍高一些。即便如此，对于贫困率高于40%的地区，少数族裔租房券持有者居住的概率（6.8%）远远低于公共住房的住户（41.3%），而对于在贫困率较低的地区，情况正好相反。

实际上，迪瓦恩（Devine）等人对50个最大都市区的研究中也曾发现相似的现象：少数种族租房券持有者多出现在高贫困率以及少数种族人口众多的地区。黑人和拉美裔的租房券持有者居住在贫困率为30%—40%的地区中的概率是白人的四倍。在6个大都市区，其中包括新奥尔良、纽约、克利夫兰、底特律、布法罗以及哥伦布，40%甚至更多的黑人租房券持有者居住在贫困率至少达到30%的人口普查区。在纽约和布法罗，超过50%的拉美裔租房券持有者居住在类似地区；在克利夫兰，超过40%的拉美裔租房券持有者同样如此。但是没有任何一个都市区的白人租房券持有者聚集在高贫困率地区。只有5个都市区在贫困率达到或超过30%的人口普查区，白人租房券持有者的比例不低于20%（Devine et al., 2003）。

由于希望六号项目下需要对公共住房计划进行重新部署，少数种族家庭不得不迁离原住所，城市研究院的学者在对搬迁情况进行研究之后发现，租房券在促进种族融合中发挥的作用是有限的。搬迁住户的新住处所在的人口普查区的平均贫困率为27%，不到其原先居住的公共住房所在的人口普查区平均贫困率（61%）的一半；而且，新社区少数种族的集中度更低，从88%下降至68%。虽然只有7%的原公共住房的住户搬至少数种族人口比例低于10%的人口普查区，但在之前居住的公共住房所在的人口普查区，少数种族人口比例均高于新社区（Kingsley, Johnson & Petit, 2003）。图8.2和图8.3比较了搬迁之前和之后公共住房的住户所在的人口普查区的贫困率及少数种族人口的集中度。

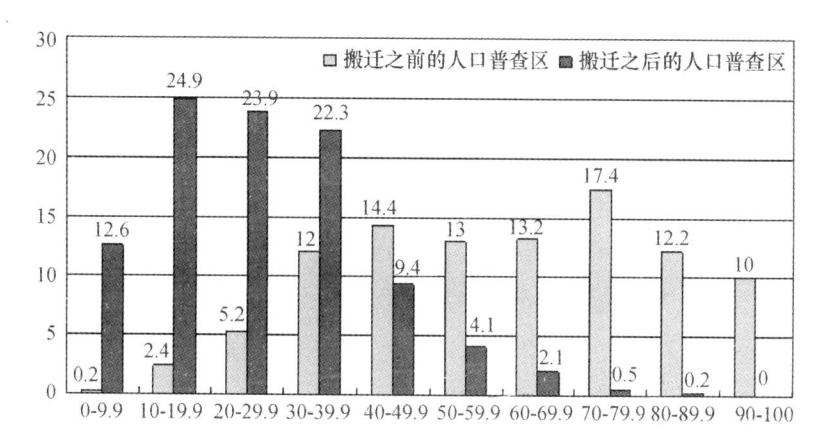

图 8.2　获得第 8 条款项目租房券的希望六号计划搬迁住户在搬迁前和搬迁后的贫困率（%）

资料来源：Kingsley et al., 2003。

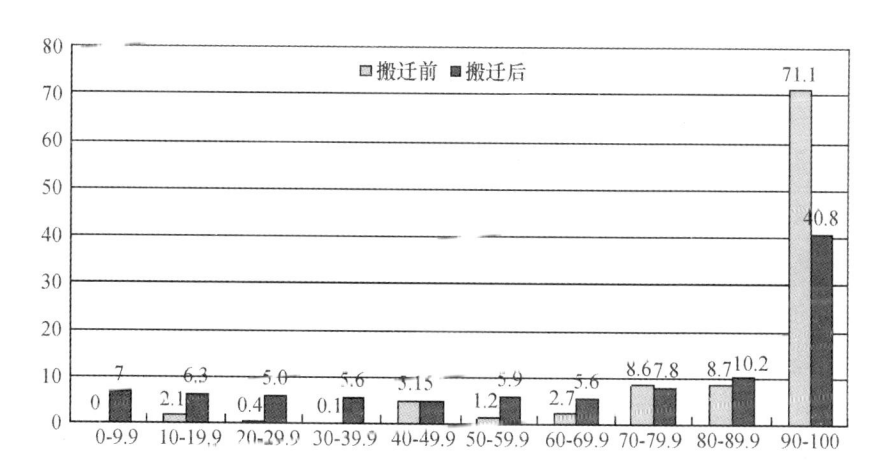

图 8.3　获得第 8 条款项目租房券的希望六号计划搬迁住户在搬迁前和搬迁后的少数族裔人口占比（%）

资料来源：Kingsley et al., 2003。

租房券持有者，尤其是少数族裔，一般居住在低收入或者少数族裔家庭聚集的地区，但却较少出现在更富裕的邻近郊区，其原因主要有以下几点：

◆租房券持有者不愿意离开所熟悉的社区，这里不仅有他们的家人和朋友，而且公共服务也非常齐全。

◆他们对迁至不熟悉，而且有可能遭受房东歧视的社区持谨慎态度。如果租房券持有者没有车，他们也不会愿意搬到公共交通设施不足的社区（Goetz，2003）。

◆租房券持有者的居住地点还受廉价舒适住房（指租金不超过指定支付标准的住房）的空间分布的影响。芬德尔（Pendall）（2000）发现"落后"的人口普查区中廉价舒适住房的分布越集中，居住在这些区域的租房券持有者就越多。

芬德尔还发现当剩余城市人口中黑人和西班牙裔凭证持有者非常不成比例，贫困地区凭证持有者的集中度会增加，总之，种族歧视的现实如此以至于凭证持有者居住在有色种群聚居的地区。如果一个城市地区更多的是被白人居住者所占领，有色种群社区很少，则凭证持有者更可能会聚集在这样的地区。相反，有着大量有色种群人口的城市地区有更多的有色种群社区，因此对于有色种群的凭证持有者也有更多的居住选择。

8.4　租房券以及居住地流动性

由于租房券能够帮助低收入和有色种群家庭从贫困的社区迁移至更好的社区——周边环境更安全，有好的学校以及其他公共服务，同时也有更好的就业机会，因而现在越来越受到重视（McClure，2004）。的确，联邦政府评估地区第8条款计划的其中一条准则便是其是否"扩展了贫困及有色种群聚居地区以外区域的居住选择"（HUD，2004a）。另外，当出现下列两种情况中的一种时，美国住房和城市发展部会给地方住房机构提供"加分"：在过去的一年中，第8条款带有孩子的家庭中半数或者半数以上生活在低贫困率的地区，或者第8条款带有孩子的家庭迁移至低贫困率地区的百分比至少高出原先居住在此地区的人数2个百分点（HUD，2000a，p.24）。

虽然比起其他联邦住房补贴的接受者来说，租房券持有者居住的社区没有那么贫穷，种族隔离也较少，但是，许多学者、政策制定者以及拥护者都主张可以做更多的努力来提高居住地的流动性。三位主要的研究者认为"尽管以租赁人为基础的住房支持获得了全面性的成功，还是有理由相信第8条款计划可以得到进一步强化，尤其是对于那些带有孩子的有色种群家庭……"（Turner, Popkin & Cunningham，2000，p.9）。类似的，在一份堪萨斯市城市地区凭证持有者居住地址的研究中，麦克卢尔（McClure）（2004，p.128）总结如下：

> 虽然参与者会从一个住址迁移至另一个住址，但是这些迁移在住房及社区条件上只会形成微小的影响，同时他们并不鼓励自己长距离迁移至郊区而且还加入当地活跃的劳动力市场。在缺乏大规模咨询服务的情况下，这样的迁移只会发生在种族集中并且正在衰退的中心城市。

在美国另一个中西部城市——辛辛那提市的研究中，王（Wang）和瓦若迪（Varady）（2004）也发现凭证接受者不成比例地集中在城市最贫穷、种族隔离最严重的社区。尽管凭证接受者在230个统计区中的189个里都有分布，但超过半数以上的人都仅仅生活在28个统计区里（22个位于辛辛那提市区，6个位于选定的郊区），并且这些统计区的主要成员是非洲裔美国人，通常的贫困率也超过了25%。

为了能够通过租赁凭证和额外服务的结合来推动贫困的去集中化以及种族的融合，联邦政府联合非营利组织和地方政府，支持20世纪90年代的几个方案并为其提供资金。这些新方案包括：（1）法律诉讼计划；（2）获得示范项目的机会；（3）区域辅导项目机会；（4）公共住房空房整合计划，结合了租赁凭证与咨询服务和房东的这些计划超出了变化的水平以便帮助来自有色种群群体的低收入家庭迁移至更好的社区。但在布什总统执政期间，凭证计划的管理则较少地强调贫困的分散化和种族融合；这些计划目标的拥护者认为在2003年至2006年间，计划中资金提供和管理上的不同变化使得凭证持有者更难在中等收入地区或者更加富裕的地区租赁到住房（W. Fischer, 2009; Sard, 2004; Rice & Sard, 2009）。

8.4.1 法律诉讼计划

到2000年为止，美国共有13个法律诉讼计划投入运行。这些计划的建立都是为了回应美国住房和城市发展部和地方住房机构关于以往在公共住房和其他补贴住房计划中歧视和隔离的诉讼，并且其中涉及的凭证都伴随着为咨询服务以及其他形式的住房搜寻提供资金支持。

最古老的，也是到目前为止最著名的诉讼计划是"芝加哥高特罗计划"，此计划在美国最高法院法令颁布后于1976年成立，并且一直运行至1998年，最终成功实现了帮助7100个家庭获得住房的目标（Hills V. Gautreaux, 425 U. S. 284 1976 Docket num. 74-1-47-4.20, 1976）。该诉讼计划关注的是居住在公共住房或者在公共住房等待名单上的非洲裔美国人。感兴趣的家庭会受邀参加每年一次的抽奖活动，抽中者将获得第8条款凭证以及在城市地区的白人社区寻找住房的个人咨询服务（最后75%的参与家庭迁移到了郊区）。

此诉讼计划同样也对那些子女数只有4个或者更少、债务可管理以及"家务活可接受"的家庭开放（Rosenbaum, 1995, p. 234）；同时，来自非营利性质"城市开放社区领导者协会"的工作人员会为参与家庭提供咨询服务，并同样会招募房东参与到这个计划中来。参与家庭可以搬迁至白人比例至少为70%的115个城市地区的郊区，那些有色种群人口超过30%或是租金过高的郊区被排除在了这个计划之外。

最近的一个诉讼计划是霍尔曼诉讼西斯内罗斯（Hollman v. Cisneros, United States District Count for the District of Minnesota, No. 4-92-712）。此诉讼的立案是因为明尼阿波利斯市公共住房的种族隔离，并于2005年得以了结（Goetz, 2003）。法令要求对于"去集中化和再发展"要有一个强制性的方案（Goetz, 2003, p. 139），故现有的公共住房计划将会被低密集度、混合收入的住房所推翻和取代。按照法令的要求，新建770套公共住房以取代被拆毁的旧的公共住房，一些新的公共住房将会在旧址上重建，而剩下的将会在明尼阿波利斯市和其周围的郊区进行建设。

另外，此法令还建立了特殊流动性计划，计划最初会发放900个租赁凭证给提名的原告（特殊住房计划的居住者）、有色种群人口以及贫困人口集中地区的公共住房计划居住者以及位于美国公共住房管理局等待名单上的家庭（居住在有色种群和贫困集中地区的家庭给予优先权）（Goetz, 2003, pp. 179-181）。除租赁凭证之外，此计划还能向参与家庭提供咨询和其他形式的搬迁援助。

8.4.2 机遇趋近（Moving to opportunity）

大量研究的计算表明"高特罗"计划对于参与家庭造成了积极的结果，受此启发，联邦政府在1993年发起了"机遇趋近"（Moving to opportunity, 简称MTO）计划。根据此计划主要设计师的描述：

MTO 的设计是为了得知改良的社区条件是否能够显著地影响低收入公共住房居住者的生活。此计划设计中最核心的一个问题是：社区对于家庭的生活和机遇是否清楚地具有可测量的、独立的影响（Goering, Feins & Richardson, 2003, p.3）。

1992 年，议会批准了 MTO，MTO 被设计成一个社会实验用来检验居住流动性对于前公共住房居住者的影响。实验覆盖了 5 个城市地区：巴尔的摩、波士顿、芝加哥、洛杉矶以及纽约，从 1994 年 9 月至 1998 年 7 月，来自公共住房以及其他第 8 条款住房项目（这些住房位于贫困率为 40% 或者更高的的统计区）的大约 4600 名合格自愿者被随机分为三个组（Goering & Feins, 2003）：

◆MTO 实验组接受来自第 8 条款的证书和凭证并且只能用于贫困率等于或者低于 10%（如 1990 年调查统计所显示）[①] 的社区。除租赁凭证之外，这个组中的家庭同样能从地方非营利性机构接受咨询服务以帮助他们解决搬迁和其他事宜。

◆第 8 条款的对比组接受常规的第 8 条款证书或凭证，但是对于何地使用凭证并未施加任何地理上的限制，当然也没有咨询服务。

◆保持原状的控制组中的家庭则继续接受现有的计划基础的资助。

MTO 能够结合租赁凭证、咨询服务以及房东招募三者的力量来帮助低收入家庭从公共住房搬迁至更好的社区，在这一点上，其与"高特罗"计划相似。但是，这两者在一个重要的方面有差别：尽管"高特罗"明确地试图将非洲裔美国人迁移至白人主导的社区和郊区，MTO 关注的则是收入而非族群。无论族群构成如何，参与者都可以搬迁至贫困人口比重不超过 10% 的地区。

换句话说，在 MTO 下，中产阶级的有色种群社区是可以接受的目的地，但在"高特罗"下却不行。实际上，实验组中成功使用租赁凭证租到房屋的家庭中有 59% 搬迁至有色种群比例超过 80% 的统计区，而对于第 8 条款对比组，此比例是 76%。实验组中只有 6%，对比组中只有 2% 的家庭成功在有色种群比例小于 20%

[①] 结果显示大量的 MTO 家庭迁入了贫困率高于 10% 的社区。显而易见，这些社区在 20 世纪 90 年代变得越发贫穷（Briggs, Popkin &Goering, 2003; Goering & Fein, 2003）。

的统计区租赁到房屋（Orr et al., 2003, p.37）。同样必须说明的是75%的"高特罗"计划参与者被要求搬迁至郊区，但是MTO却没有施加这样的地理限制。

8.4.3 区域机遇咨询计划

1997年，美国住房和城市发展部成立了区域机遇咨询计划（Regional Opportunity Counseling Program，简称ROC），目的在于给予凭证持有者更大的居住选择权，同时也促进在同一城市地区实施凭证计划的地方机构间的互助合作。在某种程度上，此计划旨在克服官僚主义的障碍，官僚主义妨碍了家庭在都市区使用这一凭证（此处的"都市区"不仅仅指发行凭证的城市、城镇、郡县）。ROC在16个城市地区都能运行。

虽然ROC对于参加的地区不提供任何额外的租赁凭证，但是它会给每次的咨询服务以及希望搬迁至不同社区的新的凭证持有者提供资金，而且不同于"高特罗"和MTO，ROC对于参与家庭居住在何地并不加以限制。此计划由中心城市公共住房管理机构、附近城郊管辖区域PHA以及非营利性的咨询组织三者所派出的代表共同监督（HUD，2000a；Turner，1998；Turner & Williams 1997）。对于ROC计划如何促进居住流动性这方面则甚少有人研究。

8.4.4 空房整合计划

"空房整合计划"是在15个PHAs下运行，它向在拆除名单上的公共住房的居住者提供租赁凭证、咨询服务、房东招募以及其他形式的流动性支持。不同于"高特罗"以及MTO，但与ROC相同的是，参与者并不会被要求在特定类型的社区使用他们的凭证。"他们会被鼓励，但是不会被要求，在低有色种群、低贫困率的地区使用这些凭证"（HUD，2000a，p.50）。同ROC相同的是，关于参与家庭搬向何处的信息基本上无法获得。

8.4.5 流动性计划的效率如何？

到目前为止，对其中一些流动性计划的研究远远多于另一些。对于个人参与者流动性计划的结果的大部分可使用信息都是来自于"高特罗"和"霍尔曼"诉讼计划或者是"机遇趋近"计划。这三个计划的经验表明流动性方案确实能够帮助家庭搬迁至贫困集中度相对较低的社区,然而,关于这些地区种族特征方面以及流动性对参与家庭的影响方面的证据却更加混杂。

"高特罗"的相关研究对于其他流动性计划尤其是 MTO 的发展是最重要的。罗森鲍姆(Rosenbaum)以及他的同事们在 20 世纪 90 年代出版的一系列研究中(Rosenbaum, 1995; Rubinowitz & Robenbaum, 2000)曾比较了搬迁至城郊的参与者和仍居住在芝加哥城市内的居民,在某些方面,尤其是关乎子女的方面,差异还是显著的。例如,居住在郊区的家庭中,只有 5% 的子女中途辍学,此比例对于城市家庭是 20%;尽管有 27% 的郊区家庭子女最终参加了 4 年制的大学,只有 4% 的城市家庭子女能够参加;并且即使不进入大学深造,75% 的郊区子女拥有全职工作,只有 41% 的城市子女的工作是全职的(Rubinowitz & Rosenbaum, 2000, p.163)。

罗森鲍姆以及他的同事们所报告的积极结果推动了其他流动性计划的发展,最明显的便是 MTO;然而,一些分析家则认为研究方法论上的局限性会带来相关的问题:从结论中到底能归纳出多少。波普金(Popkin)、布伦(Buron)、里维(Levy)和康宁汉姆(Cunningham)(2000)就曾指出"高特罗"计划的这些研究是建立在计划参与家庭非随机抽取的小样本基础上,也就是说研究建立的基础是那些被研究者发现、仍然居住在郊区的家庭,但是许多"高特罗"家庭并不能够被定位(Popkin et al., 2000, pp.929-930)。

此外,高特罗项目的一些设计特点也使得基于该项目的一些研究结论直接应用于大多数公共住房居民会存在问题。首先,正如波普金等(2000)所指出,高特罗项目参与者必须通过严格的资格测试,包括信用记录核查和家访。其次,项目参与者并不都是公共住房居民,有些仅是公共住房等候者,有些则与公共住房居民有私人关系。再次,绝大多数符合项目要求,并获得租房券和咨询服务的家庭最终没有能够成功地从最初的住房中搬出。"那些成功在非少数族裔聚居社区中找到住房的家庭,可能是最具有决心和信心的"(Popin et al., 2000, p.929)。

罗森鲍姆以及他的同事们在早期研究的一些局限性上了做了改进:通过管理记录囊括了更大比例的项目参与者。通过结合高特罗计划记录以及伊利诺伊公共资助管理数据,迪卢卡(DeLuca)和罗森鲍姆(2000)检查了高特罗参与者

1989年接受政府救济支付的程度和参与者最初通过高特罗计划所居住的人口普查统计区的教育程度之间的关系；他们发现随着统计区教育水平的下降，统计区的政府救济接受情况会大大增加；换句话说，当家庭搬迁至居住者的教育水平相对较高的统计区时，比起那些搬迁至教育水平更低的统计区的家庭，他们更不可能接受政府的救济。

在另一个使用管理记录的研究中，迪卢卡和罗森鲍姆考察了高特罗参与者目前的居住地，他们发现虽然84%的参与家庭在他们最初通过高特罗计划搬迁至郊区之后仍然进行了搬迁，但57%的家庭在城郊社区平均居住年限为14年；而且29%的家庭居住在城市内部，剩余13%的家庭居住在芝加哥城市地区之外。相反的，最初被安置在城市地区的高特罗计划参与家庭中只有12%目前居住在郊区（DeLuca & Rosenbaum，2003，p. 318）。作者们进一步研究得出"高特罗"的参与者目前所居住的地区与他们曾经被安置的地区非常相像，尤其是当考虑到贫困率、教育水平、男性失业情况以及平均家庭收入（DeLuca & Rosenbaum，2003，p. 320）。

明尼阿波利斯市的特殊流动性计划（Special Mobility Program，简称SMP）（霍尔曼计划的一部分）的相关研究显示此计划的参与者比那些单独使用租赁凭证的家庭更有可能搬进白人主导的中产阶级社区。虽然SMP中的家庭搬进了白人平均占86%并且家庭收入平均水平为30600美元的社区，但是那些被给予凭证的参与者搬出即将被拆毁的公共住房，搬进了白人比例为38%且家庭收入平均水平为22726美元的社区。尽管几乎一半（46%）的SMP参与者搬迁至郊区，而超过90%的凭证计划参与者仍然居住在明尼阿波利斯市/圣保罗；大部分的家庭居住在他们以前住址的两英里范围内，并且超过一半的家庭搬迁至"满足法院关于有色种群和贫困集中度定义"的社区（Goetz，2003，p. 207）。必须注明的是，尽管SMP是一个自愿性计划，它赋予低收入家庭更多的机会搬迁至更加富裕、更加融合的社区，但来自明尼阿波利斯市北部公共住房的家庭除了搬迁便别无选择了。因此，这两个计划下的家庭选址的结果并不与SMP参与者对于咨询服务的可获得性有关，而是取决于其他的因素。

现有多数关于流动性计划的研究都涉及MTO。的确，作为一个代表性的计划，创造MTO是为了决定在多大程度上，结合了咨询服务的租赁凭证使得家庭从公共住房搬迁至不那么贫穷的地区。MTO 也试图评估新的居住环境对于计划参与家庭生活的影响。国会曾下达命令，计划必须在一个长达 10 年的期限内进行评估，到 2009 年为止，关于 MTO 的研究包含了一系列对于 MTO 选择性影响的特定城市研究、MTO 设计以及实施的记录（Goering & Feins，2003）以及评价 MTO 自开始起 5 年内影响情况的中期评估。HUD 关于 MTO 计划的最终评估将于 2010 年发布，另一个在 5 个城市中结合了定量和定性分析的独立研究也将于 2010 年出版（Briggs et al.）。教育结果的研究，作为独立研究的一部分，已经在 2008 年予以出版（Briggs，Ferryman，Popkin & Rendon，2008）。

MTO 的研究显示的都是混合性的结果。一方面，相较于第 8 条款以及公共住房这些控制组的参与者，实验组的参与者明显表现出了对住房和居住环境的更大的满意。另一方面，参与者表达了更高的安全感（Orr et al.，2003；Goering et al.，2003）。

从分析中我们还得到，有关身体健康、心理健康、教育、就业、犯罪活动以及其他影响的研究发现并没有那么显著。MTO 研究的第一阶段是建立在采用多种分析方法的特定地点试验性研究的基础之上，并且将关注的重点放在不同类别的问题上。这一阶段识别了实验组参与者福利的一些改进，虽然这些改进因地点的不同而不同。例如，在一些地点发现了：

> 教育表现上的提高，犯罪行为的减少，成人身体和心理健康的增强以及对政府福利依赖程度的减少。此外，实验组家庭成员自从搬出公共住房后还经历了抑郁和哮喘病症上的减少，并且家庭中的男孩子在学校里也较少会有纪律问题（Goering，2003，p.383）。

随之而来的更加集中的中期评估是在 10 年计划的中途进行的，它是建立在参与者调查、管理记录以及其他研究方法相结合的基础之上。此评估对于计划的结果提供了一个更综合的跨地点视角，同先前的研究一样，此中期评估也发现了实验组的参与者比其他两个对照组的参与者更满足于目前的住房以及居住社区，尤其是当考虑到他们的安全感时（Goering et al.，2003；Orret et al.，2003）。

然而，在身体健康、心理健康、教育、就业、犯罪活动以及其他方面，中期评估却没有发现与前述一致的显著影响。例如，一方面，评估发现实验组高中女生因暴力犯罪的比例大幅减少了，但其他类型的犯罪却没有显著的变化。而另一方面，实验组的高中男生因财产犯罪被捕的比例和频率却有实质性的上升（Orr et al.，2003）。在教育方面，布里格斯等人指出实验组中成功通过MTO计划搬家的家庭中有70%仍然留在了相同的城市学区，因此限制了他们受教育的机会（Briggs et al.，2008，p.61）。不过，中期评估的作者也指出，现在判断计划对这些地区的全部影响还为时尚早：

> 对于一些结果的影响现在还不能够观察的一个潜在的原因是由于这些影响需要时间才能发展起来。如果情况是这样的，我们可能会希冀最终的评估能够得到更多和更大的影响……同时，对于为什么要花费多年才能使得一个社区的全部影响显现出来，理论上有许多强有力的原因；对于像教育表现这样的发展的结果几乎一定反映的是小孩从一个很小的年龄即开始累积的经历，那些在没有完备教育条件下度过他们最初十年的小孩，即使后来搬进了支持教育成就的环境，他们也几乎不可能完全克服由此带来的缺陷。中期评估中关于青少年的样本是由5岁至15岁并从公共住房搬出的小孩组成，而在最终的评估中，青少年的样本将有可能是0岁至10岁并从公共住房搬出的小孩。由于这些青少年将在贫困密集的公共住房之外的环境下度过其成长阶段很大的一部分，所以他们很可能会获得更大的教育成就和其他发展结果（Orr et al.，2003，p.G-17）。

布里格斯等人（出版中）更不乐观地总结了MTO的定性评估。他们认为简单的居住地的改变对于严重贫困中深远而又复杂的问题并不是一个"万能药"。尽管MTO能够使得家庭居住在更加安全的地区，但是满足凭证计划要求的可负担的住房通常是不充足的，并且许多离开贫困地区的家庭仍然通过社会和家庭网络同其保持着高度的联系，故仍然面临着同以前一样的问题。

总的来说，关于MTO、"高特罗"以及"霍尔曼"计划的研究显示，比起单纯的租赁凭证计划，结合了租赁凭证、咨询服务、房东招募以及其他服务的流动性计划能够在更大程度上帮助有色种群、低收入家庭进入到中产阶级社区。研究还显示，即使流动性计划中的家庭在最初安置后进行了再次搬迁，他们通常仍然会选择中等收入的社区并且不会返回城市内部的贫困地区。

然而，流动性计划却不一定能够促进种族融合。尽管高特罗计划要求参与家庭搬迁至白人主导的社区，但 MTO 却没有强加这样的要求，并且大部分的 MTO 参与者的确搬进了黑人主导的社区。研究同样不能显示流动性计划所产生的居住环境的改变带来了就业、教育以及健康能够产生显著性的提高（至少在短期内）。在高特罗计划的研究中关于流动性所带来的好处并不能在 MTO 以及霍尔曼计划被发现（一致而且程度相同），但是，研究确实显示流动性计划能够使家庭搬迁至那些更加安全并且能够提供更高质量住房条件的社区。

对于 MTO 下提供的服务以及其他流动性计划是否能够完全融合进入现有的凭证计划这一点仍然存在着疑问；如果这样的流动性的扩展是可能的，对于其是否会达到预期的效果同样一点也不清楚，原因如下：

◆在现有的财政环境下，要想保持住房补贴不被削减是一项长期的政治斗争，因为不可能要求联邦政府主动为不断增加的流动性咨询服务提供资金，更何况 MTO 中每个家庭这项的平均花费即为 3000 元（Goering，2003）。

◆常规的凭证计划，比起流动性计划总是拥有较低的租房率。例如，在 MTO 中，5 个地点的实验组中平均只有 48% 的参与家庭能够成功地找到满足计划要求的住房，与之相比较，第 8 条对照组的比例为 62%（Goeing & Feins，2003，p. 15）。在明尼阿波利斯市，特殊流动性计划（SMP）的成功率仅仅为 28.1%（Goetz，2003，p. 181），此外，经过 6 年的运作，此计划仅仅成功地使用了 900 张凭证中的 80 张。

◆如果常规的凭证计划想要融进流动性计划的服务和目标，一定会遭遇猛烈的抗议声。的确，MTO 之所以并没有扩展到最初 5 个城市之外的地区，是由于巴尔的摩地区的工薪阶层郊区害怕公共住房居住者涌入的反对声迫使参议院取消了为第二轮城市提供资金（Goering & Feins，2003，pp. 37-57）。如果计划是在一个更大的规模上运作，那么"高特罗"计划是否仍能如现在一样成功地将有色种群家庭安置在中等收入且白人主导的社区？这一点是值得商榷的。由于这个计划并不引人注目，每年只安置几十户家庭，这也可能有助于它获得成功（Rosen-baum，1995）。

◆正如前文所说明的，并非每个家庭都想搬出原先的居住地。凭证持有者可能不愿意搬离家人、朋友以及便捷的服务、便利的交通（Goetz，2003，p. 240），而其中一些人同样也害怕会在新的陌生社区里遭遇种族歧视和骚扰。

现在看来，使得凭证持有者拥有更多居住选择权最简单、最有效地方式便是将支付标准提高至一个能在中产阶级社区竞争的水平；由于官僚阻碍会打击凭证持有者在单一管辖区域之外寻找住房的积极性，所以另一种可行的方式便是减少这种官僚阻碍。的确，旧金山海湾地区阿拉米达城郊地区之所以实现很高的居住流动性大部分的原因要归结于地方住房机构之间的区域合作，同时也是因为HUD允许公平市值价格增加至50个百分点，并且支付标准增加至公平市值价格的120%（Varady & Walker，2000，2003）。

8.5 租房券以及贫困的再集中

自从20世纪90年代的后期开始，由于越来越多的凭证持有者搬进特定的低收入有色种群社区，学者、拥护者以及政策分析者对于此现象都甚是关心（Husock，2004；Rosen，2008）。凭证不仅不能作为分散贫困的一个手段，而且有可能导致贫困的再集中；简单来说，随着地方住房市场变得越来越昂贵，许多地区的房租攀升至凭证计划标准支付之上，那些房租满足计划要求的房屋已经慢慢向那些收入中等偏下的地区倾斜。此外，随着住房市场逐渐升温，房东们越来越不愿意接受租赁凭证，因为他们可以从没有接受补贴的房客身上取得相等甚至是更多的租金，并且还能避免凭证计划的管理要求（物理条件检查、表格填写）。

而且，在那些大量公共住房正在被拆毁、其他补贴计划也正在向"市价居住"转变的城市中，对于贫困再集中的担忧尤为盛行（Rosen，2008；Turner et al.，1999）。许多公共住房的居住者对于处理私人住房市场几乎没有任何经验，并且同以往的公共住房居住者、黑人以及西班牙裔一样，他们也害怕被歧视。所以，坚信此论道的人认为，即使这样的家庭能够获得任何住房，他们的住址应该也是坐落在不能令人满意的地方。

尽管有这些担心和害怕，几乎没有证据能够表明凭证持有者实际上会引发贫困再集中（Briggs & Dreier，2008）。同样的确有许多凭证接受者，特别是有色种群凭证接受者,会居住在低收入并且经常有种族隔离的社区,但是他们只占这些社区居住者很小的一部分;也就是说,尽管凭证持有者频繁地搬进低收入、有色种群社区,他们的出现也几乎不曾改变这些社区的社会经济和种族特征。

迪瓦恩和他的同事们通过对 50 个最大城市凭证持有者的住址分析发现,至少存在一个凭证持有者的 2/3 统计区中,这些家庭(搬进非设想社区的凭证持有者)在全部家庭中所占的比例不足 2%,如果考虑的凭证持有者的比例是 10%—25%,则这样的统计区的比例只有 2.4%,而且比例一旦上升到 25% 以上,统计区的比例只有 0.2%。相较于郊区,中心城区中凭证持有者超过 10% 的统计区的比例较高,但是差别并不是特别明显,4.4% 和 1%(见表 8.10)。不论在中心城区还是在郊区,大部分凭证持有者是居住在凭证接受者比例很小的地区。

表 8.10　　租房券持有者占所在人口普查区住户总数的比例　　(单位:%)

	50 个最大都市区		中心城区		郊区	
	占所有人口普查区的比例	每个人口普查区的平均租房券持有者人数	占所有人口普查区的比例	每个人口普查区的平均租房券持有者人数	占所有人口普查区的比例	每个人口普查区的平均租房券持有者人数
<2%	68.0	11.2	56.2	11.5	78.5	11.8
2%—5%	20.6	52.2	26.2	47.5	15.7	59.1
5%—8%	6.7	95.4	9.8	87	3.9	113.9
8%—10%	2.1	125.2	3.4	121.2	0.9	138
10%—25%	2.4	175.2	4.1	174.7	0.9	177
>25%	0.2	123.7	0.3	115.4	0.1	172.2

资料来源:Devine et al., 2003。

诚然,一个统计区的贫困率与其凭证持有者的百分比是正相关的,但是,凭证持有者在此地区贫困家庭中所占的比例通常很小,甚至在最贫困的地区也是如此。迪瓦恩(Devine)等人(2003)表明了当凭证持有者居住在贫困集中的统计区时,同完全没有任何住房补贴的低收入家庭一样,他们在数量上通常远远不及公共住房和其他补贴住房计划的居住者。也就是说,凭证持有者难得会构成统计区贫困人口的一个显著比例,至少在这50个最大的城市地区,凭证持有者看起来并没有带头促使新的集中贫困。

金斯利(Kingsley)同样也考察了48个城市中从73个希望六号计划搬迁过来的公共住房居住者,几乎没有发现贫困再集中的证据。他们对此作了说明,自从2000年5月,通过希望六号计划搬迁的家庭总共19000户,其中只有6000户家庭被给予第8条款租赁凭证,剩余的家庭被重新安置在其他的公共住房或者其他类型的住处。48个城市中的每一个城市平均都只有99次搬迁是使用了租赁凭证,也只有5个城市拥有超过200个这样的凭证持有者。

他们还发现使用了凭证的搬迁家庭倾向于分布在很广的范围内:4288户搬迁者居住在2170个人口普查统计区,平均每个统计区只有不到2户家庭。总的来说,超过2/3的搬迁者居住在只有4个或者更少其他搬迁者的统计区,对于只有9个或者更少其他搬迁者的统计区,此比例是83%;也就是说,只有17%的搬迁者居住在有10个或者其他搬迁者的统计区。金斯利以及他的同事们确实识别出了一些(大部分很小)城市,在这些城市里,40%甚至更多的迁移的公共住房居住者生活在有10个或者更多其他搬迁者的统计区(Kingsley, 2003, p.439)。

8.6 本章小结

在第8条计划最初的10年里,租房券一直是住房政策范畴里讨论最深的话题。对于租房券,拥护者宣称它比其他计划基础的补贴更具有成本优势并且给予接受者更多选择的自由;反对者则害怕凭证会给住房市场带来通货膨胀压力,同时也不能提供高质量的住房(Apgar, 1989; Hartman, 1975; National Low Income Housing Coalition 2005b; Weicher, 1999)。

例如,切斯特·哈特曼(Chester Hartman)曾在他所著的《住房与社会政策》(1975年出版)一书中将住房凭证称作是"巨大的谬论"。哈特曼对于凭证作了一些批评,最基本的是,"这些凭证并没有改变(住房市场的)众多缺陷,而这些缺陷即使不会完全破坏也会严重妨碍部分接受者寻找并保留合适的住房"。他进一步指出凭证只有在一些合适房源(租金适中)充足的住房市场上才能够成功;否则,"住房津贴引入房屋来固定的市场会导致租金的上升(至少在一个短期基础上），因为不仅是凭证的接受者，其他低收入或者中等收入的家庭同样也会竞争相同的住房"（Hartman，1975，p.156）。他认为凭证计划忽略了住房歧视的现实并且错误地假定支付房租的能力可以保证在选择的地区获得选择住房的能力。此外，房东可能会因为"作为房客被优先接受"的权利而向凭证持有者收取更高的租金，同时也可能不会对凭证持有者所居住的住房提供充足的整修和翻新。

总结起来，哈特曼（1975，p.159）曾写道，租房券：

> 促进了住房市场上个人选择准则的形成，这对于住房满意是一个关键的因素；但是，它对于如何确保市场条件使得低收入消费者能真正拥有自由选择权并获得满意却没有任何的措施。面对住房条件和住房市场的现实状况，选择的自由只能通过更多而不是更少的政府介入来予以加强。

哈特曼的大部分担忧并没有发生，特别是关于住房凭证会给住房市场带来通货膨胀压力并提高凭证持有者和其他低收入家庭的租金这一点，能找到的证据很少（Khadduri、Burnett & Rodder，2003；全国低收入住房联盟，2005a）；同时，也没有证据显示凭证会阻碍现有住房物理条件的改善。正如本书第2章所示，现有住房物理条件上的缺陷自从第二次世界大战结束后就一直在稳步减少。此外，要想满足凭证计划的要求，房屋也必须先满足美国住房和城市发展部关于住房质量标准的要求。

综上所述，经验显示了租赁凭证比起其他计划基础补贴计划的一些优势；就每单元房屋的花费来说，它远远低于其他计划，潜在地也就允许政府使用相同数量的资金来支助更多的家庭。例如，全国审计总署估算得到在30年的生命周期之内，希望六号计划下公共住房的花费比凭证的花费要多27%，同时低收入居民住房税收抵免政策支持的城市地区的住房其花费也要多15%，这些都是在控制了居住地点以及房屋大小的情况下计算得到的（GAO，2002a）。

同样清楚的是，比起其他计划基础补贴项目，凭证能够提供更大程度的居住选择，使得接受者能够居住在更广范围的社区内。特别是相较于公共住房，居住在经济贫困社区的凭证持有者比例更少。然而，凭证计划却不能保证不出现种群隔离，有色种群凭证持有者通常仍居住在有色种群的社区。而且，可负担的住房（即租金不超过某一住房机构的凭证支付标准）的地理分布限制了凭证持有者进入中产阶级社区（不论种群）的潜力。当可负担住房供给不足时，凭证在促进机遇方面的价值就变得有限。

全国凭证计划30年的经验同样强调了使用此方法的基本限制。在此计划下，一些类型的家庭会比其他家庭更加成功，并且对于越紧张的住房市场，此计划越无效。规模大的家庭、老年人以及有着特殊需求的家庭和个人比其他类型的家庭更不可能成功地使用凭证找到住房，而且他们更倾向于坚持从计划基础的补贴中获利；而这样的补贴同样能使低收入人群居住在可负担住房数量较少的富足社区，同时也能促进种群融合。在那些租房市场非常紧张的地区，计划基础的项目增加了低成本住房的供给（Khadduri et al.，2003；也可参见 Galster（1997）对于计划基础政策与租房者基础政策的关键性比较）。

最终，凭证计划随着时间的推移已经逐渐演变成一个政治负债。由于要对那些在拆除候选名单上的公共住房居住者以及那些房主不参加联邦补贴计划的私人住房居住者提供凭证，同时使用住房凭证的低收入家庭的累积数量也在增加，这些都大大地增加了联邦预算中凭证计划的成本。2008年，租房者基础上的租赁支助在住房和城市发展部预算中的占比为40.4%（National Low Income Housing Coalition，2009c）。布什政府就曾试图通过一系列预算和管理措施来限制凭证计划的发展，这些措施使得地方住房机构更加难以更新流通中的凭证，并且减少了凭证持有者可获得的补贴，打击了房东参加凭证计划的信心；结果，2004年至2006年间，使用中的凭证数量减少了大约150000（W. Fischer，2009；Sard，2004；Sard & Fischer，2004）。尽管由于受到来自民主党国会的压力，政府的这些努力在2006年逐渐平息下来，但是情况仍表明：因为凭证计划的支持者主要是低收入家庭和其他拥护者，所以比起其他计划基础的住房计划，凭证处于政治上的弱势地位，要知道，计划基础的项目还拥有房地产开发商和建设行业的支持。

第9章
州政府和地方政府的住房政策以及非营利性组织

联邦政府在美国住房政策的制定上已不再具有主导作用。20世纪80年代之后，地方和州政府以及各种非营利机构，成为了住房政策和计划的主要推动者和执行者。联邦政府通过"授权代理"政策鼓励了这种角色的转换。明确来说，高度集中的全国性项目，例如公共住房与第8条款新增政策，已经让步于能够给予各州和地方政府更多自主权用于发展自己的住房计划的分类财政补贴或拨款。除了补贴和拨款之外，各州和地方政府还发展出用其他收入来源来支持的住房计划，通常以住房信托基金的形式。

本章会探究地方和州政府的住房政策，集中讨论政府补贴拨款以及其他基金的投资使用。本章还会讨论社会开发公司和其他非营利性机构作为地方和州政府的合作者在给予住房支持上所扮演的角色。

住房政策制定和执行的义务曾经大部分是由联邦政府承担。之前公共住房以及其他补贴计划都是由华盛顿制定并提供资金运作。地方自治主义者及其他地方政府是通过土地使用区分管制和土地细分规则、建筑规范等方面来影响住房的可用度、质量和负担能力；尽管如此，这些政府职能是通过公共医疗和安全来实现的，并不能提供低收入保障住房（Krumholz, 1998; Nenno, 1991）。这个情况已经得到了改变。联邦政府已慢慢将发展和投资住房项目的职责让渡给了地方和州政府（Nenno, 1998a, 1998b）。这一转变反映了联邦政府住房补贴的不足，以及剩余政府补贴从集中明确的补贴方式向分类财政补贴拨款的方式转变（Bratt, 1992）。

从20世纪80年代起，鉴于里根政府大幅度控制联邦政府在住房上的支出增长，地方和州政府只能寻求新的方式以满足其上升的住房需求。它们必须寻找新的资金来源并发展自己的计划。在1980年之前,地方筹资的住房项目只有44个,而这些计划大部分只在三个州运营:加利福尼亚州、康涅狄格州和马萨诸塞州(Goetz, 1993)。从20世纪80年代到90年代初期,州政府又另外新增建了144个项目(Connerly, 1993, p. 306)。

经过通货膨胀率调整后,用于住房和社区建设的总州际支出(单独考虑住房支出的数据无法得到)从1981年的10.5亿美元上升到了1986年的超过23亿美元。到2006年为止,这一部分的州级支出已经增长了之前的两倍还多,达到了51.5亿美元(见图9.1)。尽管如此,若考虑总州际支出的百分比,住房和社区建设支出的增长率要保守得多。图9.1表明住房和社区建设的州际支出从未接近过总支出的1%。

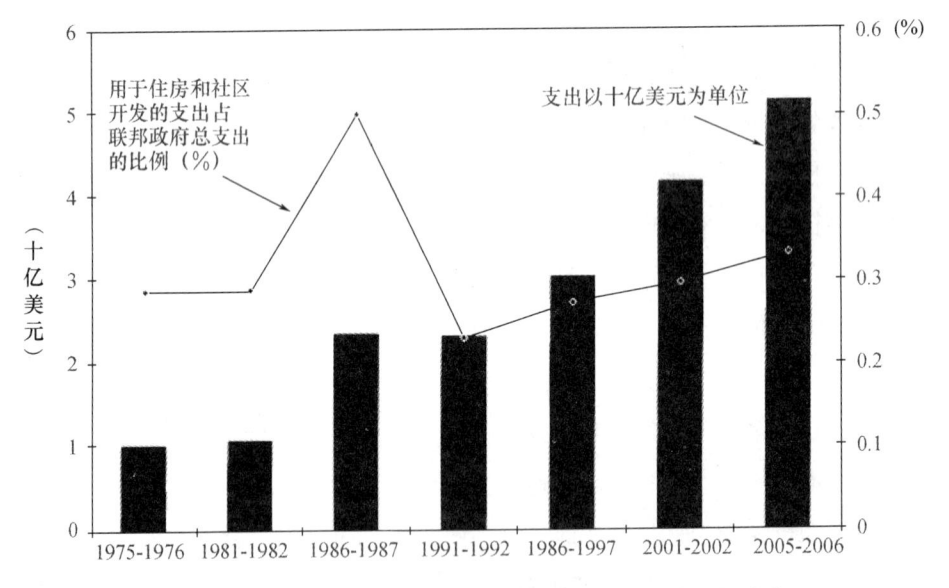

图9.1 1975—2006年州政府用于住房和社区发展方面的支出
(2005年价格)

资料来源:U. S. Census Bureau, 2009g and Previous year。

地方政府在住房和社区建设上的支出要远远多于州政府。在2006年,地方政府的总支出在扣除通货膨胀后接近370亿美元,比1981年的支出额增长了两倍还多(见图9.2)。与州政府相比,此支出额增长从总体地方政府支出方面考虑远不如州政府支出增长高。住房和社区建设支出在1991年以后占总支出的2.5%，较20世纪80年代的2.9%有所下降。需要指出的是，尽管如此，地方和州政府在住房上的支出大部分来源于联邦分类财政补贴拨款，而非由发行债券或税收得到的利润。①

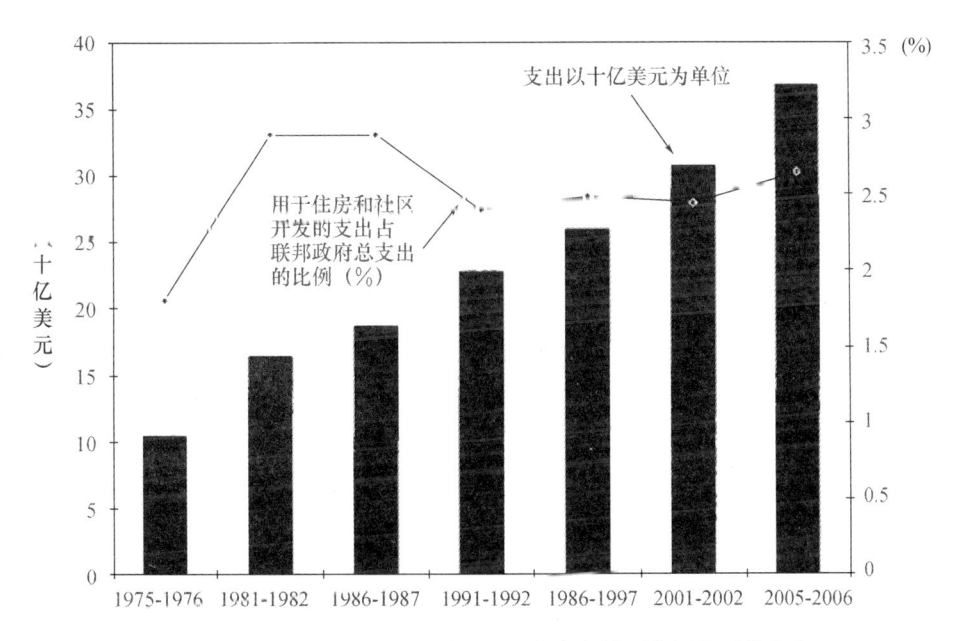

图9.2 1975—2006年地方政府用于住房和社区发展方面的支出（2005年价格）

资料来源：U.S. Census Bureau 2009g and Previous years。

从20世纪80年代中期开始，地方和州政府实施了大量的住房项目，项目太多以至于不能在单一章节中详细描述。实际上，有专门介绍地方和州政府住房项目的书籍（例如，Goetz，1993，Keating & Krumholz，1999，Stegman，1999）。本章的目标是概述这些住房项目的主要特征：资金来源、补贴的类型和持续时间、项目支持的住房活动类型、给予援助的住户的收入以及其他特征、项目的优势和

---

① 图9.1和图9.2展示了州和地方政府在住房和社区发展上的支出。这些支出的很大一部分来自于联邦政府的拨款和补贴。正如将在之后章节讨论的，联邦政府在2009财政年共拨款50亿美元给州和地方政府。图表显示若仅靠州和地方政府的税收、管理费和债券收入，那么支出将会很小。

局限。

本章对四种地方和州政府广泛使用的融资和帮助中低收入群体住房的方式给予了特别的关注：联邦分类财政补贴拨款、免税债券融资、住房信托基金和包容式区划。另外，本章也简要介绍了不同类型的非营利组织在地方和各州实施住房项目中扮演的角色。本章并不会包含地方和州政府住房政策的所有内容——举例来说，租金管理或基于地方财产税的补助金（例如，减税和增税融资）将不会包含在本章内容之中。①

9.1 分类财政补贴拨款

联邦政府并不是利用住房机构和其他地方政府机构来管理分类联邦项目，它越来越多地将分类财政补贴拨款分配给地方和州政府使用，因为这样有利于住房和社区的发展，尽管这也是在一定的界限之内。权力下放的过程始于1974年的《住房和社区发展法案》，除了建立第8条款计划，此方案还将8个分类项目折叠进入"社区发展综合补助款"计划（Community Development Block Grant，简称CDBG）。这个趋势一直持续下去：1986年，《税收改革法案》建立"低收入居民住房税收抵免政策"，1987年，建立紧急收容专款计划（Emergency Shelter Grant，简称ESG），1990年，《克兰斯顿—冈萨雷斯全国可负担住房法案》建立艾滋病人群住房机遇计划（Housing Opportunities for people with AIDS，简称HOPWA）以及HOME投资合伙项目（用于住房的财政补贴拨款计划）。

虽然低收入住房税收抵免政策并不是一项官方的财政补贴拨款，但它起到了同样的效果：地方和州政府的金融机构会制定标准以决定何种类型的住房才能进行税收抵免。正如前面章节所讨论的，几十年来，被联邦政府所直接管理的计划（项目）几乎没有产生新的住房；反而，这些计划的关注点在于保留现存的住房。在过去十年中，唯一能看见发展的联邦计划包括郊区住房、租赁凭证以及特殊需

---

① 未在本章中涉及的州和地方的计划参见 Davis（2006），Goetz（1993）和 Stegman（1999）。租金管制的内容参见 Keating, Teitz & Skaburskis（1998）。

求住房。

9.1.1 社区发展分类财政补贴拨款

住房和其他社会计划权力下放的第一步通常是社区发展综合补助款（Community Development Block Grants，简称 CDBG）计划。CDBG 于 1974 年由住房与社区发展法案建立，并替换了 8 个联邦计划，这些分类的计划，包括城区改造以及模型城市，要求地方和州政府通过竞争获得政府的特殊计划资金，并且对于资金如何使用需要给接受者少许空间；比较起来，CDBG 对于联邦资金应如何使用给予了地方和州政府更多的自由裁量权。CDBG 建立了"一个资助的全新的概念。在这里，关于为各种发展活动提供资金这一点，社区被赋予了很大的空间，只要它们能遵守一般的联邦准则"（Jacobs，Hareny，Edson & Lane，1986，p. 255）。

为了能从 CDBG 计划或者从其他美国住房和城市发展部管理的分类财政补贴项目（HOME、HOPWA & ESG）中获得资金，地方和州政府必须准备一份综合的计划书①，这些文件必须说明州和地方的住房需求，还要设计一个满足这些要求的 5 年策略并详述一个有关资源和执行的 1 年计划，每年更新一次（Turner，Kingsley，Franke，Corvington & Cove，2002）。综合计划要求计划过程中的公众参与，包括相关文件的易获得性以及方便市民表达关心的听证会。地方政府同样也被要求在判断地方需求时需要与社会服务提供者进行磋商（Gramlich，1998；Turner & Kingsley et al.，2002）。

CDBG 的最初目的是为了"通过向中低收入人群提供满意的住房、合适的居住环境以及扩张的经济机会来构建一个稳固的城市社区"（Connerly & Liou，1998，p. 64）。此计划允许的活动范围很广，包括不动产的合并、处置或保留，住宅楼和非住宅楼的修缮，社会服务以及经济开发；但 CDBG 明令禁止的几个资金用途是市政工程（政府办公大楼、学校、机场、体育场）、一般政府设施（例

---

① 在 1990 年以前，州和地方政府需按 CDBG 和第 8 条款计划的要求，上报"住房援助计划"。1990 年的《廉价舒适住房法案》替代了 HAP，此外住房和城市发展部的临时收容所拨款计划、新的 HOME 计划，HOPWA 等其他住房计划都需要地方分别上报计划。不过，由地方公共住房机构运营的计划，如公共住房消费券等，不用上报。在 1995 年，住房和城市发展部改进了规划流程，也即现在被称为的综合计划。关于住房和城市发展部计划对州和地方政府要求的演讲讨论，参见 Turner & Kingsley et al. (2002)。

如公园维护、街道修理）以及政治活动（Connerly & Liou，1998；Jacobs et al.，1986）。

另外，CDBG 的花费中至少有 70% 必须用来造福中低收入群体（指的是收入不超过地区中等水平收入的 80%），而花费中剩余的 30% 可能会用于预防性资助、贫民窟的减少、虫害或者满足其他城市社区的需求，比如地震、洪水或飓风的救济（全美低收入住房联盟，2004）。CDBG 基金中的一部分，在 2009 年为 7%，被指定专门用于特殊管理目的，例如经济开发项目的贷款担保、单个联邦立法委员支持的经济开发方案以及特殊机构和方案的财务支持。

接受 CDBG 基金中 70% 份额的城市分别是人口数不少于 50000 的城市、大都市区的中心城市以及人口数大于等于 200000 的特定郡县；CDBG 基金中剩余的 30% 则归州政府所有，然后再由其分配给小城市以及其他社区。而自从 20 世纪 70 年代后期开始，国会以及要求住房和城市发展部使用两套公式来分配 CDBG 基金：

第一套公式建立的基础是大都市区总人口中地方所占的份额、贫困和过度拥挤的住房这三个因素，其中贫困所占的比重又是其他两者的两倍。第二套公式则考虑了贫困的程度、房屋的年限以及事先模拟测算的人口（模拟测算的人口是指该地区人口自从 1960 年以来一直按照城市平均增长速度发展所能达到的水平）。

虽然被 CDBG 替换的计划最初并不涉及住房，但 CDBG 却允许广泛的与住房相关的花费。该计划的一个限制就是禁止地方政府使用 CDBG 资金建设新的住宅楼，除非这些住宅楼是"最后的手段"或者这个计划是被非营利性（或其他）机构作为社区重振、地区经济开发、资源保护计划的一部分来实施（Connerly & Liou，1998）。自建立以来，此计划中大约 28% 的资金流向了住房市场，而其中大部分是用于房屋修缮（Millennial Housing Commission，2002）。

2008 年，城市和其他城市管辖区域将 13 亿美元——CDBG 分配额的 25%——投向了住房方面，而这个比例自从 2001 年以来就几乎不曾改变（HUD，2009d）。2008 年，在所有 CDBG 的住房花费中，将近 3/4 流向了房屋修缮（大部分是独户的家庭），而新建住房支配了所有住房花费中的 7%（见表 9.1）；由 CDBG 提供资金的大部分修缮翻新在范围上都是相当局限的，并且也较少涉及主要整修（Walker & Dommel et al.，1994）。

表 9.1　　2008 财年 CDBG 项目在住房方面的支出

支出类型	总支出（百万美元）	占住房支出的百分比（％）	占总支出的百分比（％）
单户住房的重建	547.64	48.4	12.6
重建工程的管理	136.7	12.1	3.1
多户住房的重建	75.28	6.7	1.7
购买需修缮的住房	28.18	2.5	0.6
其他公有住房的重建	2.05	0.2	0.0
公共住房的更新改造	15.10	1.3	0.3
能源设备的改善	3.53	0.3	0.1
重建总支出	808.48	71.5	18.6
税法的执行	138.11	12.2	3.2
住房建设	85.59	7.6	2.0
对丧失抵押品赎回权的住房进行运营和维护	33.82	3.0	0.8
直接住房资助	55.02	4.9	1.3
检测并减少含铅涂料的使用	8.72	0.8	0.2
历史建筑的维护	0.81	0.1	0.0
租金收入损失	0.01	0.0	0.0
CDBG 项目的住房总支出	1130.57	100.0	26.0
CDBG 项目的总支出	4354.16		100.0

资料来源：HUD，2009d。

CDBG 的联邦经费在 2003—2009 年降幅显著。在经历了 20 世纪末期至 21 世纪初期名义值稳定在 48 亿美元左右的情形后，经费在以后每年均有下跌，最低位是 2007 年的 37 亿美元，此后两年又有微微上升。经过通货膨胀率调整后，CDBG 的联邦经费 2004—2009 年的下降幅度为 28%（全美低收入住房联盟，2009d）。[①]

[①] 2009 年 2 月，奥巴马政府的经济刺激为 CDBG 计划提供额外的 10 亿美元，"要求州和相关授权部门给予那些可以在 120 天内完成竞标的项目以优先权"（Gramlich，2009）。

总的来说，CDBG 计划自从 30 多年前建立以来，已经支持了广泛的社区发展计划及其活动，其中很多都涉及住房方面，故此计划无疑是住房及社区发展联邦经费最灵活的来源。关于此计划在一个全国性评估中总结道：

> 如果这个计划从来没有存在过，则可以不失公允地说，几乎每一个城市的社区都不可能更糟糕了，并且可以清楚地知道：城市也不可能拥有目前构成市政府核心功能的住房和再发展计划（Walker et al., 1994, p.1）。

此外，关于 CDBG 计划在 17 个城市社区影响的最新研究显示了"1994 至 1996 年间的花费与社区条件的三个指示指标（住房按揭贷款的批准速度、最初住房贷款的中等水平以及交易的数量）之间的强烈统计关系"（Walker, Hayes, Galster, Boxall & Johnson, 2002, p.903）。该研究同样发现：当一个社区的 CDBG 花费超过一个最小的临界值，也就是说，当 CDBG 将目标锁定在有限数量的社区，则社区的提高与改善是最显著的（Galster, Hayes, Boxall & Johnsom, 2004；Walker & Hayes et al., 2002）

而在众多评论中，对于 CDBG 计划最主要的批评是针对其目标而锁定的收入，以及其部分支持的计划和活动的类型；由于收入的资格标准设定在了大都市地区中等收入水平的 80%（其通常会大幅度高于市中心居住者的收入，尤其是租房者），此计划可能会使得广泛的城市居住者获益，而并不一定造福有着最迫切住房需求的低收入家庭。此外，正如前面所说明的，一个地区的 CDBG 分配额中有多于 30% 的比例其目标并不锁定在任何的收入水平上；在一些情形下，CDBG 资金经常会在一些对低收入家庭不利的方式上使用，比如 CDBG 资助的，城市重建计划迫使当地的居住者离开家园（Gramlich, 1998）。

该计划的灵活性以及分散结构可能使得政府官员将其使用在那些可由其他来源提供资金的目的上。"一般来说，当某一地区将大量的 CDBG 资金用于街道、马路、排水沟、下水道以及公园上时，其实在用 CDBG 资金替换当地的一般财政收入"（Gramlich, 1998, p.12）。而且此计划要求社区准备一份能够概述优先事项和需求以及 CBDG 基金怎样用于满足这些需求的综合计划书。但是，地方政府并不被要求执行这些计划，联邦政府对于实施这些计划所做的努力也很少；计划的过程中已经授权社区的参与，但这种参与的程度可能相差很大（Crowly，2005b）。

9.1.2 HOME 投资合伙计划

1990 年，国会建立了一个二级分类财政补贴拨款计划——HOME 投资合伙计划。HOME 计划被《克兰斯顿—冈萨雷斯全国可负担住房法案》第二章所批准，并成为全国最大的专门针对中低收入家庭可负担住房的联邦分类财政补贴计划。尽管 CBDG 可以为广泛的社区发展活动（不仅仅局限于住房方面）提供资金，HOME 的关注点主要是在住房上；HOME 计划给予地方和州政府很大的空间来选择资金应当如何使用，但是，无论如何，HOME 计划的资金必须是花费在住房计划和项目上，并且这些计划和项目的受益者必须是低收入家庭。

1991 年，计划投入运行的第一年，HOME 计划拥有了 15 亿美元的预算，占国会批准的 20 亿美元的 3/4；并且直到 2004 年此计划的资金才达到 20 亿美元（原始的批准额经过通货膨胀率调整后高达 28.9 亿美元，National Low Income Housing Coalition，2004）。此后，计划的资金一直在减少，2009 年，总额达 18 亿美元，比前一年少提供了 7%（National Low Income Housing Coalition，2009c）。

市政府和其他地方政府每年接受 HOME 计划基金 60% 的份额，而州政府接受剩余的 40%，同 CDBG 计划一样，美国住房和城市发展部使用一套以需求为基础的公式将 HOME 计划资金分配给各个管辖区域，但是每个管辖区域的接受额度不少于 500000 亿美元。地方政府必须在 24 个月之内确认其接受了 HOME 计划资金并在 5 年之内使用。

国会还要求所有参与的地方和州政府每年将不少于 15% 的 HOME 计划资金分配给社区基础上的非营利性机构——社区住房发展组织（Community Housing Development Organizations，简称 CHDOs），国会同样授权参与的管辖区域从其他来源获取资金来部分匹配它们所获得的 HOME 计划分配额，匹配额在全部计划成本的 25% 至 30% 之间变化，取决于涉及的计划类型。

到 2009 年 3 月为止，HOME 计划已经在地方和州政府中投入了超过 277 亿美元，总共资助超过 1100000 名租房者和房屋拥有者（HUD，2009f）。表 9.2 显示了该计划的主要用途：全部 HOME 计划基金中略高于一般以上的比例被用于支持

245

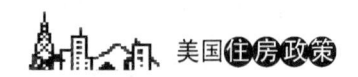

低收入租赁住房的发展；大约 1/4 的资金与住房购买活动有关，而不到 1/5 的资金与业主自用住房的修缮有关。在左右 HOME 计划基金中，只有 3% 的资金被用于"租赁者基础租赁支持"（Tenant-Based Rental Assistant，简称 TBRA），同第 8 条款（住房选择）租赁凭证一样，TBRA 补充了低收入家庭的租金支付；然而，不同于更大的凭证计划，接受者使用 TBRA 不能超过两年，并且该计划不能被用于计划基础的租赁支持。

表 9.2　　　　　　　　　1992—1998 财年 HOME 项目的相关数据

	资助金额（百万美元）		获得资助的住房数量（套）		每个住房单元获得的资助金额（美元）
	总计	百分比（%）	总计	百分比（%）	
购房者活动	5851.7	26.9	373866.0	32.5	15652
自有住房的重建	3678.5	16.9	182799.0	15.9	20123
租赁住房的开发	11588.5	53.2	385411.0	33.5	30068
对租户的租金资助	656.0	3.0	207242.0	18.0	3165
总计	21774.7	100.0	1149318.0	100.0	18946

资料来源：HUD，2009f。

从接受 HOME 计划资金资助的单位和家庭的角度来看，租赁凭证在总的拨款额中所占的比例略高于 1/3；这反映了每个单位租赁住房发展要比房屋购买资助和业主自用住房修缮费用贵，而这三个活动在所有受 HOME 计划资金资助的家庭中各自的比例分别为 1/3、1/6、1/6。除 TBRA 之外，全部 HOME 计划基金中的 43% 已经用来支持租赁住房和业主自用住房的修缮，40% 用于新增建设，14% 用于住房购置（HUD，2009f）。

HOME 计划最广泛的用途是房屋购买资助，其中包括房屋购买咨询、分期付款首付和其他手续费的财务资助、低利率的一级或二级按揭住房贷款（用于减少每月维持成本）以及用于业主自用住房的补助性发展；这里的补助性发展可能包括目标为中低收入家庭的补助性住房的新增建设，或中低收入家庭对于现有待售住房的购置和修缮（Turnham, Herbert, Nolden, Feins & Bonjourni, 2004）。

HOME 计划提供资金的项目必须资助那些收入不超过地区中等水平 80% 的家

庭，而在租赁住房的情况下，家庭的收入应该不超过地区中等水平的 50% 或 65%。[①] 2009 年第一季度的程序化数据显示，此计划不仅满足这些要求，而且服务对象中收入远远低于允许的最高水平的家庭比例也很高；HOME 计划基金资助的所有住房购买者中将近 1/3、所有住房拥有者中超过 2/3、所有租房者中 88% 的家庭收入低于地区中等水平的 50%（见表 9.3）。此外，超过一半的受 HOME 计划资助的租房者、接近 1/3 的受 HOME 计划资助的住房拥有者其收入甚至低于地区中等水平的 30%——在大部分地区都相当于贫困（HUD，2009f）。

表 9.3　　　　获得 HOME 计划项目不同类型资助的住户收入　　　　（单位:%）

	购房资助	自有住房重建资助	租赁住房开发资助	对租户的租金资助
按收入占地区平均收入的比例进行分类				
0—30%	6.4	31.5	43.4	78.4
31%—50%	23.8	37.2	39.4	18.3
51%—60%	23.6	14.1	14.0	2.6
61%—80%	46.3	17.2	3.2	0.7

资料来源：HUD，2009f。

除了收入资格标准外，HOME 计划同样要求其所资助的住房在一个最小年限里仍然可负担，这个最小的可负担年限随着住房类型的不同而改变；使用 HOME 计划资金购置或者修缮租赁住房的最小可负担年限在 5 年到 15 年的范围内变动，5 年是针对平均每单元 HOME 计划投资额小于 15000 美元的住房，而 15 年是针对平均每单元 HOME 计划投资额超过 40000 美元的住房。同样，使用 HOME 计划资金再融资得到现有租赁住房的最小可负担年限也是 15 年，但对于新建或者新购置的租赁住房，此年限是 20 年。

如果没有额外的补贴，极低收入家庭（收入低于地区中等水平的 30%）是几

---

① HOME 计划设定了两个 HOME 计划出资的多户型住房的最高租金。"高"的租金限度是取市场租金和家庭调整后收入的 30% 两者较低的一个，并按房间大小进行相应调整，该限度适用于收入低于地区中等收入 65% 的家庭。"低"的租金限度是取 FMR 和家庭调整后收入的 30% 两者较低的一个，此限度适用于收入不超过地区中等收入 50% 的家庭（Herbert，2001）。

乎不可能负担得起 HOME 计划基金开发起来的住房。单独的，HOME 计划很少会提供与公共住房以及租赁凭证相联系的"深度补贴"，这些补贴是依靠政府来覆盖房屋租金和租房者收入固定比例之间的差额。相反，由 HOME 计划发展起来的住房租金一般是盯住公平市值租金和地区中等收入水平的 50% 这两者中的较小者，而且通常是通过补贴项目的购置和开发成本来实现，因此，减少了债务清偿和其他营业费用所需的租金收入的数量。

在许多情况下（尤其是更大型的项目），HOME 计划基金本身并不能使租金下降到允许的最大水平；在这样的情况下，额外的补贴是必要的，并且最经常的便是低收入住房税收抵免政策。2007 年，大约 35% 的获得 HOME 计划支持的租房单元从 LIHTC 中获利（National Council of State Housing Finance Agencies, 2009）。

如果一个家庭居住在 HOME 计划资助的住房里并且收入低于允许的最大值，那么除非其能获得额外的补贴，否则就可能花费超过收入的 30% 在房屋租金上。的确，美国住房和城市发展部在 1996 年的一次分析中曾发现 HOME 计划资助住房的极低收入租房者中有将近一半的人接受了额外的租赁补贴。但是，没有从这样的补贴中获利的极低收入家庭中也有将近 40% 花费了收入的一半甚至更多在租金上（Herbert et al., 2001, p.32）。而 HUD 最近的一份研究则发现 HOME 计划住房中没有任何其他住房补贴的极低收入家庭平均花费收入的 69% 在住房上，与之相比较的是，有额外的租房者基础和计划基础补贴的极低收入家庭的平均比例为 40%（Herbert et al., 2001, p.40）。总的说来，HOME 计划资助的出租发展计划中 60% 的租房者没有接受任何额外的补贴（Herbert et al., 2001）。

总之，HOME 和 CDBG 计划都给予了地方和州政府广泛的空间来根据个人的优先事项和需求来定制住房计划，但这些分类财政补贴拨款的一个主要的限制是：它们很少能够提供充足的补贴给那些收入极低并且最迫切需要住房资助的家庭。

9.2 免税债券融资

由州政府发起的首次住房补贴项目常常需要对首次购房者和多户租用住房使

用免税债券融资的按揭贷款。正如在第 4 章解释过的，通过从联邦所得税中豁免这些债券的利息，政府金融机构可以向投资者支付低利率，而且可以通过处置这些债券来筹集低利息抵押借款。免税房屋债券通常都由州住房金融机构发行。

目前，每一个州都至少拥有一个住房金融机构，维京群岛和波多黎各也不例外。几乎所有的这些机构都成立于 20 世纪 60 年代至 80 年代之间，而仅仅在 70 年代就诞生了其中的 56%。这些州住房金融机构还有许多其他功能，包括发行住房相关债券，管理联邦低收入居民住房税收信用项目和州住房信用基金等。

联邦政府限制了这种被看做私人活动债券的免税债券的数量，一个州只能在某个特定年份内发行。这种私人活动债券可以有几种用途，而不仅仅都与住房有关。除了单户家庭抵押债券和多户（租用）住房债券外，私人活动债券还可以为经济发展、水和管道服务、公共交通以及学生贷款等目的而发行。

2009 年，每个州可以发行的私人活动债券的数量限定为每个居民 90 美元（但总量不得超过 273000000 美元）。由此，整个国家可发行总额达到 260 亿美元。[①] 人均债券额随各年通货膨胀率浮动，各州在当年未用的发行额最多可以顺延 3 年。2007 年，全国各州债券发行额在 2.562 亿美元到 3.1 亿美元之间（最多的是加利福尼亚州，州住房金融机构全国委员会，2009，pp. 43－47）。作为布什政府经济刺激计划的一部分，2008 年的秋天，联邦政府授权全州在 2010 年之前每年可额外发行共 110 亿美元。

2008 年开始的金融危机严重地破坏了免税债券市场，住房金融机构很难再发行比获得住房所有权或租用住房的市场融资利率低得多的债券（La Branch，2009）。虽然 2008 年的经济刺激法案给了全州 110 亿美元的额外住房债券发行量，但经济危机依旧让这些对策几乎一无是处。州住房金融机构全国委员会的执行主管表示，危机已经把住房金融机构"冻结在住房债券市场外"，"许多住房金融机构已经不得不大大缩减了贷款数量，而其中一些的贷款事实上已经完全中止"（B. Thompson，2009）。2009 年 10 月，奥巴马政府提出了一个新的项目计划。这个项目为住房金融机构发行新的税务抵押债券提供了临时筹资方式，那便是美国

---

① 从 1987 年至 2000 年，每年的债券量被限定在人均 50 美元以下；2000 年以后，该上限按通货膨胀率进行调整。

财政部购买的房利美和房地美债券（U.S. Department of Treasury, HUD, Federal Housing Finance Agency, 2009）。

9.2.1 抵押收益债券

抵押收益债券使得中低收入家庭能够获得低于市场利率的抵押贷款并第一次成为住房拥有者。截至2007年，州住房金融机构已经发行了将近23.4亿美元的抵押收益债券，并且已经被用来支持超过2700000个按揭贷款。2007年，这些机构发行了178亿美元的债券，同时关闭了超过126000个按揭贷款；而免税抵押收益债券资助的按揭贷款的平均值在2007年达到了131410美元。使用这些按揭贷款的房屋购买者的年收入的中等水平为36806美元，其平均年龄为28岁，同时有20%是属于有色种群（National Council of State Housing Finance Agencies, 2009）。

9.2.2 抵押信贷凭证

除了抵押收益债券之外，州住房金融机构可以利用它们私人活动的上限来发行抵押信贷凭证（Mortgage Credit Certificates，简称MCCs）；这些凭证能使得低收入住房拥有者在其部分按揭贷款利息支付上获得一个不退款的联邦收入税收减免（见第4章）。但是，此计划自建立以来收效甚微；截至2007年，27个州发行了总共171239个MCCs，而在2007年，12个州发行了总共988个MCCs，（National Council of State Housing Finance Agencies, 2009, p.71）。

9.2.3 多户住房债券

至于多户租用住房，州住房金融机构已经资助了包括840000户家庭的近10000处房产。2007年，36家住房金融机构发行了总值达67亿美元的多户住房债券，并用来向超过39000户租房单元提供资金。虽然大部分的多户住房债券是免税的，许多州仍然发行征税债券，并且其每年没有数量上限。仍是2007年，针对新租赁住房的新增购置与开发的免税多户住房债券的发行量为33亿美元，而征税债券的发行量为5.55亿美元（National Council of State Housing Finance Agencies, 2009, pp.123-130）。

通过多户住房债券融资的租赁住房同样也获得额外的补贴。2007年，77%的债券融资的租赁住房取得了低收入住房税收抵免（见第 5 章），同时，在 14 个州，每一个债券融资的项目也有相应的税收抵免。其他类似的补贴来源包括 HOME 计划分类财政补贴拨款计划、HOME VI 基金、计划基础的第 8 条款以及各种形式的信用增级（National Council of State Housing Finance Agencies，2009，pp. 123、137－138）。

联邦法规规定了通过免税债券融资的住房单元中低收入家庭所占有的最小百分比；同低收入住房税收抵免政策所资助的住房一样，那些收入只有地区中等收入水平 60% 的家庭在所有债券融资的租赁住房中所占的份额至少为 40%，而收入低于、等于地区收入中等水平 50% 的家庭必须占比 20%。2007 年投入使用的 35000 个债券融资的住房单元中，超过 82% 的数量分配给了收入等于或者低于地区平均水平 60% 的家庭，这其中包括了 28% 收入低于中等水平 50% 的家庭（National Council of State Housing Finance Agencies，2009，p. 136）。

9.3 住房信托基金

住房信托基金由政府建立，通常有着专门的资金来源并针对中低收入的家庭（Brooks，2007）。州、县和市已经建立了将近 600 个住房信托基金，每年为不同类型的住房资助产生超过 16 亿美元的资金（Brooks，2007；Center for Community Change，2009）。信托基金是有助于满足地方住房需求的最灵活的提供资金的方式。由于信托基金建立在收益来源（在地方和州政府的控制之下）基础之上，故一般来说，它关于基金应当如何使用的限制远远少于联邦住房计划的情形，甚至是少于分类财政补贴拨款计划。

信托基金通常是由政府或者半政府的机构来管理，并且是在包含广泛的监督委员会的指导下运行。由于有着来自银行、房产中介、营利性和非营利性房屋开发商、律师组织、工会、服务供应商以及低收入居住者的代表，这些委员会通常起着咨询的作用；尽管它们中有一些在管理基金方面有着正式的职责，这其中就包括对于接受基金资助的项目的选择（Brooks，2007）。第一家信托基金成立于 20 世纪 70 年代晚期，此后，基金的数量就呈现指数增长（Brooks，2007）。

关于住房信托基金最综合的信息来自于社区交换中心，该中心自从 20 世纪 80 年代开始就注意着这些信托基金的动向。它在 2006 年的最新调查中计算了 565

家信托基金，其中50家是在州级水平上运作（包括哥伦比亚地区），430家是在市级水平上运作，还有82家是在县级水平上运作（见表9.4）。自从上一次该中心在2002年的调查，信托基金的总数量已经翻了一番（Brooks，2002）。

表9.4　　　　　　　　　2007年住房信托基金概况　　　　　　　（单位：个）

州/地区		州住房信托基金	城市信托基金	郡信托基金	跨地区信托基金	总计
中西部地区	伊利诺伊州	2	2			4
	印第安纳州	1	2			3
	爱荷华州	1	1	6		8
	堪萨斯州	1	1			2
	密歇根州	1	1			2
	明尼苏达州	1	3	1		5
	密苏里州	1	1	1		3
	内布拉斯加州	2				2
	俄亥俄州	1		3	1	5
	威斯康星州	1	1			2
	中西部地区小计	12	12	11	1	36
东北部地区	康涅狄格州	3				3
	特拉华州	1				1
	哥伦比亚地区					1
	缅因州	1				1
	马里兰州	1		2		3
	马萨诸塞州	2	126			128
	新罕布什尔州	1				1
	新泽西州	2	250			252
	纽约市	1	1			2
	宾夕法尼亚州	0	1	51		52
	罗得岛州	1				1
	佛蒙特州	1	2			3
	东北部地区小计	15	380	53	0	484

252

续表

州/地区		住房信托基金类型				总计
		州住房信托基金	城市信托基金	郡信托基金	跨地区信托基金	
东南部地区	佛罗里达州	1	1	2		4
	佐治亚州	1				1
	肯塔基州	1				1
	路易斯安那州	1				1
	北卡罗来纳州	1	2			3
	南卡罗来纳州	1	1			2
	田纳西州	0	1			1
	德克萨斯州	1	2			3
	弗吉尼亚州	0	2	3		5
	西弗吉尼亚州	1				1
	东南部地区小计	8	9	5	0	22
西部地区	亚利桑那州	1	1	1		3
	加利福尼亚州	1	21	8	1	31
	科罗拉多州	0	2	2		4
	夏威夷州	1				1
	爱达荷州	1				1
	蒙大拿州	1				1
	内华达州	2				2
	新墨西哥州	1	1			2
	俄克拉荷马州	1				1
	俄勒冈州	2	1			3
	犹他州	1	1			2
	华盛顿州	3	2	2	1	8
	西部地区小计	15	29	13	2	59
全国总计		50	430	82	3	565

资料来源：Brooks，2002。

县市信托基金的建立通常是顺应各州的立法要求，并且设计的目的是为了促进地方信托基金的发展。因此，社区交换中心调查鉴别出来的 436 家市级信托基金中有 250 家是在 1992 年新泽西州通过能使地方政府向私人房地产开发征收费用的立法后成立于该州的。由于信托基金能够帮助地方政府获取收益并为中低收入住房的发展提供资金，因此地方政府也就可以在满足可负担住房职责（州《公平住房法案》下）方面取得进步。类似的，82 个县级范围的住房信托基金中有 51 个是在 1992 年宾夕法尼亚州通过《选择性可负担住房信托基金法案》后在该州建立的，这里的《选择性可负担住房信托基金法案》是允许各郡县加倍它们的文献记录费用，同时对于不同的可负担住房计划使用此步骤（Brooks，2007，p. 16）。①

大部分的信托基金都利用特别指定的收入来源，而且由于州、县、市掌管着不同的税收和费用，故每个收入来源都取决于涉及的政府单位。大多数情况下，信托基金是建立在因房地产交易而征收的税收和费用的基础之上。在州级水平上，虽然有其他超过 15 个的收入来源可以使用，但最常使用的收入是房地产交易税；在市级信托基金里，有超过 24 个收入来源可以使用，而向私人房地产征收的各种名目的费用是最常见的，这些费用包括非居住性开发影响费和包容性分区规划的"替代费"（将在下文予以讨论）；最后，县级信托基金大部分是依赖于文件记录费用（Brooks，2007）。

社区交换中心 2006 年的调查显示，住房信托基金每年总共产生大约 16 亿美元的收入。州级信托基金约占其中的 80%，市级信托基金占 17%。不同的住房信托基金所产生的收入相差很大。在数据可使用的 145 家信托基金中，21% 每年产生的收入大于 1000 万美元，10% 的收入在 500 万美元至 1000 万美元之间，而将近 30% 的信托基金产生 100 万美元至 500 万美元，40% 每年的收入不超过 100 万美元，还有 12% 的信托基金每年几乎不产生任何收入。在县级和市级水平上，规模最小的信托基金是最普遍的，在州级水平上，规模则倾向于更大。的确，接近 1/5 的州信托基金每年产生超过 2500 万美元的收入，并且其中有 4% 的收入超过了 1 亿美元。包括纽约、芝加哥、费城、圣弗朗西斯科以及西雅图在内的美国最大城市都拥有最大的住房信托基金，每年聚集的收入就超过了 1000 万美元（Brooks，2007，p. 20）。

---

① 关于私人信托基金的详细内容，参见 Brooks（2007）& Meck et al.（2003）。

住房信托基金支持着许多不同类型的住房计划，包括新增住房建设以及现有住房的购置和修缮。除了为新建和修复住房的开发提供资金，信托基金同样提供（Brooks，2007）：

- 针对无家可归者的过渡性住房计划的支持；
- 针对中低收入购房者的首付补贴和其他资助形式；
- 房屋节能改造和应急维修；
- 贷款以覆盖非营利性住房开发商的项目成本；
- 住房教育与咨询服务；
- 租房者的基础租赁帮助（Brooks，2007，p.20）。[①]

几乎所有的信托基金都是针对中低收入家庭。虽然许多信托基金在一些住房计划里将目标锁定为收入更低的群体，但最常见的仍是那些收入低于地区中等水平80%的家庭。大约有1/4的信托基金专门针对无家可归的情况或者收入低于地区中等水平50%的家庭。而且大部分的信托基金要求其所帮助和支持的住房在一个最短的时间里仍然可负担，例如，超过70%的城市信托基金对于其所提供财务支持的租赁房屋都会施加一个可长期负担的限制，将近一半的基金则会对业主自有的住房施加这样的限制。通常对于业主自有的情况，最短的可负担年限是5年，但是大多数也会持续15年至30年。不幸的是，关于利用住房信托基金建造的总住房数量的数据无法得到。

住房信托基金是越来越受欢迎的一种满足地方住房需求的方式。正如前文所提到的，2006年超过550家的基金投入运行，比起2004年增加了200多家。虽然信托基金已经成为一种颇有价值并且灵活的收入来源，但认识它们的局限性也是同样重要的：

- 信托基金很少会提供与公共住房以及住房选择租赁凭证一样深层次的补贴。大部分信托基金并不服务于非常低收入的家庭，同时也不构成能够根据家庭收入变化调整补贴的数量。除了一些明显的例外，信托基金基本不覆盖运行租赁房屋的成本，因此，也不会补充低收入住房者的租金支付（Mueller & Schwartz，2008）。

[①] 关于特定信托基金计划，参见 Brooks（2007），Stegman（1999）。

◆尽管大部分的信托基金要求其所资助的住房在一个最短的时间内保持可负担性，但是这些要求通常达不到联邦住房计划所强加的要求。

◆信托基金并不是无所不在的，它在一些州和地区会相对更加普遍，这也就限制了其满足全国性住房需求的能力。正如米勒和施瓦兹（2008，p.127）总结道："它们（指信托基金）在诸如佛罗里达这样快速成长的州是最常见的，因为在这些州，与开发相挂钩的费用产生的收入最多，并且增长管理所产生的利息也是长期存在的。与此相对应，信托基金最难在那些较贫困同时发展缓慢的州或者相对保守的州成立，因为在那里，信托基金最关键的资金来源所受到的阻力可能是最大的。"

◆这些信托基金在产生的收入的数量上是不相同的，因此，它所能帮助的住房和单元数目也不相同。

◆许多信托基金的收入来源会随着经济条件的改变而波动，并且在一些情形下，也会随着地方房地产市场的震动而波动。例如，依赖于房地产交易税的基金在房地产市场稳健时会表现得很好，而在住房成交量放缓时，其表现也会下滑。如果信托基金是建立在与特定种类办公室建设和其他类型的非居住性住房开发相联系的费用的基础之上，那么它们也会随着房地产市场的震动而上扬或者下跌（Connerly，1993；Mueller & Schwartz，2008）。

9.4 包容性分区规划

越来越多的地方政府使用"包容性分区规划"[1]来增加"可负担"住房的供给。包容性分区规划鼓励并要求房地产开发商将其建造的住房中的一部分指定给中低收入家庭。例如，一个开发商建造了一幢100单元的商住综合楼，其中可能会有20个单元会被要求保留给中等收入的家庭。

---

[1] 定义上，包含性分区是指土地使用条例要求开发商在建造时提供一定比例的房屋用于低收入和中等收入家庭。当然，分区并不是唯一激励开发商提供廉价舒适住房的方式。地方政府可通过其他行政手段获得相同效果，如谈判等。因此，有些管理机构常用广义的"包含性分区住房"（如Calavita、Grimes和Mallach，1997）。不过，笔者和其他人更倾向于使用"包含性分区"，尽管它的含义更狭窄。关于包含性分区的详细分析和概览，参见Porter（2004）。

包容性分区规划很具吸引力，因为其可以增加可负担住房的供给，同时也促进了富足社区的经济多样性——使得低收入家庭也能居住在那些可负担住房较少的地区。这种类型的分区规划可能会呈现出不同的形式，包括强制性要求、自愿性引导；而且它在地方分区规划和用地条例中常常是特别指明的，但是也可能会以其他方式来执行（包括建设许可证批准过程和与个人开发商的议定协定）。对于私人开发商应建造的可负担住房的数量、目标群体的收入以及住房保持可负担的时间长度，各地方政府的要求差异很大（Scheutz, Meltzer & Been, 2007）。

截至2004年，已经有大约600个主要城郊社区创立了一定形式的包容性分区规划（Porter, 2004）。这些地区的绝大多数都是位于新泽西州、加利福尼亚州和马萨诸塞州，而且这些州要求其所有的城市或者说绝大多数的城市要负责满足该地区的一部分住房需求。各州的城市此时都愿意依靠包容性分区规划来满足这些要求，在很大程度上是因为包容性分区规划所涉及的公共支出最小。其他的一些州，包括康涅狄格州、罗德岛州、俄勒冈州以及佛罗里达州同样要求或者至少是鼓励地方政府采取一些可能反过来会引导它们采用包容性分区规划的住房计划（Merton, Retzlaff & Schwab, 2003; Porter, 2004）。然而，这些州很少有地方政府会这样做，部分反映了州级水平上缺乏确保地方计划得以实施的执行机制。

直到20世纪90年代后期，包容性分区规划毫无疑问是一个城郊现象，并且主要限制在具有活跃住房市场的富足郊区。然而最近几年，这种分区规划被越来越多的城市所采用，包括剑桥（马萨诸塞州）、丹佛（科罗拉多州）、萨克拉门托（加利福尼亚州）以及圣达菲（新墨西哥州）（Anderson, 2003）。2005年，纽约城实施了一个包容性分区规划的元素——将三个社区再分区规划使其从制造使用转变为居住使用或者其他使用。例如，在分区规划给布鲁克林海滨 Greenpoint-Williamsburg 地区的10000住房单元里，33%的住房是专门指定给予中低收入家庭的，并且这个城市还在考虑对其他社区也进行包容性分区规划（Braconi, 2005; Cardwell, 2005; Rose, Lander & Feng, 2004）。

9.4.1 新泽西州

在两次以城郊小镇芒特劳雷尔（Mount Laurel）命名的里程碑式的判决中，新泽西州最高法院规定每个城市必须为所有收入水平的家庭提供住房并且要满足该地区住房需求的一个"公平分摊"。第二次的芒特劳雷尔判决（Southern Burlington County, *N. A. A. C. P. v. Twp. of Mount Laurel*, *456 A. 2d 390*, NJ, 1983）批准私人开发商在地方政府阻止他们建造可负担住房时予以起诉。1985年，新泽西州立法委员会通过了可负担住房法案，要求每个城市在一个指定的年限内建造出最小数量的可负担住房单元；更多细节可以参见麦克（Meck）等人（2003）关于这些城市要求如何计算的文章，而那些提交计划并建造这种住房的城市将不受芒特劳雷尔法规的影响。

各州并没有指明要有多少地区必须履行关于可负担住房的职责，也没有提供一些补贴以帮助它们满足要求的配额；然而，大部分地区都依赖包容性分区规划。这些地区并不选择将20%的住房单元提供给低收入家庭，而是情愿给予开发商"开发密度奖励"并准许他们在一个给定的地点建造比地方分区规划和其他土地使用规定所允许的更多的住房。2004年12月，新泽西州修正了其包容性分区规划的规定，特别指明每增加8个市价住房单元和每创造25个工作机会时，每个城市都必须提供一个可负担住房（New Jersey Council on Affordable Housing, 2005）。

到2009年7月为止，在新泽西州566个城市中有超过300个城市已经向可负担住房委员会（此机构负责管理各州的包容性分区规划，包括"几乎所有快速发展的城郊小镇"）提交了计划（Mallach, 2004），这300个城市，连同78个其他处于法庭管辖范围内的地区，已经完成或者至少正在建造36000个中低收入家庭可负担的住房单元，同时修缮了14000个低收入家庭居住的住房单元（New Jersey Council on Affordable Housing, 2009）。

此外，由于州可负担住房法案的一个条款允许城郊地区将其"公平分摊"义务中最多50%的比例转移至住房地区范围内的其他城市，故在本州的中心城市或者内环郊区有10000个住房单元被建造或者修缮（New Jersey Council on Affordable Housing, 2009）。①

9.4.2 加利福尼亚州

加利福尼亚州要求地方政府推行低成本住房已经有超过30年的历史了，但是

---

① 关于新泽西包含性分区和Mt. Laurel的更多信息，参见Calavita et al. （1997），Meck et al. （2003），New Jersey Council on Affordable housing （2005）和Wish, Eisdorfer （1996）。

每年的强度是不同的。1975年，该州修订了其关于地方总体规划中住房方面的要求，并规定社区"要向居住者提供充足的住房并满足社区各部分预期的需求"（Porter，2004，p.233）。五年之后，上述表述就修改为要求地方政府出台政策和计划来留出对于可负担住房地方需求的"公平分摊"。然而，州政府只能要求各地方提交计划，其缺乏对于不能遵守这些计划的地方进行惩罚的权力。

虽然州政府最初推荐各地方采用包容性分区规划以帮助它们满足对于地方住房需求的公平分摊，甚至根据此效应生成了一个样本条例，但是州政府对于包容性分区规划的热情在20世纪80年代共和党连续执政期间逐渐衰减，并且在90年代早期，包容性分区规划倾向于"彻底敌对"（Calavita，2004，p.3）。到1992年，加利福尼亚州中共有19%的地方政府仍然遵守法律并提交住房计划以获得州政府的批准（Porter，2004）。但是，面对快速上扬的房价，在过去的十年中，又有越来越多的加州管辖区域采用包容性分区规划。截至2002年8月，只有29%的地方政府没能遵守总体计划中要有一个被采用的住房成分的要求（Meck et al.，2003，p.45），尽管如前面所说，加利福尼亚州法律并不要求各地方要去实施这些计划。

2003年，一项全面而综合的调查投入运行，这项调查涉及了107个都采用以一定形式包容性分区规划的城市和郡县，这几乎是整个加利福尼亚政府的1/5。此外，采用包容性分区规划的地区的数量自从1994年（先前的调查共有64个包容性分区规划项目）以来增长了64%（"加利福尼亚郊区住房联盟"以及"北加利福尼亚非营利性住房协会"），这些采用包容性分区规划的社区中有压倒性的多数是坐落在太平洋海边的加州最贵的住房市场，尤其是圣弗朗西斯科、洛杉矶以及圣地亚哥周围。[①]

9.4.3 马萨诸塞州

1969年，马萨诸塞州推出一项法规申明地方政府具有为中低收入居住者提供

---

① 关于加利福尼亚州包含性分区的详细内容，参见 California Coalition for Rural Housing and the Nonprofit Housing Association of Northern California（2003），Calavita（2004），Meck et al.（2003）和 Schuetz（2007）。

可负担住房的责任。此项法规被称为"反势利"分区规划法（州普通法第40B章），使得开发商能够通过向地方分区规划委员会请愿从而可以避开对于补贴住房计划的地方分区规划限制。这个委员会"只被要求决定中低收入住房需求是否超过任何有效的计划目标（诸如健康、设计或空地保护）或者是否超越了包容性分区规划"（Porter，2004，p.232）。上述的法规同样声明那些补贴住房占全年住房存量不到10%的地区是需要额外可负担住房的地区；马萨诸塞州于1982年强化了这条法规，其要求州级机构"对于不合理限制新增住宅开发的社区自由裁量是否扣留资金"（Porter，2004，p.232）。

各地方政府对于此法规的反应不一，一些已经制定了包容性分区规划的法令并要求私人开发商为低收入家庭预留出一部分新建设的住房；另一些将选择具体问题具体分析，故与私人开发商协商以确保一些住房内定为中低收入家庭居住。一项研究发现，尽管有超过1000个社区都采用了某种形式的包容性分区规划，但从1990年至1997年，在全州范围内，包容性分区规划只产生了略多于1000个的可负担住房单元（Porter，2004，p.233；Schuetz et al.，2007）。

9.4.4 蒙哥马利郡，马里兰州

在一个更广范围内相对独立的、强制地方政府建造可负担住房的最著名的包容性分区规划位于蒙哥马利郡的马里兰州。这个位于华盛顿城外的郊区于1974年建立了"适度定价居住单元"计划，使得其成为了全国最早的包容性分区规划之一；这个规划同样也是最大的之一，因为截至2004年，它已经建造了超过11000个中低收入住房；此数目已经超过其他任何一个单一管辖区域并且也超过了每一个州（除加利福尼亚和新泽西之外）中通过包容性分区规划所产生的总的可负担住房数量（Porter，2004，p.238）。

此外，被蒙哥马利郡计划列为目标的家庭其收入都等于或者低于地区中等水平——比许多其他包容性分区规划低。同时，此项目还要求该郡的公共住房机构购买超过33%的由项目产生的可负担住房单元，对于这样的安排，很难再找到相匹配的项目了；而且这些住房单元都是补贴给低收入和极低收入的租赁者。另外，住房机构也提供低于市场利率的贷款以帮助非营利性组织和中低收入家庭来购买包容性分区规划的住房单元（Brown，2001，p.7）。截至1999年，住房机构

已经购买了1441个住房单元，占由包容性分区规划计划产生的所有可负担住房单元的14%，同时也是2000年时仍然可负担的住房单元的1/3。这个项目要求住房在一个有限的期间内可负担得起，比较有代表性的是对于业主自有房屋是10年，对于租赁房屋是20年，其后，房价可能又恢复到市价（Brown，2001）。

9.4.5 包容性分区规划的主要特点

虽然不同的包容性分区规划在关注点和结构上会相差很大，但是这些差别基本上是围绕以下几个主要的特点来展开的：

◆预留要求：对于一个已提议的住房开发中，需要有多少百分比的住房单元必须是中低收入家庭可负担的，这在各地的差别会很大；比例一般从5%到35%不等，但大部分情况是在10%到20%的区间内。

◆开发商激励：几乎所有的包容性分区规划计划都会因为开发商将一部分住房价格设置为低于现行市场价格而去给予其相应的补偿。大部分情形下，补偿采用的是之前提到过的密度奖励的形式。由此，开发商除了被允许在现行分区规划下建造市价住房，还会被允许建造额外的市价住房单元；基本上，开发商密度奖励使得开发商能够在相同数量的土地上建设额外的住房单元。最经常的，建设者会被给予20%的密度奖励。但是，密度奖励并不是补偿提供可负担住房开发商的唯一方式，其他的激励机制包括对各种开发和建设费用的免除，降低对停车场预留土地的要求，不严格的设计标准以及对于建设许可、分区规划差异和其他类似应用的加快审查和处理。

◆强化要求：大多数包容性分区规划都将为中低收入家庭预留住房的要求与开发商密度奖励以及其他形式的补偿相结合。如果一个有着异常稳健住房市场的社区采用强制性的包容性分区规划，但它并不提供任何激励机制来抵消提供可负担住房的成本，这几乎是不可能的；所以更多的管辖区域是采用自愿的包容性分区规划，同时会为提供可负担住房实行密度奖励以及其他激励机制，但是这些计划通常允许开发商建造全市价住房。

◆以收入为目标：大部分管辖区域都会指明可负担住房（通过包容性分区规划建造的）购买者和租赁者的收入上限，这些收入上限的变化范围从不足地区平均收入的50%到超过地区平均收入的120%。业主自有住房的目标收入通常比租赁住房更高一点，那些以极低收入家庭为目标的包容性分区规划通常也会涉及额外的补贴来源（例如，蒙哥马利郡）。

◆受到影响的计划：各地在包容性分区规划开发项目的规模大小和类型上相差很大，包容性分区规划可能适用于那些规模高于一个下限、限定租赁和业主自有住房并且不包括建设高层带电梯的住房项目（Porter，2004）。

◆对于工地外开发和替换费用的选择：在某些环境下，包容性分区规划会给予开发商在地点上提供可负担住房之外的其他选择。有时候，开发商会被允许在管辖区域的其他地方建造可负担住房，或者让其提供资金来帮助其他机构建设低成本住房（有时候也通过住房信托基金）。虽然这些选择可能会减损包容性分区规划关于向并不富裕家庭打开高收入社区大门的目标，但是当密度奖励这些补偿措施不可行时，它们在各种条件下又变得合乎情理了。例如，"位于供应紧张地点上的规模较小的计划或者有着大量不能开发土地的规模更大的计划都有可能不能利用现场的开发密度奖励"（Porter，2004，p. 229）。密度奖励同样也可能不能向超高层住宅楼开发商提供充足的补偿。

◆可负担期限：包容性分区规划通常规定了中低收入住房单元必须保持可负担的时间长度。一些地方对于可负担期限并不强加任何限制，有的甚至要求住房单元必须无限期可负担，但是，最常见的时间长度是10年至30年；一些计划会要求租赁住房要比出售住房保证更长的可负担期限（Porter，2004，pp. 230-231）。

9.4.6 评估

包容性分区规划被列为最受欢迎的产生可负担住房的方式，此计划在几乎不用任何公共支出的情况下，为中低收入家庭产生了住房并且增加了富足社区的经济多样性。大卫·瓦斯克（David Rusk），新墨西哥州阿尔伯克基市前市长，连同一名著名的城市问题咨询专家评价道：如果在1980年包容性分区规划就能在全国100个最大的城市地区被采用，那么到2000年，此计划至少能够形成3600000个中低收入住房单元（Rusk，2005）。

然而，可追溯的关于包容性分区规划的成就还远远达不到这样的潜力。波特（Porter）估计得到，截止到大约2003年时，包容性分区规划在全国范围内已经产生了80000—90000个新增住房单元，其中有大约65000个是坐落在授权提供可负担住房的州（例如加利福尼亚州、新泽西州）（Porter，2004，p. 241）。

包容性分区规划也可能会由于一些原因而不能产生它们的支持者所希望的那么多可负担住房；也许最根本的原因是由于包容性分区规划对地方住房市场活跃程度的依赖性。通过包容性分区规划产生的可负担住房的数量是与市价住宅楼的建设量直接相关的，包容性分区规划在有着稳健住房市场的社区会非常有效，但是在新增建设量最小的地区就变得无关紧要了。该计划的有效性同样也会根据房地产市场强度随时间的波动性而变化，包容性分区规划在房地产开发的高峰期能产生更多的可负担住房，而在低谷期间，可负担住房的生产量会少很多。

另外，包容性分区规划也对住房市场特征的改变相对敏感。在新泽西州，房地产开发商在20世纪80年代对于包容性分区规划的支持程度远远超过之后的任何时期，因为那时他们正在为婴儿潮一代的首次购房者建造大型花园公寓楼，所以他们也迫切需要利用可负担住房来交换相应的开发商密度奖励。然而，到90年代中期，住房市场转向小型高档住宅楼时，开发商们又更不愿意介入包容性分区规划（Calavita，Grimes & Mallach，1997）。

包容性分区规划创造可负担住房的能力也会随着纲领性设计的不同而改变；如果一个计划要求为更大的可负担住房预留额，同时对那些不愿意或者不能够提供可负担住房的开发商征收更高的替换费并且对于市价住房的开发给予最小的豁免额，那么这个计划倾向于产生更多的可负担住房。而通常来说，如果一个包容性分区规划针对的是全部住房市场中一个相对小的部分（比如只有50个或者更多个单元的住宅楼的开发），并且要求开发商为低收入家庭预留出一个相对小的百分比，则这样的计划将不可能产生很多的可负担住房。

对于那些为极低收入家庭提供可负担住房的包容性分区规划，拥有额外的补贴来源几乎是必须的——正如当蒙哥马利郡住房机构获得并补贴给计划内的极低收入租房者一样；因为没有额外的补贴，单纯的包容性分区规划不可能使得那些收入低于地区平均水平60%—80%的家庭在财务上完全自理。

尽管包容性分区规划使得中低收入家庭能够居住在富足的社区里，但是它并不能够促使达到诸如种族融合等更广泛的社会目标或者为城市内部的居住者开辟新的郊区居住地。马萨诸塞州和新泽西州关于包容性分区规划的研究发现，这些计划最初的服务对象是"居住在郊区的白人家庭"（Porter，2004，p. 243）。

总之，越来越多的地方政府都转向使用包容性分区规划来满足其对于可负担住房的需求，这种类型的分区规划在那些期待地方政府能够满足该地区住房需求一个公平分摊的州比较盛行。该计划最初几乎只能在富足的城郊社区中实施，但现在也有越来越多的城市采用此办法。该计划只需要用很少的公共补贴就能产生可负担住房，虽然这种能力使得其很有吸引力，但是大多数地方所使用的包容性分区规划却只能满足该地区对低成本住房的需求的很小一部分。

9.5 一个大大的例外：纽约市

在可负担住房方面，比起其他城市，纽约市总是坚持不懈地使用更多的财政资源。1987年，纽约市发起一项40亿美元的"投资预算"来建设新的住房以及修缮目前空置和使用中的建筑物，这项计划已经在4任市长任期内得以坚持（2任共和党和2任民主党）。2002年12月，布鲁门博格（Bloomberg）市长承诺在原先努力的基础上追加30亿美元，并将此计划更名为"新市场住房计划"，在接下来超过5年的时间内，支持65000个住房的开发（New York City Department of Housing Preservation and Development，2003）；布鲁门博格市长随后又扩展了这个计划，承诺纽约会投资75亿美元用于165000个住房单元的建造和维护，并且用他的原话说就是"使这个计划成为全国最大的城市可负担住房计划"（New York City Department of Housing Preservation and Development，2009，p. 1）。

2008年，纽约市实现了布鲁门博格市长所设定的一半目标，因为自从2004年起就已经开始或完成了82509个住房单元的建造（New York City Department of Housing Preservation and Development，2009）。为纽约市住房计划提供的资金有一半以上是来自于该市的投资预算，也就是说，来自于市政债券的发行；剩下的部分就来自于联邦分类财政补贴、低收入住房税收抵免以及其他来源。

从一个更加长期的视角来看，从1987—2008年，纽约市的资本项目已经帮助新建了66000个住房单元，同时修缮和维护了将近225000个住房单元（Bhalla, Voicu, Meltzer, Ellen & Been, 2005；New York City Department of Housing Preservation and Development, 2009）。截至2003年，纽约市已经有超过6%的现有住房是通过各种城市计划来建造和修复的。甚至在纽约市那些由于遗弃、投资缩减和大量人口丧失而毁坏的最贫困的社区，该市的住房计划也恢复和重建了整个社区。在这些地区，由城市住房计划提供资金而新建和修复的住房在现有住房存量中的占比高达20%至40%（Bhalla et al.，2005）。[①]

纽约市对住房项目的投入是其他城市政府所无法比拟的。1995年，维多利亚·巴索罗（Victoria Basolo）所进行的一项关于城市住房花费的一项研究发现：相较于其他32个人口数超过250000的大城市总共花费的250000000美元，纽约市所花费的是这个数目的三倍以上。纽约市在住房上的人均花费是107美元，而其他32个大城市的人均花费是13.01美元，若是考虑整个样本中的396个城市，人均的花费只有7.06美元（Schwartz，1999）；而1989年的一份研究也显示纽约市在住房上的花费是接下来50个最大城市总和的3.7倍（Berenyi，1989）。

9.6　非营利性机构以及地方和州政府住房计划

我们不可能在不考虑非营利性住房部门平行增长的情况下去讨论地方和州政府计划的增加。虽然地方和州政府已经设计了大量的住房计划，同时建立了计划资金的新的来源，但是政府机构依然很少直接建造、修复住房或者提供其他住房服务。它们反而会选择与其他团队合作来实施这些计划。在许多城市和乡郊地区，这些团队经常是来自于非营利性部门，政府机构与非营利性住房机构的关系是如此紧密，以致戈茨（Goetz）将其形容为"地方公共机构的'成功'与非营利性组织的'成功'两者的区别已经变得模糊了"（Goetz，1993，p.130）。

非营利性住房制造者对于地方和州政府具有吸引力，原因如下：第一，大部分非营利性住房机构都致力于为低收入家庭无限期地保证住房的可负担性，而且，不像其他营利性机构，它们对于从房地产销售中收获资本利得或者最终索要市价租金都没有渴望。第二，非营利性机构常常致力于为最贫穷、最需要的家庭服务，并且除了住房以外，还会提供就业咨询、小孩看管、教育等一系列支持性服务（Bratt，

[①] 关于纽约市住房计划的更多内容，参见New York City Department of Housing Preservation and Development（2003，2009）; Housing First（2003）; New York City Independent Budget Office（2003）; Murphy（2007）; Previti and Schill（2003）; Schwartz（1999）。

2008）。第三，在最艰苦的城市社区，非营利性机构有时是唯一一个愿意或者能够建设和修缮住房的群体（Keyes, Schwartz, Vidal & Bratt, 1996, p.206）。

非营利性机构的重要性还可以在一些主要住房计划所施加的要求中反映出来，因为在这些计划中，地方和州政府会提供给非营利住房机构的资金的最小百分比，而且这个百分比经常会超出一个很大的范围。每一个州必须分派其每年低收入住房税收抵免额的至少10%给非营利性住房机构所开发的住房。先前提到过的HOME计划要求地方和州政府指定它们分类财政补贴中至少15%的比例用作非营利性CHDOs。认识到非营利性机构对于可负担住房发展的重要性之后，许多地方和州的住房信托基金会通过提供资金来支持这些机构的运行，所提供的资金包括项目成本、机构能力建设费用以及管理成本（Brooks, 2007; Bratt, 2008 关于政府授权非营利性机构参与可负担住房维护和发展相关计划的其他例子）。

非营利性机构在美国的住房政策中有一段悠久的历史，因为它可以追溯到20世纪早期的"进步时代"（Bratt, 1998a, 2006, 2008）。直到大约20世纪70年代，大部分涉及住房的非营利性住房机构包括宗教组织、工会以及社会服务所——住房都是其附属任务的组织。1959年，联邦政府建立了第一个完全由非营利性机构所实施的住房计划：第202条款；此计划为低收入的老年人和残疾人（直到1990年才开始，见第10章）[①] 提供住房，而大部分参与到第202条款计划中的非营利性机构都是"成熟的、友好的并且能够从会员处筹集资金的职业性群体"（Bratt, 1998a, p.143）。

在20个世纪60年代，非营利性组织同样也参与了美国住房和城市发展部对于租赁住房的两个利率补贴计划：第221（d）3条款以及第236条款（见第7章）。同202条款一样，这些计划中的大部分非营利性机构都是在住房开发和管理方面缺乏经验的友好的宗教组织。所以，虽然非营利性机构在应用202条款住房计划时基本上没遇到什么问题，但这并不说明在后面两个计划下进行住房建设就不会遇到问题。比起在营利性机构下的计划，非营利性机构赞助的两个计划中

---

① 在1990年，国会制定了第811条款计划，给非老年人的残疾人提供住房。像第202条款计划一样，该计划由非营利机构兴起的社区开发筹资。

的住房（尤其是第 236 条款）违约的概率高达 2 倍至 4 倍。而且，除了一些其他问题之外，非营利性机构团队还缺乏足够的资源和专业技能来维持低收入租赁住房，尤其是当这样的住房又坐落在城市内部的贫民窟时（Bratt，1998a，p. 144；Hays，1995）。

如今涉及住房的大多数非营利性机构与它们在 20 个世纪 50 年代和 60 年代的先驱非常不同。因为那时住房服务只是一个副业，是对机构核心服务曾经的一次偏离。但是现在，住房对于大部分涉及低收入住房的非营利性机构的任务非常关键。尽管非营利性住房机构如今的一代相当的分散，在规模大小和提供服务的范围方面都相差很大，但是住房却是构成它们整体工作所必需的。非营利性机构为中低收入家庭总共制造了接近 1500000 个住房单元，是所有联邦补贴住房的近 1/3（Bratt，2008；Stone，2006b）。

由于存在着过分概括的危险，故区别三种类型的非营利性住房机构是有用的。三种类别包括：（1）社区开发公司；（2）全市或者地区的大型非营利性机构；（3）为无家可归者和其他特殊需求者提供支持性住房的非营利性机构。虽然在一定程度上此分类会发生重叠，但是其仍然囊括了大部分的非营利性住房机构。

9.6.1 社区开发公司（CDCs）

社区开发公司（Community Development Corporations 简称，CDCs）是非营利性住房机构的最大部分，这些机构在联邦政府和福特基金会的共同支持下最早成立于 20 世纪 60 年代，但是更大数量的 CDCs 建立于 20 世纪 70—90 年代。CDCs 关注单个社区的住房和其他需求，而且几乎所有的 CDCs 都致力于住房开发以及其他住房相关的服务；许多 CDCs 也会忙于经济开发、劳动力发展以及其他各种各样的社会服务。社区经济发展全国代表大会（The National Congress for Community Economic Development，简称 NCCED），是一个目前已经失效的 CDCs 以及相关组织的贸易协会；它在 1998 年至 2005 年间曾经发起了 5 次有关 CDCs 的调查，2005 年的最后一次调查中估计得出全美范围内总共有 4600 家 CDCs 正在运行，是从之前 1998 年调查估计出的 3600 家发展而来的（NCCED，2005）。

2005 年的调查所覆盖的全体 CDCs 自从 20 世纪 60 年代已经建造和修复了 1250000 个中低收入住房单元，接近于 1998 年调查时已经完成的一半（NCCED，

2005）。CDCs 在 1998—2005 年这 8 年间每年产生超过 86000 个住房单元，与此相比较的是，1994 年至 1998 年每年的产生量为 62000 个，而 1991 年至 1994 年每年的产生量为 27000 个。几乎一半的 CDCs 自成立以来就已经建造了 100 个以上的住房单元。而在 2003 年进行的关于 CDCs 的另一项调查中，梅伦德斯（Melendez）和索沃（Servon）发现，在过去的十年里，全部 CDCs 中有大约 1/5 已经建造或者修复了超过 500 个住房单元（Melendez & Servon, 2008）。

除了住房开发之外，CDCs 会实施很多与住房相关的活动。单单是住房领域，许多 CDCs 会从事购房者咨询服务、租房者咨询服务、无家可归者服务、现存住房的购置、住房维修以及住房购买融资的相关资助。而在住房领域之外，一些最常见的 CDCs 活动包括经济发展、商业房地产开发、倡导和社区组织、青年项目、职业培训和就业安排、无家可归者服务以及紧急食品援助（Melendez & Servon, 2008; NCCED, 2005）。

CDCs 在规模大小以及组织能力上差别很大，并且所处地点遍及整个美国国内。一般来说，中间水平的 CDCs 雇用 7 个职员，但是这个平均数会给予人很大的错觉（NCCED, 2005），因为最大的 CDCs 通常会雇用几百个职员。戈茨（Goetz）对于人口数 100000 以上城市的调查发现，每个城市中平均只有 7 家 CDCs，然而，一半的城市其 CDCs 的数目少于 5 家（Goetz, 1993）。最初，比起南部和西部，CDCs 在东北部和中西部会更加流行，但是时至今日，地区分布已经变得更加不均衡了（NCCED, 2005）。

CDCs 建造住房主要是通过联邦计划提供资金。根据 CDCs 的最新调查统计，将近 90% 的 CDCs 至少接受来自联邦计划（尤其是 CDBG、HOME 计划以及低收入住房税收抵免）的 50000 亿美金。从 1992 年至 2008 年，地方和州政府已经将 HOME 分类财政补贴中平均 21% 的比例指派给了 CDCs 所涉及的计划（CHDOs）（HUD, 2009f），这个数目已经大大超过最小分配比例 15%。类似的，包括 CDCs 和其他机构在内的非营利性机构已经享有了 2006 年投入服务的所有税收抵免计划的 23%，此数目也远远超过最小要求比例 10%（见表 5.2）。[①]

[①] 关于 CDCs 的更多背景，参见 Bratt（2006）、Rohe & Bratt（2003）、Rubin（2000）、Stoecker（1997）、Stoutland（1999）和 Walker & Weinheimer（1998）。

9.6.2 面临的主要挑战和机构支持

CDCs 在开发和维持租赁住房的过程中所面临的主要挑战是（Bratt，2006，2008；Goetz，1993；Stoutland，1999；Vidal，1992；Walker，1993）：

◆多种资金渠道的需求：大部分的可负担住房计划都会要求 CDCs（以及其他的开发商）收集一些融资的渠道以便能够资助计划的实施；这些融资渠道包括股权资本、抵押融资以及"缺口融资"，最后一个渠道由政府拨款以及低利率贷款组成，并且有必要将债务服务费用与项目租金保持一致（DiPasquale & Cummings，1992）。一个经常被引用的关于 15 个 CDCs 赞助的住房计划的研究发现，平均每一个项目能够从将近 8 个不同的渠道取得资金（Hebert et al.，1993）。此外，收集资金的复杂性使得 CDCs 很难将开发过程标准化，因此也就要求员工更长的工作时间。

◆资本不足：由于住房开发计划与对多种融资渠道的需求紧密相关，故这些计划所获得的资助通常非常有限，而且偏紧的预算使得长期维持住房也变得更加困难和更加昂贵。

◆缺乏项目前期运行资金：一个经常的抱怨是 CDCs 缺乏可用的资金来覆盖各种各样的项目前期花费，包括对于开放权的购买、开发可行性的研究等，这样一来，CDCs 对于潜在开发机会做出快速反应的能力就受到了阻碍。

◆缺乏长期运营支持：另一个财务需求关系到正在进行的运行支持。CDCs 需要争取获得资金来支付员工薪资并且覆盖其他运营费用，在多年运营支持缺乏的情况下，CDCs 只能依靠短期的财政补贴、开发费用以及其他收入来源。对开发费用的依赖是尤其危险的，因为至少要求每年都有一个稳定的（如果不要求增长的话）开发计划流量，生产量上的不足很快便会转变成降低开发费用，这样也就损害了 CDCs 支付薪资和运营费用的能力。

◆长期的可行性：虽然更多的研究是集中在住房开发问题上，CDCs 住房的长期可行性也越来越受到关注。向低收入家庭提供可负担住房的困难之处并不会随着建设的完成而停止，有效的财产和资产管理对于长期的住房维持是非常重要的。

为了能够满足这些挑战，CDCs 得到了来自政府、慈善事业以及其他地方的一些重要来源的支持。也就是说，CDCs 是由致力于可负担住房和社区开发的机构支持系统所支持的，如果没有这个系统，CDCs 可能很难取得对于住房开发和管理必不可少的财务和技术资源，并且在许多情况下，它们也会拥有较少的政治影响力。这个支持系统中唯一最重要的元素就是国家中介机构：企业社会伙伴（2006 年更名为企业基金会）、地方方案支持公司（Local Initiatives Support Corporation，简称 LISC）以及美国邻里工作（正式称呼是邻里再投资公司）。

企业基金会和 LISC 分别成立于 1979 年和 1981 年，并且它们会在全国范围内向数百家 CDCs 提供财务和技术资助。它们通过将低收入住房税收补贴、贷款以及政府补贴联合起来为租赁住房开发提供股本，使其能够覆盖购置土地的费用以及其他项目前期成本；它们同样也提供培训以及专业发展。

自从 1980 年公司注册后，LISC 已经帮助 2400 家 CDCs 在超过 300 个城市和乡村社区建造或修复了 244000 个以上的中低收入住房单元。2008 年，LISC 将财政补贴拨款中的 49500000 美元提供给 CDCs 补贴，并且从针对 CDCs 开发计划的税收补贴股本中筹集了 529000000 美元。对于企业基金会，从 1981 年成立至 2008 年，已经在税收抵免股本中筹集了超过 70 亿美元的资金，并帮助了 647 个非营利性机构建造和修复超过 94000 个可负担住房单元（企业社会伙伴提供的未出版的数据）。2007 年，该组织从政府拨款、贷款以及股本中筹集了 10 亿美元提供给非营利性社区开发商，并帮助它们建立和维护了超过 25000 个可负担住房（Neighbor Works America，2008）。

美国邻里工作[①]作为一家公共非营利性公司成立于 1978 年，它是美国国会为了促进社区的发展通过法案来建立的，它的 225 家分支机构正服务于 2770 个以上的社区，虽然它们的工作也会涉及租赁住房，但是通过这个网络，美国邻里工作还是将主要的关注点放在了中低收入家庭的住房自有上；在其他服务方面，它还会为未来可能的购房者以及有着止赎风险的房屋拥有者提供咨询服务。另外，也会为住房购买、维修的翻新提供低成本贷款和其他财务资助（Neighbor Works America，2008）。

该组织也会就非常宽泛的话题在社区发展组织举办培训课程。2008 年，该组

---

① 在 2004 年正式并入社区再投资公司后，该组织将其每一个交易名字改为美国社区协助。

织及其附属机构为大约 100000 个家庭提供了购买前和购买后的住房自有咨询服务，并且为其会员机构提供了贷款和资本投资资金中的 69000000 美元。最后还利用这 69000000 美元从公共和私人渠道获取了额外的 37 亿美元。此外，该组织及其附属机构还培训了 18500 个社区发展的从业者，管理一个 3.6 亿美元抵押住房贷款止赎缓解咨询计划，同时授予了超过 6100 个在抵押住房贷款止赎咨询方面的培训证书（Neighbor Works America，2009）。[①]

在地方水平上，许多州和城市都有那些同样可以担任中介机构的住房合作伙伴。除了中介机构之外，机构支持系统中的其他元素包括了地方政府机构、基金会、顾问、以大学为基础的技术支持计划、CDCs 贸易协会以及一些下属的地方分会（Keyes et al.，1996；Rubin，2000；Walker，1993，2002；Walker，Weinheimer，1998）。

9.6.3 全市或地区的大型住房组织

拥有最大资产组合的非营利性住房开发商倾向于为整个城市或者更大的地区服务。虽然在数量上相对较少，但是这种大型住房组织在非营利性住房存量中占有一个相当大的份额，并且在非营利性住房部门中担任重要的角色。例如，"社区建筑商"已经从 20 世纪 60 年代的一个社区住房机构发展成为全国唯一一个最大的非营利性住房开发商，其已经在 8 个州为低收入租赁住房生产了超过 20000 个住房单元。"桥梁住房公司"也已经在旧金山海湾地区和加州南部地区（最近）建造了超过 13000 个住房单元。而在纽约市，"菲利普斯住房"也已经在城市的一些地方建造了超过 5500 个住房单元并且管理着超过 13000 个住房单元。同样在纽约，"清偿住房基金"也已经在不同的社区开发了 8700 多个住房单元（The Bridge Housing Corp，2005；The Community Builders，2009；Phipps Houses，2005）。

许多全国最大的非营利性住房机构都隶属于住房合作企业网络。这个网络成立于 1990 年并拥有 97 家会员，它们总共开发和资助了超过 500000 个家庭，帮助低收入家庭改良和维修了 175000 个住房，并且作为住房自有的咨询者为 400000

---

① 关于中介机构的批判性评价，参见 Robin（2000），Stoecker（1997）和 Stoutland（1999）。

个家庭提供了服务。仅仅在 2004 年，该网络的会员完成了 20000 个住房单元的建设任务，平均每个机构完成了 315 个住房单元（Mayer & Temkin, 2007）。

9.6.4 支持性住房以及其他特殊需求住房提供者

许多非营利性机构都为无家可归者以及其他特殊需求人群（包括艾滋病人以及艾滋病毒携带者、严重精神疾病患者）提供住房和支持性服务。虽然特殊需求住房也可由 CDCs 和地区非营利性住房机构提供，但是这种类型的住房常常还是由其他类型的组织予以提供，而且它们还提供一系列人道主义服务。大多数情况下，这些机构都是在全市范围内运行而不会去关注某个特定的社区，除了住房服务，它们通常还会提供案件管理以及其他支持性服务。那些为无家可归者建造住房的非营利性组织常常获得来自"支持性住房公司"（一个非营利性的中介组织）的财务和技术支持（Corporation for Supportive Housing, 2009a）。

9.7 本章小结

自从 20 世纪 80 年代以来，住房政策的绝大多数创新都是发生在州和地方政府中，而且常常是与非营利性住房部门合作。针对中低收入家庭和个人的大多数新建住房都是通过州和地方政府的计划建造。而直接的联邦政府拨款通常是用于 20 世纪 80 年代中期的补贴住房的维护或者租赁凭证。

然而，大部分由州和地方政府政府建造和翻新的住房是由联邦政府提供资金的，包括分类财政补贴拨款（HOME & CDBG）、低收入住房税收补贴以及免税债券。除了纽约市作为一个显著的例外，几乎没有地方会从它们自己的收入来源（一般收入、资本预算）中提取资金来支持可负担住房的建造和维护。对于可负担住房额外的资金常常是来自于住房信托基金，而这些信托基金主要是从房地产交易以及包含性分区（通常为私人开发商建造可负担住房创造激励和提出要求）引起的花费中获得支持。

州和地方政府在设计能够紧密协调特殊地点和人群的计划时常常会比联邦政府拥有更大的灵活性（Terner & Cook, 1990）。然而，联邦政府会提供深层次的补贴，从而使得低收入家庭获得住房变为可能，州和地方政府却较少有这样的提供（Mueller & Schwartz, 2008; Pelletiere, Canizio, Hargrave & Crowley, 2008）。此外，州和地方政府住房计划所使用的资源通常是依赖于地方住房市场，正如住房信托基金以及包容性分区计划的情形。

除非低收入家庭能够支付超过其收入的30%用于租金，否则很少有通过州和地方住房计划提供资金的房地产开发商能够为这些家庭提供住房。另外，当租房者的收入降低时，也很少会有州和地方住房计划愿意降低租金，这些对于公共住房以及租赁凭证都是惯例。的确，当极低收入家庭确实居住在了州和地方政府建造的住房里，包括低收入住房税收补贴，他们通常还会接受联邦租赁凭证以及其他额外的补贴。换句话说，也不能认为同非营利性住房机构合作的州和地方政府能够在没有额外联邦资助的情况下为需求最迫切的家庭提供服务。

第 10 章
特殊需求群体的住房

正如前几章所讨论的，联邦政府在过去 25 年里给低收入家庭的新租赁住房所提供的直接资助非常少，主要关注的是租房券、分类财政补贴、税收优惠，以及对现存补贴住房发展的保护。但在为残疾和有特殊需求的低收入群体建造住房时则投入了较多资金。除了低收入住房课税扣除和第 515 条款中的乡村住房计划，只有唯一的专门补贴计划继续资助新的租赁住房，此计划主要关注老年人、患严重的精神疾病或艾滋病的人以及无家可归的人。

残疾人的住房问题是对住房政策的重大挑战。残疾人的收入一般比其他人低，因此更需要在住房成本方面的财政援助。此外，很多残疾人需要可以满足他们需求的住房。例如，有身体移动障碍的人需要可以容纳轮椅的住房，老年人需要修整成带有升降椅、扶手棍以及更方便取放东西的柜台和橱子的住房。

很多有身体或发育障碍的以及有严重精神疾病的人需要不同类型的支持服务。例如，老年人可能会在家务活、做饭、运输和日常生活的其他方面需要帮助。有精神疾病的人可能需要个案管理援助。的确，很多针对老年人和其他残疾人的住房计划强调"支持住房"，结合了包括一套人类服务的住房援助（Corporation for Supportive Housing，2009c）。

本章首先对有特殊需求的群体带来的挑战作了简要的回顾，然后介绍了面对这些挑战而设计的联邦计划。本章把重点放在针对老人、残疾人和无家可归的人的主要联邦计划。强调许多老年人和残疾人从其他住房计划中受益也是很重要的，这些计划包括不是针对特定人群的住房选择租房券、CDBG 和住房补助金计划。需要指出的是，针对有特殊需求群体的联邦住房计划比起其他计划来更加关注残疾人。特别是针对发展障碍的人群的住房援助计划一般由州政府和地方政府提供。

10.1 为老年人提供的住房

各级政府长期以来都把体弱的老年人视为住房援助计划中的高度优先级。很多老年人家庭的低收入让他们难以承受市场利率住房，特别是当他们还要承受大量医疗成本的时候。近一半老年人的收入在地区平均收入水平的50%以下，而其中的1/3低收入老年人花费了他们一半以上的收入在住房上（Commission on Affordable Housing and Health Facilities Needs for Seniors in the 21st Century，2002）。

此外，老年人家庭可能需要不同于其他低收入家庭的住房援助。老年人经常在感情上不愿意从原来的家里搬走，如果他们愿意，则找一个新房子将会是一件劳身而非劳心的事。结果是老年人比年轻人更难利用租房券获取住房（见第8章）。此外，很多老年人需要社会服务来留住他们的住房和避免制度化。1997年，大约18%的65岁及以上的非制度化群体要求有日常活动的援助（Commission on Affordable Housing and Health Facilities Needs for Seniors in the 21st Century，2002）。

老年人不仅在负担新房方面需要帮助，而且很多老年人也需要帮助他们留在自己已有的住房里。固定收入的老年人可能无法负担他们的住房维修并且经常需要额外的资金来支付医疗费用。很多建筑、公寓和整个细分已经成为"自然发生的退休社区"（NORCs），经常需要服务（Ormond，Black，Tilly & Thomas，2004）。

随着婴儿潮一代的年龄增长，老年人占总人口的比例将增长。到2030年，老年人占总体人口的比例将从2002年的12.4%增长到20%（Commission on Affordable Housing and Health Facilities Needs for Seniors in the 21st Century，2002）。结果是老年人的住房问题肯定会成为住房政策的重要优先考虑的对象（Pynoos & Nishita，2006）。

联邦政府实施了很多针对老年人的住房计划。美国政府问责办公室（GAO，2005）的一份报告指出23个不同的联邦住房计划"目标群体是老年人或有针对老年人的特点"。这些计划包括专门针对老年人的住房产品设计、其他辅助计划有针对老年人的一些特点以及一些房贷保险计划中针对老年人的部分。

表10.1显示了得到这4类最主要的计划资助租房的老年人的数目。这4个计划具体可见第202条款，公共住房、住房选择券和其他私有住房补贴。这些计划

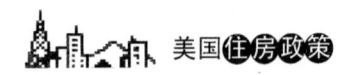

总共有超过130万户由老年人组成的家庭受益,并且由老年人组成的家庭占受这些计划资助的所有家庭的30%。虽然第202条款是唯一一个专门为老年人服务的计划,但是其他计划也资助了很多老年人。

表10.1　　　　　　　　获得联邦住房资助的老年人　　　　　　（单位:套,%）

	第202条款（2006年）	私有资助住房（2006年）	公共住房（2009年）	住房选择租房券（2009年）	总计
住房总量	301727	1066034	1077672	2023677	4469110
老年人住户总数	262704	422055	305020	334445	1324224
老年人住户比例	87.1	39.6	28.3	16.5	29.6

资料来源:Haley & Gray,2008;HUD,2009e。

10.1.1　第202条款

第202条款是专门针对老年人的最古老和最大的联邦计划。它利用非营利组织去建筑和租赁房屋给62岁及以上的老年人。第202条款是1959年住房法所创造的,它有两种资助住房的方法。第一种是此计划提供资本发放("预付")给非营利组织来作为建设、修复或获得房屋的成本。[①] 这些预付款在住房居住低收入老年人40年以后才需要偿还。第二种方法是这个计划提供"项目租赁援助合同",就像基于项目的第8条款补助,弥补了租户调节收入和总运营成本之间30%的差额(HUD,2009h)。

自从20世纪90年代末,这个计划使得非营利组织可以利用额外的资金来源来增加他们的资本预付款,包括低收入住房税收补贴,建造更多的住房或提供更高质量的住房。此外,这个计划现在提供发展补助给非营利组织作为建筑和工程作业、现场控制以及其他成本的补助,从而加快非营利组织的发展进程。它也提供辅助生活转换补助金来资助老年居住者的辅助生活服务。这个计划也提供紧急资本修复补助以在全联邦范围内修复旧的建筑(Lison,2009)。2009年,这个计

---

① 在1991年之前,第202条款计划提供了用于老年人和残疾人住房开发贷款的3%。这些贷款的偿付由基于项目的第8条款计划的补贴协议支出。在1992年,国会用拨款取代了贷款,并将第202条款计划仅限于老年人。另外,国会专门设立新的第811条款计划提供非老年人的残疾人的住房。

划的资本补助很少能够补助高级住宅的成本，非营利组织的赞助者经常需要获得额外的资金（Haley & Grey，2008；Lison，2009）。

在 2009 年，第 202 条款计划建造了 300000 多套住房，其中超过 85% 居住的是老年人，15% 居住的是非老年的残疾人（Haley & Grey，2008；Lison，2009）。通过这个计划获得住房补助的老年人占获得住房补助的所有老年人的 1/5。然而，大部分低收入老年租房者没有获得任何住房补助。结果是，第 202 条款只让大约 11% 的合格人群获得了补助。

第 202 条款房屋中大约有 1/3 会雇用一个住房和城市发展部的资助服务协调人。服务协调人帮助第 202 条款房屋的居民以及其他居住在第 202 条款房屋附近的低收入老年人或残疾家庭。他们评估居民的需要，给居民合适的服务参考，并且监督这些服务的实施。服务协调人的一个主要目标是使得居民可以独立居住尽量长的时间并且避免在疗养院住院（HUD，2009i）。总体上来说，1/3 的第 202 条款房屋中有服务协调人，但是这些职位经常会和旧的第 202 条款项目有所联系。只有不到一半的在 1985 年前建造的第 202 条款房屋雇用了服务协调人，在 1992 年到 1999 年之间建造的有 1/4，这是最新的可获取的数据（Heumann，Winter-Nelson & Anderson，2001）。减少的资金使得新的发展项目更难支付得起一个服务协调的职位（Haley & Grey，2009）。

在 2009 年，第 202 条款用来建设和基于项目的租赁援助的资金达到了 62.64 亿美元。此外，这个计划提供了 2000 万美元作为第 202 条款的发展基金，大约 9000 万美元作为服务协调人的费用，2500 万美元作为生活转换援助费用和紧急资本修复基金（Libson，2009）。从 2000 年年初开始，这个计划每年生产了 5000 套高级住房，在 20 世纪 90 年代中期是每年平均 5500 套，70 年代中期到 90 年代中期是大约每年 9000 套（Haley & Grey 2008，p.20；Heumann et al.，2001）。根据老年居民对住房援助快速增长的需求，住房和城市发展部的计划发展和研究部门推荐政府在未来 10 年到 15 年中每年给第 202 条款计划资金来发展 10000 套房（Haley & Grey，2008，p.11）。

第 202 条款住房的住户变得越来越老和脆弱，2006 年，住户年龄的中位数是 74 岁，并且其中 31% 是 80 岁或 80 岁以上的老年人（Haley & Grey，2008）。1988 年，通过比较可知，24% 的住民已经超过 80 岁了（Heumann et al.，2001）。1999

277

年是能够获得数据的最近一年，第202条款住房发展计划的经理报告中说居住者中有22%是弱势群体，比1988年报告中的13%有所增长。同样，项目经理在1999年报告上说对日常生活援助有需要的居住者的百分比较1988年有显著提高，比如从椅子上起身、不同地方间往返、人员护理、做饭以及洗衣服等人群（Heumann et al.，2001）。

10.1.2 公共住房

公共住房比第202条款接纳了更多的老年人，但是大部分的住房还是在20世纪80年代以前建造的。在公共住房中居住的1100000户家庭中有大约1/3的家庭其主要是62岁或以上的老年人，并且这些家庭中有许多又是居住在公共住房机构特别为老年家庭指派的住房单元。PHAs可以向住房和城市发展部申请将整个开发区、整幢住宅楼或者一部分住宅楼（某几层、某几个单元）都指定给老年人居住。此外，年老的租房者有权享受在公共住房的租金缩减；在决定家庭的可调整收入时，PHAs不仅要扣除一定的医疗费用，还必须从老年家庭每年的收入中扣除400美元。

虽然老年居住者并不要求公共住房机构为其提供支持性服务，但是许多机构仍然会从住房和城市发展部或者其他来源寻求到资金来支持这样的服务。例如，住房和城市发展部居住机会以及自给自足财政拨款计划（ROSS）可能会用来将老年租房者与交通和膳食服务相联系。

10.1.3 其他联邦补贴计划

其他联邦补贴计划，包括住房选择凭证、第8条款新增建设与实质性修缮以及第515条款，也为老年人提供了特殊的功能。同公共住房一样，联邦补贴租赁住房的私人拥有者可能会将整个开发计划或者部分开发计划指定给老年人家庭居住。同样，不论是在决定老年人家庭的住房选择凭证，还是在决定其收入合格性、可支配收入或者住房租金，400美元外加一定的医疗费用是必须从老年人家庭每年的收入中予以扣除的（GAO，2005）。在凭证的情形下，住房机构在分发新凭证时会给予老年人优先权。这些住房计划并不要求向老年人提供支持性服务，尽管住房拥有者可能会为此向住房和城市发展部以及其他公共或私人来源申请资助。

10.1.4 帮助老年人家庭居住在原地的住房计划

一些针对低收入老年人的住房计划会补贴新建住房，另一些则帮助老年人居住在原先的地方。在租赁房屋的情形下，这个目标可以通过额外的服务以及再分配住房以提高残疾人的可获得性来实现。而对于只有有限财产的老年住房拥有者，涌现出许多可以提供"反向抵押贷款"的住房计划，这些贷款能够使得房主利用其住房抵押资产的净值来增加他们固定收入。本质上，这些计划是为住房拥有者提供收入流，并以此来交换对部分或者全部资产的要求权（Jaffe，1998，p. 492；Louie、Belsky & McArdle，1998）。

不同于反向抵押贷款，尽管为了满足一般羸弱老年人改进住房的要求，都有必要进行基本的维修和翻新，但是政府很少会提供资金为低收入老年家庭支付这样的维护费用（Louie et al.，1998）。两个州以及地方管理的联邦住房补贴计划（HOME 计划和 CDBG）的一小部分的目标都是帮助现有房屋拥有者维修和改造他们的住房（Louie et al.，1998，p. 30）。例如，2008 年，CDBG 中总共有 5.47 亿美元的资金被分散给单个家庭住房的改造，占所有 CDBG 花费的 12%（见表 9.1），而老年人家庭只接受这些资金中的一小部分。

"辅助居住变换计划"是一个帮助羸弱老年租房者仍然居住在现有住房的联邦计划，此计划向联邦补贴租赁住房的非营利性拥有者提供政府拨款，以使他们的一些住房单元转变成针对羸弱老年人的辅助居住设施。政府拨款覆盖了重新配置住房、建造公用区以及为支持性服务预留空间的成本，但此计划并不覆盖提供服务的成本。个人护理、交通、膳食、家政以及其他支持性服务必须依靠其他来源提供资金。此外，这个计划的规模也相当小，从 2000 年至 2008 年，大约 4000 个住房单元经批准转换成了辅助居住地，并且大部分是在第 202 条款开发计划里（GAO，2005，p. 47；HUD，2009）。在地级水平上，许多政府也已经采用"断路器"计划来降低针对低收入老年房主的财产税支付（Stegman，1999）。

10.2 残疾人住房

直到 20 世纪 90 年代，老年人和残疾人的住房问题由同一类项目解决，包括

第202条款政策。在某种程度上是因为老年人和健全的人的需求可能不同，还因为将老年人和年轻的残疾人安置在同一住房计划中会面临许多问题，尤其是对于有精神疾病的年轻人，所以联邦政府已经开发了新的项目来满足年轻的残疾人及其家庭，将其与老年人分开。这些住房计划多半结合了住房补贴和支持性的服务。有些项目是针对特定疾病如艾滋病和精神疾病，而其他项目则是为更广泛的人群服务。

与老年人一样，残疾人多数收入较低。许多残疾人从社会保障署领取补充社会保障金。2008年，一个单身的残疾人总共领取了8016美元的补充社会保障金，等于一个单身户收入中值的19%，低于单身户联邦贫困线近30%（Cooper, Korman, O'Hara & Zovistoski, 2008）。此外，2008年一个普通一居室的全国均价是月度补充社会保障金的112%，比1998年的69%有所上涨。实际上在2008年领取补充社会保障金的人需要将其收入翻三倍才能支付一个合适的可以租住的一居室（Cooper et al., 2008）。由于他们极低的收入，残疾人家庭中有很大一部分面临着超过50%的过度沉重的住房负担。实际上在2005年，非老年的成年残疾人占470万非老年最低住房需求（指收入很低且至少50%的收入用于支付住房租金或者居住在有严重缺陷的房屋中，参见第2章）租房者的比例接近一半（Nelson, 2008）。

残疾人在住房市场上也很容易受到歧视对待。一个由政府出资运作的芝加哥城市区域的城市委员会管理的公平居住审查会发现有听力及行动障碍的"相对于非洲裔或拉丁裔美国人，他们在住房租赁市场上面临更频繁的不良待遇"（Turner, Herbig & Kaye et al., 2005, p.54）。为残疾人服务的住房项目面临的主要挑战是地方集体住房和住宿设施的选址会受到当地居民的反对，尤其是当住房项目受众包括精神病患者和艾滋病患者的时候（Winerip, 1995）。

10.2.1 第811条款

经1990年的《全国可负担住房条例》的实施后，第811条款开始为重度残疾人提供支持性住房。此项目的构建遵循了第202条款的方法，第202条款到1990年之前为老年人和残疾人提供支持性住房。此项目同第202条款一样提供资本拨款（垫付方式）给非营利组织来建设支持性住房。它还提供项目房租援助合同用于补贴调整租赁收入的30%和总运营成本之间的差额。另外，第811条款还提供资金支付残疾人住房租赁凭证。此项目每年大约有25%的预算是用于这些凭证。

第811条款的项目是针对18岁及以上有严重残疾的成年人，包括身体和智力发展方面的残疾以及慢性精神病患者。项目的垫付资金必须用于建造、翻新或收购独立的能为残疾人提供义务支持性住房的住房工程、公寓单元和小型居住群（O'Hara，2009）。

到2009年为止，此项目已经出资建造了30000个单元的支持性住房，发放了14000张租赁凭证，项目资金数额为适中的水平。在2009财年，它的预算总额为2.5亿美元，比上年增长了5%（O'Hara，2009）。

10.2.2 为艾滋病患者提供住房

同样是由1990年的《全国可负担住房条例》所制定的为艾滋病患者提供住房，为州、地方和非营利性组织提供资金用来"解决低收入艾滋病人群及其家人的特殊住房需求"（HUD，2009k）。项目的执行方法是将90%的项目资金分配到至少有50万人口和至少累计有1500例上报到疾病预防和控制中心的艾滋病患者的83个城市区域和34个州（Bernstine，2009；ICF Consulting，2000，p.1）。

住房和城市发展部通过一个竞争性的补助项目将剩余10%的资金分配给地方和州政府以及非营利性组织。

这个竞争性的补助项目是用来赞助能够"作为解决适合人群的需求的有效模式"的"国家性的特殊项目"（ICF Consulting，2000，pp.Ⅱ-5）和"地方和州政府提交的不符合标准补助项目的长期综合性策略"。

此计划的接受者可以将HOPWA的资金用在很多方面。它们最常用于帮助艾滋病患者能继续居住在住所内，帮助无家可归的艾滋病患者找到合适的住房以及为有这些需求的人提供额外的服务（ICF Consulting，2000，pp.Ⅱ-4）。这些服务包括卫生保健、精神保健治疗、药物依赖治疗、营养搭配服务、病症监管、日常生活协助以及其他支持性的服务（HUD，2009k）。

从1992财年到2009财年，联邦政府已经提供了超过37亿美元的HOPWA资金用来支持帮助艾滋病患者解决住房问题这一初衷（Bernstine，2009；HUD，2009k）。① 在2009财年，国会批准了3.1亿美元拨款给HOPWA。根据国家艾滋病住房联盟，此笔款项"只能为约62000户家庭提供服务"而"按照HOPWA的承诺，现有资金只能满足27%的总需求"（Bernstine，2009；ICF Consulting，2000，pp.Ⅱ-1）。通过HOPWA资金帮助解了91%的家庭月收入在1000美元以下的客户的需求（Bernstine，2009）。

10.3 为无家可归者提供帮助的联邦住房项目

住房和城市发展部运营的几个项目是为无家可归的个人和家庭提供帮助，其中大部分为残疾人。在1987年通过了斯图尔德/麦金尼无家可归协助法案（在2000年被重新命名为麦金尼/文托法案），由此建立了"一系列项目来为无家可归者提供包括各项住房和服务"（GAO，2000，p.3）。此法案最初产生了由9个联邦机构管理的20个项目，联邦机构主要有住房和城市发展部和卫生及人力服务部。从法案生效开始，国会已多次修订此法案并合并了一些项目。在2009年5月，奥巴马总统签署了对无家可归者的政策和项目做了一些重要调整的新法案。此立法在2011年生效，即在住房和城市发展部发布实施新无家可归者项目的管理方法之后。

以下部分首先会谈到2010年之前的联邦政府对于无家可归者的政策和实施的项目，之后会讨论新立法产生的主要变化。最后会以一个对住房政策的简要讨论作为结束，从集中在过渡性房屋的政策转向为无家可归者提供房屋以解决无家可归者的问题，即"住房第一"。

住房和城市发展部目前在麦金尼法案下监管了4个主要的项目，它们是：

◆紧急收容专款计划（Emergency Shelter Grant，简称ESG）。
◆支持性住房计划（The Supportive Housing Program，简称SHP）。
◆收容和关怀计划（Shelter Plus Care，简称S+C）。
◆第8条款适中性单间住房修复计划（Section 8 Moderate Rehabilitation Single-

---

① 关于HOPWA的运行和成效的详细内容，参见ICF Cousulting（2000）；关于HOPWA出资项目的详细信息，参见HUD（2009）。

Room Occupancy Dwellings，简称 SRO）。

尽管 ESG 项目是以分类财政补贴的性质运营，其他的则是竞争性补贴项目，地方和州政府以及非营利性组织需要申请才能获得这些项目。

10.3.1 紧急收容专款计划（ESG）

ESG 项目是在 1986 年麦金尼法案通过后就开始创建实施了，ESG 项目为各州和地方的各项符合条件的活动提供方案资金。这些活动包括通过改建、翻修、修复设施以及设施的运作来提供核心服务，消除无家可归问题。住房和城市发展部通常将救助无家可归者总基金的 15% 分配到此项目中（HUD，2009w）。

10.3.2 支持性住房计划（SHP）

此项住房和城市发展部的救助无家可归者的计划以竞争的形式向地方和州政府以及非营利性组织提供资金，以用于残疾的无家可归者的过渡性和永久性住房的开发。尽管现阶段大部分资金用于永久性住房的开发，但此项目也可用于提供支持性的服务（HUD，2009l）。

此计划为每个项目提供多达 20 万美元的资本金（在高成本地区达到 40 万美元），并且此笔款项要以一对一的方式与其他资金来源匹配。这些补助规模的限制一般要求补助的接受方寻找额外的资金用于支持性住房设施的开发。然而，支持性住房公司指出，"SHP 资金普遍被用于服务运营和租借支出的准备金"（Corporation for Supportive Housing，2009b；HUD，2009l）。

10.3.3 收容和关怀计划（S+C）

作为一个竞争性的补助计划，S+C 为慢性致残的无家可归者提供租金援助（通常表现为严重的精神疾病、艾滋病、慢性药物和酒精成瘾患者）。此援助有几种形式，包括承租人形式的凭证、项目形式的租金援助、赞助人形式的租金援助以及单居室住房援助。所有项目承批人要求将用于支持性服务的等量资金与用于提供租金援助的联邦基金相匹配（GAO，2000，p.19；Corporation for Supportive Housing，2009c）。

10.3.4 第8条款适中性单间住房修复计划（SRO）

由住房和城市发展部监管的无家可归者协助项目是第8条款中的适中性单间住房修复计划。与第7章中讨论的第8条款计划相同，此计划为进行过适当修复（每单元至少3000美元）的单间住房设施①的居住者提供租金补助。此补贴将补足调整后一居室房屋租金的30%的租赁收入与市价租金之间的价差。不同于其他McKinney计划，SRO计划不只是针对无家可归的个人和家庭。但最少25%的SRO项目资金修建的住房要空置出来让无家可归者居住（Corporation for Supportive Housing，2009d）。

10.3.5 持续性关怀和无家可归者住房资金

住房和城市发展部将SHP、S+C和SRO项目的资金通过全国性的竞争分配出去。"希望参与的团体提交申请书描述其为无家可归者服务的总体规划，称为持续性关怀，以及申请资金的每个项目的信息"（GAO，2000，p.3）。建立于1994年的持续性关怀是"一个组织和实施满足无家可归者特定需求的住房和服务并帮助他们搬迁至稳定和能最大限度上自给自足的住房的社区计划"。它所包括的行动步骤是为了消除无家可归者和防止人们回到无家可归状态（HUD，2009m；HUD，1994）。持续性关怀项目主要满足以下4个基本方面：

◆扩大引入评估无家可归的个人和家庭的需求，并将他们介绍至合适的住房和服务项目。

◆建立比街道环境更舒适安全的紧急收容所。

◆帮助人们学习发展能获得永久性住房所必要的生活技能并为其提供过渡性住房和服务。

◆提供永久性住房和支持性服务（HUD，2009m；See also Technical Assistance Collaborative，2001）。

每年住房和城市发展部都会为无家可归援助发布一个"资金可用性通知"。有意回应的各州和地方以及非营利性组织需要提交一个持续性关怀计划连同申请

---

① 单人间旅馆和其他居所通常不要求提供单独的厨房和浴室。

资金的项目信息。一个成功的计划书需要在持续性关怀计划中清晰地表明提议的项目对解决社区总体的无家可归的现象的贡献。不同社区其实施的项目数量也会有很大的不同。在1998年和1999年竞争的申请书中，其项目个数从3个到30个以上的都有（GAO，2000，p.3）。

用于麦金尼/文托项目的资金总额在2009财年达到16.7亿美元，比前一年同比增长了5%。不同于其他大部分联邦住房项目，用于预防无家可归现象和援助资金，至少在名义上从2005财年开始便有所增加。在2005年，这些计划为超过5000个项目提供了资金，为超过70万面临无家可归的人提供了服务，项目范围遍及全国的3000个城镇地区（National Low Income Housing Coalition，2005c）。不用指明，尽管此项如此庞大的资金也不足以完全解决美国存在的无家可归现象。

10.3.6 奥巴马政府下无家可归者联邦政策的变化

2009年5月20日，奥巴马总统签署生效了《帮助家庭保护住房法案》。此立法其中的一部分是主要关注无家可归者的项目，依据是在当年早些时候由参、众两议院提出的法案，均称为无家可归者紧急援助和过渡性房屋法案。法案重新授权了麦金尼/文托项目，但也在很多关键地方做了调整。

下面列举出了一些立法对住房和城市发展部的无家可归者援助计划作出的主要变化，这些变化会在2011年[①]年初生效执行：它增加了用于预防无家可归现象的发生和为可能会无家可归的人安置住房，这些人可能收入极低、居住在宾馆中或住房状况很危险。

◆强调了为正面临无家可归状况的人迅速地重新安置，尤其是无家可归的家庭。

◆将原来为患有慢性疾病的无家可归的个人提供的支持性住房扩充到包括无家可归的家庭。

◆将支持性住房计划、收容和关怀计划以及适中性单间住房修复计划合并成持续性关怀计划，这样社区只需申请一个而非三个计划，减轻了行政负担，增加了适应性和地方决策制定的效率。

[①] 下述内容大部分来自 National Alliance to End Homelessness（2009）发布的法律概述。

◆将紧急收容专款计划重新命名为"紧急方案专款",将计划意图增加为不仅提供紧急收容还负责预防出现无家可归现象。至少有40%的ESG资金需要用于预防和重新安置活动中。这项拨款的分配方式和原来相同。

◆扩展了无家可归者的定义,新定义不仅包括居住在收容所和过渡性房屋以及不是正常居所(如街道和废弃大楼)中的人,也包括了有可能面临无家可归状况以及居住在不稳定环境中的人。

◆允许郊区的社区人群在更有弹性的情况下申请无家可归者援助,并且能得到更多用于建造适合性房屋的援助资金。

10.3.7 住房最重要

奥巴马对联邦无家可归者的政策的修订反映了联邦政府针对无家可归者如何得到最好服务的态度的基本转变。2000年之前,很多无家可归者援助计划的主要假设是无家可归者中的很大一部分人,特别是长期的无家可归者有严重的社会、心理和医疗问题,对于永久性住房,他们并没有"准备"好。相反,无家可归者服务强调过渡性住房,即让无家可归者居住一个暂时性的时期,一般是6个月到18个月,在此期间,他们参与各种服务计划,然后最终"毕业"再居住到永久性住房中。皮尔森(Pearson)、洛克(Locke)、蒙哥马利(Montgomery)和布隆(Buron)(2007,p.1)描述此方法如下:

> 无家可归者服务的提供者假设有严重障碍的无家可归者在居住永久性房屋前需要一段结构的稳定时期,经常包括一系列的住房设置伴随一个让生活越来越独立的连续计划。这个连续计划经常要求无家可归者接受一个服务计划并且同意戒除毒品和酒精。有时,无家可归者的症状和精神疾病或药物滥用有关,这可能需要一个更高水平的服务规定甚至是住院治疗,暂时停止和可能扭转通往独立生活的进步轨迹。

卡尔霍恩(Culhane)、希恩(Shinn)、特斯曼布里斯(Tsemberis)和其他人的研究质疑过渡性住房计划的有效性和住房准备的概念的正确性。他们支持强调快速地为无家可归者再建房屋或"住房第一",而并非让无家可归者待在过渡性住房中。研究显示，若先提供给无家可归者永久性住房，再提供支持性服务，他们会表现得更好。不像大部分过渡性住房计划，"住房第一"模型不需要住户在搬进永久性住房前戒除酒精或非法药物。并且不像过渡性住房，"住房第一模型"不需要住户接受药物或心理治疗或其他服务。相反，住户可选择接受支持性服务（Pearson et al.，2007）。研究发现，从重犯的角度看，"住房第一"的方法，其医疗成本更低，其他指标都比过渡性住房有更好的结果。甚至连患有精神疾病和长期滥用药物的无家可归时间最长的人都在得到永久性住房后比在过渡性住房中表现得更好（Cunningham，2009；Kuhn & Culhane，1998；Locke，Khadurri & Hara，2007；Shinn，Baumohl & Hopper，2001；Tsemberis & Eisenberg，2000；Tsemberis，Gulcur & Nakae，2004）。这个研究同样发现政府给长期无家可归者提供永久性住房比起其他形式的援助或不提供任何援助来说成本是最低的（Culhane & Metraux，2008；Cunningham，2009；Gladwell，2006）。

虽然大部分由住房和城市发展部的麦金尼/文托计划资助的为无家可归者提供服务的计划是"不能被归类为住房第一的"（Pearson et al.，2007，p.1），从2000年起，越来越多的国家和当地的计划开始采用这个方法。2000年结束无家可归的国家联盟颁布了一个名为"一个计划而非一个梦想：如何在十年内消除无家可归"的报告。2003年在住房和城市发展部和针对无家可归者的联合委员会的领导下，联邦政府宣布了一个更小范围但仍然雄心勃勃的计划来结束残疾成年人长期无家可归的状况。政府鼓励当地的社区设计他们自己的计划来结束长期无家可归的状况，同时保证会提供150000套额外的永久性支持住房（Cunningham，2009，p.4；Sermons & Henry，2009，p.4）。这些相关的新方案推动了超过300个城镇和其他社区发展了防止10年无家可归者计划（一个详细的管辖目录包括10年计划、个人计划的例子，见针对无家可归者的联合委员会网站，2009）。这些计划的大部分都采用了"住房第一"的原则来防止无家可归现象（Cunningham，2009，p.3；National Alliance to End Homelessness，2007）。正如上面提到的，这些也是在奥巴马领导层的联邦无家可归政策中主要优先考虑的事。

10.4 本章小结

联邦政府连续提供基于项目的住房资助的范围之一,包括了老年人和残疾人家庭。认识到老年人和残疾人具有一些一般的住房资助计划无法很好地满足的独特需求,各级政府采取了专门针对这些人群的住房计划。很多情况下,他们结合了住房计划和支持性服务。针对有特殊需求的人群,特别是针对老年人的住房计划在政治上比其他低收入住房计划面临更少的反对。然而,对针对低收入人群的所有资助计划来说,对援助的需求远远超过了供给。

第 11 章
公平住房与社区再投资

住房政策不仅只是补贴政策,其所涵盖的内容远多于公共住房、教育券等这些对低收入家庭的补贴政策。住房政策不仅旨在减免房屋所有者的税负、刺激私人投资于低收入住房,同时也致力于降低限制低收入者和有色群体的住房选择范围和机会的借贷门槛。最重要的是,住房政策在很大程度上减少了房地产市场和抵押贷款市场上对非洲裔美籍和其他有色群体的歧视(Briggs,2005;Carr & Kutty,2008)。

在 20 世纪 60 年代之前,美国的住房政策反映并维护当时笼罩在房地产市场上的种族歧视(Jackson,1985;Massey,2008;Yinger,1995)。然而,60 年代以后,联邦政府出台了相关的法律和政策致力于消除在房屋市场上的种族歧视,尽管有的时候并没有被严格地执行。1968 年的《公平房屋交易法案》在 1988 年被进一步修正和加强后,禁止了房地产市场上中介机构的种族歧视。1975 年的《房屋抵押公开法案》和 1977 年的《社区再投资法案》帮助低收入或有色群体的房屋所有者和社区增加获得住房抵押贷款的渠道。现在,越来越多的法案和规定用于抑制最近激增的掠夺性的贷款条款。

本章将总结这些政策的主要特点和方法,并且评价它们在帮助处于劣势的房屋所有者和改善房地产市场机会方面的优缺点。我们将首先回顾最近关于房地产市场和抵押贷款市场上的种族歧视研究。

11.1 什么是歧视

房地产市场和抵押贷款市场上存在许多歧视的现象。几乎可以说,在购房、租房的每一步中，有色群体都可能会遇到障碍：限制他们进入，缩减选择范围以及增加选择成本。在租房市场上，潜在的租户可能会被告知没有空闲的房间。更常见的是，相较于对待白人，住房经纪人给有色群体展示更少的房屋，提供更少的帮助，索取更高的费用，抑或引导他们到特定的住宅区。即使在找到公寓后，潜在的租户仍会遭遇到歧视对待，特别是在租房申请和租赁合约条款上（见图11.1）。

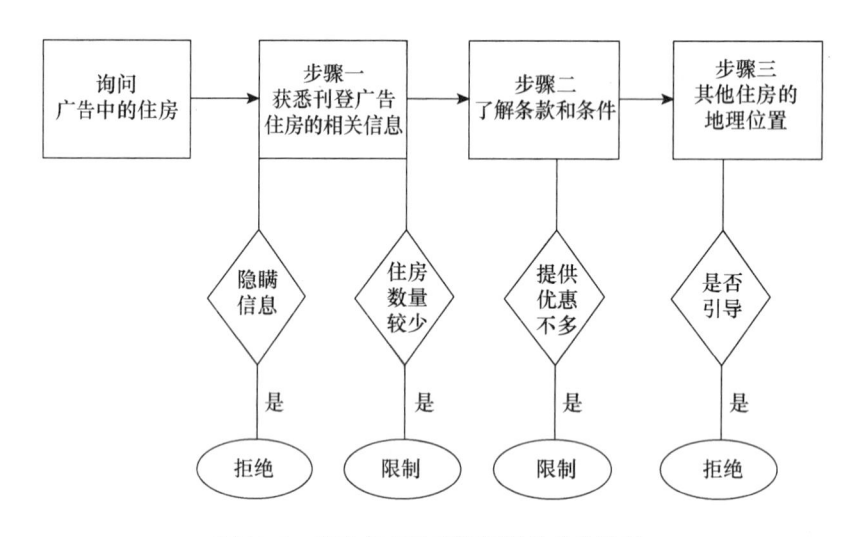

图11.1 房地产市场歧视问题的产生过程

资料来源：Yinger, 1995, with permission。

房地产市场也同样存在许多歧视的现象。除了之前租房市场中所描述的歧视，有色群体购房者还可能在获取住房抵押贷款和保险时遇到歧视，而且这样的歧视会出现在每一个环节中。房贷者可能会减少信贷产品在有色群体社区的宣传，从而减少有色群体购房者的选择范围。

当有色群体开始申请房贷时，房贷者会提供较少的帮助与鼓励，也更倾向于拒绝他们的申请。即使在申请通过后，贷款合约也会包含有更多繁重的条约，如高费用、高利率等。在贷款放出后，一旦出现迟付，有色群体贷款人会遭受更严厉的对待。同时，贷款人更倾向于取消抵押品赎回权，而不是尝试制定新的支付计划（见图11.2）（Immergluck, 2004; Turner & Ross, 2005; Yinger, 1995）。

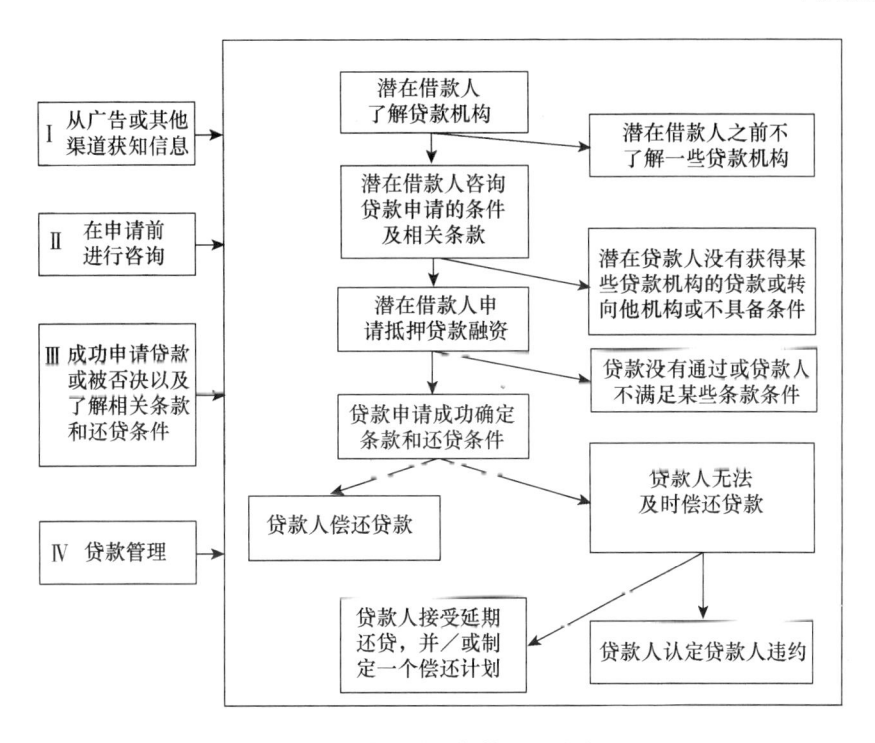

图 11.2　申请抵押贷款的主要过程

资料来源：Turner et al.，1999，with permission。

种族歧视可以呈现出多种形式，并且源于许多原因。通常，我们会在这之间进行区分。最容易理解的一种歧视形式是"区别对待"，即对房地产市场上的某一类人给予不同的待遇，原因可能是种族或其他受保护群体（如女性、残疾人和老年人）。法律上，区别对待被认为是房屋经纪人或放贷人在处理有色群体和受保护群体的申请时，以明确的语言或书面形式表明其行为中有考虑种族或者其他禁止的因素。当客户获得服务的差异不能以非歧视因素（如收入、资产和失业）解释时，法庭也会认定存在区别对待（Ross & Yinger，2002；Squires，2003）。

第二种歧视的形式叫做"差别影响"。有色群体的待遇可能比同样条件下的白人要差，这并非因为明确的种族原因，而是由于"一些看起来中性的政策和惯例的普遍应用排除了受保护群体的利益（如少数种族）"（Squires，2003，p.394）。这些政策和惯例只有在被认定是"业务需要"时才是合法的。而且即使这样，"若有可替代的政策和惯例能服务于同样的目的，并带来更少的歧视"，那

291

之前的政策和惯例仍被视为违法（联邦金融机构检查委员会，"机构间公平信贷检查程序"，引自 Ross & Yinger，2002，p. 32）。

一个关于差别影响歧视的例证：放贷人不考虑额度小于 100000 美元的贷款，很大程度上限制了有色群体市场。尽管差别影响歧视是违法的，而且在一系列的案例中均被联邦最高法院禁止，但是判断特定情况的条款仍然有待阐释。

歧视的第三种形式是"贷款歧视"：指除非在特别严格的条款下，放贷人拒绝提供贷款给特定地区的人们。如同在第 3 章中讨论的，FHA 早在几十年前，已经明确地将贷款歧视放进承销标准中，严重地剥夺少数民族和其他城市社区的抵押贷款额度。20 世纪 90 年代以来，公开的贷款歧视越来越少见，几乎所有社区的居民都能从金融机构处获得抵押贷款。然而，在即将讨论的内容中，我们看到对于少数民族，这些贷款的条款比白人们要更加苛刻（Immergluck，2004；Squires 1995，1998）。

歧视可能源于许多原因（Dentom，2006）。除了由于对肤色固有的成见，房地产市场和信贷市场的参与者也可能因为担心惹恼有成见的白人消费者而歧视少数民族。例如，住着白人的公寓很少会租给黑人家庭，因为房主担心白人租户会因此离开（Yinger，1995，p. 166）。房地产中介机构会引导有色客户挑选没有白人的住宅区，以免受到白人卖方者的指责而失去生意。

歧视也可能来源于房地产经纪人和放贷机构所假定的有色种群消费者的偏好和财务状况（Turner & Ross，Galster & Yinger，2002）。例如，房地产经纪人可能认为少数民族的购房者缺乏资金渠道去购买昂贵的房屋或少数民族更希望和同样的人居住一起。抵押贷款机构会认为少数民族申请人有更大可能性的违约，因为他们的资产太少，特别是在需要应急使用时。

当房地产市场和抵押贷款市场上的机构以种族和民族的一般特点评价个人消费者时，这种"统计歧视"违反了法律（Yinger，1995）。与白人相比，少数民族购房者可能会有较低的信用历史，但假设少数民族某个个体有更高的违约风险仍然是违法的。

11.2 住宅市场中的歧视

发现和衡量歧视的主要挑战在于如何区别负面效果是因为种族还是因为其他

因素。例如，房地产经纪人可能会给予白人更好的服务并非因为种族，而是因为收入、教育、财富或其他有形资产的差异。为了将种族因素的影响剥离出来，政府和非营利机构采用"公平住房审查"。

在审查中，审查员前往房地产经纪人提供咨询的特定的公寓和房屋。审查员们都是通过配对挑选的，唯一可辨认的差别在于肤色和种族。除此之外，每一对审查员有相同的性别、年龄和大众的外表。另外，每一对审查员的收入、资产、职业、教育水平和家庭规模与构成基本相同。若审查员之间除了种族都很相像，并且有色的审查员一直接受较差的服务，那么这些差别的原因是歧视。

20世纪60年代开始，公平住房审查在全美已经被广泛采用。公平住房审查最早是被地方的公平住房应用于调查特定的房地产经纪人的种族歧视行为，之后被联邦政府在全国范围内作为测量种族歧视程度的最佳方式。美国住房和城市发展部已经三次在租房和住宅市场上进行全国性的审查，第一次审查在1977年，第二次在1989年，第三次在2000年。最近的一次审查不仅记录了2000年的歧视程度，也衡量了自1989年以来的歧视性条例的改变。

最近的一次审查被称为"2000年住房歧视研究"（Housing Discrimination Study 2000，简称HDS 2000）。它选取全国20个逾100000人口的城市作为代表性样本，对租房和售房市场进行了3633对配对测试。配对测试将白人和黑人或者西班牙裔组成"拥有相似住房需求与个人资产的不同种族的购房者"（Turner, Ross et al., 2002, pp.1-1）。[①] 每一对购房者根据当地报纸的租售房广告，前往房地产经纪人处（广告是通过随机筛选的）。如下是最终报告中关于测试过程的描述：

> 经过培训的测试人员询问广告中房屋单元的可获得性，或者其他可能满足他们住房需求的单元。他们尝试至少参观三个单元，与房地产经纪人预约第二次回访，并在销售测试中，记录任何被推荐房屋的地址、大小和价格。在回答房地产和租赁公司的问题时，测试人员按之前分配的信息提供家庭结

[①] 调查也包括了对亚裔美国人和土著人的歧视审查，其范围更小但更有解释力，不过结果并未列于此；参见 Turner & Ross et al. (2002)。

构、财务状况、就业状况和住房需求。测试人员被训练不表达任何对于基础设施、地理位置的偏好，同时也不提交任何正式申请、进行信用检查或出价租赁、购买房屋。为与这些基本测试内容相联系，测试人员均被训练融入所扮演的普通寻房者的角色中，尽可能地获取来自房屋提供者的信息，并记录其中重要的部分。

在每个测试之后，每个测试员会被要求填写一份标准的汇报表。配对测试人员不能将自己的经历与另一方相对照，或是根据双方的不同对待填写任何结论（Turner et al., 2002, pp. 2–13）。

测试次数在租房和售房市场上平均分配，包含了2400对黑人与白人审查员和1600对拉美裔与白人审查员。小规模的调查也测试了对于亚裔（388次审查）和印第安人（135次）的歧视。尽管大部分审查是基于城市主要报纸的广告，HDS 2000在5个城市使用了来自其他媒体的租售信息进行少数审查（356次）。

HDS 2000比较了不同地区白人和少数民族测试者的待遇。在租房市场上，调查关注：

◆广告中房屋和其他类似房屋的可获得性
◆广告中房屋和其他类似房屋的实地检查
◆少数民族和白人测试者在可比房屋上所获得的报价
◆中介机构对于少数民族和白人测试者完成租房的鼓励和帮助程度

在售房市场上，HDS 2000调查了：

◆广告中房屋和其他类似房屋的可获得性
◆广告中房屋和其他类似房屋的实地检查
◆被推荐房屋的住宅区差异
◆提供获取抵押贷款信息和帮助的差异
◆中介机构对于少数民族和白人测试者完成购房的鼓励和帮助程度

所有这些房地产交易内容都用指标进行衡量，如表11.1所示。

表 11.1 2000 年一项住房歧视研究中不同类别下的种族歧视问题

住房租赁	重要性	住房销售	重要性
租赁住房的可获得性		可供出售的住房的可获得性	
刊登广告的住房的可获得性	1	刊登广告的住房的可获得性	1
类似住房的可获得性	2	类似住房的可获得性	2
推荐住房的数量	3	推荐住房的数量	3
租赁住房的视察		可供出售的住房的视察	
刊登广告的住房视察	1	刊登广告的住房视察	1
类似住房视察	2	类似住房视察	2
视察住房的数量	3	视察住房的数量	3
房租		区位引导	
刊登广告的住房租金（如果可获得）	1	推荐住房的引导	1
是否提供房租优惠	2	视察住房的引导	2
是否需要预付定金	3	融资支持	
是否需要申请费	4	是否提供融资帮助	1
住房租赁鼓励		是否推荐放款人	2
经纪人的售后服务	1	是否讨论首付要求	3
是否要求完成租房申请	2	鼓励住房购买	
是否对未来有所安排	3	经纪人的售后服务	1
是否告知符合房租要求	4	是否告知符合购房要求	2
租赁住房的综合评分		是否对未来有所安排	3
刊登广告的住房的可获得性	1	销售住房的综合评分	
是否视察广告上的住房	2	刊登广告的住房的可获得性	1
刊登广告的仕房的租金（如果可以狄得）	3	是否视察广告上的住房	2
类似住房的可获得性	4	类似住房的可获得性	3
推荐住房的数量	5	是否视察其他类似住房	4
视察住房的数量	6	推荐住房的数量	5
是否提供房租优惠	7	推荐住房的引导	6
是否需要预付定金	8	视察住房的引导	7
是否需要申请费	9	视察住房的数量	8
经纪人的售后服务	10	是否提供融资帮助	9
是否要求完成租房申请	11	是否推荐放款人	10
是否对未来有所安排	12	是否讨论首付要求	11

续表

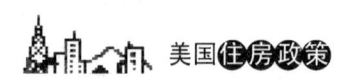

住房租赁	重要性	住房销售	重要性
是否告知符合房租要求	13	经纪人的售后服务	12
		是否告知符合购房要求	13
		是否对未来有所安排	14

资料来源：Turn & Ross et al., 2002。

除了这些个人测试外，HDS 2000 开发了每一类差别对待（如房屋可获得性）和整个交易的组合指标。其中，一个组合指标是基于对待一致性。若白人测试人员在某个或多个指标上获得更好的对待而少数民族搭档没有，那么测试被认为是白人偏好的。一致性方法强调了"某一个人毫无疑问地比另外一人更受欢迎"（Turner & Ross et al., 2002, pp. 2 – 19）。

然而，该方法低估了歧视行为的范围。比如，当白人测试者在许多指标中获得更好的待遇，而少数民族测试者只获得一项好待遇，那么测试被认定为"中性"，这与没有任何人受到差别对待一样。一致性方法给予每个待遇科目以相同的权重。比如，当白人测试者在某几个最重要的指标上获得优待，而少数民族测试者只在不重要的指标上优于白人，那么测试被认定为"中性"。

为了控制上述的问题和考虑到不同指标重要程度的不同，HDS 2000 也使用了分级的组合指标作为一致性指标的补充。研究人员将每个类别中的个人指标按重要性排序，并将整个交易作为一个整体（见表 11.1）。在这种方法下，若白人测试者在重要指标上获得优待，而少数民族在一般指标上获得优待，测试将被认定为偏向白人。但分级组合指标的弱点在于在某个指标上的随机差异可能决定了整个测试的结果。

因此，尽管一致性方法也许低估歧视发生的可能性，而分级的方法则可能高估了它。综合来看，两种方法提供了特定对待区域和测试人员与机构互动中歧视可能性的估测上下界。

公平住房审查的结果可通过两种方式分析。最简单的方法是计算偏好白人的单独指数和组合指数的比例。虽然该方法易于掌握，但这种歧视对待的总体衡量方式可能会高估实际的歧视概率。特别是该方法并不考虑白人与少数民族测试人员受到待遇的随机差异。例如，公寓可能在白人和少数民族测试人员到访期间租给了第三方；房地产经纪人可能因个人事务在接待完第一个测试人员后分心了；如果配对测试人员由同家公司的不同工作人员接待，可能会因为工作人员的疏忽获得不一样的信息。

为了考虑这些随机因素，HDS 2000 和其他研究使用了歧视待遇的净衡量方法。与关注偏向白人的比例不同，净衡量方法强调偏向白人和偏向少数民族测试者的调查比例之差，即用偏向白人的比例减去偏向少数民族的比例。例如，如果 100 个测试中，30 个偏向白人，那么总体歧视待遇发生率为 30%；而如果有 10 个测试偏向少数民族，那么歧视待遇净发生率为 20%。

净衡量方法背后的假设是"所有的偏向少数民族的待遇都是由随机因素造成的"（Turner & Ross et al., 2002, pp. 2 – 15）。它忽略了少数民族测试者事实上会受到优待的可能性，比如少数民族房东倾向于租给同肤色、同种族的人，中介机构阻止白人客户参观与少数民族为邻的住房。尽管净衡量方法没有消除所有随机因素，但它提供了一个白人偏好多于少数民族偏好程度的估测下限。①

HDS 2000 发现黑人和拉美裔人在全国的住宅市场经常受到歧视，尽管与 1989 年的调查相比，歧视发生率已经相对下降，但是仍然处于高点。

表 11.2　　　　　2000 年对黑人和拉美裔人的种族歧视程度的估计

	最严重 （等级测试毛值）	最佳估计 （一致性测试毛值）	最轻微 （等级测试净值）
住房租赁市场			
黑人	49.0	21.6	7.9
拉美裔人	52.7	25.7	15.1
住房销售市场			
黑人	53.1	17.0	8.3
拉美裔人	51.5	19.7	4.9

资料来源：Turner & Ross et al., 2002；Exhibit 8 – 1。

---

①　HDS 2000 也使用了多元分析和 3 人配对的测试（如，2 个白人测试者和 1 个少数民族测试者），进一步控制随机因素；参见 Turner & Ross et al. (2002)。

表11.2展示了在2000年几组针对黑人和拉美裔租户和购房者的歧视数据。最高的估测值使用了总体分级衡量方法，大约有一半的黑人和拉美裔人在住房市场上经历了歧视遭遇。HDS 2000报告中的"最优估测值"使用的是总体一致衡量方法，其估计歧视发生率在17%至26%之间。估测值的下限使用的是净分级衡量方法，得到5%至15%的歧视发生率。估测的中间值显示22%的黑人租户和26%的拉美裔租户受到歧视，而在住房市场上，17%的黑人购房者和20%的拉美裔购房者受到房地产经纪人的歧视。

表11.3　　2000年在住房租赁和销售市场上"不公平对待"的表现形式　　（单位:%）

	黑人		拉美裔人	
	毛值：上限	净值：下限	毛值：上限	净值：下限
住房租赁市场测试				
获得住房的机会	31.5	3.9	34.0	11.9
视察	27.5	8.3	24.4	7.2
费用	21.4		21.7	
鼓励	31.3		32.8	
住房销售市场测试				
获得住房的机会	46.2		46.3	
视察	42.9	8.8	38.3	
区位引导	11.0	3.5	14.7	5.0
资金支持	36.6	4.9	38.6	14.4
鼓励	31.3	5.2	30.6	

资料来源：Turner & Ross et al., 2002: Exhibit 4-2。

黑人和拉美裔租户与购房者受到的歧视基本来自于与房地产经纪人的咨询中。表11.3展示了与房地产经纪人交流的不同类别中总体和净歧视发生率。从净衡量的下限看，黑人租户最经常受到的歧视是在获取检查房屋的机会上，其次是租房信息的获得。对于拉美裔租户，最普遍的歧视是租房信息的获得，其次是在获取检查房屋的机会上。在售房市场上，黑人的最普遍的歧视发生在获取检查房屋的机会上，其次是鼓励、融资支持和区域控制。对拉美裔购房者来说，最多的歧视发生在融资支持和区域控制上。在某些类别中，针对拉美裔租户和购房者的歧视特别普遍。

HDS 2000 表明在许多类别上，自 1989 年以来歧视发生率已有下降（见表 11.4），但是变化的方式并不特定。在租房市场上，黑人歧视的减少比拉美裔人大得多，后者在统计上显著下降的类别是：鼓励。在住房市场上，黑人在房屋信息的获得和鼓励上的歧视程度下降，然而区域控制上的歧视上升了 6 个百分点；拉美裔人在获取检查房屋的机会、房屋信息获得和鼓励上的歧视显著减少，但是融资支持的情况恶化。歧视的组合衡量表明在多数类别上，歧视有显著的减少，但需要注意的是，拉美裔租户并没有在任何一项组合指标中有显著下降。

表 11.4　1989—2000 年全国歧视行为发生率的变动情况（以 1989 年为基年）（单位:%）

	黑人		拉美裔人	
	毛值：上限	净值：下限	毛值：上限	净值：下限
住房租赁市场测试				
可获得性	-14.6	-8.8	-7.0	
视察	-9.4	-6.5	-9.9	
成本	-5.1	-8.1		
鼓励			-7.3	-9.0
综合措施				
等级性	-5.5			
一致性	-4.8	-8.7		
住房销售市场测试				
可获得性		-13.3	5.0	-10.5
视察	16.1	8.0		-14.7
区位引导	7.5	5.9	7.4	
融资支持			5.3	13.1
鼓励	-4.1	-6.1	-7.6	-14.5
综合措施				
等级性		-6.8		-9.8
一致性	-12.0	-8.2	-7.1	

注：该表中所有数据的置信水平都是 95%。

资料来源：Turner & Ross et al., 2002: Exhibit 4-2。

11.2.1 区域控制

HDS 2000 的一个重要贡献是重新审视了当前的一种特别恶性的歧视——区域控制。它不仅限制租户和购房者的对于住宅区数量、特点的选择权，也是种族隔离的持续（Denton，2006）。黑人和拉美裔家庭将有很少的机会去了解与白人为邻的房屋，对白人来说，反之亦然。

之前的公平住房审查关注将少数民族购房者引到、控制在主要以少数民族为邻的区域内（种族控制）。HDS 2000 延展了区域控制的概念：比较展示给白人和少数民族的不同房屋周边。（1）不同种族的住宅区（信息控制）；（2）居民的社会经济地位（等级控制）；（3）地域规模与特点，如是否是自治区、普查区和校区等。

HDS 2000 用三种方法去估测种族、信息和等级控制的程度。测试人员记录了他们的房地产经纪人推荐的房屋地点和对于房屋的正负面评价。调查结果陈列在表 11.5 中，主要关注房地产经纪人对不同类型区域的控制。

对每一类型的控制，目前最流行的衡量办法是考虑房地产经纪人对于房屋的评价。例如，在信息控制的案例中，黑人、白人测试人员获得普查区、校区数目等信息与评价等并没有受到明显的差别对待，但是白人比黑人更经常地获得房地产经纪人及时的评价。

房地产经纪人发表观点是三种控制中最主要的方式。如表 11.5 所示，黑人客户遇到的区域控制比拉美裔客户更频繁，这很大程度上是由于更多的拉美裔测试人员受到比黑人更好的待遇。

11.2.2 HDS 2000 和其他公平住房审查的局限性

毫无疑问，公平住房审查提供了评价居民住房市场上种族歧视程度的最好评价方法。通过排除种族以外所有因素相同的测试人员配对，公平住房审查能够在分析不利对待时，排除种族以外因素的影响。然而，该种方法仍然存在其局限性。

表 11.5　　　　　　　2000 年全国信息、种族和等级控制的程度　　　　　　（单位:%）

	对待黑人和白人的不同态度			对待拉美裔人和白人的不同态度		
	偏向白人	偏向黑人	中立	偏向白人	偏向拉美裔人	中立
信息控制						
推荐住房	14.1	13.5	0.6	15.4	13.5	1.9
视察住房	10	7.8	2.2	9.9	8.4	1.5
评论	38.5	23.5	15.0	35.0	32.2	2.8
种族控制						
推荐住房	16.5	12.7	3.8	17.1	15.7	1.4
视察住房	12.1	8.3	3.8	15.0	10.0	5.0
评论	37.1	23.4	13.7	35.1	28.9	6.2
等级控制						
推荐住房	6.9	5.1	1.8	7.0	6.0	1.0
视察住房	5.2	3.3	1.9	5.1	4.1	1.0
评论	34.9	34.4	11.5	30.7	29.6	1.1

资料来源:Turner & Ross et al.,2002:Exhibit 6-1 to 6-6。

首先,该方法没有包含所有潜在租户、购房者与房地产经纪人的交流形式。它没有接受或拒绝租赁申请的决定,也没考虑在提供给白人和少数民族的租赁合约中的条款差异。同样的,该方法只适用于分析房地产经纪人的行为,而没有考虑到房屋所有者的歧视行为。

其次,第二个局限是大部分审查是基于当地主要报纸的售房、租房广告。审查中所涉及的经纪人、房屋的价格与地理位置等信息都来自于报纸。但是由于很多少数民族租户和购房者在找房时并不使用报纸上的信息,因此住房审查并不能描绘房屋市场的整体歧视程度。换句话说,HDS 2000 的结果"并不能真实反映典型的少数民族寻访者的经历,而只反映了有能力租赁、购买处于中等价位在报纸上打广告的房屋的寻房人"(Turner & Ross et al.,2002,pp.8-3)。

最后,需要注意的是,自 HDS 2000 完成已经过去了 10 年,新的全国调查需要重新启动以评价住房市场的现状。

11.3 房地产抵押市场中的歧视行为

歧视毫无疑问地影响了房地产经纪人的行为,而少数民族购房者在申请按揭贷款时也会受到不公平对待。由于贷款是购房中不可或缺的一部分,抵押贷款市场上的歧视使少数民族购房者更难买房,而且购房成本更高。正如房地产行业,信贷市场上也存在着许多歧视的机会,它们主要表现在以下几点。

- ◆ 按揭产品的宣传。
- ◆ 对潜在申请者的鼓励和帮助。
- ◆ 接受或拒绝一个申请的决定。
- ◆ 提供给申请者合约的提款和成本。
- ◆ 房贷人如何处理迟交按揭的情况。

11.3.1 不同种族房贷拒绝率的差异

在20世纪90年代之前,信贷市场的种族歧视远没有像在房地产市场上的种族歧视受到如此多的关注。然而,一些事件的发生使得种族差异对待的关注转移到信贷市场上。在1989年,《亚特兰大宪章报》发表了一系列关于白人和黑人获得房贷差异的报道,获得了普利策新闻奖。在20世纪90年代早期,一些调查和报道揭示了黑人和白人的房贷申请通过率有巨大的差异。在1992年,联邦司法部在获得第卡特储蓄银行同意后,调查对黑人贷款人的歧视性(Immergluck,2004)。最近,许多研究和新闻检验了所有贷给少数民族和白人的贷款种类的种族差异。正如下面将要讨论的,黑人与拉美裔家庭和社区导致了大量的不成比例的昂贵且风险高的次级房贷,而且相应地也产生了大量的房屋抵押权被收回的现象。

房贷市场的歧视不能像房地产市场上的歧视一样进行评价。这是因为公平住房审查方法很少应用于房地产抵押贷款,也从未在美国住房和城市发展部发起的全国歧视审查使用过。相反的,研究者一直依据《房屋抵押公开法》(Home Mortgage Disclosure Act,简称HMDA)所公布的贷款数据分析贷款。HMDA于1975年施行,并在之后多次修正,该法案要求大多数房贷机构将所有种类的贷款和贷款申请信息公开给大众。①

最初，这些信息仅限于被融资的房产所处位置。1989 年的储蓄机构紧急救助法案增加了 HMDA 的披露要求，其新包括了每个贷款申请人的详细信息（如种族、收入、性别），房屋所在地的环境（住宅区收入与种族组合）以及申请结果（发起、拒绝或者核实但未通过）。在 1992 年，HMDA 的涉及范围不再仅仅局限于银行和储蓄机构，还覆盖了抵押贷款银行和其他非储蓄机构。在 2004 年，其进一步包含了抵押贷款利率的信息，特别是那些利率高于可比联邦国债利率 3 个百分点的贷款信息（和利率高于可比联邦国债利率 5 个百分点的第二按揭贷款）。

表 11.6、表 11.7、图 11.3 和图 11.4 使用了 HDMA 的数据，按照所选择的个人和地区特征，展示了贷款的申请拒绝率。表 11.6 提供了 2007 年传统自置房贷款申请拒绝率的概况，其中黑人和拉美裔申请人被拒绝的几率远高于白人。2007 年黑人拒绝率为 32.6%，高出非拉美裔白人（14.6%）的两倍之多，而高于拉美裔（17%）也几乎是两倍。相反的，亚裔申请者的拒绝率（17%）只比白人高出 3 个百分点。该表也显示在主要为黑人的居住地的贷款拒绝率是主要为白人的居住地的两倍。

表 11.6　　2007 年按个人和人口普查区的特征进行分类的传统购房抵押贷款的拒绝率　　（单位：%）

个人特征	
种族	
美洲印第安人/阿拉斯加土著人	28.3
亚裔人	17.0
黑人	32.6
拉美裔人	28.1
非拉美裔白人	14.6
其他	21.0
收入占 MSA 中等收入的百分比	

---

① HMDA 提供了几种类型的贷款数据，包括传统贷款和政府担保贷款、再融资贷款和房屋维修贷款等。

续表

不到 50%	29.3
50%—79%	19.4
80%—99%	17.6
100%—119%	16.9
不低于 120%	16.4
缺少数据	18.6
总计	18.9
人口普查区的特征	
少数族裔占总人口的百分比	
不到 10%	13.5
10%—19%	14.4
20%—49%	18.1
50%—79%	24.1
80%—100%	30.9
平均收入占 MSA 中等收入的百分比	
不到 50%	30.3
50%—79%	24.5
80%—119%	17.8
不低于 120%	13.4

资料来源：FFIEC，2009。

表 11.7　　2007 年按种族和收入分类的抵押贷款拒绝率

收入和种族	2007 年		2006 年	
	拒绝率	少数族裔与白人的拒绝率之比	拒绝率	少数族裔与白人的拒绝率之比
不到 MSA 中等收入的 50%				
亚裔人	25.5	1.0	24.8	1.0
黑人	37.5	1.5	37.7	1.5
拉美裔人	33.3	1.3	32.6	1.3
非拉美裔人	25.2	1.0	24.9	1.0
MSA 中等收入的 50%—79%				

续表

收入和种族	2007年 拒绝率	2007年 少数族裔与白人的拒绝率之比	2006年 拒绝率	2006年 少数族裔与白人的拒绝率之比
亚裔人	15.5	1.0	16.2	1.0
黑人	29.7	1.9	29.1	1.8
拉美裔人	25.4	1.7	25.1	1.6
非拉美裔人	15.3	1.0	15.8	1.0
MSA中等收入的80%—99%				
亚裔人	14.4	1.1	15.2	1.1
黑人	29.5	2.2	27.1	2.0
拉美裔人	26.1	2.0	23.7	1.8
非拉美裔人	13.3	1.0	13.5	1.0
MSA中等收入的100%—119%				
亚裔人	14.5	1.2	13.9	1.0
黑人	30.8	2.5	26.5	1.8
拉美裔人	26.8	2.2	22.9	1.6
非拉美裔人	12.3	1.0	14.6	1.0
MSA中等收入的120%以上				
亚裔人	17.0	1.4	16.3	1.4
黑人	31.6	2.7	26.6	2.3
拉美裔人	28.4	2.4	23.1	2.0
非拉美裔人	11.9	1.0	11.5	1.0
总计				
亚裔人	17.0	1.2	16.1	1.2
黑人	32.6	2.2	27.9	2.0
拉美裔人	28.1	1.9	23.3	1.7
非拉美裔人	14.6	1.0	13.7	1.0

资料来源：FFIEC，2009。

如表11.6所示，抵押贷款拒绝率与申请人的收入、所在地区的平均收入成反比。然而，收入并不能完全解释不同种族拒绝率的差异。表11.7显示了次级贷款市场最活跃的2006年和2007年中，不同收入层级的白人、黑人、亚裔和拉美裔的自置房贷款申请拒绝率。在每个收入层级中，黑人和拉美裔申请者比白人遭受更高的拒绝率，而且少数民族和白人的拒绝率之比随着收入递增。例如，2007年，在高收入人群中平均每一个白人申请者被拒绝就有2.7个黑人和2.4个拉美裔人被拒绝，而在最低收入人群中该比例为1.5个黑人和1.3个拉美裔人。该表也显示最高收入的黑人和拉美裔人抵押贷款申请拒绝率（分别为31.6%和28.4%）高于最低收入的白人拒绝率（25.2%）。

最引人注目的是2006年和2007年黑人和拉美裔的申请拒绝率激增。中等收入以上的黑人和拉美裔申请人拒绝率上升了4到5个百分点。一个可能的解释是2007年的次级贷款市场崩溃和更为严格的承销标准。当次级贷款更难以获得时，更多的少数民族购房者转向优质抵押贷款，但是他们不符合优质抵押贷款对应的条件。次级贷款市场上的歧视影响将会在之后讨论。

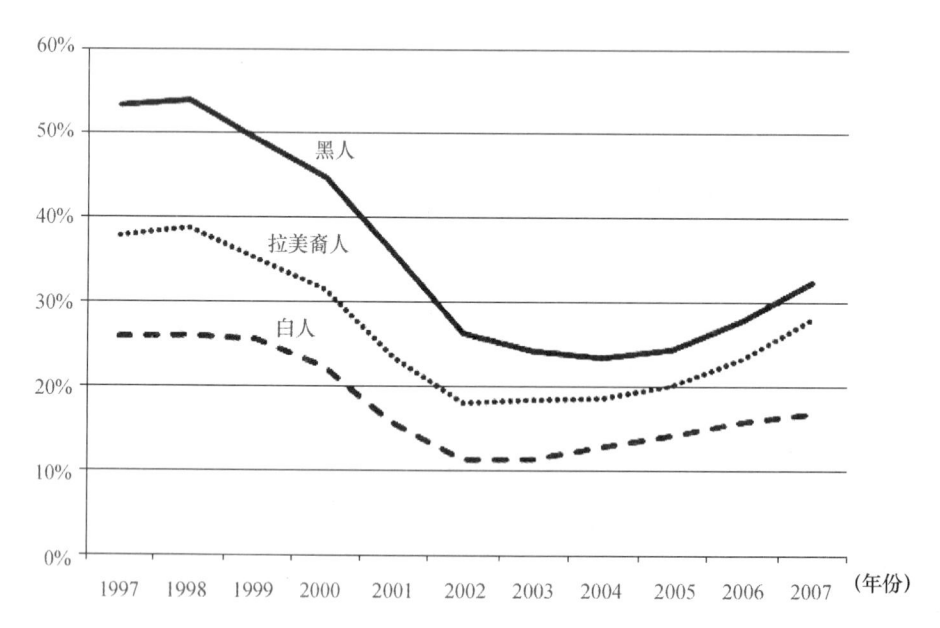

图11.3 1997—2007年不同族裔人群申请常规抵押贷款的拒绝率（%）

资料来源：FFIEC, 2009。

图 11.3 描绘了 1997—2007 年的黑人、拉美裔人和白人申请自购房贷款的拒绝率。图表显示 2002 年以前 3 个群体的拒绝率都不断递减。黑人的拒绝率从 1997 年的 53% 降到 2004 年的 26.3%；拉美裔人的拒绝率从 37.8% 降到 18.2%，而白人从 25.8% 跌至 11.5%。由于这些减少同时发生，2003 年以前的少数民族与白人的拒绝率之比一直没有变化，其中黑人与白人之比为 2.0，拉美裔与白人之比为 1.5。在 2002 年至 2005 年间，黑人的拒绝率持续下降，而白人的拒绝率略有上升，两者之差有所减少。房贷申请拒绝率在 2004 年时到达了拐点，开始呈现上升趋势。对黑人和拉美裔人而言，申请拒绝率在 2005 年上升了 1 个百分点，2006 年 3 个点，2007 年 5 个百分点；白人的拒绝率则上升较为缓慢。因此少数民族和白人拒绝率之差不断扩大（图 11.4）。

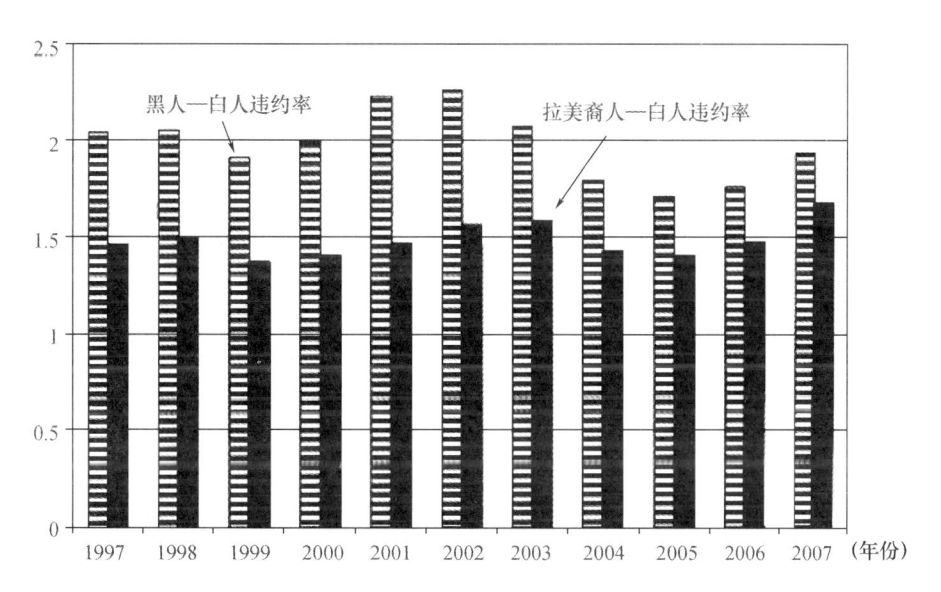

图 11.4　1997—2007 年申请常规抵押贷款时少数族裔和白人的拒绝率（%）

资料来源：FFIEC，2009。

虽然存在如上述的种族之间拒绝率的显著差别，但这并不能作为歧视的指标。尽管 HMDA 现在正要求贷款机构提供关于每笔贷款、申请人和居住区的各方面数据，但这不可能做到详尽。它们并没有涵盖所有放贷人在决定是否发放贷款时所考虑的因素。

例如，HMDA 要求贷款机构汇报房贷申请人的收入水平，但是并不要求他们公开个人资产、债务、工作、信用历史以及其他影响信用水平的因素。换句话说，HMDA 所提供的关于申请人和房产的信息并不足以用于评估违约风险和贷款机构应对违约的能力。那些未曾汇报的信息很有可能影响白人和少数民族贷款人的拒绝率差异。

在 1992 年，美联储曾在波士顿地区进行了一项调查，其中搜集了上述未曾汇报的信息。这份调查补充了 HMDA 的数据，提供了 38 个新增变量。这些变量包括贷款机构所认为的重要因素等在模型检验中发现的重要因素（Munnell，Tootell，Browne & McEneaney，1996）。这些因素包含了住房消费与收入比、负债收入比、净财富、信用记录、工作情况和贷款与价值比率（Munnell，Tootell，Browne & McEneaney，1992；Munnell & Tootell et al.，1996）。美联储研究员咨询了每个贷款机构与其对应的至少 25 个申请人，汇总得到 20 世纪 90 年代黑人、拉美裔人与白人的自置房房贷申请拒绝率的影响因素。

若不控制任何其他变量，黑人与拉美裔人的房贷申请拒绝率为 28.1%，比白人多出 17.8%。若将 HMDA 和补充变量考虑进来，白人与少数民族的拒绝率差异下跌至 8 个百分点，但差异依然显著。换一种说法，少数民族的拒绝率是相同条件下的白人 1.82 倍（Munnell，Tootell，Browne & McEneaney，1996）。

波士顿美联储的这个调查很快在房地产政策和其他社会学科中成为最为出名，也是最有争议的研究。该调查受到很多经济学家和银行业官员的批评，称其结果存在数据误差、遗漏变量和错误计量的缺陷。最主要的批评认为对于贷款机构，自身是不可能歧视符合要求的少数民族贷款人，因为如果他放弃了一笔有利可图的贷款，自然会有其他机构去放贷、获取利益。许多研究者使用不同的假设和模型，重新分析了波士顿美联储的数据。尽管其在细节上有所差异，但都得到了少数民族比白人的拒绝率更高的结果（Ross & Yinger，2002）。

尽管对于波士顿美联储的调查引发了许多争议，但显然这样的争议仍将持续下去，因为没有其他的调查从贷款机构搜集到足够的数据用于分析种族对于抵押贷款决定的影响。随着时间流逝，波士顿调查的发现越发难以衡量抵押贷款市场上的歧视，这不仅仅因为该调查只覆盖了一个住房市场，而且数据也太过陈旧。1990 年以来的抵押贷款市场结构、利率环境和公平信贷条款有了很大的变化。

11.3.2 从贷款获得的机会公平到贷款的条款公平

尽管黑人和拉美裔人的房贷申请拒绝率仍然比白人高出一大截,但是少数民族家庭在获取贷款的机会的确已有很大的改进了。如图 11.3 所示,黑人购房家庭的拒绝率在 1997 年到 2007 年之间降了近 39%,而拉美裔人降低了 25% 以上,尽管降幅最大值出现在 1997 年与 2004 年之间。除了在 2007 年黑人和拉美裔人的贷款量比白人以更快的速度减少,少数民族家庭获得的按揭贷款量都表现出比白人的贷款量更快的增加或是更慢的减少(如图 11.5)。总体而言,少数民族获得的按揭贷款比例从 1997 年的 9.6% 上升到 2007 年的 14%(虽然比 2005 年的 20% 低)。

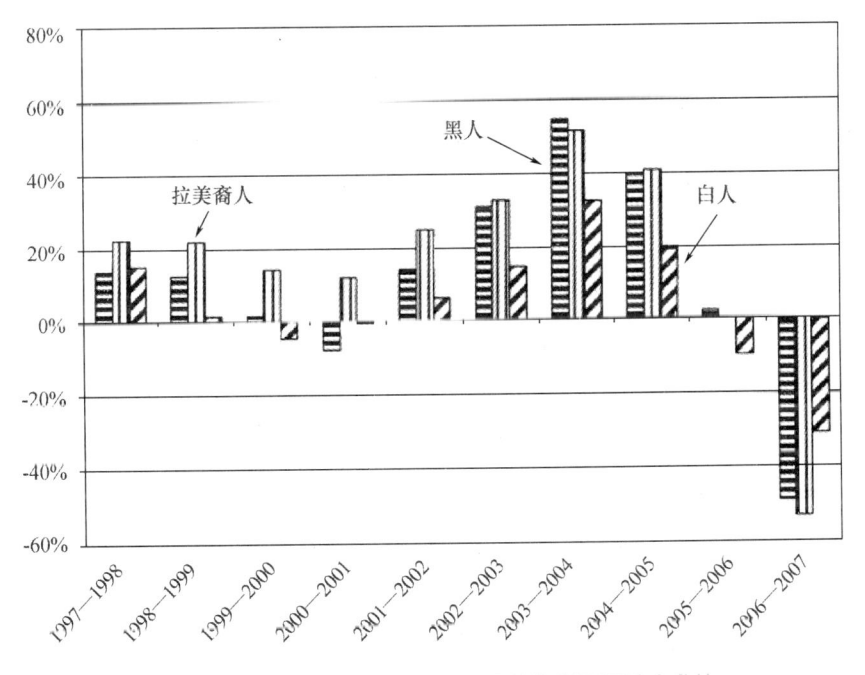

图 11.5 不同族裔申请常规抵押贷款的年度变动百分比

资料来源:FFIEC,2009。

然而,获取贷款机会的改进并不意味着消除了信贷市场上的种族歧视,歧视仍然表现出许多形式(Massey,2005)。住房抵押贷款市场上的歧视在 20 世纪 90 年代中期到 2006 年间,逐渐从获取贷款机会上转向贷款条款、成本上。次级住房

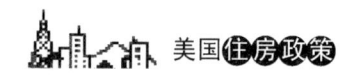

抵押贷款市场的发展使得贷款机构方便地获得本金，而信用评级、自动化的承销系统简化了违约风险评估过程（尽管可能不准确）和给抵押贷款相应的定价（Apgar & Calder, 2005; Apgar, Calder & Fauth, 2004; Immergluck, 2004, 2009）露丝和菲哥（2002）中写道：

> 住房抵押贷款市场逐渐从信贷配给中走向一个人人都可以获得贷款的世界，只要它们被定了合适的价格。理论上，这样的世界在获取贷款时不会存在歧视，但在贷款的定价上则依然有歧视。

伊玛格拉克（2004, p.109）更直白地阐述了上面的状况：曾经最受关注的"贷款获得的公平"现在转为"公平的贷款"。"歧视的问题一直存在，只是它的表现方式有了新的变化。获取任意一类住房贷款都是可行的，但是获得一个合理条款的贷款成为社会关注的重点"（Immergluck, 2004, p.108）。

"歧视是如何体现在住房贷款的定价和构造中"，人们对房贷市场的这一担忧很大程度上来自 20 世纪 90 年代早期到 21 世纪初，次级抵押贷款和掠夺性贷款的飞速增长，特别是在少数民族社区中。

正如本书第 3 章中所讨论的，次级抵押贷款是为"有严重信用记录风险的人"准备的（Immergluck, 2004）。由于他们往往面临许多亟待处理的债务、无固定工作或是其他信用风险，因此次级贷款借款人传递给贷款机构的风险比其他人要高。为了补偿这部分高风险，次级贷款要包含更高的利息和比优质贷款要求更多的条款。理论上，次级贷款使原先难以获得贷款的高风险的家庭能够获取房贷，并进入房地产市场，尽管是以比较高的价格进入。

除了更高的利息外，次级抵押贷款往往要求比传统按揭贷款高，而且在大多数情况下，会对在还款期中重新融资或是出售房产的借款人收取提前还款罚金。然而，提前还款罚金在传统抵押贷款中从未听说过。

掠夺性贷款包含一系列贷款机构和中介滥用的行为（Engel & McCoy, 2004, 2008; Immergluck, 2004; Renuart, 2004; U.S. Department of Treasury and HUD, 2000）。这类贷款大量发生于次级抵押贷款市场。尽管不是所有次级贷款都是掠夺性贷款，但几乎所有掠夺性贷款都是次级贷款。掠夺性贷款通常针对中低收入、易受经济影响的家庭，结合了高利贷和高压的行销策略。在许多情形下，发放贷款时并不考虑借款人的还款能力，而是考虑房产的价值。表11.8展示了不同掠夺行为的概况和具体例子。

表11.8　　　　　　　　　　带有掠夺性的贷款行为和条款

掠夺性行为和条款	例子
销售和营销	频繁的电话销售和上门推销
	针对易受侵害的群体（例如有医疗负债的人、文化程度低的人、老年人）
	尽管承借人只能负担低成本贷款，仍然鼓励其申请高成本贷款，主要是为了赚取差价收益
	过度再融资，而且每次都征收额外费用
	欺骗性住房修缮贷款，其中承包人作为贷款经纪人收取回扣
	针对易受侵害的群体（处于财务困境的人、有住房抵押贷款违约记录的人、老年人和少数族裔）
收费过高	贷款中附加不必要的费用，包括人寿保险或伤残保险贷款
	征收贷款手续费和第三方费用
	过高的贷款发放费
	高昂的中介费及价差
使得借款人无法负担融资费用或无力还贷的条款	分期付款（掩盖了实际需要偿还的数额，通常迫使借款人在贷款到期后进行再融资，或因无法还贷而丧失抵押品赎回权）
	负摊还（每期还款额不足以支付利息，导致贷款本金不断增加，而借款人的资本金则不断降低）
	提前还贷罚金，有些罚款金额甚至达到贷款总额1%—2%
	基于财产的贷款，使得还贷总额超过借款人收入的40%—50%
其他	夸大收入
	作弊
	披露信息过少或不及时
	夸大评估结果
	强制性的仲裁条款，限制借款人提起诉讼

资料来源：Immergluch, 2004, with permission。

次级贷款最早主要用于现存抵押贷款的重新融资，但是很快在21世纪初被应用于房屋购买中。总的来说,次级贷款量从 1997 年的 350 亿美元增加到 2005 年的峰值 6500 亿美元,增长幅度达 1757%。在这期间,次级贷款量占所有住房抵押贷款量的比例从 5% 上升到 20%(McCoy & Renuart,2008)。购房抵押贷款平均占所有次级贷款的比例从 20 世纪 90 年代的 23% 上升到 2005 年的 43%(Immergluck,2009)。

次级贷款和掠夺性贷款的快速增加以及它们多集中于少数民族社区的情况引起了美国各级政府和公平住房组织的关注。例如,美国财政部和住房和城市发展部在 2000 年历史上首次联合进行掠夺性贷款的调查(Department Treasury & HUD,2000)。许多州都立法抑制掠夺性贷款(将在之后章节中讨论),同时 GSEs 也修改了他们的承销条款以减少贷款机构在住房二级市场上出售掠夺性贷款的能力。

表 11.9 2006 年不同种族和不同地区的次级购房贷款和再贷款的相关数据

	购房贷款				再贷款			
	次级贷款总额(美元)	占所在类别的贷款总额的百分比(%)	占所有次级贷款的百分比(%)	占主要贷款总额的百分比(%)	次级贷款总额(美元)	占所在类别的贷款总额的百分比(%)	占所有次级贷款的百分比(%)	占主要贷款总额的百分比(%)
按借款者的种族特征进行分类								
亚裔	31575	16.7	3.2	5.4	25404	19.6	1.9	3.5
黑人	172055	53.4	17.3	5.2	210806	52.7	15.9	6.5
拉美裔	241919	46.0	24.3	9.8	192329	37.6	14.5	10.9
非拉美裔白人	416505	17.5	41.8	67.6	649982	25.5	49.0	64.6
其他	22364	23.0	2.2	2.3	29276	28.7	2.2	2.3
无法获知种族	111487	28.4	11.2	9.7	219281	38.0	16.5	12.2
总计	995905	25.6	100.0	100.0	1327078	31.1	100.0	100.0
按借款者占地区平均收入的比例进行分类								
不到 50%	62887	30	6.4	5.6	110874	40.1	8.4	5.0
50%—80%	190019	29	19.3	16.3	293326	38.1	22.2	15.9
80%—99%	138891	29	14.1	13.0	208388	35.3	15.8	12.0
100%—119%	118067	27	12.0	12.0	171799	32.7	13.0	11.1
不低于 120%	420043	22	42.8	47.8	495100	26.1	37.5	51.3

续表

	购房贷款				再贷款			
	次级贷款总额（美元）	占所在类别的贷款总额的百分比（%）	占所有次级贷款的百分比（%）	占主要贷款总额的百分比（%）	次级贷款总额（美元）	占所在类别的贷款总额的百分比（%）	占所有次级贷款的百分比（%）	占主要贷款总额的百分比（%）
缺少收入数据	52616	28	5.4	5.3	41681	21.1	3.2	4.6
人口普查区的种族构成（按少数族裔所占比例进行分类）								
不到10%	227326	18.4	23.1	35.0	368093	27.5	27.9	33.1
10%—19%	173074	19.6	17.6	24.6	227220	26.8	17.2	21.1
20%—49%	288155	26.9	29.3	27.1	340663	30.5	25.8	26.4
50%—79%	157527	39.3	16.0	8.4	194473	37.2	14.7	11.2
80%—100%	136048	48.9	13.9	4.9	190552	44.4	14.4	8.1
总计	982130	25.4	100.0	100.0	1321001	31.0	100.0	100.0
人口普查区的平均收入								
低	33329	45.9	3.4	1.3	39939	49.7	3.0	1.3
适中	214179	40.3	21.8	3.2	285986	42.4	21.7	13.2
中等	516448	27.0	52.6	51.6	722435	32.3	54.7	51.6
较高	217952	16.2	22.2	33.8	272526	21.6	20.0	33.8

资料来源：FFIEC，2009。

次级贷款市场的歧视是以大量的次级贷款集中于少数民族社区中表现出来的。在2006年，也即次级贷款市场崩溃的前一年，黑人和拉美裔借款人与社区远比其他人更有可能去接受次级贷款。超出一半的黑人借款人和近半数的拉美裔借款人获得了次级贷款，而相比之下，非拉美裔的白人只有22%（如表11.9）。尽管在2006年非拉美裔的白人获得了几乎一半的次级贷款量，但是在优质贷款上，非拉美裔的白人获得的比例要高得多。表格中也展示了由种族导致的次级贷款使用的差异远高于由收入导致的差异。黑人借款人借到次级贷款款的可能性是白人的2.5倍，而最低收入人群使用次级贷的可能性不高于高收入人群的1.5倍。再从调查地区的特点看，低收入地区的居民使用次级贷款、重新融资的概率分别是高收入地区的居民的 2.8 倍和 2.3 倍。而少数民族占 80% 至 100% 的地区在上述两项上的概率分别是少数民族地区 10% 的地区的 2.8 和 1.6 倍。

次级贷款的种族特点在图 11.6 中得到进一步说明。图中描绘了 2004 年至 2007 年黑人的贷款申请拒绝率和次级贷款量，当拒绝率下降时，次级贷款量就会上升，而当 2007 年次级贷款市场崩溃时，拒绝率急剧地上升。该图显示了长时期内，次级贷款量对抵押贷款申请拒绝率的替代关系。假如早先的优质贷款申请被拒绝了，那么许多的次级贷款将不会被发行。若有许多符合优质贷款要求的黑人借款人被拒绝了，那么次级贷款规模不该出现大量的增长。换句话说，贷款拒绝率和次级贷款规模的替代关系应该反映基于风险的定价：被低利息的优质贷款拒绝、被高息次级贷款接受的借款人应该存在某些高违约风险的因素。尽管数据远未能证实这点，但的确指出了在次级贷款增加或减少中的种族问题。

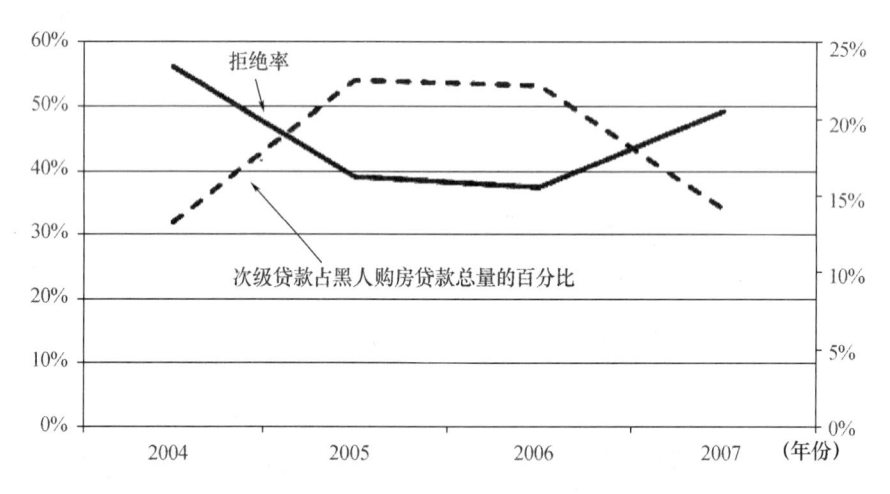

图 11.6　黑人借款者的拒绝率和次级购房贷款的百分比（%）

资料来源：FFIEC，2009。

种族和收入所导致的次级贷款使用比率差异并不能提供足够的证据表明存在种族歧视，因为诸如信用记录、资产、工作等许多其他因素可能解释其间的差异。然而，有些调查将这些因素加入后，仍然发现少数民族借款人有更高的概率获得次级贷款。例如，美联储的经济学家发现债务、信用历史、资产和其他借款人特点并不能完全解释种族间在选择高利息贷款上的差异，而很多重要的差异仍然未能被解释（Avery et al.，2005）。据美国住房和城市发展部的研究，"在控制了收入、信用水平、贷款与价值比率和房产位置后，有色贷款人种比类似的高违约风险的白人要多30%的概率获得高利息的贷款"（HUD，2009）。

次级贷款的增长在许多方面是有问题的。从最坏的角度说，次级贷款本质上是掠夺性的，它的目标在于从贫困的家庭，特别是少数民族家庭中，剥夺他们的财产。即使当次级贷款不是掠夺性的（大多数情况下如此），它仍然令人产生许多顾虑。首先，很大一部分借次级贷款的人实际上符合低利息的优质贷款的条件。例如，房地美估计10%到25%的次级贷款借款人符合优质贷款的条件。在其他研究中，有估计50%的人符合条件（Schessele，2002）。其次，即使他们不符合优质贷款条件，许多次级贷款人支付了高于他们风险水平的利息（Immergluck，2004；Lax，Manti，Raca & Zorn，2004）

再次，次级贷款相比于优质贷款，有很高的丧失抵押品赎回权比率，特别是在高风险的区域市场上。正如第2章中所讨论的，次级贷款和其他高利息贷款都存在很高的比率产生违约和丧失赎回权的情形。在2008年的第四季度，有将近22%的次级贷款逾期未付和4%丧失赎回权，相比之下优质贷款在这两项上分别只有5%和0.7%（HUD，2009）。由于次级贷款大量集中于少数民族地区，在某种程度上高比率的丧失赎回权将严重伤害其住宅区，导致房屋弃置、价值下跌和犯罪（Immergluck，2004；Kingsely，Smith & Price，2009）。哈佛大学联合住房研究中心发现在2007年1月和2008年6月之间，低收入少数民族住宅区的丧失赎回权比率的中位数为8.4%，比低收入白人住宅区高1/3。此外，中等收入少数民族住宅区的丧失赎回权比率大约在6.8%，不只高于中等收入白人住宅区的丧失赎回权比率，也高于低收入的白人住宅区。

总的来说，自20世纪90年代以来，抵押贷款市场不断地两极分化。白人借款人和社区多使用低利息的优质抵押贷款，而白人和拉美裔人则较少获得优质贷款，更多地使用次级贷款或是政府担保的抵押贷款。哈佛大学联合住房研究中心报告中写道：

在大多数情况下，尽管新的房贷系统增加了获得优质贷款的机会，但是低收入、少数民族社区依旧使用着明显不同的贷款类型和产品。在这样的二元经济结构下，许多低收入消费者经历了经纪人带领的"推动市场"策略所产生的恶果，使用着他们所不能承受、甚至完全不需要的贷款（Apgar et al.，2004）。

11.4 政府对房地产市场和抵押贷款市场上歧视的应对政策

11.4.1 《公平住房法案》

1968年4月11日——马丁·路德·金被刺杀后的一周，美国国会通过了一项争议已久的公民权利议案。该法案编号为VIII，也即人们熟知的《公平住房法案》，其旨在禁止在房屋销售、租赁中按种族、肤色、国籍或地区等任何形式的歧视。梅西（Massey）和丹顿（Denton）（1993，p.195）总结如下，该法案明确地禁止了长期以来的各种对黑人不公平的歧视。

◆因种族而拒绝出售或出租房屋不再合法。

◆禁止在任何销售或租赁房屋的合约条款上有种族歧视。

◆禁止在房产广告中有任何歧视性含义。

◆禁止中介机构为不让黑人租房或购房，而提供房产的虚假信息。

◆禁止中介机构以刻意评论社区的主要种族等方式，使消费者让步。

《公平住房法案》标志着美国政府对种族歧视的立场转变。在此之前，如英格（Yinger）所说，"种族歧视就是这片大陆的法律"（Yinger，1995）。正如第3章中讨论的，在美国成立后的30年中，联邦住房管理委员会完全赞成在住房市场和抵押贷款市场上的种族歧视行为与政策，并且明确反对贷款机构提供国家担保的抵押贷款给少数民族。

直到1948年，美国最高法院才对限制少数民族、禁止售房给少数民族的条款进行修改，决定州政府没有权力执行那些条款，尽管这只被19个州立法院所拥护（Yinger，1995）。联邦政府对住房市场上的歧视第一次采取行动是在1962年，当时的肯尼迪政府签署了行政命令禁止歧视发生在联邦所集资的住房计划中，但这个方法的成效甚微。而到1980年，执行该命令的相关法律才制定完整（Yinger，1995）。

尽管《公平住房法案》禁止在住房和贷款市场上任何方面的歧视，但是它的执行力度远落后于宣传的口号。梅西提到："法案的实施力度很弱、效果不佳。因歧视而收到罚款的可能性很低，而且罚款额也是微乎其微的。"为了让法案在几乎对立的国会中通过，法案发起人做出了许多让步，而这也损害了其执行的力度。正如梅西和丹顿所说："虽然法案使联邦政府在道德层面上开始追求公平住房，但执行机制的缺乏使其远大的目标难以实现。"法案的一个让步是其覆盖群体排除了四间或四间以下的公寓拥有者、直接出售给家庭的所有者以及房地产中介机构。按梅西和丹顿的估计，法案的该条款排除了80%的房地产市场参与者。

其他让步也同样严重地损害了联邦政府识别、处罚歧视行为的能力。最终版本的法案给予住房和城市发展部"很少的权力使其在私人住房市场上识别与管制歧视"（Massey & Denton, 1993），并且处罚程度也被缩减。在最终版本中，《公平住房法案》限定最高处罚为1000美元，并且要求除非法庭判定原告无力承担起诉费用，否则原告自行支付律师费等。

执行《公平住房法案》的负担几乎全落在了受歧视的受害人身上。个人需要能够了解他们何时被歧视，而这在歧视开始变得越发隐蔽和微妙时，判断显得非常困难。事实上，这也是为何联邦政府的住房歧视调查中使用了许多歧视指标，并要专门培训测试人员。

法案不仅要求个人受害者会识别何时被歧视，也只给予他们在判断受到歧视后的180天内去美国住房和城市发展部登记投诉。这事实上留给原告的时间非常短，因为备份歧视案件一般需要原告寻求公平住房机构的帮助，在测试人员测试之后方能登记，因此180天的限制"阻止了许多受害人寻求法律帮助"（Massey & Denton, 1993）。

《公平住房法案》严重地限制了美国住房和城市发展部和联邦政府的角色。虽然美国住房和城市发展部被授权调查那些"愤愤不平的人们"的投诉，但仅限于在那些缺乏法律保障"充分平等"的州中。而即使美国住房和城市发展部发现歧视的证据，它只能通过"会议、讨论和劝告"的方式去处理问题。梅西和丹顿（1993，p. 196）解释道：

  美国住房和城市发展部没有办法以任何方式去约束机构遵守法律、修改条款、评估损失、禁止机构继续歧视、或是处罚违法者。美国住房和城市发展部所能做的仅仅是将案件移交给法院，而且只有证明存在某种"歧视的条款、方式"或是歧视行为引起"公众注意"时，才能可能进入法律程序。

国会花了近 20 年的时间才修正了《公平住房法案》中的缺陷。1988 年的《公平住房法案》明显地增强了联邦政府处理歧视案件的能力，并提供了受害者更高的积极性去寻求法律帮助（Yinger，1995，1999）。法案的修改体现在许多方面：个人案件的受理时间提升到 2 年，向美国住房和城市发展部投诉的期限增加到 1 年；去掉 10000 美元的罚款上限；授权美国住房和城市发展部启动歧视调查的权力，授权政府对违法者罚款的权力（Yinger，1995）。

1988 年的修正案也在美国住房和城市发展部内成立了法律系统，用于了解歧视投诉的案情。在修正案下，投诉首先转给美国住房和城市发展部地方办公室。地方办公室将会了解案情，并在发现可能存在歧视时展开调查。当调查发现歧视发生的可能原因后，将案件转给华盛顿，然后美国住房和城市发展部总部会接受地方调查结论或是要求进一步调查。

若美国住房和城市发展部总部赞同地方调查的结论，则将案件转给内部法律系统的一名法官。法官有权决定案件的律师费和补偿费，并要求被告补偿，而处罚金额的上限从第一次违法的 10000 美元到第三次违法的 50000 美金不等。在原告或被告的要求下，案件可被从美国住房和城市发展部的法律系统移交给联邦政府的法院。一般来说，移交给法院的案件处理需要花更长的时间，但可能会给原告带来更高的补偿（Schill & Friedman，1999）。

最后，《公平住房法案》修正案扩大了原来法案的覆盖范围，其中包含了身体或心理残疾与特殊家庭等群体。但是修正案的新挑战是需要用执行法案的有限资源去应对更多形式的歧视，从而可能减少了对种族歧视的重视（Yinger，1995）。

11.4.2 旨在消除抵押贷款市场上歧视的法律

《公平住房法案》禁止在住房市场和抵押贷款市场上各方面的歧视，其他法律和规章仅在消除抵押贷款的歧视行为。这些法规包括 1975 年的《房屋抵押公开法案》，1977 年的《社区再投资法案》和最近的致力于减少掠夺性贷款扩散的规章。

《房屋抵押公开法案》 国会通过了《房屋抵押公开法案》作为对大量涌现的社区和政治团体的回应，这些团体关注于歧视、银行倒闭和其他给城市社区提供贷款与服务的金融机构。① 最初，HMDA 要求储蓄机构按地区公开它们的房屋类贷款量。

逐渐地，国会扩大了 HMDA 的覆盖范围，如之前的章节中所提到的，1989年的《储蓄机构紧急救助法案》增加了 HMDA 的披露要求，其新加入了每个贷款申请人的详细信息和申请结果。这些变化导致的结果是 HMDA 不仅在追溯地区的贷款渠道时不可或缺，在分析给少数民族和低收入群体的贷款时一样非常重要。

在之前我们提到过，1990 年 HMDA 数据库的公布使人们逐渐开始重视房贷市场上的种族差异问题。HMDA 的另一个重要改动发生在 1992 年，即将房贷市场上的新生力量——抵押贷款银行和非储蓄银行纳入管理范围。HMDA 是目前为止唯一的关于抵押贷款行为的数据来源，被社会学家、政策分析员和政府官员所用。几乎所有对少数民族、低收入家庭的研究至少是部分基于 HMDA 的数据。

HMDA 在 2004 年再次扩大了数据库，包含了抵押贷款利率。如之前所说，次级贷款与掠夺性贷款激增和信贷产品价格歧视增多越来越引起人们的关注。新数据库提供了这些现象的部分视角，同时也有该贷款是否在私有产权保护法案下的数据（在后文探讨）。研究者利用这些数据观察不同收入、种族、社区的贷款成本差异程度。然而，需要指出的是，贷款利率仅仅是贷款成本的一部分，"高成本的贷款利率"的定义仍然需要讨论。此外，HMDA 并没有涉及贷款条款、费用和其他借款人支出，同样也没有提供贷款机构推销产品的行为数据。这些都是次级贷款和掠夺性贷款的重要方面。

《社区再投资法案》 在 1977 年 HMDA 执行后的两年，国会通过了《社区再投资法案》（Community Reinvestment Act，简称 CRA）。该法案要求一定规模以上的储蓄机构必须为其吸收储蓄的所有地区提供信贷服务，并要求 4 家联邦银行监管者（联邦存款保险公司、储蓄机构管理局、金融管理局和美联储）评估储蓄机构在其所服务的社区，包括低收入和中等收入地区的贷款、投资等业务。若银行

---

① 关于 HMDA 难以通过的原因和当前经济环境对该法案的迫切需求的讨论，参见 Immergluck (2004)。

不能提供充足的服务，那它将不被允许并购、开新的支行或者参与其他受限业务；若银行未能给少数民族和低收入群体提供充分的服务，则CRA允许社区团体、地方政府和其他群体投诉银行所提交的并购计划。

最初，CRA对银行的约束力极小。监管者在CRA评估中几乎给每个银行通过的评级，在最初的10年中，40000份并购、开新支行的申请只有8份因此法案而被拒绝（Immergluck，2004）。直到20世纪80世纪后期和90年代初，克林顿政府才逐步加强了该法案的执行力度（Essene & Apgar，2009）。

CRA重要的条款之一是给予了社区团体等组织有权质疑那些未承担社区再投资责任银行的并购等行为。为消除这些质疑，银行通常与这些团体签订CRA协议。该类协议一般包括承诺给特定的低收入和少数民族社区提供贷款，承诺提供小额商业贷款为低收入和少数民族社区建造的项目，承诺给予较低利率贷款等（Immergluck，2004；Schwartz，1998a）。除此之外，银行也会单边宣称CRA保证以获取对宣布并购的支持或者组织社区团体质疑。

CRA协议第一次出现问题是在20世纪70年代后期，当时只有很少签署的协议被完成。直到20世纪80世纪中期，由于银行并购案例增加，协议执行才有所好转。截至2009年年初，据国家社区再投资委员会统计，从CRA实施开始已有总额超过60亿美元的几百份协议被签订。这些协议的发行主体囊括了联邦的所有最大的金融机构（Immergluck，2004；Taylor & Silver，2009）。

CRA协议的研究表明签署协议的银行比其他银行在处理低收入和少数民族家庭与社区贷款需求时更有积极性（Bostic & Robinson，2003）。在某些情况下，CRA协议让贷款机构更关注城市市场的发展潜力，从而会与社区团体保持良好的关系（Schwartz，1998b）。[1]

联邦的四家银行监管机构评估银行和其他贷款机构的CRA表现。评估分为5个等级：优秀、满意、较满意、待改进和完全不遵守。评估基于贷款机构在其覆盖区域内的贷款、投资和服务，其中覆盖区域的定义是某个区域有分支机构。在1995年，评级的标准从原来的过程导向型转向了结果导向型。

---

[1] 关于CRA协议的详细内容，参见Schwartz（1998）；关于CRA和公平信贷的进一步讨论，参见Squire（2002）。

目前，CRA 评估主要包含三个方面："贷款"，指抵押贷款、小额商业贷款、社区开发项目资金；"投资"，指给社区开发活动和组织提供资金；"服务"，指银行零售业务。CRA 银行评级中，贷款项目占 50% 的比重。银行必须在贷款项目上获得"较满意"以上的评级，才可能获得整体"满意"的评级；而银行若在贷款项目上获得"优秀"评级，那么不论其他项目评级如何，至少能获得整体的"满意"评级。

修改后的 CRA 也给予贷款机构选择评估过程的权利。在"阶段性计划选择"下，银行可以自己定义为期 5 年的贷款、投资和服务的社区再投资目标（Immergluck，2004）。

若银行资产小于 2.5 亿美元，并且没有和资产超过 10 亿美元的公司合并，那么银行的评估频率和复杂程度将小于大型金融机构。不经常提供房贷、小额商业贷款或者建筑贷款给个人的银行不用评估上述业务。取而代之的是，有限定目标的银行通常基于其在社区开发上的贷款、投资和服务作评估。那些评价低于优秀，特别是低于满意的机构经常易受到 CRA 的质疑。

社区团体、政府部门和大多数金融机构都认为 CRA 使得抵押贷款和其他金融服务对于低收入和少数民族社区更易获得（Avery et al.，2009）。保持高于满意及以上评级的要求增加了银行给弱势社区提供服务的动力，特别是当银行准备通过并购扩张时。许多分析师将少数民族家庭贷款量和购房率的增加归功于 CRA 与 CRA 协议（Friedman & Squires，2005）。

在许多关于 CRA 对抵押贷款影响的最完整和最复杂的研究中，哈佛大学联合住房研究中心（2002）得到结论："CRA 约束下的贷款机构发放给低收入人群和社区的购房贷款比如果 CRA 不存在时他们所愿意发的高。"同样，研究中心发现，CRA 下的贷款机构比其他机构在提供黑人和拉美裔传统抵押贷款上更活跃，并且这部分贷款占 CRA 下贷款机构和其他机构在传统抵押贷款上差异的绝大部分。

比如，"CRA 约束下的贷款机构因 CRA 而给予黑人的优质贷款的份额比同地区其他机构高 20%；在拉美裔上，差距为 16%"（Joint Center for Housing Studies of Harvard University，2002）。此外，作为支持 CRA 的有利证据，研究发现 CRA 所覆盖的社区"价格上涨较快，并且房屋销售比其他社区更好"（Joint Center for Housing Studies，2002）。

CRA 管理下的金融机构相比于其他抵押贷款机构不会卷入次贷危机中。尽管有评论家认为 CRA 开启了次贷危机，由于它鼓励银行贷款给低收入和高风险借款人（Husock，2008），但并没有充足的证据证明这一观点。相反，CRA 管理下的贷款机构发行极少的次级贷款。一份美联储调查报告指出"只有6%的次级贷款是由 CRA 管理下的贷款机构发行给低收入群体的"（Kroszner，2009）。换句话说，90%以上的次级贷款并不是由 CRA 引起的。美联储研究员的其他报告也发现 CRA 下要求给低收入人群的贷款的"盈利性和表现与 CRA 管理下的金融机构的其他类型贷款几乎一样"（Kroszner，2009）。不像其他次级贷款机构，CRA 下的机构在服务低收入人群时有很强的保险条款。最后，将次贷危机归咎于 CRA 是不可理喻的，因为后者先于前者出现了30多年（关于 CRA 与次贷危机的更多讨论，参见 Ludwig，Kamihachi & Toh，2009）。

尽管 CRA 帮助许多弱势社区和家庭获得了房贷和其他金融服务，但其法律的约束力却在降低。抵押贷款行业的改变和联邦监管机构的决定严重地缩小 CRA 管理下的抵押贷款份额。换句话说，由机构发行的、不受 CRA 管理的抵押贷款份额在上升。此外，CRA 最早制定的目的是在传统抵押贷款的申请上，消除歧视和帮助社区。然而，法案并没有解决在抵押贷款上的歧视性定价和销售，而这却是今天公平贷款的主要课题（Avery，Courchane & Zorn，2009）。[①]

住房抵押贷款行业和金融服务行业中所发生的一些改变削弱了 CRA 的影响力。首先，不受到 CRA 管制的独立的抵押银行、贷款经纪人和其他非储蓄机构发行的房贷在持续性增长。尽管大型银行集团已经并购了这些抵押银行，但它们并不需要让这些子公司参与 CRA 评级。在2000年，59%的购房抵押贷款是由不受 CRA 管制的非储蓄型机构发行的（Colton，2003）。从1994年到2006年，不受 CRA 管理的机构发行的贷款量增加了122%，而在 CRA 下的贷款机构的贷款量只增加了30%（Essen & Apgar，2009）。

其次，储蓄机构发行的不受 CRA 管理的抵押贷款份额也在不断增长，而这原

[①] Engel & McCoy（2004）写道："CRA 是消除掠夺性贷款的有利、但却尚未充分使用的工具。管理者应当用 CRA 测试去侦测掠夺性贷款；一旦发现有该行为，即给予 CRA 记过的记录。类似的，若银行机构间接地支持掠夺性贷款或未尽力避免掠夺性贷款，那么应给予其评级降级的处理。最后，银行的下属机构也应参与到 CRA 测试中。"

先只是用于银行分支机构等在规定区域内发行的贷款。越来越多的银行给自己评级时所覆盖区域外的客户发放贷款。据哈佛大学联合住房研究中心的报告，由 CRA 管理下的机构在评级区域外发放的购房抵押贷款量在 1994 年到 2006 年期间增加了 187%，其增速远高于在评级区域内的增速（Essen & Apgar, 2009）。在城市区域，CRA 管理下的并且属于评级区域内的贷款发放增速则差异较大，从低于 10% 到高于 50% 均有（Essen & Apgar, 2009）。

不受 CRA 管制的机构和储蓄机构在评估区域外发放贷款削弱了 CRA 的约束力。另外，布什政府下的联邦银行监管机构减少了 CRA 管理下的机构数量，这也在一定程度上弱化了法案的影响力。

在布什政府以前，有四家监管机构都使用同样的标准执行 CRA。然而，这一状况在 2003 年被改变了，监管国家储蓄和贷款机构的储蓄机构监理局（Office of Thrift Supervision，简称 OTS）将参与 CRA 评估的银行资产下限从 2 亿 5 千万美元提升至 10 亿美元。该行为极大地减少了需要在 CRA 下完全评估的银行数目，特别是在农村地区。在 2004 年，负责美联储系统以外的州立机构的联邦存款保险公司也做了类似的改变。

2005 年，OTS 在对待 CRA 上进一步与其他监管机构产生偏离。一直以来，储蓄机构的 CRA 评估与抵押贷款机构的 CRA 一致，即给予贷款、社区开发投资和银行零售业务三个项目以特定权重，而 OTS 则开始允许大型储蓄机构可以减少投资和服务项目在 CRA 评估中的比例（Federal Register, 2005）。（若需 CRA 和其改革的更详细信息，参见由波士顿美联储和圣弗朗西斯科美联储所发布的报告，2009。）

11.4.3 旨在管理次级贷款和掠夺性贷款的法律

20 世纪 90 年代，国会立法限制州和地方政府的次级贷款与掠夺性贷款的发展，该法案主要关注贷款信息的公开。到了 1994 年，国会通过了《住房所有权及权益保护法案》（Home Ownership and Equity Protection Act，简称 HOEPA）。作为 1994 年《黑格尔社区发展与管理改进法案》的部分内容，HOEPA 修改了 1968 年的《诚信借贷法案》以"提供消费者更高的保护以避免高成本的贷款"（U.S. Treasury & HUD, 2005）。该法案只适用于超出同期国债 8 个百分点或者收取高于贷款额 6% 费用的重新融资和房屋修缮贷款。科林（Collin）(2002) 对该法案有

很准确的总结:

> HOEPA要求贷款人以表格的形式披露,并附上给签订高成本贷款合约或未能完成交易的客户的合理解释。该披露亦要明确告诉客户当贷款条约未被履行时,房屋将被银行收回。HOEPA类贷款被禁止含如下的条款:提前还款罚金、违约时提高利息、头5年期末整付和负摊销等。HOEPA也禁止贷款滚动,即贷款机构不允许为借款人在贷款第一年进行HOEPA贷款的重新融资,除非能证明这是处于借款人的最佳利益。贷款机构也必须记录借款人的还款能力,并公布在贷款或还款中是否含保险等其他费用。

HOEPA建立在之前通过的两个法案上:1968年的《诚信借贷法案》(Truth in Lending Act,简称TILA)和1975年的《房地产投资流程法案》(Real Estate Procedures Act,简称RESPA)。前者要求完整和准确地披露房地产或其他贷款的重要条款和成本,并赋予消费者在特定时间内解除特定贷款的权利。后者要求在提交贷款申请的3天之内获取贷款之前完全披露贷款的条约和费用。

尽管HOEPA和之前的联邦法案都要求完整披露贷款条款和费用,但事实证明这些法案并未能限制掠夺性贷款的发展。事实上,在2002年,HOEPA仅被用在1%的次级贷款上。这种状况部分产生于消费者即使在获取贷款之前收到许多文件,但却未能注意到TILA、HOEPA或RESPA所要求的披露。联邦财政部和HUD在研究掠夺性贷款的报告中指出"在RESPA和TILA下所要求的披露仅包含了总计50多份文件中的3张至5张表格"(U. S. Treasury & HUD,2000)。此外,消费者必须在完成贷款前的很短时间内,了解这些文件的内容。而这对于中等收入或大专学历的购房者来说,是否能在完成贷款前读懂各个条文很是令人怀疑。同样,老年人和其他缺乏教育或英语水平低的人也未必能够完成。

在某种程度上,该问题可以通过提供简洁和多语言的形式解决(Collin,2002;U. S. Treasury & HUD,2000)。要求或者至少鼓励次级贷款借款人接受购房咨询也可以避免他们受到掠夺性贷款的伤害(Collin,2002)。然而,即使改进了披露形式和增加了购房者的教育,HOEPA和其他联邦法案仍未解决掠夺性贷款的所有方面。而且,HOEPA用来定义高利息的标准一直受到批评,因为该标准被认为"对于大多数次级贷款来说被设定得过高，极易通过制订刚好在标准下的利息"（Immergluck，2009），或发行先低后高的"诱惑利息"贷款等方式避免（McCoy & Renuart，2008）。最后，HOEPA 和其他联邦监管机构并没有对掠夺性贷款施以严厉的处罚。①

2008 年 7 月，次贷危机后的一年多，联邦储备局修改了 HOEPA 和 TILA，提供给消费者更多的保护以避免"不公平、滥用的和欺诈的贷款与服务行为"（Federal Register，2008）。除此之外，2009 年生效的新条款禁止发放贷款时仅基于担保资产价值，而不考虑借款人的还款能力。新条款规定除在特定情况下，禁止使用提前还款罚金，并要求贷款机构需核实借款人的收入和资产以决定他/她的还款能力，另外也限制了特定的广告和推销手段。虽然新条款可能只阻止了一些最恶劣的掠夺性贷款的回归，但其带来的影响非常好。2008 年发放的次级贷款额仅是之前的一个零头。

自 1994 年起，越来越多的州和地区开始执行反掠夺性贷款的政策。到了 2007 年，44 个州（McCoy & Renuart，2008）、至少 3 个郡和包括哥伦比亚地区在内的 10 个城市以不同的深度和广度实施了反掠夺性贷款的法令。许多法令比联邦的法案要严格，其要求更完整的披露，使用更低的利率限度，或是禁止一系列掠夺性和滥用的条款（Quercia，Stegman & Davis，2004）。按博斯蒂克等学者的说法，早先的法律常禁止"一条或少量特定的贷款跳跃，如提前还款罚金"，而 HOEPA 的新条款则越来越趋于模式化。库尔西（Quercia）（2004，p.576）认为：

  尽管禁令各有不同，州法律一般都认为高成本或掠夺性贷款有如下特点：高额管理费、期末整付、长久提前还款惩罚期、贷款滚动、保费一次性付清、获保住房贷款利息高于未获保的信用卡利息和高于所记录的偿债能力。②

---

① 关于 TILA、RESPA 和 HOEPA 的评论以及改进建议，参见 HUD（2000），Barr 等（2008）和 Immergluck（2009）。

② 关于州和地方反掠夺性贷款的提案总结与分析，参见 Immergluck（2004）；Quercia et al.（2004）评估了北加州首创的掠夺性贷款法律对次级贷款的影响，发现掠夺性贷款在法律实施后次级贷款减少的比例中占了 90%；Engel & McCoy（2004）讨论了诸如立法等方法纠正掠夺性贷款问题。

不过，不论政府是否旨在减少掠夺性贷款，其结果仍然朝着这个目标行进。在 2003 年，四家监管机构中的储蓄机构管理局和金融管理局规定州和地方掠夺性贷款法律不适用于它们所管辖的银行与分支机构，并且它们的规定要限于州和地方层级。该条款之后不被最高法院所批准（Immergluck，2009）。结果，所有的国有银行和接受联邦管理的储蓄机构与其分支都从州和地方的法律中豁免，而掠夺性贷款的受害人均不能对它们提出控告（Engel & McCoy，2004；Immergluck，2009；McCoy & Renuart，2008）。

11.4.4 公平住房和公平贷款的法律与规定的执行

针对房地产行业中歧视的国家法律与政策的执行很大程度上依赖于地方政府和非营利性机构。尽管联邦政府提供部分资金用于推进公平住房，但其极少直接参与其中。例如，CRA 的执行基本依赖于非营利的社区组织和地方政府。

这些组织用 HMDA 的数据记录抵押贷款中的歧视，并以此"威胁"阻止银行的并购，除非银行能改进它们对少数民族社区和低收入社区的服务。非营利组织和地方政府在 CRA 的实施上如此重要，以致有学者称这是"来自底层的管制"（Fishbein，1992）。

联邦政府同样依赖于州、地方政府和非营利组织去落实《公平住房法案》。2007 年登记在案的大约 27000 件投诉中，超过 65% 是由非营利公平住房组织处理的，而 25% 是由州、地方政府机构和人权委员会所处理的（Swesnik，2009），这些政府和非营利机构从两个美国住房和城市发展部计划中获得资金，其中公平住房扶持计划（Fair Housing Assistance Program，简称 FHAP）拨款给州和地方公平住房机构，而公平住房创建计划（Fair Housing Initiatives Program，简称 FHIP）则提供资金给非营利组织，用于公平住房教育、扩大服务范围、执行法案和公平住房审查等（HUD，2009；Swesnik，2009）。

但两个计划所能提供的都非常少。在 2009 年，FHAP 的预算是 2600 万美元，而 FHIP 是 2750 万美元（Swesnik，2009）。在 2008 年，美国住房和城市发展部共提供总额 1810 万美元的 102 笔 FHIP 拨款给分布在 85 个城市的非营利组织，平均每笔拨款约为 177500 美元。而在所有拨款中，1390 万美元用于支持组织进行调查、执行《公平住房法案》的行为，另外 420 万美元则用于普及公平住房知识和扩大服务范围（HUD，2009）。在最近几年，用于调查和执行的拨款只有往年的 75%，而教育和扩大服务范围的拨款只有 80%（Swesnik，2009）。

CDBG 计划作为 FHAP 和 FHIP 的补充，同样也支持了《公平住房法案》，尽管它所提供的帮助也很有限。该计划需要州和地方政府在综合计划中分析"公平住房选择的阻碍"，并实施一个计划去消除这些阻碍。然而，美国住房和城市发展部从未发布过条款去执行这些要求，因此，在 CDBG 计划所下辖的 1075 个成员中，只有 50 个制订了公平住房计划，并且更少提供资金给私人的公平住房组织（国家低收入住房联合会，2005）。在 2008 年，CDBG 提供了 520 万美元用于公平住房活动，只占 CDBG 总拨款的 0.12%（HUD，2009）。

总而言之，联邦政府在《公平住房法案》执行、知识普及和扩大服务范围上，只提供非常有限的财政支持。此外，有限的资金不仅用于住房市场上的种族歧视，还要用于对妇女、残疾人、多子女家庭等受保护阶层的歧视。

11.5　本章小结

虽然现在种族歧视行为是违法的，但曾经却存在于房地产市场和抵押贷款市场上的各个方面并受到联邦政府的支持。从 1948 年的最高法院废止基于种族差异的法律，到之后 1968 年的《公平住房法案》，1977 年的《社区再投资法案》等其他法律，联邦政府逐渐宣布大多数在房地产市场和抵押贷款市场上的歧视行为是违法的。

尽管公平住房和公平贷款法案并未很好执行且歧视也远未消除，但是一些进步却已然取得。公平住房审查显示在 20 世纪 90 年代，在租房和购房市场上的歧视发生率有显著的下降。在抵押贷款方面，发放给黑人和拉美裔的购房贷款增速超过了白人。

但是许多挑战已然存在，对少数民族租房和购房的歧视并未在所有方面都得到消除。20 世纪 90 年代期间，对黑人和拉美裔购房者的区域控制的发生率有大幅上升，这很大程度上限制了这些家庭的购房机会。尽管黑人购房者申请房贷的拒绝率有了明显的下降，但白人与黑人拒绝率之比却几乎未变。

最后，新形式的歧视已经产生。尽管少数民族家庭和社区比以往更易获得房贷，但是其成本和条款往往是不利的。相比于白人借款人和白人社区，少数民族借款人和社区更可能收到高成本的次级贷款，甚至是掠夺性贷款。

随着次级贷款市场的崩溃，抵押住房贷款不再像以往那样容易申请。给不同借款人发放不同利率和条约的贷款的权力将肯定受到控制，这意味着公平贷款的拥护者们又要重新解决之前的问题。在次级贷款时代，问题从贷款获得的机会公平转移到贷款的条款公平上，然而次级贷款的紧缩将导致贷款获得的机会公平问题再次凸显，特别是在低收入和少数民族家庭与社区中。因此，当前最势在必行的是保障公平住房法案和其他反歧视法律的落实以揭发违法行为。

第 12 章
自有住房与收入融合

当前,对于住房政策的讨论主要围绕自置居所和收入阶层混合政策展开。自置居所对于美国住房政策而言一直很重要。正如第 3 章中探讨的,21 世纪 30 年代的新政改革改进了住房金融体系,使得自置居所比以往更可行,也更容易承担得起。联邦税收章程对于自置居所规定的激励效果胜过所有政府住房补贴。从 21 世纪 90 年代到 2007 年止赎危机开始期间,各级政府都努力通过各种措施来促进自置居所,尤其是针对低收入和少数民族家庭。然而,2007 年住房市场近乎崩溃和按揭贷款大量提前终止,许多购房者由于负债超过其房屋的价值而成为牺牲品,国民对自置居所优势的信心开始动摇。

收入阶层混合政策是新近才成为住房政策前沿问题的,也不如自置居所那样普遍。尽管如此,在实践和政策披露中,它都越来越被视为解决低收入家庭住房问题的最佳方式。收入阶层混合政策有多种形式。有些力图把低收入家庭安置到相对较富裕的社区(参见第 8、9 章),包括针对租房者的迁移项目(比如向机会更多的地方迁移)、地点分散的公共住房、当地包容性地区项目。收入阶层混合政策的另一种方式是将不同收入群体的家庭聚集在同一幢楼房或者公寓大楼里,这就是所谓的"阶层混居"。

本章将检验作为美国住房政策重点目标的自置居所和收入阶层混合政策的优缺点。我们将回顾它们的假设和预期结果,并评估它们实现的程度。我们也将讨论政府和非营利组织追求这些目标的主要方法。

12.1 自置居所

自置居所是所有住房政策中最受欢迎的一种。所有美国人都很向往自置居所，无论他处于什么政治立场、种族、民族、阶层。对无数家庭而言，不能拥有自己的房子是无法想象的；对于许多租房者而言，自置居所是一个非常重要的目标，为了实现这一目标，许多人付出了昂贵的代价。自置居所之所以受人们追捧，原因有很多。人们普遍认为自置居所是积累财富的一种极好的方法；同时，自置居所有助于促进邻里关系稳定、公民参与、自我认可以及个人对自己生活环境的控制力（Newman、Holupka & Harkness，2009；Rohe、McCarthy & Van Zandt，2002；Shlay，2006）。近来的研究也表明自置居所与孩子的成长和发展有正向关系（Harkness & Newman，2002；Haurin、Parcal & Haurin，2002；Newman et al.，2009；Shlay，2006）。从一般意义上讲，人们普遍认为自置居所是达成"美国梦"的必要条件。"对大多数美国人而言，住在业主自有的独栋住宅里是生活稳定和成功的关键所在"（Rohe et al.，2002，p.381）。

然而，尽管自置居所对多数人来说极具吸引力，也是当选的官员及其他政策制定者关注的问题，但是人们并没有充分理解自置居所的好处（Apgar，2004；Pitcoff，2003）。只有少量的研究分析对自置居所进行了有益的解释。大部分阐释的是自置居所的经济效益，而社会的、心理的、环境的以及其他方面的影响则缺乏验证。尤其是迄今为止的研究都没有说清自置居所是如何产生这些积极效果的；自置居所带来的诸如邻里关系稳定、自我认可以及孩子的健康成长等结果的影响机制需要深入的揭示，而不能仅停留在推断的层面上。

对自置居所的好处的任何分析都面临着两方面的艰巨挑战。首先，很难把自置居所的影响和与自置居所相关但并非它独有的某些特性的影响隔离开来。例如，大多数美国人把自置居所与处在人口密度低的郊区的独栋住宅联系在一起。事实上，在 2007 年，自有房屋的人有 83% 都住着分离的独栋住宅，但是也有 25% 的租房者跟他们一样。是不是只有住着独栋住宅的人才有隐私呢？类似的，对自己生活环境的掌控感通常与自置居所相关（Rohe et al.，2002），但是有限股份合作制以及其他形式的占有也能给予人们这种感觉。在有限股份合作制中，住房股东享有自置居所的所有利益，除了无权在房屋出售时获得最大资本收益（Davis，1994；Stone，2006b）。类似的，纽曼认为，稳定的居住环境可能比自置居所这种行为本身对孩子的健康成长更具影响力。因为自有住房的人比租房者搬家的频率低，"自有住房家庭的孩子可以免受搬家、结交新朋友的干扰，尤其不用像租房家庭的孩子那样经常转学"（Newman et al., 2009, p. 911）。但是，稳定的居住环境并不是自置居所的独有特质。例如，租金补贴也有助于促进居住环境稳定。有住房补贴的低收入租房者比没有补贴的低收入租房者搬家频率低，且会更久地住在现有的住处（HUD, 2009a; Newman et al., 2009）。

其次，第二个挑战与自我选择的问题有关：与自置居所相关的益处到底是来自自置居所这种行为本身还是来自业主的其他特性（Rossi & Weber, 1996）？例如，业主更多地参与社会团体是由自置居所决定的，还是倾向于加入社会团体的人也喜欢自置居所？业主更高的自我认可度是来源于自置居所这种行为，还是也受其他因素的共同影响？

自我选择的问题使得我们难以归结出自置居所的具体特性。社会学家已经开始运用多变量统计模型来分离自置居所的社会影响、群体影响以及对个人发展的影响，并详细说明其影响途径；但是，结果很浅显（Apgar, 2004; Harkness & Newman, 2002, 2003; Newman et al., 2009; Katz, Turner, Brown, Cunningham & Sawyer, 2003）。例如，罗厄（Rohe）、奎尔西亚（Quercia），范赞特（van Zandt）（2007）对来自全国各地的将近1500个正在参与非营利组织提供的自置居所培训课程的中低收入者进行了跟踪调查。该项研究在对一系列人口结构因素和社会经济因素进行控制的基础上，根据参与者对调查问卷的回复，比较了购房者和不购房者的社会福利和心理幸福感。他们发现，与始终坚持租房的人相比，购房者对他们自己的生活以及邻里关系更满意，并且更多地参与到社区组织中去（但是不会更多地去参加其他形式的组织）。然而，他们也发现自置居所的一些积极效益（最突出的是生活满意度）并不适用于那些付不起修理费或是觉得当前居住的社区不利于孩子成长的人。

12.1.1 自置居所的经济效益

自置居所的经济效益比其他效益都更好理解。对大多数美国人来说，房屋是一项重要的资产。自置居所比持有股票、共同基金及其他金融资产更普遍。例如，2007年，在收入分布最低的四成家庭中，只有18%持有股票，但是超过40%拥有他们自己的房子（Joint Center for Housing Studies of Harvard University, 2009, p. 14），自有房屋也组成了低收入家庭的主要资产。在2007年，年收入低于20000美元的租房者的净财富中位数只有870美元,而处在同一收入阶层的有房者的净财富中位数达到了126000美元。类似的,收入在20000美元到50000美元的租房者的净价值是7000美元,而同一收入阶层的有房者则超过了136000美元(Joint Center for Housing Studies,2009:Exhibit W-5)。

在大多数年份,房价以高于通货膨胀率半个百分点的速度增长。但是,从20世纪90年代后期到2006年,房价以空前的高速在增长,尤其是在西部地区和东部沿海地区,这其中有巨大的泡沫。从历史来看,房价几乎总是以远低于股价的速度在增长。

表12.1和图12.1比较了房价和股价从1987年到2009年的变化。房价的数据基于全国房价指数(将整个国家视为一个整体),对住房大小、质量、地理位置的差异等因素进行了控制。股价数据基于标准普尔500指数(Shiller,2009)。在长期中,股票市场的金融收益率比住房高。表12.1表明股票市场的表现在1987年到2009年整个期间都好于住房市场,并且在1987年到2000年期间以绝

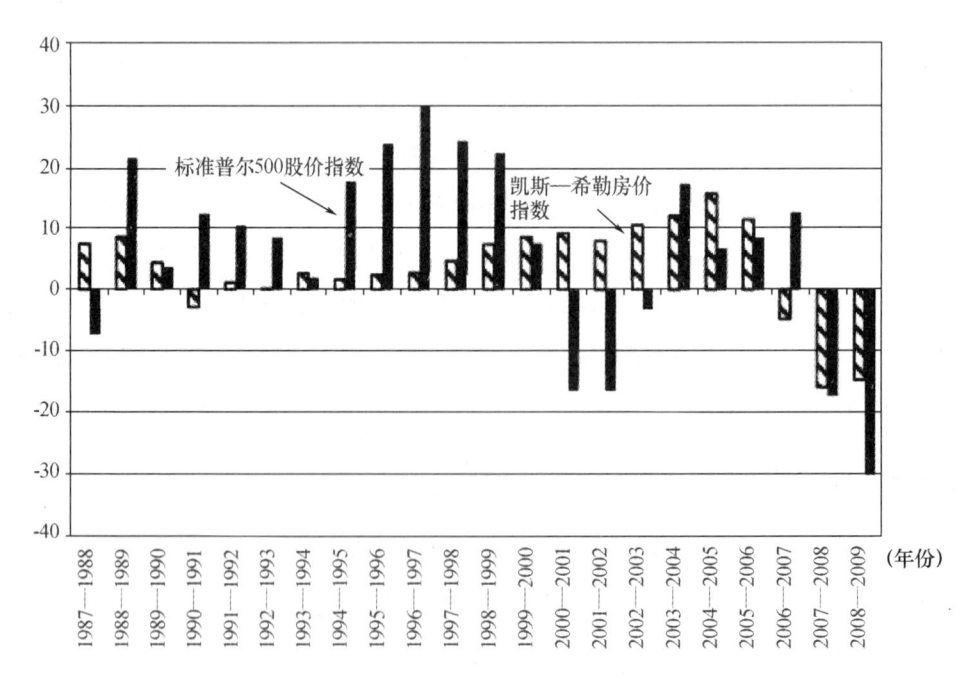

图12.1 1987—2009年住房和股票价格指数年度变动百分比(%)
资料来源:Shiller,2009。

对优势超过了住房市场。从 1987 年到 2000 年，股票增值接近 400%，年平均增长率达到 30.6%，而房价只增长了 61%，年平均增长率仅为 4.7%；从 1987 年到 2007 年，股价增长了将近 200%，而房价增长了 107%。图 12.1 表明在从 1987 年到 2000 年这 14 年间，股票市场的表现有 9 年时间都比住房市场要好，而且通常具有大幅度的优势。

2000 年后，形势突变。从 2000 年到 2007 年住房市场泡沫破灭期间，房价的增长率除了一年以外，其他时间均高于股价的增长率，并且，由于网络泡沫的破灭，股价在其中的两年里跌幅达两位数。从 2000 年到 2006 年，房价增长了将近 90%，而股价则下跌了 8%。由于网络泡沫的破灭，股价在 21 世纪初开始下跌，随后几年又逐渐回升。2007 年，股价增长率超过 10%，而房价开始下跌，对这两种资产而言，2008 年和 2009 年都是灾难性的两年（股票市场于 2009 年下半年开始恢复，紧随我们在此研究的时段之后）。

表 12.1　　　　　　　1980 年至 1999 年房价和股价的变动情况

年份	凯斯—希勒房价指数	标准普尔 500 股价指数
1987 年	62	287
2000 年	100	1427
2006 年	189	1311
2009 年	129	853
年均变动百分比（%）		
1987—2009 年	4.9	9.0
1987—2000 年	4.7	30.6
2000—2006 年	14.8	-1.4
2006—2007 年	-10.6	-11.6
总变动百分比（%）		
1987—2009 年	107.7	197.3
1987—2000 年	61.2	397.5
2000—2006 年	88.7	-8.2
2006—2007 年	-31.7	-34.9
年均权益报酬率（假定首付为 20%）		
1987—2009 年	24.5	9.0

续表

年份	凯斯—希勒房价指数	标准普尔500股价指数
1987—2000年	23.5	30.6
2000—2006年	73.9	-1.4
2006—2007年	-52.9	-11.6
(假定首付为5%)		
1987—2009年	97.9	9.0
1987—2000年	102.0	30.6
2000—2006年	295.5	-1.4
2006—2007年	-211.5	-11.6
总权益报酬率(假定首付为20%)		
1987—2009年	538.3	197.3
1987—2000年	306.1	397.5
2000—2006年	443.3	-8.2
2006—2007年	-158.6	-34.9

注：①从1月至3月；②从1月至6月；③该表并没有考虑股利收入和抵押贷款的分期偿还。

资料来源：Shiller, 2009。

从图12.1和表12.1的前三组数据中能够看出，直到2000年，股票市场的表现都优于住房市场。但是，这一观察结果忽略了投资住房相对于投资股票和其他大多数资产的一项关键优势：杠杆作用。

人们买房的时候几乎总是会借款来支付大部分成本，通常是以贷款的形式。在大多数情况下，债务占到购买总价的80%或以上，其余的由购房者的自有资产组成。购房者不必完全依靠他们自己的金融资源来购买，但是却可以在未来的房屋出售中获取所有税后利润。

结果，将一小部分自有资产（即定金）投资到住房上而又能从最终出售中获得的资本收益要远远高于投资于股票或其他金融资产所能获得的回报率。例如，表12.1表明，尽管房价的年均增长率在1987年到2009年间只有4.9%，但是如果买房时支付了20%的定金①，那么年均增长率实际上应该为24.5%——是同期

---

① 该分析未考虑贷款额的逐渐摊销所导致的所有权比例上升，它也并未将股票收益纳入收入中。

标准普尔500股价指数年均增长率的2.5倍多。除了杠杆效应以外，联邦税收政策对出售住房获得的资本收益的规定要比出售其他资产获得的收入的规定要优惠得多。目前，资本收益在500000美元以下的已婚夫妇和在250000美元以下的其他家庭可以免缴联邦所得税。

表12.1不仅揭示了杠杆效益的优势，也揭示了其弊端。正如它放大资本收益一样，它也会放大损失。从2006年到2009年，房价的年均增长率为10.6%，假设定金占20%，则这一增长率实际上意味着每年损失52.6%。如果杠杆效应更大，则损失将更惨重。如果在2006年以5%的定金购买住房，那么到2009年，房主的年均损失将超过其抵押的净资产的211%。这样，到2009年春季的时候，有20%以上的业主"被拖下水"也就不奇怪了（Zillow.com，2009）。成千上万的家庭在住房市场鼎盛时期以极低的定金购买了房产，随后的房价下跌不仅令他们损失了这笔资产，而且也导致贷款预算超出了他们房屋的价值。

图12.1和表12.1中的房价数据代表的是全国平均水平。自有房屋如何增加低收入家庭和少数民族家庭的财富呢？自有房屋作为一项金融资产，其好处不仅取决于住宅大小和居住条件，也取决于周边社区的许多方面的因素。当社区里犯罪多发、学校教育质量差、就业机会少、娱乐休闲设施差、零售服务欠缺时，当地的房价增长率很可能远低于整个住房市场的平均水平。

非裔美籍的业主的房产增值可能性最小，尤其是当他们住在分隔的社区时。例如，一项研究发现，当社区中有超过10%的黑人时，当地住房会损失至少16%的价值（Shapiro，2004，p.121）。另一项研究比较了由白人拥有的住房的价值和由黑人拥有的住房的价值与业主收入之间的关系，发现收入每增加1美元，白人业主获得2.64美元的住房价值，而黑人业主只获得2.16美元，两者的差异达到18%。另外，白人业主和黑人业主拥有的住房价值之间的差异随着种族分割程度的加深而增大（Rusk，2001）。

其他研究则发现低收入以及少数民族社区的房价升值速度远低于其他富裕社区（Denton，2001）。夏皮罗（Shapiro，2004）指出："从这些调查中所能获得唯一肯定的结论是通过压低房价，居住隔离花费了亚裔美籍业主大量金钱。"因为白人业主通常不会选择主要居住着少数民族的社区，价格也因此通常比较低。即使使用了大量的财务杠杆，房屋也不能给低收入和少数民族业主带来稳定的回报。

在购房等过程中出现的高额交易费用进一步抑制了房屋的回报。根据不同类型的贷款，贷款机构可以收取最高贷款额为 3%（3 个百分点）的费用用于发行贷款。一般来说，费用越高，利率越低。而且即使贷款收取 0 个百分点，借款人也必须付诸如法律费用、产权调查和房屋检查等费用。总体来说，交易费用将近占总贷款额的 10%。如果一户家庭计划长期居住在所购买的房屋中，那么交易费用是相当次要的。但低收入家庭平均只在一个地方居住 4 年时间。此时，交易费用则占了住房成本的很大一部分，因此购房往往不如租房合算，特别是在售房回报率低时（Baker，2005；Herbert，Haurin & Duda，2005）。

此外，低收入和许多中等收入业主很少获得纳税优惠，并且其优惠程度远不如资本利得税。在第 4 章中提到，当贷款利息和房产税是等抵扣额超过标准抵扣额时，扣除它们是有利可图的，但在大多数情况下，低收入业主使用标准抵扣额。

最后，房地产的危机显示了把握时机的重要性。房屋潜在价值的实现很大程度上依赖于购房和售房时的市场环境。在市场峰点购房比低谷时购房需要更长的时间升值，并且面临更高的价值下跌的风险（Belsky & Duda，2002）。

12.1.2 自置居所的障碍和解决方案

与房地产市场和抵押贷款市场上的歧视行为不同（第 11 章的主题），自置居所的障碍主要是经济上的。从需求面看，潜在购房者通常由于收入不足，可能缺乏支付首付的现金或是难以获得支付房价的贷款。从供给面看，大部分在售的房屋的定价可能高出低收入和中等收入家庭的承受均值。21 世纪初，许多贷款机构放松了它们的房贷标准——有些人认为它们放弃了所有标准，导致成千上万的借款人能够获得贷款、支付很低的首付却每月要用超过 40% 的收入偿债，而事实也证明这样的房贷标准是不够的，且对于大部分新业主来说是有害的。宽松的房贷标准在次贷危机发生后消失了。到 2008 年，市场上存留的贷款机构都实施了严格的房贷标准。许多家庭发现他们在次贷泡沫期间能轻易获得贷款，而现在则非常的困难（Avery，Breevort & Canner，2008；Immergluck，2009；Streitfeld，2009）。

财富和收入约束。购置房屋几乎都需要贷款。为符合贷款标准，潜在购房者必须有足够的储蓄或其他资产支付首付、足够的收入支付债务或房屋开支。直到20世纪90年代以前，贷款机构所使用的标准是限定最高贷款额不超过购买价格的80%到95%，因此首付只需要在5%到20%之间。另外，贷款机构通常要求贷款偿付额、财产保险和房地产税不超过税前收入的27%，而且这些住房费用与其他贷款债务（信用卡、汽车贷款等）的总和不得超过收入的32%。这两个要求分别被称为前端合格率和后端合格率。

在次贷危机泡沫之前，自置住房的发展很大程度上受限于财富的缺乏而不是收入的缺乏（Herbert et al., 2005; Listokin, Wyly Schmitt & Voicu, 2002; Quercia, McCarthy & Wachter, 2002; Suvage, 2009）。低收入和中等收入家庭中，缺少足够的资产支付首付或其他相关费用的比例远高于由于收入低不能承担贷款的比例。例如，2007年，收入在2万美元至5万美元的租房者资产净值约为7010美元，低于2万美元收入的为870美元，高于5万美元的则为27700美元，这远不够在昂贵的住房市场上支付首付（Joint Center for Housing Studies, 2009）。

据美国人口统计显示，在2004年时，92%的租房家庭不能承受"适中的房价"（适中的房价是指某区域处于25分位的自置住房价格：该地区25%的房屋价格少于此价格，75%的房价高于它）。在不能承受房价的家庭中，26%完全是因为付不起首付；只有2%是因为收入不合格，而72%的是因为缺少资产和收入（Savage, 2009）。

调查还比较了3种增加租房家庭购房能力的方式：降低首付标准，降低贷款利率和对首付进行部分或全部补贴。结果发现降低3个百分点的利率对租房家庭的购房比例没有明显上升，因为大部分家庭仍然不能支付首付。将首付比例从房价的5%降低到2.5%并不会增加购房比例，但若取消首付则会使购房比例上升2个百分点。

首付补贴会导致更高的上升幅度。5000美元的补贴会使符合贷款条件的租房家庭比例上升3个百分点，但是仅增加相应的黑人和拉美裔家庭1.5个百分点；7500美元的补贴则使其比例翻倍，而对黑人和拉美裔家庭来说亦是如此（Savage, 2009）。首付补贴明显比降低首付要更有明显的作用，因为后者导致了贷款额和所需收入标准的增加。

如前所述，许多家庭能够在21世纪初的房地产泡沫中支付很少的首付就买到房屋,因此避免了购房中最主要的障碍——资产不足。低首付或零首付的贷款增长使得政府政策和商业行为产生了变化。为致力于推动自置居所,联邦、州政府以及 GSEs 制定了计划使符合要求的低收入和中等收入家庭能够申请零首付贷款。比如,HUD 引入了购房消费券计划,该消费券可用于二次融资、首付和手续费(HUD,2005)。在 2003 年,联邦住房管理局制订了美国梦计划,主要内容也是零首付贷款。州和地方的计划也随之而来。如麻省的住房和社区发展部门为低收入、第一次购房者提供 5 年零利息的延期付款贷款用于支付首付和其他手续费(Citizens Housing and Planning Association,2009)。类似的,加州住房金融管理局的 100% 贷款计划覆盖了房价 97% 的贷款和 3% 的二次延期付款按揭(加州住房金融管理局,2002)。一般来说,这些计划基本都将房贷咨询作为申请的条件之一。

私人抵押贷款行业也大规模地推进零首付,他们通常提供"背负式贷款"——一种房屋净值信用额度,常用于弥补贷款额和房价加手续费的差值(参见第 3 章)。在房地产泡沫的顶峰时,25% 的购置房屋使用了该种贷款(Avery et al.,2008)。大部分使用该种贷款的借款人承受着很高的债务成本,而且许多在贷款不久之后都违约了。

解决财富和收入约束的方案。为实现让低收入和中等收入家庭能够购买得起房屋,政府和私人使用了如下的一些方案。有些采用了给予某种购房补贴的形式,其他的则降低了抵押贷款行业的房贷标准。房地美和房利美引入了新型的抵押贷款产品,降低了首付额和减少了由借款人对首付的支付。但在次贷危机之后,贷款机构紧缩了他们的房贷标准。

补贴。联邦和州长期以来一直通过降低利率对购房者进行补贴。最近的方法是对低收入家庭的债务开支进行补贴,以使他们能为购房获得融资。第一个联邦对住房的直接补贴来自于第 235 条款计划。该计划是在 1968 年制定的关于租房市场的第 236 条款计划的补充,用于补贴家庭收入的 20% 与包含利息、保险和税在内的总住房开支之间的差额。

该计划被迅速地推广,在 1972 年已为 40 万户家庭购置到房屋(Welfield,1998)。然而,它很快被许多城市缺乏职业道德的房地产机构和估价人所滥用,他们将不合格的房屋售给那些毫不怀疑的消费者。很快的,购房者发现他们不能承受债务之外的维修费用，而纷纷拖欠贷款。政府在1973年暂停了该项计划，并在70年代后期短暂地再次启用过，而在80年代早期则彻底终止了它（Hays，1995；Welfield，1998）。

抵押贷款收益债券是联邦的另一种补贴方式。在之前第9章中所讨论的，免税的抵押贷款收益债券是由州住房金融管理局发行的，用低于市场利率的贷款补贴给第一次购房的消费者。尽管该债券由州政府管理，但其实该补贴是由联邦政府所支付的，因为它免除的是联邦的所得税。州住房金融管理局在2007年全年发行了该类债券共2340亿美元，用于为超过270万笔住房贷款融资（National Council of State Housing Finance Agencies，2009；See also Chapter 4）。

最近，联邦政府确立了第8条款房屋选择消费券计划的内容。如过去的租房消费券计划，计划的参与者只需支付收入的30%用于各项住房开支（利息、财产税和本金），而剩余部分由政府负责。另外，该计划也用于帮助完成首付和缓解业主的每月开支。通常，该计划的参与者会获得两笔贷款。第一笔贷款额是基于借款人的收入水平而设定的；而第二次按揭则是用于支付房价与首付加第一笔贷款的差值，而消费券则是用于二次按揭的债务偿还（Collin & Dyalla，2001；HUD，2005；Smith，2002）。

二次按揭通常由社区的非营利机构发行（见第9章），并且二次按揭与业主教育捆绑起来。在今天，选择消费券计划的规模已经非常小了，其在2009年的时候只帮助了8000笔贷款（HUD，2009）。房屋选择计划的预算缩减和越来越高的预算额的不确定性使得该计划进一步发展的希望渺茫。

许多其他的补贴计划也使用二次按揭以减少家庭的每月住房开支。这类由非营利机构和州住房金融管理局所提供的且低于市场利率的"宽松二次按揭"不仅通过减少月利息来减少住房开支，并且免除了私人抵押贷款时的保险费用，其中后者能增加每月住房开支近9%。① 社区建设的业主计划是最大的提供"宽松二次按揭"的计划之一。从开始至今，该计划通过咨询服务和二次贷款等形式的支

---

① 私人贷款保险（PMI）一般要求贷款的价值比率不低于80%。PMI成本与首付紧密相连。若首付为5%，PMI能增加9%的总住房支出；若首付为15%，PMI增加4%的总住房支出（Colquist & Slwason，1997）。

持，帮助了超过 81000 个家庭购买了房屋（Collins & Dylla，2001）。

其他补贴计划则是被设计用来帮助家庭承受首付的，常用的包括拨款和低息贷款（常为延期还款）等补贴去支付首付或其他手续费。比如，租借购买计划允许家庭先以租户的身份搬入房屋，但其支付租金中的一部分作为用于首付的储蓄。当这个储蓄额累积到某一个规模后，家庭即被视为购买了房屋（Collins & Dylla，2001）。

个人发展账户（Individual Development Accounts，简称 IDAs）是另一种帮助低收入和中等收入家庭积累储蓄以购房的方式。IDAs 计划通常由非营利组织和政府机构发起，提供个人一定的储蓄激励，如将储蓄额与拨款额度挂钩。慢慢的，IDAs 逐渐增长至满足首付、手续费或其他投资费用的需求。在 2001 年，44 个州实施了"某一类 IDAs 政策或激励"（Sherraden，2001）。[①]

房贷标准。正如之前所讨论的，最近几年的房贷标准有所改变，允许贷款人花费更高比例的收入用于各类住房开支以及其他债务。贷款机构计算收入时所涵盖的种类和标准更加宽松。比如，借款人允许有双户式房屋的家庭将其中一部分的租金作为收入之一。

换句话说，修改后的房贷标准反映了贷款机构和 GSEs 比以往更愿意承受风险。降低首付额度也增加了违约风险，因为即使借款人丧失抵押品赎回权，也不会有太大的损失。允许借款人支付收入中更多的部分用于住房支出和债务也增加了违约风险，特别是在失业、离婚或患病时（Collins，2002）。

12.1.3　供给面约束

在美国，自置居所的障碍不仅仅是财富和收入的缺乏。许多低收入和中等收入家庭尽管可以承担适中房价的住房，但是却买不到房，这是因为适中房价的房屋缺乏供给（Collins，Crowe & Carliner，2002）。比如，对 1998 年 17 个城市的美国住房调查数据分析后，斯特格曼（Stegman）等学者估计 20 万工薪家庭能够购买住房，但是只有 3 万套住房在他们的承受范围内出售（Stegman、Quercia & McCarthy，2000）。在另一份用相同数据分析得到的结果中，施瓦兹发现，尽管只有

[①] 关于用于推动个人储蓄的其他计划，参见 Stegman（1999）。

19个城市的22%的租户的收入不低于最近第一次购房者收入的中位数,但是有53%的人可以承受第一次购房者中25分位处的房价(Schwartz,2003)。这表明如果低价位的房屋供给量增加,那么更多的租户可能已经买到了住房。

大部分低收入购房者可以承担的房屋是流动房屋或其他移动式房屋。尽管移动式房屋肯定比独户式住宅要便宜,但相应的也缺少了许多优点。首先,移动式房屋很少会升值,因此剥夺了业主获取长期资本回报的可能。其次,移动式房屋通常坐落在租用的土地上,给业主带来的安全程度远不如一般住房。最后,移动式房屋的融资通常比一般房屋要贵(Apgar, Calder, Collins & Duda, 2002)。

自置居所,特别是新房的相对高房价的一个解释是房屋附带的空间、建筑规范和其他用地要求限制了可建房屋的数量,因此增加了住房成本。"排他性城市规划"是包含了大面积的分区、最低房屋规模、禁止建造多户型房屋与移动式房屋、不必要的土地再细分标准和相应的管理流程的规划,这些阻滞了房屋发展的进程(Downs, 1994; Glaeser & Gyourko, 2008; Katz, Turner, Brown, Cunningham & Sawyer, 2003; Schill, 2004)。而适宜建造廉价房屋的市郊区域却因为"别在我家后院"的习惯而极少用于建房。

解决供给缺口的方案 联邦政府在土地使用政策上的话语权很低,相反的,地方政府则占主要地位。尽管州政府有决定使用土地的权力,但它们极少使用。州政府有能力提供足够的激励或惩罚消除房屋建设发展中的障碍,不过只有少数的政府做到了,因为州立法通常由城郊和农村代表所决定(Downs, 1994)。而一些例外则是少数州使用了包容性分区规划,给当地对适中房价房屋的需求提供"公平分配"的机会(见第9章)。

尽管州和地方政府很少去尝试消除廉价房屋发展的阻碍,但它们却指定了一些计划用于补贴房屋建造。州和地方政府通过CDBG和HOME拨款以及房屋信托基金等渠道,对购买土地、筹建和建造等进行补贴。它们也通过减轻或是豁免税负使低收入和中等收入家庭买得起房(Katz & Turner et al., 2003; Orlebeke, 1997; Stegman, 1994)。①

---

① 关于低收入自置居所的更多分析,参见Retsinas & Belsky(2002)。

12.2 收入阶层混合

收入阶层混合逐渐成为美国房地产政策的重中之重。由于公共住房的失败和集中管理贫困人口的社会成本，住房政策越来越倾向于将低收入家庭混入富裕社区。政府通过两种方式实现收入阶层混合。一种是"分散"，帮助公共住房住户和特别低收入的家庭搬进中等收入水平，特别是城郊的社区。另一种方法是"混合收入住房"将不同收入水平的消费者放入同一幢楼房中（Goetz，2003；Popkin，Buron，Levy & Cunningham，2000）。

在这两种方案中，尽管混合收入住房发展较快，但分散方案在达到收入阶层混合的方面更胜一筹。分散策略在著名的芝加哥高特罗计划中被证明有效，又在之后联邦的寻求机会示范计划中再次体现（见第8章）。如第8章所讨论的，两个计划都帮助了公共住房住户迁入了中等收入水平，特别是郊区的社区，而且还提供了第8种消费券、房屋扩建、咨询服务和其他形式的帮助。另一种分散的形式是分散建设公共住房，将公共住房建设在中等收入社区中（Briggs，1998）。

混合收入住房是将不同收入阶层的人混合在同一幢楼房和公寓等建筑中。这类住房可以采用多种形式，而且是源于不同的政策（Ceraso，1995；Joseph，2006；Myerson，2003；Schwartz & Tajbkhsh，1997）。第9章中所讨论的包容性分区规划通常给建造商激励（如开发密度激励奖）以保障低收入和中等收入住宅的发展。由免税的多户型家庭债券融资的租赁房屋必须租给一定量的低收入人群：40%的住宅必须被收入不超过地区中等收入60%的人租用，或20%的住宅必须被收入不超过地区中等收入50%的人租用。

联邦政府的混合收入住房政策的目标很好地体现在向公共住房转移的政策中。致力于复兴公共住房计划的联邦希望六号政策偏好于混合住房、缩小面积、重新利用空闲土地和整合社区服务（见第6章）。1998年的《住房质量和工作责任法案》进一步推进了公共住房中收入的多样化。

在2000年，住房和城市发展部规定公共住房管理部门需改变他们的接纳政策，以保证每栋楼房有混合收入的住户。他们必须以收入水平划分潜在的住户，以此确定是否接受他们的申请。该规定的目标是将高收入家庭引入低收入的楼房中，而将低收入家庭引入高收入的楼房中（消除贫困集中化规定）。

混合收入住房政策间有很大的差异。混合收入住房政策的发展使其在不同收入群体的特点、定义、房屋保有时间和融资方式的条款上均有不同。例如，在某个收入阶层混合计划中被认为是高收入的人群，在另一个收入阶层混合中则可能被认为是低收入（Schwartz & Tajbakhsh, 1997; A. Smith, 2002）。

混合收入住房以及其他形式的收入阶层混合政策之所以受到关注是由于以下几个原因。最能引起共鸣的原因是它与之前的贫困集中化的公共住房政策相反。许多研究表明贫困集中化会导致失业率、犯罪、少女怀孕等社会问题，而收入阶层混合政策在一定程度上解决了这些问题。

另外，收入阶层混合政策消除了低收入家庭在贫民区所体验到的被社会孤立的感觉。他们能接触到占社会主流地位的中产阶级，并以之为成功的榜样。中等收入家庭也能为低收入家庭提供工作机会以及帮助他们学会如何保住工作。此外，居住在阶层混合的社区能使低收入家庭不会受到在贫民区时所遭遇的轻视、侮辱与劣质服务等。而在分散住房政策中，一个主要目标是帮助低收入家庭的孩子进入中等收入社区的学校，并使他们的父母有更好的工作机会。[①]

其他的观点也强调了收入阶层混合的不同优点。其中之一是在公共资源缺乏的时代，混合收入住房利用私人部门为低收入人群提供住房。例如，包容性分区规划和免税债券用最低的政府支出创造了大量适宜住房（A. Smith, 2002）。换句话说，混合收入住房在市场价格的基础上，让低收入和中等收入家庭"互相帮助"。还有一个观点认为收入阶层混合政策比建设100%低收入住房政策要更受到地方政府的支持。

不同收入间的社会互动和"模范"作用并不完全是混合收入住房带给低收入家庭的好处。由于混合收入住房必须保证在美观和质量上足够吸引高收入家庭，它使得低收入家庭享受到更高质量的房屋（A. Smith, 2002）。

此外，与公共住房和其他低收入发展计划相比，收入阶层混合政策能获得更好的诸如警察、消防、卫生等公共服务（A. Smith, 2002）。最后，与汇聚了大量

---

① 约瑟夫（Joseph, 2006）详细地评估了混合收入住房所宣称的社会收益，并建立了简洁的理论框架，从社区、阶层间和个人的层面上，阐释了混合收入住房政策可能有利于居民的方式。

贫困家庭的公共住房相比，混合收入住房提供了一个更安全、更有秩序的生活环境。强烈的安全感能让孩子在学校中表现更佳，也让父母更有动力去工作（Goering & Feins，2003）。

尽管房地产的重要政策——收入阶层混合政策非常流行，但许多其宣称的优点仍未得到检验。很少有研究关注于分散住房政策和混合收入住房政策在经济和社会方面的实际成果（Galster & Zobel，1998）。最完整和严谨的研究也只针对分散的住房政策，特别是MTO展开过，但分散住房政策仅是一个示范政策，用于探索混合收入阶层对低收入家庭生活的影响。一方面，参与MTO的家庭表示其对住房和社区的满意程度远高于其参照组（公共住房），特别是在安全感方面。另一方面，后续的调查显示在诸如就业、收入和教育等方面的影响不大，至少在短期内如此（Briggs et al.；Goering & Feins，2003；Orr et al.，2003）。

研究的另一部分关注分散住房政策对社区的影响。这里的问题集中在社区住房补贴的减少对地区房产价值、犯罪率和其他社区指标的影响。乔治·盖尔斯特（George Galster）与他的同事调查了丹佛地区的分散住房政策的住房与政府建设住房和巴尔的摩郊区的政府提供的租赁房。在两种情况下，他们均发现分散住房政策下的房屋。

◆对于郊区的高房价、高收入社区有正的或不显著的影响，除非其超过了房屋集中度或公共设施的标准。

◆对低房价、低收入社区有正的影响，而房屋集中度和公共设施的拥挤程度则是负的影响（Galster, Tatian, Santiago, Pettit & Smith，2003）。

换言之，将低收入住房设在市郊或其他中等收入社区的政策可能会引来许多社区居民的反对声音，但研究表明，这些政策往往能改善社区环境，只要这种补贴的住房密度不超过某一个临界值。

混合收入住房政策对社会和经济影响的研究则更加少，因此混合收入住房融资的可行性和社会效应的影响因素的分析难以获得。为数不多的文献和报告强调混合收入住房的融资可行性需将市场力量与地区、管理、设计、公共设施等发展特点结合起来。为吸引和留住高收入人群，混合收入住房的发展必须与其他住房选择竞争。不像低收入家庭，高收入家庭往往有很大的选择范围。

若房价高涨、房地产市场缩小时，混合收入住房对高收入家庭的吸引力上升

（McClellan，2002），而且在这种情况下，高收入家庭的住房选择范围缩小。那么坐落在所需要的区域或是有精良的设计和高质量的建筑的混合收入住房的吸引力则进一步被提高。而若是混合收入住房坐落在贫民区或是房屋状况较差时，其很难吸引或留住高收入居民。当然，社区的人口构成也可能影响高收入阶层的偏好，特别是当不同收入阶层由不同种族和家庭类型（如单身、有小孩家庭）组成时。

之前我们假设从支付市场价格的住户处获得的收益可以弥补低收入住户的低租金，但是当住房不能吸引支付市价的住户时，该假设不再成立。当支付市价的房屋经常有很高的闲置率时，它们会带来额外的维修与管理费用和本来应获得的收益损失。不管怎样，市价住房预期补贴低收入住房的能力依赖于小区的特点，市价房和低收入房的比例，以及市价房住户的支付额。用免税债券融资、建在曼哈顿的豪华高层公寓远比建在其他市价低处的房屋更易支持低收入住房。

不幸的是，目前并没有文献研究混合收入住房的实际财务表现。特别是在区分某一收入群体的成本与收益时非常困难，这是因为混合收入住房管理者上报财务状况时是将房产作为一个整体；他们不会上报关于空置损失、租金拖欠和市价房屋与补贴房屋的维修费用等的分类报告。

施瓦兹和塔吉巴克斯（Tajbakhsh）就财务状况问题，访问了纽约、麻省、芝加哥和加州的混合收入住房小区的所有者和管理者。没有人觉得市价房和补贴房存在可辨别的成本差异。尽管市价房的空置率的确存在，但不足以显著地损害小区的现金流。类似的，部分被访者说低收入家庭比市价房租客更会拖欠租金（Schwartz，2002；Schwartz & Tajbakhsh，2005）。

相对而言，对混合收入住房政策的社会层面研究较多，大部分研究使用的是案例研究，如芝加哥的帝湖广场（Rosenbaum，Stroh & Flynn，1988），中庭村（Schwartz，2002）和爵士大道（Joseph，2008）以及波士顿的哈勃观点（Pader & Breitbart，1993）。极少有报告关注混合收入住房政策对于低收入居民生活的改善问题。

例如，低收入家庭是否需要与高收入社区交流以获取社会或经济利益？工薪阶层是否足以与低收入家庭进行社会互动？若不同收入群体的社会互动是必须的，那么了解不同收入群体中不同种族和家庭社会互动的可能性是重要的。"若中等收入住户是新来的，社会孤立的且被认为利益的"，罗纳德·E. 弗根森（Ronald E. Ferguson）写道（1999，p. 577）：

> 那么没有人能肯定他们的加入会对这个社会结构和社会资本产生正面的影响。当中等收入住户做出一个正面的改变，那么整合中产阶级的资源和中产阶级与社区其他层级的和睦关系都是非常重要的。若拿走资源或关系中的任何一种，带给中产阶级社区中的贫困家庭的好处将降低。

现存的关于混合收入住房政策的社会动态的有限研究很难反驳弗根森的怀疑。例如布罗菲（Brophy）和史密斯（Smith）（1997）对7个混合收入小区的研究表明，高收入租户多是白人和没有孩子的家庭，其极少与多数是非裔美籍或拉美裔家庭的低收入邻居交流。

施瓦兹和塔吉巴克斯检验了多个不同类型的混合收入住房居民的社会互动情况，以及调查了居民自己对此的感觉。他们在麻省、加州、纽约（布朗克斯区）和芝加哥，对房产管理者、所有者和其他服务提供商进行了采访；着重分析布朗克斯区的两个社区以及一份芝加哥社区的调查。

尽管社区的地理位置和收入、种族结构大不相同，但没有任何证据表明混合收入住房本身改善了低收入居民的经济状况。在布朗克斯区的两个大型社区中，居民认为社区的非营利所有者所提供的机会远比邻居所给予的帮助要重要。

施瓦兹在芝加哥混合收入住房社区的调查发现住户间的互动非常多，包括寻找工作机会。大约1/3的被调查者认为他们在过去的12个月中收到过工作推荐，而大约1/4的人则表示他们得到过一份工作。此外，超过80%的人表示在过去的12个月中社区曾向其询问过建议，而超过75%的人表示向邻居寻求过意见。

总的来说，施瓦兹和塔吉巴克斯的研究表明，当不同收入阶层的居民有相同的兴趣和背景时，他们的社会互动会更频繁。而当每个收入阶层的种族、家庭类型和年龄不相同时，互动则难以发生，如少数民族组成的低收入家庭与高收入的单身白人精英。也许，施瓦兹和塔吉巴克斯研究的最重要的发现是不论居民的收入水平，他们大部分不看重住在混合收入住房带来的那些所谓的好处。他们更关注的是住房的硬件设施、维护费用、交通便捷程度、服务周到程度和花费。尽管居民通常会在意小区中收入水平相差特别的大的人，他们对此的关注程度远不如对混合收入住房社区的所有者和发起人的关注程度高。也许，正是居民对邻居是否是高收入或低收入不那么在意，才导致了混合收入住房的成功。这表明高收入人群不介意与低收入人群住在一起，只要房屋的质量、位置和价格合理，当然家庭仍是尽量选择与自己同种族、同收入水平的社区。

12.3 本章小结

尽管许多政策制定者认为自置居所和收入阶层混合政策是低收入人群住房计划的主要政策，但是这些措施在何种程度上帮助了低收入人群并未得到验证。迄今为止的研究并未提供令人信服的证据以支持自置居所和收入阶层混合政策所申明的优点。盖尔斯特（Galster）和佐贝尔（Zobel, 1998）提到："尽管在美国分散住房政策逐渐成为主要的政策手段用于补贴低收入租户，但它的合理性仅建立在少得可怜的证据上。"对于其他的收入阶层混合政策和自置居所政策，其看法亦是如此。

但这并不是说自置居所和收入阶层混合政策没有为低收入家庭带来优质房屋。不论何种收入水平，大部分家庭都希望有一套房屋。混合收入住房、包容性分区规划和移动式房屋等在很大程度上改善了低收入居民的住房条件，特别是那些居住在贫民区的居民。不过，这两种政策是否如其支持者所说的能改善贫困家庭的经济状况仍有待观察。

认识到这些政策的风险和限制非常重要。自置居所政策会导致低收入家庭承担过多的债务，极易面临破产或者房产被查封。自置居所的潜在升值能力依赖于所处的地理位置，坐落在少数民族社区的升值率远低于其他社区。

一个关于收入阶层混合政策的重要担忧是将公共住房迁入重新开发的混合收入住房社区通常会使得公共住房的提供数量减少。新的社区几乎都比以往的公共住房提供更少的房屋，而且还需要区分出公共住房、其他补贴住房与市价房。若政府能支持足够多的混合收入住房社区以满足现在所有的公共住房居民，那么这个政策的质疑声音才会减少。

另一个日渐增多的担忧是将低收入家庭分散到富裕的社区中的分散政策。尽管该政策使低收入家庭获得更好的教育和工作机会以及安全的居住环境，但它仅仅帮助了成功申请到房屋的人。在此政策下，大量的低收入家庭并未能成功申请到住房，反而在选择消费券计划中，参与者更容易选择适合他们的社区（见第8章）。总而言之，收入阶层混合政策没有很好地适用于低收入家庭。

第13章
结　语

本书第一版是在 2004 年和 2005 年房地产泡沫膨胀时期完成的。当时，房价高涨，房屋建造工程空前增长，特别是充斥着次级贷款和"有毒"债券的抵押贷款，以及债券数量的激增。大家争论的焦点是，房地产市场是否处在一个泡沫中。与此同时，布什政府下的联邦住房政策，对金融机构和市场放松了管制，并减少在公共住房上的投资和拨款等补贴计划（除针对无家可归者的政策之外）。

本书第二版是在 2009 年，一个非常不同寻常的时期完成的。从 2007 年起，房地产市场开始出现问题，并在 2008 年急遽下滑；同一时期的抵押贷款市场也在 2008 年夏天遭受重创。激增的还款拖欠和抵押房屋收回，挫伤了抵押贷款支持证券投资者的信心，最终导致了许多贷款机构和几家全国最著名的金融机构破产。2008 年秋天，联邦政府承诺投资给金融部门 7000 万美元，联邦储备局则首次采取措施保证金融机构的生存。但经济状况在 2008 年冬天进一步恶化，经济分析局正式宣称，经济早在 2007 年年初就已进入衰退期。这次衰退被证明比大萧条时期以来的所有衰退耗时更久、影响更恶劣。在政治方面，奥巴马在金融危机到达最高点时当选总统。在他上台的最初几个月，他推动了高达 7870 亿美元的经济刺激计划，设计新的法案处理抵押权丧失危机，增加了许多住房计划预算，并且提供新的激励机制。

本书的最后一章将简要地讨论从 2006 年本书第一版出版至今，美国主要的房地产政策立法和法规的变化。它将阐释当前危机对房地产政策的传统理念的冲击，并重新审视以前在房地产市场行为、金融创新和自置房需求方面的假设与信念。最后，本书将重申第一版中总结的两个关于住房补贴和反歧视诉求的结论。

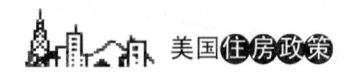

13.1 防止和修正抵押权丧失

尽管2008年年初大量的抵押权丧失房屋被查封,但是布什政府并未努力解决这一问题。2007年下半年,当局引入被称为"当前的希望"(Hope Now)的自愿参与计划,旨在调节可变利率次级贷款。该计划仅被用于3%到12%可变利率次级贷款的借款人,这是因为购房者必须是在获得贷款后的30天内参与该计划。另外,由于该计划的自愿参与性,意味着许多贷款机构和服务商并没有参与其中,同时抵押贷款支持证券的投资者也不能被强制参与。此外,该计划下贷款调整很少能在短期内帮助借款人。与减低利息、减少本金或是豁免每月部分债务不同,该计划主要是使用了新的支付计划——将当前拖欠的债务和相关费用滚动到下期本金中,因此借款人的状况并未相比于以前有所改善,而很快又会再次拖欠(HUD, 2009; Immergluck, 2009)。根据责任房贷中心的分析,只有20%参与"当前的希望"的贷款真正减少了贷款偿付额(HUD, 2009)。因此,2008年超过三分之一的调整后贷款在之后的6个月内再次出现了60天以上的拖欠(HUD, 2009)。

2007年年末,联邦住房管理局(Federal Housing Administration,简称FHA)发布了"FHA保障"计划,为可变利率次级贷款重新融资。该计划的参与条件非常严格,仅适用于未进行利息重新设定前的借款人。不过,FHA在宣布计划之后,的确增加了它所再融资的次级贷款数目(Immergluck, 2009)。

2008年7月,为应对抵押品回权丧失危机,以及它带给金融系统的冲击,国会通过了2008年《住房及经济复苏法案》(Housing and Economic Recovery Act,简称HERA)。该法包含了两个解决抵押品回权丧失危机的方案:

> 政府宣布了3000亿美元、名为有房者的希望的FHA计划,用于帮助陷入困境的所有者。该计划使借款人能将可变利率次级贷款转化成30年固定利率贷款,而新的贷款额不超过房产价值的90%。若房产价值的90%低于原先的贷款额,那么借款人只能转化等同房价90%的贷款。该计划的实际成效还没有显现。尽管政府原计划能帮助40万户住房所有者,但在2009年12月,

它仅重新融资了94笔贷款,而调查也发现仅有844例贷款的借款人有意向再融资(Congress Oversight Panel, 2009)。

另外,该法案还宣布了一项39.2亿美元的社区安定计划,以帮助社区缓解抵押品赎回权丧失带来的负面影响。该计划拨款使州和地方政府能及时购买、翻修、出售,甚至拆除被止赎的房屋,避免房屋空置和社区荒芜。

HERA也设立新的管理机构去监管房地美、房利美,以及联邦住房贷款银行,并授权财政部可以购买GSEs的证券等债务,以稳定抵押贷款二级市场投资者的信心。政府很快执行了这一授权,将两家GSEs纳入监管范围,并担保所有的GSEs债券和抵押贷款支持证券(D. Fischer, 2009)。

2009年2月,奥巴马政府颁布了购房者偿付能力与稳定计划,也称之为"让购房者能偿债"。该计划主要涵盖两个方面:首先,"住房可偿付再融资计划"要求房地美和房利美使用更能承受的条款再融资,并将贷款给GSEs全额担保。该计划最初只允许贷款未超过住房价值105%的借款人参与,但在2008年7月,该限制修改为房价的125%。

其次,是"住房可偿付再融资计划",用于减少即将面临丧失抵押品赎回权的借款人每月还款额度。对于有违约风险的次级贷款借款人,该计划将这些人每月偿债额限定在收入的31%;而对贷款机构,该计划则要求降低利息或减少贷款余额,以保证所有借款人的月偿还额不超过收入的38%,并且还需保证实施的措施持续至少5年。作为激励,联邦政府提供给贷款服务机构每修改一笔贷款获得1000美元的奖励。并且,若修改过贷款的借款人在头3年即使能还上每月的债务,那么投资者和服务机构还能在头3年每年获得1000美元的额外奖励。该计划也提供借款人不超过5年、每年1000美元的奖励,以鼓励其不拖欠贷款。这些奖励完全是为了减少现存的借款人的贷款余额(Congress Oversight Panel, 2009; More foreclosure to come, 2009)。

除了贷款的再融资和修改,计划也寻求破产法的改革,以允许法院减少借款人所欠的贷款额("强制批准")。不像别墅或是租赁物业,自置居所的所有者在破产法庭上通常不符合贷款修改计划的条件。因此,奥巴马政府相信只要让贷款能通过破产法庭的要求,投资者和服务商就更愿意加入到该计划中。然而,授权

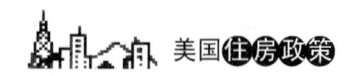

该改革的法案未能通过参议院，并最终被排在计划之外。

奥巴马政府耗时几个月才让防止抵押品赎回权丧失政策获得关注。不过，一方面，在2009年10月底，贷款调整计划共完成651000笔贷款调整（多在政策的3个月试行期内），并给92万个借款人提供了调整服务，这大约是所有符合条件借款人的29%（住房可偿付计划实施报告，2009）。另一方面，再融资计划并未获得如此大的成功。截至2009年9月，只有不超过96000例再融资申请被通过，并且申请量自5月起每月递减。至今也不清楚为何该计划不能吸引更多的人，国会监督小组认为，可能的一个原因是，自置房业主流动性有限，难以承受再融资时的手续费等（Congress Oversight Panel，2009）。

另一个购房者偿付计划的重要缺陷，至少在国会监督小组和《纽约时报》看来，是其完全没有针对抵押品赎回权丧失危机。计划主要是用于应对次级贷款借款人的抵押权丧失风险，而没有帮助那些负有优质贷款，并因为失业等陷入拖欠的借款人（Congress Oversight Panel，2009）。

为防止类似危机在将来发生，奥巴马政府计划对抵押贷款市场和广义金融部门的监管条例进行修改。此外，当局还呼吁在金融市场和金融机构引入更为严格和集中的监管，给予金融服务和投资市场上的消费者有力保护。就后者而言，当局还新设立了消费者金融保护机构，以"确保消费者免受不公、欺诈和滥用行为"（U. S. Department of Treasure，2009）。但是，截至2009年9月，当局的改革计划前景仍不确定，因为国会仍需对这些改革中的法律进行表决。

13.2 住房与经济刺激

2009年2月，国会通过了总额达7880亿美元的《美国复苏及再投资法案》，用于刺激严重衰退的经济发展。法案包含了由HUD管理的超过130亿美元的项目与计划，其中40亿美元用于公共住房翻修和能源使用效率，2.5亿美元用于补贴住房的能源使用设备更新，20亿美元用于第8条款协议的工程维护，22.5亿美元用于弥补陷入困境的免税计划财政赤字（见第5章），20亿美元用于社区安定计划，15亿美元用于无家可归者的预防和安置，以及10亿美元用于社区发展拨款计划。一般来说，经济刺激计划中与房地产相关的内容主要都是用于美国住房和城市发展部出资住房的能源利用改进、创造"绿色"就业、支持"只欠东风"项目，以及帮助承受了严重打击的家庭和社区（HUD，2009）。

13.3 奥巴马政府时期的第一份美国住房和城市发展部预算方案

2009年5月，美国住房和城市发展部公布了2010年的预算方案，该预算与布什政府大相径庭。预算总额达到464亿美元，比2009年预算增长了45亿美元，即10.8%。除此之外，预算还包括：

◆增加18亿美元资金用于房屋选择消费券计划，以保证现存消费券兑现。

◆增加1.45亿美元用于公共住房补贴，这是自2002年以来该补贴获得的第一次融资。

◆增加10亿美元用于维护第8条款协议下的房屋。

◆增加1.17亿美元用于无家可归者援助款。

◆增加5.5亿美元用于社区发展拨款计划。

◆增加1850万美元用于公屋房计划。

◆增加1500万美元用于实施计划的发展、研究和评估。

此外，预算还要求用10亿美元成立全国住房信托基金。信托基金是住房倡导者长期以来追求的目标（Crowley，2005；National Housing Trust Fund Campaign，2005），全国住房信托基金最初是由国会在2008年作为HERA法律的部分内容授权成立的，并从房地美与房利美的盈余中募集资金。但是，当政府接管这两家GSEs时，它们的监管者决定无限期地暂停对基金的资金提供（White，2009）。该基金用于增加和保证专为低收入和贫困家庭设计的租房供给量。这是自1990年HOME拨款计划设立以来，联邦政府的第一次住房开发计划。

预算也要求给予更多资金关注环境可持续发展，其中，包含了与美国交通能源部的新合作关系，致力于改进住房能源利用和交通便利性。预算设定了1亿美元能源更新基金"用于促住房能源更新和新型建筑市场发展"（HUD，2009），以及1.5亿美元"用于支持可持续社区发展，从而更好地整合交通和促进市场在土地使用规定与建筑标准上的改变"（HUD，2009）。此外，美国住房和城市发展部在副秘书职位上专门设立关注环境问题的岗位。

13.4 房地产危机和传统观念

房地产危机不仅导致几所美国最大的金融机构破产，也冲击了近25年来房地产政策占主导地位的传统观点：

◆危机使房价一定会涨，即使有下跌，那也是局部地区或是短期的观点受到质疑。

◆一直以来，人们认为抵押贷款二级市场和抵押贷款证券化为住房融资构建了稳定的基础，但事实上，大量的抵押贷款支持并没有转移风险，反而在某些情况下放大了风险。

◆相应的，危机教会我们抵押贷款支持的可靠性和抵押贷款一样。无论多复杂的金融创新和衍生品，并不能消除对抵押贷款的需求，使借款人获得充足的贷款。

◆危机再次强调了政府管理和监督房地产金融系统的重要性。自我监督和创新并不能有效地抵制不计后果的贷款与证券。

◆危机带给抵税、免税债券的严重后果，使人们重新认识到依靠税式支出发展国家补贴租赁房屋中存在的问题。在这之前，诸如廉租房抵税、免税债券等税式支出一直是融资的一个稳定、可预测方式，远比地方政府直接财政支出要好。然而，我们现在看到抵税债券并不总是稳定的，而税式支出并不比直接财政支出节省成本，并且通常效率比较低。此外，市场状况的异常变化远不如拨款程序的政策变化让人容易接受。

◆最后，也是最为重要的，危机提出了对自置居所的需求，特别是低收入家庭需求的基本问题。尽管自置居所是各级政府房地产政策长期以来的主要目标，但危机表明自置居所并非一直是可持续的，甚至不是必须的。在几十年来抵押品赎回权丧失的顶峰时期，特别是当这些发生在低收入和少数民族家庭时，有接近20%的所有者债务高于房产价值，而此时的自置居所存在过度供给。如果一个家庭每月花费大部分收入用于支付房贷，或是对住房的所有权比例为0时，那么自置居所显然是不可取的。当原先不能申请贷款的家庭可以获得零首付融资时，他们极易受到抵押品赎回权损失危机，特别是在没有国家补贴，甚至是缺乏相关知

识时，零首付贷款都会存在问题。既然自置居所在很多时候都不可行，那么需要重新思考国家租赁房或者其他福利方式

13.5 住房政策中难以回避的实际情况

房地产危机并不能抹杀所有房地产政策作用的"事实"。时至今日，有两点一如既往地存在：若没有补贴，大部分贫困家庭永远不能承受适中的房价；若没有公平住房政策和公平信贷政策的严格执行，以及应对新歧视方式的法律，那么种族歧视永远不会减少。

13.5.1 补贴的长期需求

有些对美国房地产政策的保守派批评家认为，如果私人市场不受政府管制，并且消除补贴带来的扭曲，那么市场将提供足够的住房。比如，霍华德·豪斯克（Howard Husock，2004）认为："在适当的分区法和建筑标准下，私人市场能为所有收入阶层提供足够多的住房。"这种信心在解决贫困人口住房问题时难以得到保证。私人市场永远不会为贫困家庭提供负担得起并且质量可靠的房屋，而且这些房屋的维护费用就已经超出了他们的承受能力。此外，减少建房成本很有可能导致房屋建筑标准下降，同时分区规划很少会考虑他们。至于硬件设施，贫困家庭经常被迫接受过度拥挤、条件恶劣的房屋。

根据斯特姆里布（Stemlieb）和休斯（Hughes，1990）的报告，在19世纪，建设低收入住房"常是有利可图的，因为政府并未规定它们的建筑标准。"作者在报告中写道：

> 历史上，主要通过两个手段降低租金到可承受的水平：最大化居住密度和最小化公共设施。最大化居住密度就意味着让每一块土地上尽可能多地居住人……最小化公共设施则是让私有居所尽可能小，这样就能提供最低限度的诸如通风设备、排水设备等公共设施。

高密度人口和肮脏的环境常有害于居民，威胁到公共卫生和周边社区的安

全。这些危害促使了第一份建筑标准的诞生。然而，遵守标准意味着房屋成本将超出贫困人口的承受能力。当时，由于建筑标准导致住房成本增加，贫困家庭往往需要选择在人口过度密集的不合格社区居住或是牺牲其他需求，承担购房压力。

许多现在对于建筑标准、分区法和其他土地使用规定的批评认为，这些限制毫无必要地提高了房屋成本。不过，社会也不大可能允许进行大规模的调整，使房屋能被低收入家庭承受。

总之，大部分低收入家庭若要购买体面的住房，就需要获得额外援助。联邦住房计划的保守派批评家常常认为，住房补贴应该帮助贫困家庭获得经济上的自给自足，而在他们获得工作后逐渐停止。然而，这一观点忽略了一个事实：大部分有沉重经济负担的低收入租户已经进入劳动力市场，而且还有 1/4 是老人或残疾人（见第 2 章）。

需要特别指出的是，联邦政府是目前低收入家庭补助的主要来源。尽管州和地方政府越来越多地参与到住房政策干预当中，但他们缺乏资源提供适宜的住房给这些低收入阶层。州和地方住房建设或翻新计划常常对于低收入阶层来说难以承受，除非有另外有联邦补助。

不幸的是，除非能让低收入家庭住房援助政策像给予有房者税负优惠一样得到授权（Hartman，2006），不然住房困难将一直持续。尽管联邦政府目前补贴了 700 万低收入租户（大约 500 万户同时享受了公共住房和租房消费券计划），仍然有很大一部分低收入人群没有得到任何援助。超过一半未受援助的低收入租户将收入的一半用于租金和公共事业，超过 100 万人在 1 年内成为无家可归者。

13.5.2 歧视和公平住房

住房政策必须一直致力于解决歧视问题。从 1968 年《公平住房法案》公布至今，美国已经在治理歧视问题上有了很大的成效。公平住房审查表明，房地产市场上的许多歧视行为已经减少。少数民族家庭和社区比以往更容易获取贷款。

但是，歧视远未完全消灭，少数民族购房者比白人享受更少的优惠待遇。特别是控制少数民族入住少数民族社区的发生率没有减少的迹象。少数民族贷款申请也比白人的申请更容易被拒绝，即使控制了收入、信用历史和其他因素。此外，少数民族家庭和社区常常使用高成本、高风险的次级贷款，并且抵押品赎回权丧失比率也很高。

虽然反歧视法律不能总是得到严格执行，但它对减少歧视行为的作用功不可没。如果歧视的发生率一直减少，并且没有反弹趋势，各级政府必须在执行当前法律的同时，制定新的法规以应对新形式的歧视行为。

比如，《社区再投资法案》在推动给低收入家庭和社区贷款的效果越来越不明显，因为大量机构发行的贷款游离在 CRA 评级范围之外。除非修正法案以覆盖这些贷款，否则它将变得越来越没有意义。

若筹备中的联邦消费者金融保护局能通过国会审批，其将强有力地帮助防止歧视行为，不过严格执行公平住房政策仍然是至关重要的。

参考文献

Aaron, H. J. 1972. *Shelter and subsidies: Who benefits from federal housing policies?* Washington, DC: The Brookings Institution.

Acevedo-Garcia, D., & T. L. Osypuk. 2008. Impacts of housing and neighborhoods on health: Pathways, racial/ethnic disparities, and policy directions. In J. H. Carr & N. K. Kutty (Eds.), *Segregation: The rising costs for America* (pp. 197–235). New York: Routledge.

Achtenberg, E. P. 1989. Subsidized housing at risk: The social costs of private ownership. In S. Rosenberry & C. Hartman (Eds.), *Housing issues of the 1990s* (pp. 227–267). New York: Praeger.

Achtenberg, E. P. 2002. *Stemming the tide: A handbook on preserving subsidized multifamily housing.* New York: Local Initiatives Support Corporation, http://www.lisc.org/resources/assets/asset_upload_file686_838.5.02.pdf.

Achtenberg, E. P. 2006. Federally-assisted housing in conflict: Privatization or preservation? In R. G. Bratt, M. E. Stone, & C. Hartman (Eds.), *A right to housing: Foundation for a new social agenda* (pp. 163–170). Philadelphia: Temple University Press.

Advisory Commission on Regulatory Barriers to Affordable Housing. 1991. *Not in my back yard. Removing barriers to affordable housing.* Washington, DC: U.S. Dept. of Housing and Urban Development.

Anderson, L. 2007. USDA has high hopes for MPR, year two. *Rural Voices* 12, 2: 9–12. (magazine of the Housing Assistance Council)

Anderson, M. 2003. *Opening the door to inclusionary housing.* Chicago: Business and Professional People for the Public Interest. http://www.bpichicago.org/documents/OpeningtheDoor.pdf.

Apgar, W. C., Jr. 1989. Which housing policy is best? *Housing Policy Debate* 1, 1: 1–32.

Apgar, W. C., Jr. 2004. *Rethinking rental housing: Expanding the ability of rental housing to serve as a pathway to economic and social opportunity.* Cambridge, MA: Harvard University Joint Center for Housing Studies, http://www.jchs.harvard.edu/publications/markets/w04-ll.pdf.

Apgar, W. C., Jr., & A. Calder. 2005. The dual mortgage market: The persistence of discrimination in mortgage lending. In X. de S. Briggs (Ed.), *The geography of opportunity: Race and housing choice in metropolitan America* (pp. 101–126). Washington, DC: Brookings Institution Press.

Apgar, W. C., Jr., A. Calder, M. Collins, & M. Duda. 2002. *An examination of manufactured housing as a community-and asset-building strategy* (A report to the Ford Foundation by Neighborhood Reinvestment Corporation. In collaboration with the Joint Center for Housing Studies of Harvard University), http://www.jchs.harvard.edu/publications/communitydevelopment/W02-ll_Apgar_et_al.pdf.

Apgar, W. C. Jr., A. Calder, & G. Fauth. 2004. *Credit, capital, and communities: The implications of the changing mortgage banking industry for community based organizations.* Cambridge, MA: Joint Center for Housing Studies, Harvard University, http://www.jchs.harvard.edu/publications/communitydevelopment/ccc04-1.pdf.

Associated Press. 2009. Fannie Mae says it needs $19 billion more in aid. *New York Times*, May 8. http://www.nytimes.com/2009/05/09/business/economy/09fannie.html.

Avery, R. B., K. P. Brevoort, & G. B. Canner. 2007. The 2006 HMDA data. *Federal Reserve Bulletin* December: A73 – A109. http://www.federalreserve.gov/pubs/bulletin/2007/pdf/hmda06final.pdf.

Avery, R. B., K. P. Brevoort, & G. B. Canner. 2008. The 2007 HMDA data. *Federal Reserve Bulletin* December: A107 – A146. http://www.federalreserve.gov/pubs/bulletin/2008/pdf/hmda07final.pdf

Avery, R. B., G. B. Canner, & R. E. Cook. 2005. New Information reported under HMDA and its application in fair lending enforcement. *Federal Reserve Bidletin* (Summer): 344 – 394. http://www.federalreserve.gov/pubs/bulletin/2005/summer05_hmda.pdf http://www.federalreserve.gov/pubs/bulletin/2008/pdf/hmda07final.pdf.

Avery, R. B., M. J. Courchane, & R. M. Zorn. 2009. The CRA within a changing financial landscape. In Federal Reserve Banks of Boston and San Francisco (Eds.), *Revisiting the CRA: Perspectives on the future of the Comjnunity Reinvestment Act* (February, pp. 30 – 46). http://www.frbsf.org/publications/community/cra/revisiting_cra.pdf.

Baily, M. N., D. W. Elmendorf, & R. E. Litan. 2008. *The great credit squeeze: How it happened, how to prevent another* (Discussion Paper). Washington, DC: The Brookings Institution (May 21). http://www.brookings.edu/~/media/Files/rc/papers/2008/0516_credit_squeeze/0516_credit_squeeze.pdf.

Bajaj, V., & D. Leonhardt. 2008. Tax break may have helped cause housing bubble. *New York Times*, December 18. http://www.nytimes.com/2008/12/19/business/19tax.html?hp.

Baker, D. 2005. *Who's dreaming: Homeownership among low-income families*. Washington, DC: Center for Economic and Policy Research, http://www.cepr.net/publications/housing_2005_01.pdf.

Barr, M. S., S. Mullainathan, & E. Shafir. 2008. Behaviorally informed home mortgage credit regulation. In N. P. Retsinas & E. S. Belsky (Eds.), *Borrowing to live: Consumer and mortgage credit revisited* (pp. 170 – 202). Washington, DC: Brookings Institution Press.

Been, V., I. Ellen, & J. Madar. 2009. The high cost of segregation: Exploring racial disparities in high cost lending. *Fordham Urban Law Journal* 36, 3: 361 – 394.

Belsky, E. S., & M. Duda. 2002. Asset appreciation, timing of purchases and sales, and returns to low-income homeownership. In N. P. Retsinas & E. S. Belsky (Eds.), *Low income homeownership: Examining the unexamined goal* (pp. 208 – 238). Washington, DC: Brookings Institution Press.

Berenyi, E. B. 1989. *Locally funded housing programs in the United States: A survey of the 51 most populated cities*. New York: Community Development Research Center, New School University.

Bernstine, N. 2009. Housing opportunities for persons with AIDS. In National Low Income Housing Coalition (Eds.), *Advocates guide to housing and community development policy* (pp. 54 – 55). Washington, DC: National Low Income Housing Coalition, http://nlihc.org/doc/AdvocacyGuide2009-web.pdf.

Bhalla, C. IC., Voicu, I., Meitzer, R., Ellen, I. G., & V. Been. 2005. *State of New York City's housing and neighborhoods 2004*. New York: Furman Center for Real Estate and Urban Policy School of Law and Robert F. Wagner Graduate School of Public Service, New York University. http://furmancenter.org/research/sonychan/2004-report/.

Bingham, R. D., R. E. Green, & S. B. White (Eds.). 1987. *The homeless in contemporary society*. Newbury Park, CA: Sage.

Bitner, R. 2008. *Confessions of a subprime lender*. New York: Wiley.

359

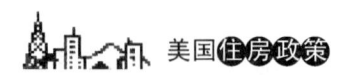

Blackwell, R., & H. Bergman. 2004. OTS strikes again on CRA: Moves to simplify compliance for big thrifts. *American Banker* 169, 224: 1.

Board of Governors of the Federal Reserve System. 2009a. Flow of funds accounts of the United States. Historical data. http://www.federalreserve.gov/releases/zl/Current/data.htm.

Board of Governors of the Federal Reserve System. 2009b. Flow of funds accounts of the United States. Flows and outstandings first quarter2009. http://www.federalreserve.gov/releases/zl/Current/.

Bodaken, M., & K. Brown. 2005. Preserving and improving rural rental housing: Promising efforts emerge. *Rural Voices*, 9, 4: 20 – 23. http://www.ruralhome.org/manager/uploads/VoicesWinter 2004 – 2005.pdf.

Bostic, R. W., K. C. Engel, P. A. McCoy, A. Pennington-Cross, & S. M. Wachter. 2008. The impact of state antipredatory lending laws: Policy Implications and insights. In N. P. Retsinas & E. Belsky (Eds.), *Borrowing to live: Consumer and mortgage credit revisited* (pp. 138 – 169). Washington, DC: The Brookings Institution.

Bostic, R. W., & B. L. Robinson. 2003. Do CRA agreements influence lending patterns? *Real Estate Economics* 31, 1: 23 – 51.

Braconi, F. 2005. Inclusionary boroughs. *The Urban Prospect* 11, 2. (newsletter of Citizens Housing and Planning Council) http://www.chpcny.org/pubs/UP_Inclusionary_Boroughs.pdf.

Bratt, R. G. 1989. *Rebuilding a low-income housing policy*. Philadelphia: Temple University Press.

Bratt, R. G. 1992. Federal constraints and retrenchment in housing: The opportunities and limits of state and local governments. *The Journal of Law and Politics* 8, 4: 651 – 699.

Bratt, R. G. 1998a. Nonprofit developers and managers: The evolution of their role inU. S. housing policy. In C. T. Koebel (Ed.), *Shelter and society: Theory, research, and policy for nonprofit housing* (pp. 139 – 156). Albany, NY: SUNY Press.

Bratt, R. G. 1998b. Public housing. In W. van Vliet (Ed.), *The encyclopedia of housing* (pp. 442 – 446). Thousand Oaks, CA: Sage.

Bratt, R. G. 2000. Housing and family well-being. *Housing Studies* 17, 1: 12 – 26.

Bratt, R. G. 2006. Community development corporations: Challenges in supporting a right to housing? In R. G. Bratt, M. E. Stone, &C. Hartman (Eds.), *Aright to housing: Foundation for a new social agenda* (pp. 340 – 359). Philadelphia: Temple University Press.

Bratt, R. G. 2008. Nonprofit and for-profit developers of subsidized rental housing: Comparative attributes and collaborative opportunities. *Housing Policy Debate* 19, 2: 323 – 365.

Bratt, R. G., A. C. Vidal, L. C. Keyes, &A. Schwartz. 1994. *Confronting the management challenge*. New York: Community Development Research Center, New School University.

Brennan, M., & B. J. Lipman. 2007. *The housing landscape for Americas working families*. Washington, DC: The Center for Housing Policy, http://www.nhc.org/pdf/pub_land-scape2007_08_07.pdf.

Brennan, M., & B. J. Lipman. 2008. *Stretched thin: The impact of rising housing expenses on Americas owners and renters*. Washington, DC: Tie Center for Housing Policy, http://www.nhc.org/pdf/pub_stretchedthin_2008.pdf.

Bridge Housing Corporation. 2005. http://www.bridgehousing.com/.

Briggs, X. de S. 1998. Brown kids in White suburbs: Housing mobility and the many faces of social capital. *Housing Policy Debate* 9, 1: 177 – 222.

Briggs, X. de S., ed., 2005. *The geography of opportunity: Race and housing choice in metropolitan America.* Washington, DC: Brookings Institution Press.

Briggs, X. de S, &P. Dreier. 2008. Memphis murder mystery? No, just mistaken identity. *Shelterforce* (web exclusive), http://www.shelterforce.org/article/special/1043/.

Briggs, X. de S., K. Ferryman, S. Popkin, &M. Rendon. 2008. Why did the Moving to Opportunity experiment not get young people into better schools? *Housing Policy Debate* 19, 1: 53 – 91. http://www.mi.vt.edU/data/files/hpd%2019.1/briggs_article.pdf.

Briggs, X. de S., S. J. Popkin, & J. Goering. In press. *Moving to opportunity: The story of an American experiment to fight ghetto poverty.* New York: Oxford University Press.

Brooks, M. E. 2002. *Housing trustfund progress report: Local responses to America's housing needs.* Washington, DC: Center for Community Change.

Brooks, M. E. 2007. Housing trust fund progress report 2007. Washington, DC: Center for Community Change, http://www.communitychange.org/our-projects/htf/our-projects/htf/other-media/HTF%2007%20final.pdf.

Brophy, P. C., & R. N. Smith. 1997. Mixed-income housing: Factors for success. *Cityscape* 3, 2: 3 – 31.

Brown, K. D. 2001. *Expanding affordable housing through inclusionary zoning.* Washington, DC: Brookings Center on Urban and Metropolitan Policy, http://www.brookings.edu/dybdo-croot/es/urban/publications/inclusionary.pdf.

Brueggeman, W. B., & J. D. Fisher. 2005. *Real estate finance and investments.* New York: Mc Graw-Hill/Irwin.

Bucks, B. K., A. B. Kennickell, T. L. Mach, & K. B. Moore. 2009. Changes inU. S. family finances from 2004 to 2007: Evidence from the survey of consumer finances. *Federal Reserve Bulletin*, 95 (February 12). http://www.federalreserve.gov/pubs/bulletin/2009/pdf/scf09.pdf.

Budget of the United States Government, fiscal year 2009. 2008a. Analytic perspectives: Tax expenditures. http://www.gpoaccess.gov/USbudget/fy09/pdf/spec.pdf.

Budget of the United States Government, fiscal year 2009. 2008b. Historical tables, http://www.whitehouse.gov/omb/budget/fy2009/pdf/hist.pdf.

Bureau of Economic Analysis. 2009a. National income and product accounts tables, http://www.bea.gov/national/nipaweb/index.

Bureau of Economic Analysis. 2009b. Table 2.1. Current-cost net stock of private fixed assets, equipment and software, and structures by type. http://www.bea.gov/national/FA2004/TableView.asp?SelectedTable=18&FirstYear=2002&LastYear=2007&Freq=Year.

Buron, L., S. Nolden, K. Heintz, & J. Stewart. 2000. *Assessment of the economic and social characteristics of LIHTC residents and neighborhoods. Final report.* Washington, DC: Abt Associates for the U. S. Department of Housing and Urban Development.

Burt, M. 1991. Causes of the growth of homelessness in the 1980s. *Housing Policy Debate* 2, 3: 903 – 936.

Byrne, G. A., K. Day, & J. Stockard. 2003. *Taking stock of public housing.* Paper presented to the Public Housing Authority Directors Association (September 16). http://www.gsd.harvard.edu/research/research_centers/phocs/taking_stock_of_public_housing_09.16.03.doc.

Calavita, N. 2004. Origins and evolution of inclusionary housing inCalifornia. *NHCAffordable Housing Review* 3, 1/3 – 8. http://www.nhc.org/pdf_ahp_02_04.pdf.

Calavita, N., K. Grimes, & A. Mallach. 1997. Inclusionary zoning inCalifornia and New Jersey:

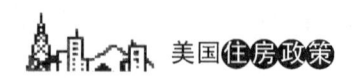

A comparative analysis. *Housing Policy Debate* 8, 1: 109 – 142.

Calem, P. S., J. E. Hershaff, & S. W. Wachter. 2004. Neighborhood patterns of subprime lending: Evidence from disparate cities. *Housing Policy Debate* 15, 3: 603 – 622.

California Coalition for Rural Housing & the Non-Profit Housing Association of Northern California. 2003. Inclusionary housing in California: 30 Years of innovation. http: //www. nonprofithousing. org/knowledgebank/publications/Inclusionary_ Housing_ CA 30years. pdf.

California Housing Finance Agency. 2002. 100% loan program, http: //www. calhfa. ca. gov/homeownership/downpayment/100-loan. htm.

[The] Carbon footprint of daily travel. 2009. *NHTS Brief* (May). U. S. Department of Transportation, Federal Highway Administration. http: //nhts. ornl. gov/briefs/Carbon% 20Foot-print% 20of% 20Travel. pdf.

Cardwell, D. 2005. City backs makeover for decayingBrooklyn waterfront. *New York Times*, May 3. http: //www. nytimes. com/2005/05/03/nyregion/03brooklyn. html.

Carliner, M. 1998. Development of federal homeownership "policy." *Housing Policy Debate* 9, 2: 299 – 321. http: //www. mi. vt. edu/data/files/hpd% 209 (2) /hpd% 209 (2) _ carliner. pdf.

Carr, J. H. & N. K. Kutty, eds. 2008. *Segregation: The rising costs for America*. New York: Routledge.

Case, K. E. & M. Marynchenko. 2002. Home price appreciation in low-and moderate-income markets. In N. E Retsinas & E. S. Belsky (Eds.), *Low income homeownership: Examining the unexamined goal* (pp. 239 – 256). Washington, DC: Brookings Institution Press.

Case-Shiller Home Price Indices. 2009. Home price indices. http: //www2. standardandpoors. com/portal/site/sp/en/us/page, topic/indices_ csmahp/0, 0, 0, 0, 0, 0, 0, 0, 1, 1, 0, 0, 0, 0, 0. html.

Caves, R. 1998. Housing Act of 1949. In W. van Vliet (Ed.), *The encyclopedia of housing* (pp. 251 – 252). Thousand Oaks, CA: Sage.

Center for Community Change. 2009. Housing trust fund project. http: //www. communitychange. org/our-projects/htf.

Center for Community Change& ENPHRONT. 2003. *A HOPE unseen: Voices from the other side of Hope VI*. Washington, DC: Center for Community Change.

Center for Housing Policy. 2009. Paycheck to paycheck database, http: //www. nhc. org/chp/p2p/.

Center on Budget and Policy Priorities. 2004. *The myth of spiraling voucher costs*. Washington, DC: Author (June 11). http: //www. cbpp. org/6 – ll – 04hous. htm.

Center on Budget and Policy Priorities. 2009. Introduction to the Housing Voucher Program (Revised May 15). http: //www. cbpp. org/files/5 – 15 – 09hous. pdf.

Ceraso, K. 1995. Is mixed-income housing the key? *Shelterforce* March/April: 21 – 25.

Chase, D. , & J. Graves. 2005. Lessons from HUD's preservation process. *Rural Voices*, 9, 4: 30 – 33. http: //www. ruralhome. org/manager/uploads/VoicesWinter2004 – 2005. pdf. April 20. http: //query. nytimes. com/gst/fullpage. html? res =9C0CE2DD1631F933A15757C0A 9639C8B63.

Chicago Housing Authority. 2004. Chicago Housing Authority Board of Commissioners public session meeting of September 21, 2004. Chicago: Author, http: //www. thecha. org/aboutus/files/faq_ 09 – 21 – 2004. pdf.

Chicago Housing Authority. 2005. The CHA's plan for transformation. Chicago: Author. http: //www. thecha. org/transformplan/plan_ summary. html.

Chicago Housing Authority. 2008. *Moving to work annual report.* Chicago: Author. http://www. thecha. org/transformplan/files/final_ FY2008_ Annual_ Report_ 033009. pdf.

Christensen, S. L. 2004. Year 15: Exit strategies. *Journal of Affordable Housing and Community Development Law* 14, 1: 46–62.

Cisneros, H. G., & L. Engdahl (Eds.). 2009. *From despair to hope: Hope VI and the new promise of public housing in Americas cities.* Washington, DC: Brookings Institution Press.

Citizens Housing and Planning Association. 1999. *Housing guidebook for Massachusetts.* Boston: Author.

Citizens Housing and Planning Association. 2009. Summary of tax credit exchange ("1602") guidance and TCAP notice. http://www. chapa. org/pdf/SummaryofTCAPandTaxCreditExchange. pdf.

Clancy, P. E. 1990. Tax incentives and federal housing programs: Proposed principles for the 1990s. In D. DiPasquale & L. C. Keyes (Eds.), *Building foundations: Housing andfederal policy* (chap. 11). Philadelphia: University of Pennsylvania Press.

Climaco, C., M. Finkel, B. Kaul, K. Lam, & C. Rodger. 2009. *Updating the low-income housing tax credit (LIHTC) database: Projects placed in service through 2006.* Washington, DC: Abt Associates for the U. S. Department of Housing and Urban Development (January). http://www. huduser. org/Datasets/lihtc/report9506. pdf.

Collignon, K. 1999. *Expiring affordability of low-income housing tax credit properties: The next era in preservation.* Cambridge, MA: Harvard Joint Center for Housing Studies. http://www. jchs. harvard. edu/publications/finance/collignon w99 – 10. pdf.

Collins, J. M., & D. Dylla. 2001. *Mind the gap: Issues in overcoming the information, income, wealth, and supply gaps facing potential buyers of affordable housing.* Washington, DC: The LISC Center for Homeownership. http://www. lisc. org/resources/assets/asset_ upload_ file63_ 537. pdf.

Collins, M. 2002. *Pursuing the American dream: homeownership and the role of federal housingpolicy.* Paper prepared for the Millennial Housing Commission, http://govinfo. library. edu/mhc/papers/collins. pdf.

Collins, M., D. Crowe, &M. Carliner. 2002. Supply-side constraints onlow-income homeownership. In N. P. Retsinas & E. S. Belsky (Eds.), *Low income homeownership: Examining the unexamined goal* (pp. 175 – 199). Washington, DC: Brookings Institution.

Colquist, L. L., & V. C. Slawson, Jr. 1997. Understanding the cost of private mortgage insurance. *Business Quest* (November 17). http://www. westga. edu/ ~ bquest/1997/costof. html.

Colton, K. W. 2003. *Housing in the twenty first century: Achieving common ground.* Cambridge, MA: Harvard University Press.

Commission on Affordable Housing and Health Facilities. 2002. *Needs for seniors in the 21st century: A quiet crisis in America.* Washington, DC: Author. http://www. seniorscommission. gov/pages/final report/sencomrep. html.

Committee onWays and Means, U. S. House of Representatives. 2008. *2008 Greenbook: Background material and data on the programs within the jurisdiction ofthe Committee on Ways and Means.* Washington, DC: U. S. Government Printing Office. http://waysandmeans. house. gov/Documents. asp? section = 2168.

Community Builders, Inc., The. 2009. http://www. communitybuilders. org/.

Congressional Oversight Panel. 2009. October oversight report: An assessment of foreclosure mitigation efforts after six months. (Oct. 9th). Washington, DC: author. http://cop. senate. gov/documents/cop-100909-report. pdf.

Connerly, C. E. 1993. A survey and assessment of housing trust funds in theUnited States. *Journal of the American Planning Association* 59, 3: 306–319.

Connerly, C. E., & Y. T. Liou. 1998. Community development block grant. In W. van Vliet (Ed.), *The encyclopedia of housing* (pp. 64–66). Thousand Oaks, CA: Sage.

Cooper, E., H. Korman, A. O'Hara, & A. Zovistoski. 2009. *Priced out in 2008: The housing crisis for people with disabilities.* Boston: The Technical Assistance Collaborative. http://www.tacinc.org/Docs/HH/Priced%20ut%202008.pdf.

Corporation for Supportive Housing. 2009a. http://www.csh.org/.

Corporation for Supportive Housing. 2009b. Guide to financing supportive housing: U.S. Department of Housing and Urban Development-Supportive Housing Program (SHP). http://www.csh.org/index.cfm?fuseaction=page.viewPage&PageID=438&C: \ CFu-sionMX7 \ verity \ Data \ dummy.txt.

Corporation for Supportive Housing. 2009c. Guide to financing supportive housing: U.S. Department of Housing and Urban Development-Shelter Plus Care (S+C). http://www.csh.org/index.cfm?fuseaction=page.viewPage&PageID=439&C: \ CFusionMX7 \ verity \ Data \ dummy.txt.

Corporation for Supportive Housing. 2009d. Guide to financing supportive housing: U.S. Department of Housing and Urban Development-Section 8 Moderate Rehabilitation Single Room Occupancy (SRO) Program. http://www.csh.org/index.cfm?fuseaction=page.viewPage&PageID=440&C: \ CFusionMX7 \ verity \ Data \ dummy.txt.

Couch. L. 2009a. Public housing. In National Low Income Housing Coalition (Ed.), *Advocates' guide to housing and community development policy* (pp. 88–91). Washington, DC: National Low Income Housing Coalition. http://nlihc.org/doc/Advocacyguide2009-web.pdf.

Couch, L. 2009b. Housing choice vouchers. In National Low Income Housing Coalition (Ed.), *Advocates' guide to housing and community development policy* (pp. 46–49). Washington, DC: National Low Income Housing Coalition. http://nlihc.org/doc/Advocacyguide2009-web.pdf.

Council of Federal Home Loan Banks. 2009a. Affordable housing program, http://www.fhlbanks.com/programs_affordhousing.htm.

Council of Federal Home Loan Banks. 2009b. Community investment program. http://www.fhlbanks.com/programs_comminvest.htm.

Council of Large Public Housing Authorities. 2004. *Hope VI: The case for reauthorization andfull funding.* Washington, DC: Author.

Council of Large Public Housing Authorities, n.d. *Who will house the poor? Unraveling the safety net: The threat to America's public housing.* Washington, DC: Author.

Cowell, J. 2009. Federal home loan bank system. In National Low Income Housing Coalition (Ed.), *Advocates' guide to housing and community development policy* (pp. 31–32). Washington, DC: National Low Income Housing Coalition. http://nlihc.org/doc/Advocacyguide2009-web.pdf.

Craycroft, J. 2003. *Low-income housing tax credits: Program description and summary of year 15 issues.* Paper prepared for Atlanta Alliance for Community Development Investment. http://www.ahand.org/albums/images/Housing_CreditsFINALFINAL.pdf.

Crowley, S. 2005a. Letter to National Housing Trust Fund Campaign partners. Washington, DC: National Housing Trust Fund Campaign, http://www.nhtf.org/gseletter52605.asp.

Crowley, S. 2005b. Testimony for the Federalism and the Census Subcommittee of the Government Reform Committee, U.S. House of Representatives (May 24). http://www.nado.org/saci/crowley. pdf.

Culhane, D. E., E. F. Dejowski, J. Ibanes, E. Needham, & I. Macchia. 1999. Public admission rates in Philadelphia and New York. *Housing Policy Debate* 5, 2: 107 – 139.

Culhane, D. P., & S. Metraux. 2008. Rearranging the deck chairs or reallocating the lifeboats? Homelessness assistance and its alternatives. *Journal of the American Planning Association* 74, 1: 111 – 121.

Cummings, J. L., & D. DiPasquale. 1999. The low income housing tax credit: An analysis of the first 10 years. *Housing Policy Debate* 10, 2: 251 – 307.

Cunningham, M. 2009. *Preventing and ending homelessness-Next steps.* Washington DC: Urban Institute, Metropolitan Housing and Communities Center (February). http://www.urban.org/UploadedPDF/411837_ ending_ homelessness. pdf.

Danter Company. 2009. LIHTC units relative to multifamily permits, http://www.danter.com/taxcredit/lihtcmf. htm.

Davis, J. E. 1994. Beyond the market and the state: The diverse domain of social housing. In J. E. Davis (Ed.), *The affordable city: Toward a third sector housing policy* (chap. 2). Philadelphia: Temple University Press.

Davis, J. E. 2006. Beyond devolution and the deep blue sea: What's a city or state to do? In R. G. Bratt, M. E. Stone, & C. Hartman (Eds.), *A right to housing: Foundation for a new social agenda* (pp. 364 – 398). Philadelphia: Temple University Press.

Davis, R. T. 2009. Results of the 2008 multi-family housing annual fair housing occupancy report. Memorandum to State directors, rural development (May 28). Unpublished.

DeLuca, S., & J. E. Rosenbaum. 2000. *Is housing mobility the key to welfare reform?* Washington, DC: The Brookings Institution Center for Metropolitan Policy, Survey Series, http://www.brookings.edu/dybdocroot/es/urban/rosenbaum.pdf.

DeLuca, S., &J. E. Rosenbaum. 2003. If low-income Blacks are given a chance to live in White neighborhoods, will they stay? Examining mobility patterns in a quasi-experimental program with administrative data. *Housing Policy Debate*, 14, 3: 305 – 345.

Denton, N. 2001. Housing as a means of asset accumulation: A good strategy for the poor? In T. Shapiro & E. Wolff (Eds.), *Assets for the poor* (pp. 232 – 266). New York: Russell Sage Foundation.

Denton, N. A. 2006. Segregation and discrimination in housing. In R. G. Bratt, M. E. Stone, & C. Hartman (Eds.), *A right to housing: Foundation for a new social agenda* (pp. 61 – 81). Philadelphia: Temple University Press.

Devine, D. J., R. W. Gray, L. Rubin, & L. B. Taghavi. 2003. *Housing choice voucher location patterns: Implications for participants and neighborhood welfare.* Washington: DC: U. S. Department of Housing and Urban Development, Office of Policy Development and Research, Division of Program Monitoring and Research (January). http://www.huduser.org/Publi-cations/pdf/Location _ Paper. pdf.

DiPasquale, D., &J. L. Cummings. 1992. Financing multifamily rental housing: The changing role of lenders and investors. *Housing Policy Debate*, 3, 1: 77 – 117.

Dolbeare, C. 1986. How the income tax system subsidizes housing for the affluent. In R. G. Bratt, C. Hartman, & A. Myerson (Eds.), *Critical perspectives on housing* (chap. 15). Philadelphia: Temple University Press.

Dolbeare, C., & S. Crowley. 2002. *Changing priorities: The federal budget and housing assis-*

tance 1976 – 2007. Washington, DC: National Low Income Housing Coalition. http://www.nlihc.org/pubs/changingpriorities.pdf.

Dolbeare, C., L. B. Sharaf, &S. Crowley. 2004. *Changing priorities: The federal budget and housing assistance 1976 – 2005*. Washington, DC: National Low Income Housing Coalition. http://www.nlihc.org/pubs/cp04/ChangingPriorities.pdf.

Downs, A. 1994. Reducing regulatory barriers to affordable housing erected by local governments. In G. T. Kingsley &M. A. Turner (Eds.), *Housing markets and residential mobility* (chap. 10). Washington, DC: Urban Institute Press.

Dreier, E. 2001. Federal housing policies and subsidies. In R. K. Green & A. Reschovsky (Eds.), *Using tax policy to increase homeownership among low-and moderate-income households* (chap. 3). New York: Ford Foundation.

Duhigg, C. 2008. Pressured to take more risk, Fannie reached tipping point. *New York Times*, October 4. http://www.nytimes.com/2008/10/05/business/05fannie.html.

Duhigg, C. 2009. U. S. likely to keep the reins on Fannie and Freddie. *New York Times*, March 3. http://www.nytimes.com/2009/03/03/business/03mortgage.html.

E. & Y. Kenneth Leventhal Real Estate Group. 1997. *The low income housing tax credit: The first decade*. Washington, DC: National Council of State Housing Finance Agencies.

Eggers, F. J., & F. Moumen. 2008. *Trends in housing costs: 1985 – 2005 and the thirty-percent-of-income standard* (Report prepared for U. S. Department of Housing and Urban Development, Office of Policy Development and Research) (June). http://www.huduser.org/Publications/pdf/Trends_hsg_costs_85 – 2005.pdf.

Energy Information Administration. 2008. *Emission of greenhouse gasses in the United States in 2007*. Washington, DC: U. S. Department of Energy, ftp://ftp.eia.doe.gov/pub/oiaf/1605/cdrom/pdf/ggrpt/057307.pdf.

Engel, K. C., & P. McCoy. 2004. *Predatory lending and community development at loggerheads*. Paper presented at Community Development Finance Research Conference, Federal Reserve Bank of New York, December 8 – 10.

Engel, K. C., & P. McCoy. 2008. From credit denial to predatory lending: The challenge of sustaining minority homeownership. In J. H. Carr & N. K. Kutty (Eds.), *Segregation: The rising costs for America* (pp. 81 – 124). New York: Routledge.

Enterprise Community Partners. 2008. *2007 Annual report: Enterprise at 25*. Columbia, MD: Author. http://www.enterprisecommunity.org/about/annual_report/2007_enterprise_annual_report.pdf.

Enterprise Community Partners. 2009. Tax Credit 101-Tutorial. http://www.enterprisefoundation.org/esic/taxcredits/101/index.asp.

Ernst & Young. 2003. The impact of the dividend exclusion proposal on the production of affordable housing, commissioned by NCSHA (February). http://www.recapadvisors.com/pdf/EY-DT-EReport.pdf.

Ernst & Young. 2007. *Understanding the dynamics IV: Housing tax credit investment performance* (June). Washington, DC: Author.

Essene, R. S., & W. C. Apgar, Jr. 2009. The 30th anniversary of the Community Reinvestment Act: Restructuring the CRA to address the mortgage finance revolution. In Federal Reserve Banks of Boston and San Francisco (Eds.), *Revisiting the CRA: Perspectives on the future of the Community Reinvestment Act* (pp. 12 – 29). (February). http://www.frbsf.org/publications/community/cra/revisiting_ cra. pdf.

Ewing, R., K. Bartholomew, S. Winkelman, J. Walters, & D. Chen. 2007. *Growing cooler: The evidence on urban development and climate change.* Washington, DC: Urban Land Institute.

Ewing, R., & F. Rong. 2008. The impact of urban form on U. S. residential energy use. *Housing Policy Debate* 19, 1: 1 – 30. http://www. mi. vt. edu/data/files/hpd%2019. 1/ewing_ article. pdf.

Fannie Mae. 2004. *Tackling Americas toughest problems: American dream commitment2003 report.* Washington, DC: Author, http://www. fanniemae. com/initiatives/pdf/adc/full2003. pdf.

Federal Deposit Insurance Corporation (FDIC). 2005a. *The S&L crisis: A chrono-bibliography.* Washington, DC: Author, http://www. fdic. gov/bank/historical/s&1/.

Federal Deposit Insurance Corporation (FDIC). 2005b. Fair lending implications of credit scoring systems. *Supervisory Insights* 2, 1: 23 – 28. http://www. fdic. gov/regulations/exami-nations/supervisory/insights/sisum05/article03 fair lending. html.

Federal Financial Institutions Examinations Council (FFIEC). 2009, HMDA national aggregate report. http://www. ffiec. gov/hmdaadwebreport/NatAggWelcome. aspx.

Federal Register. 2003. Statutorily mandated designation of difficult development areas and qualified census tracts for Section 42 of the Internal Revenue Code of 1986: notice. (December 19). http://www. huduser. org/datasets/qct/Notice2004. pdf.

Federal Register. 2005. Community reinvestment act-assigned ratings. March 2: 10023 – 10030. http://www. 0ts. treas. g0v/d0ts/7/73253. pdf.

Federal Register. 2008. Truth in lending; Final Rule. July 30: 44522 – 44614. http://edocket. access. gpo. gov/2008/pdf/E8 – 16500. pdf.

Federal Reserve Banks ofBoston and San Francisco. 2009. *Revisiting the CRA: Perspectives on the future of the Community Reinvestment Act* (February), http://www. frbsf. org/publica-tions/community/cra/revisiting_ cra. pdf.

Ferguson, R. F. 1999. Conclusion: Social science research, urban problems, and community development alliances. In R. Ferguson & W. Dickens (Eds.), *Urban problems and community development* (chap. 13). Washington, DC: Brookings Institution.

Finkel, M., & L. Buron. 2001. *Study on Section 8 voucher success rates: Vol. 1 quantitative study of success rates in metropolitan areas. Final report.* Washington: DC: Abt Associates for the U. S. Department of Housing and Urban Development, Office of Policy Development and Research (November). http://www. huduser. org/Publications/pdf/sec8success. pdf.

Finkel, M., C. Hanson, R. Hilton, K. Lam, & M. Vandawalker. 2006. *Multifamily properties: Opting in, opting out and remaining affordable.* Washington, D. C., Econometrica, Inc. and Abt Associates for the U. S. Department of Housing and Urban Development, http://www. huduser. org/Publications/pdf/opting_ in. pdf.

Finkel, M., D. DeMarco, H. -K. Lam, & K. Rich. 2000. *Capital needs of the public housing stock in 1998.* Washington, DC: Abt Associates for the U. S. Department of Housing and Urban Development, http://www. abtassociates. com/reports/20008744720691. pdf.

Finkel, M., D. DeMarco, D. Morse, S. Nolden, & K. Rich. 1999. *Status of HUD-insured (or held) multifamily rental housing in 1995.* Washington, DC: Abt Associates for the U. S. Department of Housing and Urban Development, Office of Policy Development and Research. http://www. housing. infoxchange. net. au/library/ahin/social_ housing/items/00050-upload-00001. pdf.

Fiore, M. G., & B. Lipman. 2003. Paycheck to paycheck: Wages and the cost of housing in America. *New Century Housing* 2, 2. Washington, DC: Center for Housing Policy/National Housing

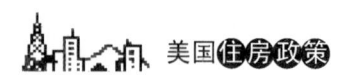

Conference. http：//www. nhc. org/pdf/Pub PP 05 03. pdf.

Fischer, D. 2009. Asset management. In National Low Income Housing Coalition (Ed.) *Advocates' guide to housing and community development policy* (pp. 92 – 94). Washington, DC: National Low Income Housing Coalition. http：//nlihc. org/doc/Advocacyguide2009-web. pdf.

Fischer, W. 2009. Testimony, House Financial Services Subcommittee on Housing and Community Opportunity (June 6). http：//www. cbpp. org/files/6 – 4 – 09housing-testimony. pdf.

Fishbein, A. J. 1992. Tie ongoing experiment with "regulation from below": Expanded reporting requirements for HMDA and CRA. *Housing Policy Debate* 3, 2: 601 – 636.

Fisher, C. M. 2005. Preservation and the aging portfolio: The owners' perspective. Assessment and portfolio analysis. *Rural Voices*, 9, 4: 16 – 19. http：//www. ruralhome. org/manager/uploads/VoicesWinter2004 – 2005. pdf.

Freeman, L. 2004. *Siting affordable housing: Location and neighborhood trends of low-income housing tax credit developments in the 1990s.* Washington, DC: Brookings Center on Urban and Metropolitan Policy (Census 2000 Survey Series) (March), http：//www. brookings. edu/urban/pubs/20040405_ Freeman. pdf.

Friedman, S., & G. Squires. 2005. Does the Community Reinvestment Act help minorities access traditionally inaccessible neighborhoods? *Social Problems* 52, 2: 209 – 231.

Fuerst, J. S. 2003. *When public housing was paradise: Building community in Chicago.* Westport, CT: Praeger.

Gale, D. E. 1998. Historic preservation. In W. van Vliet (Ed.), *The encyclopedia of housing* (pp. 216 – 218). Thousand Oaks, CA: Sage.

Galster, G. C. 1997. Comparing demand-side and supply-side housing policies: Submarket and spatial perspectives. *Housing Studies* 12, 4: 561 – 577.

Galster, G. C., P. A. Tatian, A. M. Santiago, K. L. S. Pettit, & R. E. Smith. 2003. *Why not in my backyard? Neighborhood impacts of deconcentrating assisted housing.* New Brunswick, NJ: Center for Urban Policy Press.

Galster, G. C., C. Walter, E. Hayes, P. Boxall, &J. Johnson. 2004. Measuring the impact of community block grant spending on urban neighborhoods. *Housing Policy Debate* 15, 4: 903 – 934. http：//www. mi. vt. edu/data/files/hpd%2015 (4) /hpd%2015 (4) _ article_ galster. pdf.

Galster, G. C., & A. Zobel. 1998. Will dispersed housing programmes reduce social problems in the U. S. ? *Housing Studies* 13, 5: 605 – 622.

GAO (U. S. General Accounting Office). 1997. *Tax credits: Opportunities to improve the low income housing program.* Washington, DC: GAO/GGD/RCED – 97 – 55. http：//www. gao. gov/archive/1997/g597055. pdf.

GAO (U. S. General Accounting Office). 1999. *Tax credits: Reasons for cost differences in housing built by for-profit and nonprofit developers.* Washington, DC: GAO/RCED – 99 – 60. http：//www. gao. gov/archive/1999/rc99060. pdf.

GAO (U. S. General Accounting Office). 2000. *Homelessness: HUDfunds eligible projects according to communities' priorities.* Washington, DC: GAO/RCED – OO – 191. http：//www. gao. gov/new. items/rc00191. pdf.

GAO (U. S. General Accounting Office). 2002a. *Federal housing assistance: Comparing the characteristics and costs of housing programs.* Washington, DC: GAO – 02 – 76. http：//www. gao. gov/new. items/d0276. pdf.

GAO (U. S. General Accounting Office). 2002b. *Hope VI leveraging has increased, but HUD has* not met annual reporting requirement. Washington, DC: General Accounting Office. Report GAO – 03 – 91 (November) http://www.gao.gov/new.items/d0391.pdf.

GAO (U. S. General Accounting Office). 2003a. *Hope VI resident issues and changes in neighborhoods surrounding grant sites.* Washington, DC: Author. Report GAO – 04 – 109 (November). http://www.gao.gov/new.items/d04109.pdf.

GAO (U. S. General Accounting Office). 2003b. *HUD's oversight of Hope VI sites needs to be more consistent.* Washington, DC: Author. Report GAO – 03 – 555. http://www.gao.gov/new.items/d03555.pdf.

GAO (U. S. General Accountability Office). 2004. *Multifamily housing: More accessible HUD data could help efforts to preserve housing for low-income tenants.* Report to the Committee on Financial Services. House of Representatives. GAO – 04 – 20. http://www.gao.gov/new.items/d0420.pdf.

GAO (U. S. General Accountability Office). 2005. *Elderly housing: Federal programs that offer assistance for the elderly.* Washington, DC: Author. Report GAO – 05 – 174. http://www.gao.gov/new items/d05795t.pdf.

GAO (U. S. General Accountability Office). 2007. Project-based rental assistance: HUD should update its policies and procedures to keep pace with the changing housing market. GAO – 07 – 290. http://www.gao.gov/new.items/d07290.pdf.

Gladwell, M. 2006. Million dollar Murray. *The New Yorker* (February 13). http://www.gladwell.com/2006/2006_02_13_a_murray.html.

Glaeser, E. 2009. Killing (or maiming) a sacred cow: Home mortgage deductions. *New York Times*, February 24. http://economix.blogs.nytimes.com/2009/02/24/killing-or-maiming-a-sacred-cow-home-mortgage-deductions/?scp=l&sq=ECONOMIX%20MORTGAGE%20TAX&st=cse.

Glaeser, E., &. J. Gyourko. 2008. *Rethinking federal housing policy: How to make housing plentiful and affordable.* Washington, DC: American Enterprise Institute.

Goering, J. 2003. Comments on future research and housing policy. In J. Goering & E. Feins (Eds.), *Choosing a better life: Evaluating the moving to opportunity social experiment* (pp. 383 – 407). Washington, DC: The Urban Institute Press.

Goering, J., & E. Feins. (Eds.). 2003. *Choosing a better life: Evaluating the moving to opportunity social experiment.* Washington, DC: The Urban Institute Press.

Goering, J., J. Feins, &. T. M. Richardson. 2003. What have we learned about housing mobility and poverty deconcentration? In J. Goering & E. Feins (Eds.), *Choosing a better life: Evaluating the moving to opportunity social experiment* (pp. 3 – 36). Washington, DC: The Urban Institute Press.

Goetz, E. G. 1993. *Shelter burden: Local politics and progressive housing policy.* Philadelphia: Temple University Press.

Goetz, E. G. 2003. *Clearing the way: Deconcentrating the poor in urban America.* Washington, DC: The Urban Institute Press.

Gramlich, E. 1998. *CDBG: An action guide to the Community Development Block Grant Program.* Washington, DC: Center for Community Change. http://www.communitychange.org/shared/publications/downloads/CDBG.pdf.

Gramlich, E. 2007. *Subprime mortgages: America's latest boom and bust.* Washington, DC: The Urban Institute.

Gramlich, E. 2009. Community development block grant program. In National Low Income Housing Coalition (Ed.), *Advocated guide to housing and community development policy* (pp. 8 – 10). Washington, DC: National Low Income Housing Coalition. http://www.nhhc.org/doc/Advocacyguide2009-web. pdf.

Gravelle, J. G. 1999. *Depreciation and the taxation of real estate.* Washington, DC: Congressional Research Service, Order Code RL30163 (May 12). http: //www. nmhc. org/Content/S erveFile. cfmPFileID =240.

Green, R. K. , & A. Reschovsky. 2001. *Using tax policy to increase homeownership among low- and moderate-income households.* New York: Ford Foundation.

Haley, B. A. , & R. W. Gray with L. B Taghavi, D. T. Thompson, D. Devine, A. H. Haghighi, & S. R. Marcus. 2008. *Section 202 supportive housing for the elderly: Program status and performance measurement.* Washington, DC: U. S. Department of Housing and Urban Development, Office of Policy Development and Research. (June) . http: //www. huduser. org/Publications/pdf/sec _ 202_ 1. pdf.

Harkness, J. , & S. Newman. 2002. Homeownership for the poor in distressed neighborhoods: Does this make sense? *Housing Policy Debate* 13, 3: 597 – 626.

Harkness, J. , & S. Newman. 2003. Differential effects of homeownership on children from higher and lower income families. *Journal of Housing Research* 14, 1: 1 – 19. http: //www. fanniemaefoundation. com/programs/jhr/pdf/jhr_ 1401_ harkness. pdf.

Hartman, C. 1991. Comment on Anthony Downs's "The Advisory Commission on Regulatory Barriers to Affordable Housing: Its behavior and accomplishments. " *Housing Policy Debate* 2, 4: 1161 – 1168.

Hartman, C. 1998. Affordability. In W van Vliet (Ed.), *The encyclopedia of housing* (pp. 9 – 11). Thousand Oaks, CA: Sage.

Hartman, C. 2006. The case for a right to housing. InR. G. Bratt, M. E. Stone, &C. Hartman (Eds.), *A right to housing: Foundation for a new social agenda* (pp. 177 – 192). Philadelphia: Temple University Press.

Hartman, C. W. 1975. *Housing and social policy.* Englewood Cliffs, NJ: Prentice-Hall.

Harvard University Graduate School of Design. 2003. *Public housing operating cost study: Final report.* Washington: DC: U. S. Department of Housing Preservation and Development. http: //www. gsd. harvard. edu/research/research_ centers/phocs/documents/Final%20 Report. pdf.

Haughwout, A. , & E. Okah. 2009. Below the line: estimates of negative equity among nonprime mortgage borrowers. *Federal Reserve Economic Review* 15, 1: 31 – 43. http: //www. newy-orkfed. org/research/epr/forthcoming/0906haug. pdf.

Haurin, D. , T. L. Parcel, & R. J. Haurin. 2002. Impact of homeownership on child outcomes. In N. P Retsinas & E. S. Belsky (Eds.), *Low income homeownership: Examining the unexaminedgoal* (pp. 427 – 446). Washington, DC: Brookings Institution.

Hays, R. A. 1995. *The federal government and urban housing* (2nd ed.). Albany: SUNY Press.

Hebert, S. , K. Heintz, C. Baron, N. Kay, &J. E. Wallace. 1993. *Nonprofit housing: Costs and benefits. Final report.* Washington, DC: Abt Associates with Aspen Systems for U. S. Department of Housing and Urban Development, Office of Policy Development and Research.

Heilbrun, J. 1987. *Urban economics and public policy* (3rd ed.). New York: St. Martin's Press.

Hendershott, E. H. 1990. Hie Tax Reform Act of 1986 and real estate. In D. DiPasquale & L. C. Keyes (Eds.), *Building foundations: Housing and federal policy* (chap. 9). Philadelphia: University of Pennsylvania Press.

Herbert, C. , J. Bonjorni, M. Finkel, N. Michlin, S. Nolden, K. Rich, & K. P Srinath.

2001. *Study of the ongoing affordability of HOME program rents*. Washington, DC: Abt Associates for U. S Department of Housing and Urban Development, Office of Policy Development and Research. http://www.huduser.org/Publications/PDF/ongoing.pdf.

Herbert, C. E., D. R. Haurin, S. S. Rosenthal, & M. Duda. 2005. *Homeownership gaps among low income and minority borrowers and neighborhood*. Washington, DC: Abt Associates for U. S. Department of Housing and Urban Development, Office of Policy Development and Research. http://www.huduser.org/Publications/pdf/HomeownershipGapsAmongLow-IncomeAndMinority.pdf.

Heumann, L. F., K. Winter-Nelson, & J. R. Anderson. 2001. *The 1999 national survey of Section 202 elderly housing*. Washington, DC: AARP. http://assets.aarp.org/rgcenter/il/2001_02_housing.pdf.

Hilton, R., C. Hanson, J. Anderson, M. Finkel, K. Lam, J. Khadduri, & M. Wood. 2004. *Evaluation of the Mark to Market Program*. Washington, DC: Econometrica and Abt. Associates for the U. S. Department of Housing and Urban Development, Office of Development and Research. http://www.huduser.org/Publications/pdf/M2MEva.pdf.

Hirsch, A. R. 1998. *Making the second ghetto: Race and housing in Chicago*, 1940 – 1960. Chicago: University of Chicago Press.

Hoch, C. J. 1998. Homelessness. In W. van Vliet (Ed.), *The encyclopedia of housing* (pp. 233 – 235). Thousand Oaks, CA: Sage.

Hopper, K. 1997. Homelessness old and new: The matter of definition. In D. Culhane & S. P. Hornberg (Eds.), *Understanding homelessness: New research and policy perspectives*. Washington, DC: Fannie Mae Foundation, http://www.knowledgeplex.org/kp/report/report/relfiles/homeless_1997hopper.pdf. \ 15th.

Housing Assistance Council. 2009. USDA Section 515 rental housing loan prepayments, FY2001 – fy2008. http://www.ruralhome.org/rhs/08prepayment/Prepayment_Table_2001_to_2008.pdf.

Housing Development Reporter. 1998. *Mortgage finance and regulation*. Washington, DC: West Group.

Housing First! 2003. *Affordable housing for all New Yorkers: A review of Mayor Bloomberg's new marketplace plan*. New York: Author, http://www.housingfirst.net/pdfs/7-03report.pdf.

Housing Partnership Network. 2009. http://www.housingpartnership.net/.

Howard, C. 1997. *The hidden welfare state: Tax expenditures and social policy in the United States*. Princeton, NJ: Princeton University Press.

HUD (U. S. Department of Housing and Urban Development). 1994. *Priority home! The federal plan to break the cycle of homelessness*. Washington, DC: Author.

HUD (U. S. Department of Housing and Urban Development). 1999. *A house in order: Results from the first national assessment of HUD housing*. Washington, DC: Author http://www.huduser.org/Publications/pdf/houseord.pdf.

HUD (U. S. Department of Housing and Urban Development). 2000a. *Section 8 tenant-based housing assistance: A look back after 30years*. Washington, DC: Author. http://www.huduser.org/Publications/pdf/look.pdf.

HUD (U. S. Department of Housing and Urban Development). 2000b. *A promise being fulfilled: The transformation of America's public housing. A report to the President*. Washington, DC: Author, http://www.hud.gov/library/bookshelf18/pressrel/pubhouse/phreport.pdf.

HUD (U. S. Department of Housing and Urban Development). 2004a. Section 8 management assessment program (SEMAP), http://www.hud.gov/ofiices/pih/programs/hcv/semap/semap.cfm.

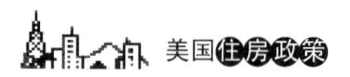

HUD (U. S. Department of Housing and Urban Development). 2004b. HOPE Ⅵ demolition grants: FY 1996 – 2003 (revised October 2004). http: //nhl. gov/offlces/pih/programs/ph/hope6/grants/demolition/2003master_ dem. pdf.

HUD (U. S. Department of Housing and Urban Development). 2007. *Affordable housing needs 2005* (Report to Congress). http: //www. huduser. org/Publications/pdf/AffHsgNeeds. pdf.

HUD (U. S. Department of Housing and Urban Development). 2008a. Performance and accountability report, http: //www. hud. gov/offlces/cfo/reports/hudpar-fy2008. pdf.

HUD (U. S. Department of Housing and Urban Development). 2008b. *A guide to counting unsheltered homeless people-Second Revision.* Washington, DC: Author. http: //www. hudhre. info/documents/counting_ unsheltered. pdf.

HUD (U. S. Department of Housing and Urban Development). 2009a. Characteristics of HUD-assisted renters and their units in 2003. http: //www. huduser. org/publications/pub-asst/hud_ asst_ rent. html.

HUD (U. S. Department of Housing and Urban Development). 2009b. Asset management overview, http: //www. hud. gov/offlces/pih/programs/ph/am/overview. cfm.

HUD (U. S. Department of Housing and Urban Development). 2009c. HOPE VI revitalization grants (revised December 2008). http: //www. nls. gov/offlces/pih/programs/ph/hope6/grants/revitalization/rev_ grants_ all. pdf.

HUD (U. S. Department of Housing and Urban Development). 2009d. *Use of CDBGfunds by entitlement communities as of09/30/2008.* Washington, DC: Author, http: //www. hud. gov/ofices/cpd/communitydevelopment/budget/disbursementreports.

HUD (U. S. Department of Housing and Urban Development). 2009e. Resident characteristics report as of May 31, 2009 (database). https: //pic. hud. gov/pic/RCRPublic/rcrha. asp.

HUD (U. S. Department of Housing and Urban Development). 2009f. HOME program national production report as of 04/31/09. http: //www. hud. gov/offlces/cpd/affordable-housing/reports/production/043009. pdf.

HUD (US. Department of Housing and Urban Development). 2009g. Interim report to Congress on the root causes of the foreclosure crisis. http: //www. huduser. org/Publications/PDF/int_ Foreclosure_ rpt_ congress. pdf.

HUD (U. S. Department of Housing and Urban Development). 2009h. Section 202 Supportive Housing for the Elderly Program, http: //nhl. gov/offlces/hsg/mfh/progdesc/eld202. cfm.

HUD (U. S. Department of Housing and Urban Development). 2009i. Multifamily housing service coordinators, http: //www. hud. gov/offlces/hsg/mfh/progdesc/servicecoord. cfm.

HUD (U. S. Department of Housing and Urban Development). 2009j. Assisted Living Conversion Program (ALCP). http: //nhl. gov/offlces/hsg/mfh/alcp/alcphome. cfm.

HUD (U. S. Department of Housing and Urban Development). 2009k. Housing Opportunities for People With AIDS (HOPWA) Program, http: //www. hud. gov/offlces/cpd/aidshousing/programs/.

HUD (U. S. Department of Housing and Urban Development). 20091. The Supportive Housing Program, http: //www. hud. gov/offlces/cpd/homeless/programs/shp/.

HUD (U. S. Department of Housing and Urban Development). 2009m. Guide to continuum of care planning and implementation. http: //www. fchonline. org/pdf/HUD% 20Guide% 20 to% 20COC% 20Planning. pdf.

HUD (U. S. Department of Housing and Urban Development). 2009n. The third Annual Homeless Assessment Report to Congress. http: //www. hudhre. info/documents/3rdHom elessAssessmentReport. pdf.

HUD (U. S. Department of Housing and Urban Development). 2009o. Fair Housing Assistance Program. http://www.hud.gov/offices/fheo/partners/FHAP/index.cfm.

HUD (U. S. Department of Housing and Urban Development). 2009p. Fair Housing Initiatives Program. http://nhl.gov/offices/fheo/partners/FHIP/fhip.cfm.

HUD (U. S. Department of Housing and Urban Development). 2009q. HUD implementation of the Recovery Act. http://portal.hud.gov/portal/page?_pageid = 1537936136&_dad = portal&_schema = PORTAL.

HUD (U. S. Department of Housing and Urban Development). 2009r. FY2010 Budget: Road map for transformation, http://www.hud.gov/budgetsummary2010/fyl0budget.pdf.

HUD (U. S. Department of Housing and Urban Development). 2009s. U. S. housing market conditions 1st quarter 2009 (May), http://www.huduser.org/periodicals/ushmc/spring09/USHMC_Q109.pdf.

HUD (U. S. Department of Housing and Urban Development). 2009t. The 2008 Annual Homeless Assessment Report to Congress (July). http://www.hudhre.info/documents/4thHomelessAssessmentReport.pdf.

HUD (U. S. Department of Housing and Urban Development). 2009u. Low Income Housing Tax Credit database, http://www.huduser.org/datasets/lihtc.html.

HUD (U. S. Department of Housing and Urban Development). 2009v. Fair market rent tables, fiscal 2009. http://www.huduser.org/datasets/fmr.html.

HUD (U. S. Department of Housing and Urban Development). 2009w. Emergency Shelter Grants (ESG) program, http://www.hud.gov/offices/cpd/homeless/programs/esg/.

HUD (U. S. Department of Housing and Urban Development). 2009x. Homeownership vouchers. http://www.hud.gov/offices/pih/programs/hcv/homeownership/.

HUD USER. 2009. A picture of subsidized housing (database), http://www.huduser.org/datasets/assthsg/statedata97/index.html.

Human Rights Watch. 2004. *No second chance: People with criminal records denied access to public housing.* New York: Author. http://hrworg/reports/2004/usall04/usall04.pdf.

Husock, H. 2004. The housing reform that backfired. *City Journal* (Summer), http://www.city-journal.org/html/14_3_housing_reform.html.

Husock, H. 2008. Tie housing goals we can't afford. *New York Times*, December 10. http://www.nytimes.com/2008/12/ll/opinion/llhusock.html?scp = l&sq = husock&st = Search.

ICF Consulting. 2000. *National evaluation of the Housing Opportunities for Persons with AIDS Program (HOPWA).* Washington, DC: U. S. Department of Housing and Urban Development, Office of Policy Development and Research. http://www.huduser.org/Publications/pdf/hopwa 0101.pdf.

ICF Consulting Team. 2005. Rural rental housing-Comprehensive property assessment and portfolio analysis. *Rural Voices* 9, 4: 7 – 9. http://www.ruralhome.org/manager/uploads/VoicesWinter2004 – 2005.pdf.

Immergluck, D. 2004. *Credit to the community: Community reinvestment andfair lending policy in the United States.* Armonk, NY: M. E. Sharpe.

Immergluck, D. 2008. From the subprime to the exotic: Excessive mortgage market risk and foreclosures. *Journal of the American Planning Association* 74, 1: 1 – 18.

Immergluck, D. 2009. *Foreclosed: High-risk lending, deregulation, and the undermining of America's mortgage market.* Ithaca, NY: Cornell University Press.

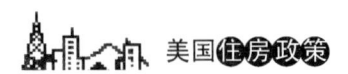

Inside Mortgage Finance Publications. 2008. *The 2008 mortgage market statistical annual.* Bethesda, MD: Author.

Interagency Council on Homelessness. 2009. http://www.ich.gov/.

Jackson, K. T. 1985. *Crabgrass frontier: The suburbanization of the United States.* New York: Oxford University Press.

Jacobs, B. G., K. R. Hareny, C. L. Edson, & B. S. Lane. 1986. *Guide to federal housing programs* (2nd ed.). Washington, DC: The Bureau of National Affairs.

Jaffe, A. J. 1998. Reverse-equity mortgage. In W. van Vliet (Ed.), *The encyclopedia of housing* (p. 492). Thousand Oaks, CA: Sage.

Joint Center for Housing Studies of Harvard University. 2002. The 25th anniversary of the Community Reinvestment Act: Access to capital in an evolving services system (Report prepared for the Ford Foundation), http://www.jchs.harvard.edu/publications/governmentprograms/cra02-1.pdf.

Joint Center for Housing Studies of Harvard University. 2003. *State of the nations housing 2003.* Cambridge, MA: Author, http://www.jchs.harvard.edu/publications/markets/son2003.pdf.

Joint Center for Housing Studies of Harvard University. 2004. *State of the nations housing 2004.* Cambridge, MA: Author, http://www.jchs.harvard.edu/publications/markets/son2004.pdf.

Joint Center for Housing Studies of Harvard University. 2006. *State of the nations housing 2006.* Cambridge, MA: Author, http://www.jchs.harvard.edu/publications/markets/son2006/son2006.pdf.

Joint Center for Housing Studies of Harvard University. 2008. *State of the nations housing2008.* Cambridge, MA: Author, http://www.jchs.harvard.edu/publications/markets/son2008/son2008.pdf.

Joint Center for Housing Studies of Harvard University. 2009. *State of the nations housing2009.* Cambridge, MA: Author, http://www.jchs.harvard.edu/publications/markets/son2009/son2009.pdf.

Joint Committee on Taxation. 2008. *Estimates of federal tax expenditures for fiscal years 2008-2012.* Washington, DC: U.S. Government Printing Office, http://www.house.gov/jct/s-2-08.pdf.

Joseph, M. 2006. Is mixed-income development an antidote to urban poverty? *Housing Policy Debate* 17, 2: 209-234.

Joseph, M. 2008. Early resident experiences at a new mixed-income development inChicago. *Journal of Urban Affairs* 30, 3: 229-257.

Katz, B. J., M. A. Turner, K. D. Brown, M. Cunningham, & N. Sawyer. 2003. Rethinking local affordable housing strategies: Lessons from 70 years of policy and practice. Washington, DC: Brookings Institution Program on Metropolitan Policy and the Urban Institute. http://www.brookings.edu/es/urban/knight/housingreview.pdf.

Keating, W. D., & N. Krumholz. 1999. *Rebuilding urban neighborhoods: Achievements, opportunities, and limits.* Thousand Oaks, CA: Sage.

Keating, W. D., M. B. Teitz, & A. Skaburskis. 1998. *Rent control, regulation, and the rental housing market.* New Brunswick, NJ: Center for Urban Policy Research Press.

Keyes, L. C., A. Schwartz, A. C. Vidal, & R. G. Bratt. 1996. Networks and nonprofits: Opportunities and challenges in an era of federal devolution. *Housing Policy Debate* 7, 2: 201-229.

Khadduri, J., K. Burnett, & D. Rodda. 2003. *Targeting housing production subsidies: Literature review.* Washington, DC: Abt Associates for U.S. Department of Housing and Urban Development, Office of Policy Development and Research. http://www.huduser.org/Publications/pdf/TargetingLitReview.pdf.

Kingsley, G. T. 2009. Appendix. In H. G. Cisneros& L. Engdahl (Eds.), *From despair to* hope: Hope VI and the new promise of public housing in Americas cities (pp. 299 – 306). Washington, DC: Brookings Institution Press.

Kingsley, G. T., J. Johnson, & K. L. S. Petit. 2003. Patterns of Section 8 relocation in the Hope VI Program. *Journal of Urban Affairs* 25, 4: 427 – 447.

Kingsley, G. T., R. E. Smith, & D. Price. 2009. *The impacts of foreclosures on families and communities: A primer*. Washington, DC: Urban Institute, Metropolitan Housing and Communities Center (July). http://www.urban.org/UploadedPDF/411910_impact_of_forclosures_primer.pdf.

Kotlowitz, A. 1991. *There are no children here*. New York: Doubleday.

Kreiger, J., & D., Higgens. 2002. Housing and health: Time again for public action. *American Journal of Public Health* 92, 5: 758 – 768.

Kroszner, R. 2009. The CRA and the recent mortgage crisis. In Federal Reserve Banks of Boston and San Francisco (Eds.), *Revisiting the CRA: Perspectives on the future of the Community Reinvestment Act* (pp. 8 – 11). (February), http://www.frbsf.org/publications/community/cra/revisiting_cra.pdf.

Krumholz, N. 1998. Zoning. In W. van Vliet (Ed.), *The encyclopedia of housing* (pp. 641 – 644). Thousand Oaks, CA: Sage.

Kuhn, R., & D. P. Culhane. 1998. Applying cluster analysis to test a typology of homelessness by pattern of shelter utilization: Results from the analysis of administrative data. *American Journal of Community Psychology* 26, 2: 207 – 231.

La Branch, M. 2009. Housing bonds. In National Low Income Housing Coalition (Ed.), *Advocates' guide to housing and community development policy* (pp. 43 – 45). Washington, DC: National Low Income Housing Coalition. http://nlihc.org/doc/AdvocacyGuide2009-web.pdf.

Lax, H., & M. Manti, P. Raca, & P. Zorn. 2004. Subprime lending: An investigation of economic efficiency. *Housing Policy Debate* 15, 3: 533 – 571.

Lea, M. 1996. Innovation and the cost of mortgage credit. *Housing Policy Debate* 7, 1: 147 – 174.

Lee, J. 2008. Private investors squeeze building maintenance costs. *New York Times*, October 6. http://cityroom.blogs.nytimes.com/2008/10/06/private-investors-squeeze-building-maintenance-costs/?scp=7&sq=private%20equity%20rent%20stabilization&st=Search.

Leonard, P., & M. Kennedy. 2001. *Dealing with neighborhood change: A primer on gentrification and policy choices*. Washington, DC: Brookings Institution Center on Metropolitan and Urban Policy, http://www.brookings.org/es/urban/gentrification/gentriftcation.pdf.

Libson, N. 2009. Section 202 supportive housing for the elderly. In National Low Income Housing Coalition (Ed.), *Advocates' guide to housing and community development policy* (pp. 109 – 111). Washington, DC: National Low Income Housing Coalition, http://nlihc.org/doc/AdvocacyGuide2009-web.pdf.

Link, B. G., E. Süsser, A. Stueve, J. Phelan, R. E. Moore, & E. Struening. 1994. Lifetime and 5-year prevalence of homelessness in the United States. *American Journal of Public Health* 84, 12: 1907 – 1912.

Listokin, D., E. K. Wyly, B. Schmitt, & I. Voicu. 2002. *The potential and limitations of mortgage innovation in fostering homeownership in the United States*. Washington, DC: Fannie Mae Foundation.

Liu, H. F., & P. Emrath. 2008. The direct impact of home building and remodeling on the U.S. Economy. *HousingEconomics. Com* (publication of the National Association of Homebuilders) (October

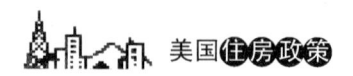

7). http://www.nahb.org/fileUpload_details.aspx?contentTypeID=3&conte ntID=103543&sub-ContentID=171242&channelID=311.

Local Initiatives Support Corporation. 2009. LISC by the numbers, http://www.lisc.org/section/aboutus/.

Locke, G., J. Khadduri, & A. O'Hara. 2007. *Housing models.* Paper presented at the 2007 National Symposium on Homelessness. http://www.huduser.org/publications/pdf/plO.pdf.

Louie, J., E. S. Belsky, &N. McArdle. 1998. *The housing needs of lower-income homeowners.* Cambridge, MA: Joint Center for Housing Studies of Harvard University. http://www.jchs.harvard.edu/publications/homeownership/louie_mcardle_belsky_w98-8.pdf.

Lowenstein, R. 2008. Triple-A failure. *The New York Times Magazine.* http://www.nytimes.com/2008/04/27/magazine/27Credit-t.html.

Lubell, J., & M. Brennan. 2007. *Framing the issues-The positive impacts of affordable housing on education.* Washington, DC: Center for Housing Policy, http://www.nhc.org/pdf/chp_int_litrvw_hsgedu0707.pdf.

Lubell, J., L. R. Crain, & R. Cohen. 2007. *Framing the issues-The positive impacts of affordable housing on health.* Washington, D.C.: Center for Housing Policy, http://www.nhc.org/pdf/chp_int_litrvw_hsghlth0707.pdf.

Lubove, R. 1962. *Progressives and the slums: Tenement house reform in New York City, 1890-1917.* Pittsburgh: University of Pittsburgh Press.

Ludwig, E. A., J. Kamihachi, &L. Toh. 2009. The CRA: Past successes and future opportunities. In Federal Reserve Banks of Boston and San Francisco (Ed.), *Revisiting the CRA: Perspectives on thefuture of the Community Reinvestment Act* (February, pp. 84-104). http://www.frbsf.org/publications/community/cra/revisiting_cra.pdf.

Making Home Affordable. 2009. http://makinghomeaffordable.gov/.

Mallach, A. 2004. The betrayal ofMt. Laurel. *Shelterforce* 134 (March/April). http://www.nhi.org/online/issues/134/mtlaurel.html.

Mandelker, D. R., & H. A. Ellis. 1998. Exclusionary zoning. In W. van Vliet (Ed.), *The encyclopedia of housing* (pp. 160-161). Thousand Oaks, CA: Sage.

Marcuse, P. 1986. Housing policy and the myth of the benevolent state. In R. G. Bratt, C. Hartman, & A. Myerson (Eds.), *Critical perspectives on housing* (chap. 14). Philadelphia: Temple University Press.

Massey. D. 2005. Racial discrimination in housing: A moving target. *Social Problems* 52, 2: 148-151.

Massey. D. 2008. Origins of economic disparities: Tie historical role of housing segregation. In J. H. Carr &N. K. Kutty (Eds.), *Segregation: The rising costs for America* (pp. 39-80). New York: Routledge.

Massey, D., &N. Denton. 1993. *American apartheid.* Cambridge, MA: Harvard University Press.

Mayer, N., & K. Temkin. 2007. *Housing partnerships: The work of large-scale regional nonprofits in affordable housing.* Washington, DC: The Urban Institute. http://www.urban.org/Upload-edPDF/411454_Housing_Partnerships.pdf.

McClure, K. 2002. *Mixed-income versus low-income housing.* Paper presented at the Annual Meetings of the American Planning Association. Denver, April 2. http://www.caed.asu.edu/apa/proceedings03/MCCLURE/mcclure.htm.

McClure, K. 2004. Section 8 and the movement to job opportunity: Experience after welfare reform inKansas City. *Housing Policy Debate* 15, 1: 99 – 131.

McClure, K. 2006. The Low-Income Housing Tax Credit goes mainstream and moves to the suburbs. *Housing Policy Debate* 17, 3: 419 – 446.

McCoy, P. A., & E. Renuart. 2008. The legal infrastructure of subprime and nontraditional home mortgages. In N. P. Retsinas &c E. Belsky (Eds.), *Borrowing to live: consumer and mortgage credit revisited* (pp. 125 – 150). Washington, DC: Tie Brookings Institution.

McKoy, D. L., &. J. Vincent. 2008. Housing and Education: The inextricable link. In J. H. Carr & N. K. Kutty (Eds.), *Segregation: The rising costs for America* (pp. 197 – 235). New York: Routledge.

Meek, S., R. Retzlaff, & J. Schwab. 2003. *Regional approaches to affordable housing* (Planning Advisory Service Report Number 513/514). Chicago: American Planning Association.

Melendez, E., & A. Schwartz. 2008. Year 15 and preservation of tax-credit housing for low-income households: An assessment of risk. *Housing Studies* 23, 1: 67 – 87.

Melendez, E., &L. J. Servon. 2008. Reassessing the role of housing in community-based urban development. *Housing Policy Debate* 18, 4: 751 – 783.

Millennial Housing Commission. 2002. *Meeting our nations housing challenges. Report of the Bipartisan Millennial Housing Commission.* Washington, DC: Author. http://govinfo. library. unt. edu/mhc/mhcreport. pdf.

Morgenson, G. 2008. Behind insurer's crisis, blind eye to a web of risk. *New York Times*, September 27. http://www. nytimes. com/2008/09/28/business/28melt. html.

More foreclosures to come (editorial). 2009. *NewYork Times*. (November 12). http://www. nytimes. com/2009/ll/12/opinion/12thu2. html?_ r = l&scp = 18esq = 'more% 20foreclosures% 20 to% 20come% 22&st = cse.

Morris, C. 2008. *The trillion dollar meltdown: Easy money, high rollers, and the great credit crash.* New York: Public Affairs.

Mortgage finance and regulation. 1998. *Housing Development Reporter* 60: 0011 – 60: 0016.

Munnell, A., L. E. Browne, J. McEaney, & G. M. B. Tootell. 1992. *Mortgage lending in Boston: interpreting HMDA data* (Working Paper 92 – 7). Boston: Federal Reserve Bank of Boston.

Munnell, A. H., G. M. B. Tootell, L. E. Browne, &. J. McEneaney. 1996. Mortgage lending inBoston: Interpreting HMDA data. *The American Economic Review* 86, 1: 25 – 53.

Murphy, J. 2007. Hard costs: The rising price of an affordable NewYork. *City Limits Investigates* Spring: 1 – 27.

Myerson, D. 2003. *Mixed-income housing: Myth andfact.* Washington, DC: The Urban Land Institute.

Nagel, C. 1998. Affordable housing indices. In W. van Vliet (Ed.), *The encyclopedia of housing* (pp. 12 – 13). Thousand Oaks, CA: Sage.

NationalAlliance to End Homelessness. 2007. What is a ten year plan to end homelessness? *Explainer* (September), http://www. endhomelessness. org/content/article/detail/1786.

NationalAlliance to End Homelessness. 2009. Summary of Hearth Act. http://www. end-homelessness. org/content/article/detail/2098.

National Association of Home Builders. 2001. Housing's impact on the economy. Report submitted to the Millennial Housing Commission, http://www. govinfo. library. unt. edu/mhc/papers/nahb. doc.

National Association of Home Builders. 2009. *The local economic impact of home building in typical metropo area: Income, jobs, and taxes generated.* Washington, DC: Author. http://www.nahb.org/fileUpload_ details. aspx? contentTypeID = 3&contentID = 35601&subContentI D = 219188.

National Association of Housing and Redevelopment Officials. 1990. *The many faces of public housing.* Washington, DC: Author.

National Association of Housing and Redevelopment Officials. 2005. *The Public Housing Capital Fund.* Washington, DC: Author, http://www.nahro.org/programs/phousing/capital-fund/index.cfm.

National Association of Realtors. 2005. *Sales price of existing single-family homes.* Washington, DC: Author. http://www.realtor.org/Research.nsf/files/REL0506SFpdf/SFILE/REL0506SFpdf.

National Association of Realtors. 2009. Methodology for the *housing affordability index.* Washington, DC: Author, http://www.realtor.org/research/research/hameth.

National Coalition for the Homeless. 2005. Facts about homelessness. http://www.nationalhomeless.org/facts.html. (Downloadable fact sheets on selected topics on homelessness)

National Commission on Severely Distressed Public Housing. 1992. *The final report.* Washington, DC: U.S. Government Printing Office.

National Community Reinvestment Coalition. 2002. *CRA commitments: 1977 – 2001.* Washington, DC: Author.

National Congress for Community Economic Development (NCCED). 2005. *Reaching new heights: Trends and achievements of community-based development organizations. 5th National Community Development Census.* Washington, DC: Author, http://www.ncced.org/docu-ments/NCCEDCensus2005FINALReport.pdf.

National Council of State Housing Finance Agencies. 2009. *State HFAfactbook: 2007 NCSHA annual survey results.* Washington, DC: Author.

National Housing Law Project. 2002. False HOPE: A critical assessment of the Hope VI public housing redevelopment program, http://www.novoco.com/low_ income_ housing/resource_ files/research_ center/FalseHOPEExecSumm.pdf.

National Housing Law Project. 2005. *Comments on public housing operatingfund proposed rulemaking* (June 13). Oakland, CA: Author, http://www.nlihc.org/news/061505.pdf.

National Housing Trust. 2004a. Overview of federally assisted multifamily housing programs: Historical perspective and status of legislation and regulations, http://www.nhtinc.org/policy/legoverview.asp.

National Housing Trust. 2004b. Summary table of prepayments, http://www.nhtinc.org/prepayment/Prepay_ Summary.pdf.

National Housing Trust. 2004c. Changes to project-based multifamily units in HUD's inventory between 1995 and 2003: Number of affordable project-based units declines by 200000. http://www.nhtinc.org/documents/PB_ Inventory.pdf.

National Housing Trust Fund Campaign. 2005. *The campaign's policy proposal.* Washington, DC: Author, http://www.nht.org/about/proposal.asp.

National Low Income Housing Coalition. 2004. *Advocates' guide to housing and community development policy.* Washington, DC: Author. http://www.nlihc.org/advocates/AG2004.pdf.

National Low Income Housing Coalition. 2005a. *Housing vouchers: A review of empirical literature from 2000 to 2004.* Washington, DC: Author, http://www.nlihc.org/news/summit/literaturereview_ pdf.

National Low Income Housing Coalition. 2005b. *State and Local Housing Flexibility Act of2005*, S.

771. Washington, DC: Author, http://www.nlihc.org/news/042805.html.

National Low Income Housing Coalition. 2005c. 2005 *Advocates' guide to housing and community development policy.* Washington, DC: Author, http://www.nlihc.org/advocates/index.htm.

National Low Income Housing Coalition. 2009a. Low Income Housing Tax Credit Assistance Program (TCAP). http://nlihc.org/template/page.cfm?id=211.

National Low Income Housing Coalition. 2009b. Low Income Housing Tax Credit Exchange Program, "Tax Credit Exchange" (TCEP). http://nlihc.org/template/page.cfm?id=221.

National Low Income Housing Coalition. 2009c. FY2010 budget chart for selected programs. http://www.nlihc.org/doc/FY10-presidents-request.pdf.

National Low Income Housing Coalition. 2009d. *Advocates' guide to housing and community development policy.* Washington, DC: Author. http://nlihc.org/doc/AdvocacyGuide2009-web.pdf.

National Low Income Housing Coalition. 2009e. Out of reach 2009: Persistent problems, new challenges for renters. Washington, DC: Author. (April), http://www.nlihc.org/oor/oor2009/oor2009pub.pdf.

National Park Service. 2005. Federal Historic Tax Incentives, http://www.cr.nps.gov/hps/tps/tax/incentives/index.htm.

Neighborhood Reinvestment Corporation. 2005. NeighborWorks campaign for homeownership. http://www.nw.org/network/neighborworksprogs/ownership/default.asp.

Neighbor Works America. 2008. *Shared solutions, shared success: Strengthening and preserving communities. Annual report 2007.* Washington, DC: Author, http://www.nw.org/network/pubs/annualReports/documents/NWA07Annual.pdf.

Nelson, K. P. 2008. *The hidden housing crisis: Worst-case housing needs among adults with disabilities* (Report prepared for the Technical Assistance Collaborative and the Consortium for Citizens with Disabilities Housing Task Force). http://www.tacinc.org/Docs/HH/Hid-denHousingCrisis.pdf.

Nelson, K. P., M. Treskon, &D. Pelletiere. 2004. *Losing ground in the best of times: Low-income renters in the 1990s.* Washington, DC: National Low Income Housing Coalition.

Nenno, M. K. 1991. State and local governments: New initiatives in low-income housing preservation. *Housing Policy Debate* 2, 2: 467–497.

Nenno, M. K. 1996. *Ending the stalemate: Moving housing and urban development into the mainstream of America's future.* Lanham, MD: University Press of America.

Nenno, M. K. 1998a. Local government. In W. vanVliet (Ed.), *The encyclopedia of housing* (pp. 334–336). Thousand Oaks, CA: Sage.

Nenno, M. K. 1998b. State governments. In W. van Vliet (Ed.), *The encyclopedia of housing* (pp. 556–559). Thousand Oaks, CA: Sage.

Neuwirth, R. 2004. Renovation or ruin? *Shelterforce Online* 137 (September/October), http://www.nhi.org/online/issues/137/LIHTC.html.

New Jersey Council on Affordable Housing. 2005. *Annual report 2002–2003.* Trenton, NJ: Author.

New Jersey Council on Affordable Housing. 2009. Fact sheet, http://www.state.nj.us/dca/affiliates/coah/reports/.

Newman, O. 1995. Defensible space: A new physical planning tool for urban revitalization. *Journal of the American Planning Association* 61, 2: 149–156.

Newman, S. J. 2008a. Does housing matter for poor families? A critical summary of research and issues still to be resolved. *Journal of Policy Analysis and Management* 27, 8: 895–925.

Newman, S. J. 2008b. Where we live matters for our health: Links between housing and health. Robert Wood Johnson Foundation, Commission to Build a HealthierAmerica. *Issue Brief* (September), http://www.rwjf.org/files/research/commissionhousingl02008.pdf.

Newman, S. J., C. S. Holupka, & J. Harkness. 2009. The long-term effects of housing assistance on work and welfare. *Journal of Policy Analysis and Management* 28, 1: 81–101.

Newman, S. J., & A. B. Schnare. 1997. "...And a suitable living environment": The failure of housing programs to deliver on neighborhood quality. *Housing Policy Debate* 8, 4: 703–741. http://www.mi.vt.edu/data/files/hpd%208 (4)/hpd%208 (4)_newman.pdf.

New York City Department of Homeless Services. 2009. HOPE 2009: The NYC street survey. http://www.nyc.gov/html/dhs/downloads/pdf/hope09_Results.pdf.

New York City Department of Housing Preservation and Development. 2003. *The new housing marketplace: Creating housing for the next generation* (Progress report 2003). NewYork: Author, http://www.nyc.gov/html/hpd/pdf/2003-annual-report.pdf.

New York City Department of Housing Preservation and Development. 2009. *The new housing marketplace: Reaching the halfway mark.* New York: Author, http://www.nyc.gov/html/hpd/downloads/pdf/NHMP-2008-Progress-Report.pdf.

New York City Independent Budget Office. 2003. Mayor Bloomberg's housing plan: Down payment on the future. NewYork: *Fiscal Brief* (February), http://www.ibo.nyc.ny.us/.

New York City Independent Budget Office. 2007. The Mayor's new housing marketplace plan: Progress to date and prospects for completion. NewYork: *Fiscal Brief* (November), http://www.ibo.nyc.ny.us/iboreports/NHMP07.pdf.

Novogradac and Company. 2009. Tax credit percentages, http://www.novoco.com/low_income_housing/facts_figures/tax_credit_2009.php.

Office of Thrift Supervision. 2004. *2003 Fact book: A statistical profile ofthe thrift industry.* Washington, DC: Author. http://www.ots.treas.gov/dots/4/480149.pdf.

O'Hara, A. 2009. Section 811 supportive housing for persons with disabilities. In National Low Income Housing Coalition (Ed.), *Advocates' guide to housing and community development policy* (pp. 116–118). Washington, DC: National Low Income Housing Coalition, http://nlihc.org/doc/AdvocacyGuide2009-web.pdf.

Olsen, E. O. 2001. *Housing programs for low-income households* (Working paper 8208). Cambridge, MA: National Bureau of Economic Research.

Orlebeke, C. J. 1997. *New life at ground zero: New York, home ownership, and the future of American Cities.* Albany, NY: Rockefeller Institute Press.

Orlebeke, C. J. 2000. The evolution of low-income housing policy, 1949 to 1999. *Housing Policy Debate* 11, 2: 489–520. http://mioVt.edu/data/files/hpd%2011 (2)_orlebeke.pdf.

Ormond, B. A., K. J. Black, J. Tilly, & S. Thomas. 2004. Supportive services programs in naturally occurring retirement communities. Prepared for Office of Disability, Aging and Long-Term Care Policy, Office of the Assistant Secretary for Planning and Evaluation, U. S. Department of Health and Human Services. http://aspe.hhs.gov/daltcp/Reports/NORCssp.pdf.

Orr, L., J. D. Feins, R. Jacob, E. Beecroft, L. Sanbonamatsu, L. F. Katz, J. B. Leibman, & J. R. Kling. 2003. *Moving to opportunity interim impacts evaluation.* Washington, DC: U. S. Department of Housing and Urban Development, Office of Policy Development and Research (September). http://www.huduser.org/intercept.asp?lot=/Publications/pdf/MTOFuIIReport.pdf.

Pader, E. J., & M. M. Breitbart. 1993. Transforming public housing: Conflicting visions for

Harbor Point. *Places* 8, 4: 34 – 41.

Paulson, A. 2004. Chicago raises the bar for living in public housing. *Christian Science Monitor*, October 5. http://www.csmonitor.tom/2004/1005/p03s01-ussc.html.

Pearson, C. L., G. Locke, A. E. Montgomery, & L. Buron. 2007. The applicability of housing first models to homeless persons with serious mental illness: Final report. Prepared forU.S. Department of Housing and Urban Development, Office of Policy Development and Research. http://www.huduser.org/Publications/pdf/hsgfirst.pdf.

Pelletiere, D. 2008. *Getting to the heart of housings fundamental question: How much can a family afford?* Washington, DC: National Low Income Housing Coalition. (February), http://www.nlihc.org/doc/AffordabilityResearchNote_ 2 – 19 – 08.pdf.

Pelletiere, D. M. Canizio, M. Hargrave, &S. Crowley. 2008. *Housing assistance for low income housholds: States do not fill the gap.* Washington, DC: National Low Income Housing Coalition. http://www.nhtf.org/doc/PATCHWORK.pdf

Pelletiere, D., & K. E. Wardrip. 2008. *Housing at the half: A mid-decade progress report from the 2005American Community Survey.* Washington, DC: National Low-Income Housing Coalition (February). http://www.nlihc.org/doc/Mid-DecadeReport_ 2 – 19 – 08.pdf.

Pendall, R. 2000. Why voucher and certificate users live in distressed neighborhoods. *Housing Policy Debate* 11, 4: 881 – 910.

Phelan, J. C. & B. G. Link. 1998. Who are "the homeless"? Reconsidering the stability and composition of the homeless population. *American Journal of Public Health* 89, 9: 1334 – 1338.

Phipps Houses Group. 2005. http://www.phippsny.org/.

Pitcoff, W. 2003. Has homeownership been oversold? *Shelterforce* 127 (January/February). http://www.nhi.org/online/issues/127/homeownership.html.

Popkin, S. J. 2002. *The Hope VI Program: What about the residents?* Washington, DC: The Urban Institute, policy brief (December 11). http://www.urban.org/UploadedPDF/310593HopeVI.pdf.

Popkin, S. J., L. F. Buron, D. K. Levy, & M. K. Cunningham. 2000. The Gautreaux legacy: What might mixed-income and dispersal strategies mean for the poorest public housing residents? *Housing Policy Debate* 11, 4: 911 – 942.

Popkin, S. J., & M. K. Cunningham. 2002. *CHA relocation counseling assessment Report submitted the McArthur Foundation.* Washington, DC: The Urban Institute. http://www.urban.org/UploadedPDF/CHArelocation.pdf.

Popkin, S. J., M. K. Cunningham, & M. Burt. 2005. Public housing transformation and the hard to house. *Housing Policy Debate* 16, 1: 1 – 24.

Popkin, S. J., M. K. Cunningham, & W. T. Woodley. 2003. Residents and risk: A profile of Ida B. Wells andMadden Park. Report prepared for the Ford Foundation. Washington, DC: The Urban Institute. http://www.urban.org/UploadedPDF/310824 residents at risk.pdf.

Popkin, S. J., V. E. Gwiasda, L. M. Olson, D. P. Rosenbaum, & L. Buron. 2000. *The hidden war: Crime and the tragedy of public housing in Chicago.* New Brunswick, NJ: Rutgers University Press.

Popkin, S. J., B. Katz, M. K. Cunningham, K. D. Brown, J. Gustafson, & M. A. Turner. 2004. *A decade of Hope VI: Research findings and policy challenges.* Washington, DC: The Urban Institute and The Brookings Institution. http://urban.org/uploadedPDF/411002 HOPEV.pdf.

Porter, D. R. 2004. The promise and practice of inclusionary zoning. In A. Downs (Ed.),

Growth management and affordable housing: Do they conflict? (chap. 6). Washington, DC: The Brookings Institution.

Postyn, S. H. 1994. *The low income housing tax credit: A study of its impact at the project level.* Master's thesis, Massachusetts Institute of Technology, Cambridge.

Poverty and Race Research Action Council, n. d. *Civil rights mandates in the Low-Income Housing Tax Credit (LIHTC) Program.* Washington, DC: Author.

Previti, D., & M. H. Schill. 2003. *State of New York City's housing and neighborhoods 2003.* New York: Furman Center for Real Estate and Urban Policy, School of Law and Wagner School of Public Service, New York University, http://www.law.nyu.edu/realestatecenter/SOC_ intro.htm.

Pristin, T. 2009. Shovel-ready but investor-deprived. *New York Times*, May 5. http://www.nytimes.com/2009/05/06/realestate/commercial/06housing.html?_r=1&ref=business.

Pynoos, J. 1998. Elderly housing. In W. van Vliet (Ed.), *The encyclopedia of housing* (pp. 131–135). Thousand Oaks, CA: Sage.

Pynoos, J., & C. M. Nishita. 2006. The elderly and a right to housing. In R. G. Bratt, M. E. Stone, & C. Hartman (Eds.), *A right to housing: Foundation for a new social agenda* (pp. 279–295). Philadelphia: Temple University Press.

Quercia, R. G., G. W. McCarthy, & S. M. Wachter. 2002. *The impacts of affordable lending efforts on homeownership rates.* Paper presented at the American Enterprise Institute. http://www.aei.org/docLib/20030104 sw2.pdf.

Quercia, R. G., M. A. Stegman, & W. R. Davis. 2004. Assessing the impact ofNorth Carolina's predatory lending law. *Housing Policy Debate* 15, 3: 573–601.

Quigley, J. M., & S. Raphael. 2004. Is housing unaffordable? Why isn't it more affordable? *Journal of Economic Perspectives* 18, 1: 191–214.

Radford, G. 1996. *Modern housing for America: Policy struggles in the New Deal era.* Chicago: University of Chicago Press.

Rapoza, R. A., & C. Tietke. 2004–2005. Preserving ruralAmerica's affordable rental housing: Current issues. *Rural Voices* 9, 4: 2–6. http://www.ruralhome.org/manager/uploads/VoicesWinter 2004–2005.pdf.

Reiman, G. 2005. The state HFA response to the affordable housing preservation challenge. *Rural Voices* 9, 4: 27–29. http://www.ruralhome.org/manager/uploads/VoicesWinter2004–2005.pdf.

Renuart, E. 2004. An overview of the predatory lending process. *Housing Policy Debate* 15, 3: 467–502.

Report of the President's Commission on Housing. 1982. Washington, DC: U.S. Government Printing Office.

Retsinas, N. P., & E. S. Belsky (Eds.). 2002. *Low income homeownership: Examining the unexamined goal.* Washington, DC: Brookings Institution Press.

Rice, D., & B. Sard. 2009. *Decade of neglect has weakenedfederal low-income housing programs: New resources required to meet growing needs.* Washington, DC: Center for Budget and Policy Priorities (February 24). http://www.cbpp.org/files/2-24-09hous.pdf.

Roberts, B. 2001. Tax deduction incentives for individual investors in housing. Memo prepared for the Millennial Housing Commission (April 16). http://govinfo.unt.edu/mhc/focus/roberts.doc.

Roessner, J. 2000. *A decent place to live: From Columbia Point to Flarbor Point. A community history.* Boston: Northeastern University Press.

Rohe, W. M., & R. G. Bratt. 2003. Failures, downsizing, and mergers and community development corporations. *Housing Policy Debate* 14, 1/2: 1 – 46.

Rohe, W. M., G. McCarthy, & S. Van Zandt. 2002. The social benefits and costs of homeownership. In E. Belsky & N. Retsinas (Eds.), *Low-income homeownership: Examining the unexamined goal* (pp. 381 – 406). Cambridge, MA: The Joint Center for Housing Studies and Washington, DC: The Brookings Institution.

Rohe, W. M., R. G. Quercia, & S. van Zandt. 2007. The social-psychological effects of affordable homeownership. In W. M. Rohe & H. L Watson (Eds.), *Chasing the American Dream* (pp. 216 – 232). Ithaca, NY: Cornell University Press.

Rose, K., B. Lander, & K. Feng. 2004. *Increasing housing opportunity in New York City: The case for inclusionary zoning*. New York: PolicyLink and Pratt Institute Center for Community and Environmental Development, http://www.picced.org/pubs/izreport.pdf.

Rosen, H. 2008. American murder mystery. *The Atlantic* (July/August). http://www.theatlantic.com/doc/200807/memphis-crime.

Rosenbaum, J. E. 1995. Changing the geography of opportunity by expanding residential choice: Lessons from the Gautreaux Program. *Housing Policy Debate* 6, 1: 231 – 269.

Rosenbaum, J., L. Stroh, & C. Flynn. 1998. Lake Pare Place: A study of mixed-income housing. *Housing Policy Debate* 9, 4: 703 – 740.

Rosenthal, B., & M. Foscarinis. 2006. Responses to homelessness: Past policies, future directions, and a right to housing. In R. G. Bratt, M. E. Stone, & C. Hartman (Eds), *A right to housing: Foundation for a new social agenda* (pp. 316 – 339). Philadelphia: Temple University Press.

Ross, S. H., & J. Yinger. 2002. *The color of credit: Mortgage discrimination, research methodology, and fair-lending enforcement*. Cambridge, MA: MIT Press.

Rossi, P. R., & E. Weber. 1996. The social benefits of homeownership: Empirical evidence from national surveys. *Housing Policy Debate* 7, 1: 1 – 34. http://www.mi.vt.edu/data/files/hpd%207(1)/hpd%207(1)%20rossi.pdf.

Rothstein, R. 2000. Inner city nomads: A track to low grades. *New York Times* (January 9).

Rubin, H. 2000. *Renewing hope within neighborhoods of despair*. Albany, NY: SUNY Press.

Rubinowitz, L. S., & J. E. Rosenbaum. 2000. *Crossing the class and color lines: From public housing to White suburbia*. Chicago: University of Chicago Press.

Rule to Deconcentrate Poverty and Promote Integration in Public Housing. Final rule. 2000. *Federal Register* 65, 247: 31214 – 31229. (December 22). http://www.hudclips.org/sub_non-hud/cgi/p df/20001 222a.pdf.

Rusk, D. 2001. *The "segregation tax": The cost of racial segregation to Black homeowners*. Washington, DC: Brookings Institution Center on Urban and Metropolitan Policy. http://www.brook.edu/dybdocroot/es/urban/publications/rusk.pdf.

Rusk, D. 2005. Inclusionary zoning-Gautreaux by another pathway. *Poverty and Race* 14, 1: 9 – 10. (newsletter of Poverty and Race Research Action Council)

Salama, J. J., M. H. Schill, & M. E. Stark. 1999. *Reducing the cost of new housing construction in New York City*. New York: Furman Center for Real Estate and Urban Policy. http://www.lawnyu.edu/realestatecenter/CREUP Papers/cost study_ 1999/NYCHousingCost.pdf.

Salsich, P. W., Jr., 1998. Experimental Housing Allowance Program. In W. van Vliet (Ed.), *The encyclopedia of housing* (pp. 162 – 163). Thousand Oaks, CA: Sage.

Sard, B. 2001. *Revision of the project-based voucher statute*. Washington, DC: Center onr Budget and Policy Priorities, http://www.cbpp.org/10 – 25 – 00hous.pdf.

Sard, B. 2004. *Funding instability threatens to erode business community's confidence in the housing voucher program: Ill-considered changes and radical proposals may scare off property owners, lenders, and others needed to make the program work.* Washington, DC: Center on Budget and Policy Priorities, http://www.cbpp.org/10-14-04hous.htm.

Sard, B., & W. Fischer. 2004. *Administration seeks deep cuts in housing vouchers and conversion of program to a block grant.* Washington, DC: Center on Budget and Policy Priorities, http://www.cbpp.org/2-12-04hous.htm.

Sard, B., & W. Fischer. 2008. *Preserving safe, high quality public housing should be a priority of federal housing policy.* Washington, DC: Center on Budget and Policy Priorities. http://www.cbpp.org/files/9-18-08hous.pdf.

Savage, H. A. 2009. *Who could afford to buy a house in 2004?* Washington, DC: Census Housing Reports, H21/09-1. http://www.census.gov/prod/2009pubs/hl21-09-01.pdf.

Schessele, R. 2002. *Black and White disparities in subprime mortgage refinance lending.* (Working paper no. HF-014). Washington, DC: U.S. Department of Housing and Urban Development, Office of Policy Development and Research. http://www.huduser.org/Publications/pdf/workpaprl4.pdf.

Schill, M. 2004. *Regulations and housing development: What we know and what we need to know.* Paper prepared for the U.S. Department of Housing and Urban Development's Conference on Regulatory Barriers to Affordable Housing, http://www.huduser.org/rbc/pdf/Regulations_Housing_Development.pdf.

Schill, M. H., & S. Friedman. 1999. Hie Fair Housing Amendments Act of 1988: The first decade. *Cityscape* 4, 3: 57-78. http://www.huduser.org/Periodicals/CITYSCPE/VOL-4NUM3/schill.pdf.

Schnare, A. B. 2001. *The impact of changes in multifamily housing finance on older urban areas.* Discussion paper prepared for the Brookings Institution Center on Urban and Metropolitan Policy and the Harvard Joint Center for Housing Studies, http://www.brook.edu/es/urban/schnarefinal.pdf.

Schuetz, J., R. Meltzer, & V. Been. 2007. *The effects of inclusionary zoning on local housing markets: Lessons from the San Francisco, Washington DC and suburban Boston areas* (Working paper). New York: New York University, Furman Center for Real Estate and Urban Policy (November 19). http://www.nhc.org/pdf/pub_chp_iz_08.pdf.

Schwartz, A. 1998a. Bank lending to minority and low-income households and neighborhoods: Do Community Reinvestment Act agreements make a difference? *Journal of Urban Affairs* 20: 269-301.

Schwartz, A. 1998b. From confrontation to collaboration? Banks, community groups, and the implementation of community reinvestment agreements. *Housing Policy Debate* 9: 631-662.

Schwartz, A. 1999. New York City and subsidized housing: Impacts and lessons of the city's $5 billion capital budget housing plan. *Housing Policy Debate* 10, 4: 839-877.

Schwartz, A. 2002. *Mixed income housing from the residents' perspective: A case study of Atrium Village, Chicago, Illinois* (Report to the John D. and Catherine T. MacArthur Foundation). Available from the author.

Schwartz, A. 2003. *Homeownership: Are we at the limit?* (Report prepared for the Ford Foundation). Available from the author.

Schwartz, A. 2005. *CDC housing in New York City: An analysis of the Low-Income Housing Tax Credit portfolio.* Paper presented at the Annual Meetings of the Urban Affairs Association, Washington, DC, April 3, 2005.

Schwartz, A., & E. Melendez. 2008. After Year 15: Challenges to the preservation of housing financed with Low-Income Housing Tax Credits. *Housing Policy Debate* 19, 2: 261 – 294. http://www.mi.vt.edU/data/files/hpd%2019.2/4._hpd_schwartz_web.pdf.

Schwartz, A., & K. Tajbakhsh. 1997. Mixed-income housing: Unanswered questions. *Cityscape* 3, 2: 71 – 92. http://www.huduser.org/periodicals/cityscpe/bol3num2/unaswer.pdf.

Schwartz, A., & K. Tajbakhsh. 2005. Mixed income housing. In F. W. Wagner, T. E. Joder, A. J. Mumphrey Jr., K. M. Akundi, & A. F. J. Artibise (Eds.), *Revitalizing the central city: strategies to contain sprawl and revive the core* (chap. 11). Armonk, NY: M. E. Sharpe.

Scott, M. 1969. *American city planning since 1890.* Berkeley: University of California Press.

Sermons, M. W., & M. Henry. 2009. *Homelessness counts: Changes in homelessness from 2005 to 2007.* Washington, DC: National Alliance to End Homelessness. http://www.endhome-lessness.org/content/article/detail/2158.

Servicer performance report through October 2009. 2009 Washington DC: Making Home Affordable. http://makinghomeafrordable.gov/docs/MHA%20Public%201U009%20 FINAL.PDF.

Shan, H. 2008. *The effect of capital gains taxation on home sales: Evidence from the Taxpayer Relief Act of 1997* (Working Paper 2008 – 53. Finance and Economics Discussion Series). Washington, DC: Divisions of Research & Statistics and Monetary Affairs, Federal Reserve Board. http://www.federalreserve.gov/pubs/feds/2008/200853/200853pap.pdf.

Shapiro, T. M. 2004. *The hidden cost of being African American: How wealth perpetuates inequality.* New York: Oxford University Press.

Sherraden, M. 2001. Asset-building policy and programs for the poor. In T. M. Shapiro & E. N. Wolff (Eds.), *Assets for the poor: The benefits of spreading asset ownership* (chap. 9). New York: Russell Sage Foundation.

Sherrill, R. 1990. The looting decade: S&Ls, big banks, and other triumphs of capitalism. *The Nation* (November 19): 589 – 623.

Shiller, R. 2009. Data sets for stock and housing prices. http://www.irrationalexuberance.com/index.htm.

Shinn, M. B., J. Baumohl, & K. Hopper. 2001. The prevention of homelessness revisited. *Analysis of Social Issues and Public Policy* 1, 1: 95 – 127.

Shinn, M., B. C. Weitzman, D. Stojanovic, J. R. Knickman, L. Jiminez, L. Duchon, S. James, &D. H. Krantz. 1998. Predictors of homelessness among families in New York City: From shelter request to housing stability. *American Journal of Public Health* 88, 11: 1651 – 1657.

Shlay, A. B. 2006. Low-income home ownership: American dream or delusion? *Urban Studies* 43, 3: 511 – 531.

Simon, R. & J. R. Haggerty. 2009. House-price drops leave more underwater. *The Wall Street Journal*, May 6.

Smith, A. 2002. *Mixed-income housing developments: Promise and reality.* Cambridge, MA: Harvard Joint Center on Housing Studies. http://www.jchs.harvard.edu/publications/W02 – 10_Smith.pdf.

Smith, C. A. 2002. Pushing the affordability envelope: Section 8 to home ownership. *Bright Ideas* 21, 2: 3 – 8. (published by Neighborhood Reinvestment Corporation) http://www.nw.org/network/pubs/brightideas/documents/coverstoriesBIS2002.pdf.

Smith, D. A. 1999. Mark-to-market: A fundamental shift in affordable housing policy. *Housing Policy Debate* 10, 1: 143 – 182.

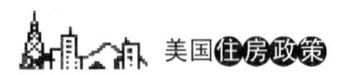

Smith, D. A. 2002. *The Low-Income Housing Tax Credit effectiveness and efficiency: A presentation of the issues.* Boston, MA: Recapitalization Advisors, Inc. http://www.affordablehousinginstitute.org/resources/library/MHC_ LIHT pdf.

Solomon, R. 2005. *Public housing reform and voucher success: Progress and challenges.* Washington, DC: The Brookings Institution, Metropolitan Policy Program (January). http://www.brookings.edu/metro/pubs/20050124 solomon. pdf.

Squires, G. D. 1995. *Capital and communities in black and white: The intersections of race, class and uneven development.* Albany, NY: SUNY Press.

Squires, G. D. 1998. Redlining. In Willem van Vliet (Ed.), *The encyclopedia of housing* (pp. 462 – 463). Thousand Oaks, CA: Sage.

Squires, G. D. (Ed.). 2002. *Access to capital: Advocacy and the democratization of financial institutions.* Philadelphia: Temple University Press.

Squires, G. D. 2003. Racial profiling, insurance style: Insurance redlining and the uneven development of metropolitan areas. *Journal of Urban Affairs* 25, 4: 391 – 410.

Squires, G. D. 2008. Prospects and pitfalls of fair housing enforcement efforts. In J. H. Carr & N. K. Kutty (Eds.), *Segregation: The rising costs for America* (pp. 307 – 324). New York: Routledge.

Stegman, M. 1990. The role of public housing in a revitalized national housing policy. In D. DiPasquale & L. C. Keyes (Eds.), *Building foundations: Housing and federal policy* (chap. 13). Philadelphia: University of Pennsylvania Press.

Stegman, M. A. 1992. The excessive costs of creative finance: Growing inefficiencies in the production of low-income housing. *Housing Policy Debate* 2, 2: 357 – 373.

Stegman, M. A. 1999. *State and local housing programs: A rich tapestry.* Washington, DC: Urban Land Institute.

Stegman, M. A., R. G. Quercia, & G. W. McCarthy. 2000. Housing America's working families. *New Century Housing* 1, 1: 1 – 48. http://peerta.acf.hhs.gov/pdf/chprevpdf. (published by the Center for Housing Policy)

Stein, E. 2008. Testimony before the Senate Committee on Banking, Housing, and Urban Affairs (October 16). http://banking.senate.gov/public/index.cfm? FuseAction = Files. View&FileStore _ id = 03d72248 – b676 – 4983 – bd3e – 0ffec936b509.

Stemlieb, G., & J. W. Hughes. 1990. Private market provision of low-income housing: Historical perspectives and future prospects. *Housing Policy Debate* 2, 2: 123 – 156.

Stoecker, R. 1997. The CDC model of urban redevelopment. *Journal of Urban Affairs* 19, 1: 1 – 22.

Stone, M. 1993. *Shelter poverty.* Philadelphia: Temple University Press.

Stone, M. 1994. Comment on Kathryn P. Nelson's "Whose shortage of affordable housing?" *Housing Policy Debate* 5, 4: 443 – 458.

Stone, M. 2006a. Housing affordability: One-third of a nation shelter-poor. In R. Bratt et al. (Eds.), *A right to housing: Foundation for the new social agenda* (pp. 38 – 60). Philadelphia: Temple University Press.

Stone, M. 2006b. Social ownership. In R. Bratt et al. (Eds.), *A right to housing: Foundation for the new social agenda* (pp. 240 – 260). Philadelphia: Temple University Press.

Stoutland, S. 1999. Community development corporations: Mission, strategy, and accomplishments. In R. F. Ferguson & W. T. Dickens (Eds.), *Urban problems and community development* (chap. 5). Washington, DC: Brookings Institution Press.

Strauss, L. 2009. Section 515 rural rental housing. In National Low Income Housing Coalition (Ed.), *Advocates' guide to housing and community development policy* (pp. 114 – 115). Washington, DC: National Low Income Housing Coalition. http://nlihc.org/doc/Advoca-cyGuide2009-web.pdf.

Streitfeld, D. 2009. Tight mortgage rules exclude even good risks. *New York Times* (July 10). http://www.nytimes.com/2009/07/1 1/business/llhousing.html? scp = 5&sq = mortgage% 20 lending&st = cse.

Sviridoff, M. (Ed.). 2004. *Inventing community renewal*. New York: Community Development Research Center, Milano Graduate School, New School University.

Swesnik, D. 2009. Fair housing programs. In National Low Income Housing Coalition (Ed.), *Advocates' guide to housing and community development policy* (pp. 26 – 27). Washington, DC: National Low Income Housing Coalition. http://nlihc.org/doc/AdvocacyGuide2009-web.pdf.

Taylor, J., & J. Silver. 2009. The CRA: 30 years of wealth building and what we must do to finish the job. In Federal Reserve Banks of Boston and San Francisco (Ed.), *Revisiting the CRA: Perspectives on the future of the Community Reinvestment Act* (pp. 148 – 159). (February). http://www.frbsf.org/publications/community/cra/revisiting_cra.pdf.

Terner, I. D., & T. B. Cook. 1990. New directions in for federal housing policy: The role of the states. In D. DiPasquale & L. C. Keyes (Eds.), *Building foundations* (pp. 13 – 35). Philadelphia: University of Pennsylvania Press.

Thompson, B. 2009. Letter to U.S. Treasury Secretary Timothy Geithner (February 3). http://www.homemeanseverything.org/assets/NCSHALetterSecGeithner.pdf.

Thompson, T. 2005. Owner conversion of rural rental properties to mark rents: Both tenants and owners turn to the courts. *Rural Voices* 9, 4: 2 – 6. (magazine of the Housing Assistance Council) http://www.ruralhome.org/manager/uploads/VoicesWinter2004 – 2005.pdf.

Thompson, T. 2007. Rural housing preservation policy: The picture is changing. *Rural Voices* 12, 2: 3 – 4.

Tilly, C. 2006. The economic environment of housing: Income inequality and insecurity. In R. G. Bratt, M. E. Stone, & C. Hartman (Eds.), *A right to housing: Foundation for a new social agenda* (pp. 20 – 37). Philadelphia: Temple University Press.

Tsemberis, S., & R. F. Eisenberg. 2000. Pathways to housing: Supported housing for street-dwelling homeless individuals with psychiatric disabilities. *Psychiatric Services* 51, 4: 487 – 493.

Tsemberis, S., L. Gulcur, &M. Nakae. 2004. Housing first, consumer choice, and harm reduction for homeless individuals with dual diagnosis. *American Journal of Public Health* 94, 4: 651 – 656.

Turner, M. A. 1998. Moving out of poverty: Expanding mobility and choice through tenant-based housing assistance. *Housing Policy Debate* 9, 2: 373 – 394.

Turner, M. A., C. Herbig, D. Kaye, J. Fenderson, &D. Levy. 2005. *Discrimination against persons with disabilities: Barriers at every step*. Report prepared by the Urban Institute for the U.S. Department of Housing and Urban Development, Office of Policy Development and Research. http://www.huduser.org/Publications/pdf/DDS Barriers.pdf.

Turner, M. A., & G. T. Kingsley. 2008. *Federal programs for addressing low-income housing needs: A policy primer*. Washington, DC: The Urban Institute. http://www.urban.org/UploadedPDF/411798_low-income_housing.pdf.

Turner, M. A., G. T. Kingsley, M. L. Franke, P. A. Corvington, &E. C. Cove. 2002. *Planning to meet local housing needs: The role of HUD's consolidated planning requirements in the 1990s*. Report prepared by The Urban Institute for the U. S. Department of Housing and Urban Development, Office of Policy Development and Research. http://www.huduser.org/Pub-lications/pdf/local_ housing _ needs. pdf.

Turner, M. A., S. Popkin, &M. Cunningham. 2000. *Section 8 mobility and neighborhood health: Emerging issues and policy challenges.* Washington, DC: The Urban Institute. http://www.urban.org/UploadedPDF/sec8_ mobility. pdf.

Turner, M. A., S. J. Popkin, &. L. Rawlings. 2009. *Public housing and the legacy of segregation.* Washington, DC: The Urban Institute Press.

Turner, M. A., & S. L. Ross. 2005. How racial discrimination affects the search housing. In X. de S. Briggs (Ed.), *The geography of opportunity: Race and housing choice in metropolitan America* (pp. 81 – 100). Washington, DC: Brookings Institution Press.

Turner, M. A., S. L. Ross, G. C. Galster, &J. Yinger. 2002. *Discrimination in metropolitan housing markets: National results from phase 1 HDS 2000* (Final report). Washington, DC: US. Department of Housing and Urban Development. http://www.huduser.org/Publications/pdf/Phasel_ Report. pdf.

Turner, M. A., & K. Williams. 1997. Proceedings of *Housing mobility: Realizing the promise. Second National Conference on Assisted Housing Mobility* (December). Washington, DC: The Urban Institute, http://www.prrac.org/mobility/97report.pdf.

Turner, M. A., J. Yinger, S. Ross, IC. Temkin, D. K. Levy, D. Levine, R. R. Smith, & M. DeLair. 1999. *What we know about mortgage lending discrimination in America.* Washington, DC: U. S. Department of Housing and Urban Development, http://www.hud.gov/library/bookshelfl8/pressrel/newsconf/menu.html.

Turnham, J., C. Herbert, S. Nolden, J. Feins, &J. Bonjourni. 2004. *Study of homebuyer activity through the HOME Investment Partnerships Program.* Washington, DC: Abt Associates for U. S. Department of Housing and Urban Development, Office of Policy Development and Research. http://www.huduser.org/Publications/pdf/Homebuypdf.

U. S. Census Bureau. 2008a. *American housing survey for the United States: 2007.* Washington, DC: U. S. Government Printing Office, http://www.census.gov/prod/2008pubs/hl50 – 07. pdf.

U. S. Census Bureau. 2008b. Income, poverty, and health insurance coverage in the United States: 2007. Current Population Reports P60 – 235 (August), http://www.census.gov/prod/2008pubs/p60 – 235. pdf.

U. S. Census Bureau. 2009a. Characteristics of new housing, http://www.census.gov/const/www/charindex.html#singlecomplete.

U. S. Census Bureau. 2009b. New residential construction, http://www.census.gov/const/www/newresconstindex.html.

U. S. Census Bureau. 2009c. Historical census of housing tables: Homeownership. http://www.census.gov/hhes/www/housing/census/histcensushsg.html.

U. S. Census Bureau. 2009d. Table 5. Homeownership rates for the United States: 1965 to 2004. http://www.census.gov/hhes/www.housing/hvs/gtr404/g404tab5.html.

U. S. Census Bureau. 2009e. Housing vacancies and homeownership (CPS/HVS). Annual statistics: 2007. http://www.census.gov/hhes/www/housing/hvs/annual07/ann07ind.html.

U. S. Census Bureau. 2009f. Historical census of housing tables: crowding. http://www.census.gov/hhes/www.housing/census/historic/crowding.html.

U. S. Census Bureau. 2009g. State and local government finances, http://www.census.gov/

goes/www. estimate. html.

U. S. Census Bureau. 2009h. Historical census of housing tables: plumbing facilities, http://www.census.gov/hhes/www./housing/census/historic/plumbing.html.

U. S. Department ofTreasury and U. S. Department of Housing and Urban Development. 2000. *Joint report on recommendations to curb predatory lending.* Washington, DC: Author, http://www.huduser.org/Publications/pdf/treasrpt.pdf.

U. S. Department of the Treasury. 2009a. Financial regulatory reform. A new foundation: Rebuilding financial supervision and regulation, http://www.financialstability.gov/docs/regs/FinalReport_web.pdf.

U. S. Department ofTreasury 2009b. Homeowner affordability and stability plan: Fact Sheet. http://wAvw.treasury.gov/initiatives/eesa/homeowner-affordability-plan/FactSheet.pdf.

U. S. Department of Treasury. 2009c. Making home affordable: program update (April 28). http://www.financialstability.gov/docs/042809SecondLienFactSheet.pdf.

U. S. Department ofTreasury, U. S. Department of Housing and Urban Development, and Federal Housing Finance Agency. 2009. Administration announces initiative for state and local housing finance agencies. Press release (Oct. 19).

Vale, L. J. 2000. *From the Puritans to the projects: Public housing and public neighbors.* Cambridge, MA: Harvard University Press.

Van Vliet, W. 1998. Editor's introduction. In W. van Vliet (Ed.), *The encyclopedia of housing* (pp. xix-xxiv). Thousand Oaks, CA: Sage.

Van Zandt, S., & P. Mhatre. 2009. Growing pains: Perpetuating inequality through the production of low-income housing in the Dallas metroplex. *Urban Geography* 30, 5: 490–513.

Varady, D., & C. Walker. 2000. *Case study of Section 8 rental vouchers and rental certificates in Alameda County, California. Final report.* Washington, DC: U. S. Department of Housing and Urban Development, Office of Policy Development and Research (October), http://www.huduser.org/Publications/pdf/alameda.pdf.

Varady, D., & C. Walker 2003. Using housing vouchers to move to the suburbs: The Alameda County, California, experience. *Urban Affairs Review* 39, 2: 143–180.

Vidal, A. 1992. *Rebuilding communities.* New York: Community Development Research Center, New School University.

Von Hoffman, N. 2000. A study in contradictions: The origins and legacy of the housing act of 1949. *Housing Policy Debate* 11, 2: 299–326.

Walker, C. 1993. Nonprofit housing development: Status, trends, and prospects. *Housing Policy Debate* 4, 3: 369–414.

Walker, C. 2002. *Community development corporations and their changing support systems.* Washington, DC: The Urban Institute.

Walker, C., P. Dommel, A. Bogdon, H. Hatry, P. Boxall, A. Abramson, R. Smith, & J. Silver. 1994. *Federalfunds, local choices: An Evaluation of the Community Development Block Grant program.* Washington, DC: Report prepared by The Urban Institute for the U. S. Department of Housing and Urban Development, Office of Policy Development and Research.

Walker, C., C. Hayes, G. Galster, P. Boxall, & J. Johnson. 2002. *The impact of CDBG spending on urban neighborhoods.* Washington, DC: The Urban Institute for the U. S. Department of Housing and Urban Development, Office of Policy Development and Research, http://www.huduser.org/Publications/PDF/CDBGSpending.pdf.

389

Walker, C., & M. Weinheimer. 1998. *Community development in the* 1990s. Washington, DC: The Urban Institute.

WangX., & D. Varady. 2005. Using hot-spot analysis to study the clustering of Section 8 housing voucher families. *Housing Studies* 20, 1: 29 – 48.

Weicher, J. C. 1980. *Housing: Federal policies and programs.* Washington, DC: American Enterprise Institute.

Weicher, J. C. 1989. Housing quality: Measurement and progress. In S. Rosenberry & C. Hartman (Eds.), *Housing policy ofthe* 1990s (pp. 9 – 32). New York: Praeger.

Weicher, J. C. 1990. The voucher/production debate. In L. Keyes & D. DiPasquale (Eds.), *Rebuilding foundations* (chap. 10). Philadelphia: University of Pennsylvania Press.

Weisberg, L. 2007. San Diego gets ok to control public housing. *San Diego Herald Tribune* (September 14). http://www.signonsandiego.com/uniontrib/20070914/news_ lnl4housing.html.

Welfield, I. 1998. Section 235: Home mortgage interest deduction. In W. van Vliet (Ed.), *The encyclopedia of housing* (pp. 514 – 515). Thousand Oaks, CA: Sage.

White, G. 2009. National housing trust fund. In National Low Income Housing Coalition (Ed.), *Advocates' guide to housing and community development policy* (pp. 3 – 5). Washington, DC: National Low Income Housing Coalition. http://nlihc.org/doc/AdvocacyGuide2009 – web.pdf.

Wiener, R. 1998a. Emergency Low-Income Housing Preservation Act of 1987. In W. van Vliet (Ed.), *The encyclopedia of housing* (pp. 135 – 137). Thousand Oaks, CA: Sage.

Wiener, R. 1998b. Low-Income Housing Preservation and Resident Homeownership Act of1990. In W. van Vliet (Ed.), *The encyclopedia of housing* (pp. 342 – 344). Tiousand Oaks, CA: Sage.

Winerip, M. 1995. *Highland Road: Sane living for the mentally ill.* New York: Random House.

Winnick, L. 1995. The triumph of housing allowance programs: How a fundamental policy conflict was resolved. *Cityscape: A Journal of Policy Development and Research* 1, 3: 95 – 121.

Wright, J. D. & B. A. Rubin. 1991. Is homelessness a housing problem? *Housing Policy Debate* 2, 3: 937 – 956.

Yinger, J. 1995. *Closed doors, opportunities lost: The continuing costs of housing discrimination.* New York: Russell Sage Foundation.

Yinger, J. 1999. Sustaining the Fair Housing Act. *Cityscape* 4, 1: 93 – 106.

Zandi, M. 2008. *Financial shock.* NewYork: FT Press.

Zillow.com. 2009. More than one-fifth of all homeowners now underwater on a mortgage. Press release (May 9). http://zillow.mediaroom.com/index.php? s = 159&item = 122.

致 谢

本书是我1993年以来在新学院大学教授的课程《美国住房政策》的基础上编写的。在过去的这些年里，感谢学生们对我的帮助，从他们身上我学到很多东西。看到他们进入住房政策和社区发展领域，我也由衷地感到高兴。在这里，我尤其要感谢一位学生玛雅·布伦南（Maya Brennan），在第二版里多处引用了他的论文。

真诚地感谢住房政策领域的老师和同事们，给了我许多建议和鼓励，他们是：大卫·里斯通汀（David Listokin）、乔治·斯坦莱布（George Sternlieb）、苏珊·菲斯坦（Susan Fainstein）、瑞吉尔·布莱特（Rachel Bratt）、兰格·凯斯（Langley Keys）、阿维斯·维塔（Avis Vidal）、爱德华·梅伦德斯（Edwin Melendez）和比尔·泰勒（Bill Trylor）。感谢新学院大学的同事们对我的支持，特别感谢克里克·麦克布里德（Kirk McBride）为我提供了补贴住房方面的非公开数据，丹·伊玛格拉克（Dan Immergluck）分享其在次贷危机领域的研究成果，并帮助我审阅住房信贷和种族歧视等章节的内容，以及格雷格·路斯（Greg Russ）帮助我审阅公共住房和租房券等章节的内容。感谢联邦住房融资机构委员会、美国住房信托以及住房和城市发展部为本书提供了宝贵的数据和信息。感谢斯蒂芬·路特（Stephen Rutter）和莉亚·巴比路森菲德（Leah Babb-Rosenfeld）对本书做了大量的编辑排版工作，感谢项目经理林恩·戈勒（Lynn Goeller）为第二版的制作出版和迅速发行辛勤操劳。感谢大型公共住房管理局委员会的帕特·路易斯（Pat Lewis），堪萨斯州住房管理局的爱德华·朗兹（Edwin Lowndes）以及费城住房管理局的简·帕塞克（Jan Pasek）提供了希望六号开发项目的相关照片。感谢我的家庭，感谢我的妻子詹尼弗·弗莱斯纳（Jennifer Fleischner）。她鼓励我编写《美国住房政策》（第一版）。作为教授和孩子的母亲，她牺牲了自己的宝贵时间照顾家庭，让我有足够的时间完成第二版的编纂工作，感谢我的女儿安妮（Annie）和儿子欧文（Irwin）对我的宽容。感谢我的父亲查尔斯·施瓦兹（Charles Schwartz）对我的支持。